冰上丝绸之路

——最后的“地中海”

冯 并 著

外文出版社
FOREIGN LANGUAGES PRESS

序

这是我有关“一带一路”的第四部论著。前两部是《一带一路：全球发展的中国逻辑》《一带一路：全球经济发展的互补与跃升》，分别出版于2014年与2016年。2017年又应济南出版社之约，写作了《丝路文明札记》，主要是从丝路历史发展的角度，提供一本有关“一带一路”的参阅读物。在那本书里，我将丝路历史发展分为前丝路、丝路和后丝路三个阶段。我认为，“一带一路”是后丝路的开端。

写作《冰上丝绸之路——最后的“地中海”》，是在2017年下半年开始的，主要聚焦于丝路格局的延伸与变化。近百年来流行于西方国家的地缘政治理论，在地理坐标上发生了重大偏离，需要重新审视其战略有效性。而“北极航道”的开通，不仅使得海上丝路架构发生了前所未有的变化，西方国家地缘政治理论的地理认知也随之发生了动摇。

就海上丝路架构变化而言，现代海上丝路出现了“海陆联通”的新地理对接形态，也出现了向以往自然禁区延伸的新格局。这无疑为不断推进“一带一路”倡议提供了更大的发展空间。中国有关部门对现代海上丝路的表述是三条“蓝色经济带”。其中第三条就是由亚洲走向欧洲和北美大陆的北极新通道。

就西方的地缘政治基础理论而言，虽然不能将它与丝绸之路混为一谈，或者在不同的本质和语境中简单地去比较，但它们各自沿用的海上走向却基于同一种地理事实。人们大概都知道，100多年前，英国地理学家麦金德提出了著名的“大陆岛”和“内外新月地带”理论，这个理论就是西方地缘政治理论体系的滥觞和祖本。所谓“内新月”其实就是经由地中海、印度洋走向东亚沿海地区的一个浅弧带，“外新月”则是由“新大陆”横跨大西洋、太平洋的一个更大的弧。从麦金德自己推演出来的“陆权论”，到后来美国政治地缘学家斯皮克曼的“边缘地带论”、布热津斯基的“大棋局论”，无一不是基于“内新月”地理走向的战略理论产物。甚至连基辛格近年反复提到的威斯特伐利亚体系，也带着麦金德理论体系的明显烙印。如果说它们有什么不同，时代不同，用途和服务的对象有差别。前者为大英帝国殖民亚洲和控制欧洲大陆提供地缘依据，后者却为美国霸权和盟国体系提供地缘理论支撑。

问题在于，这种地缘政治思维至今依然是西方的主流战略思维，不仅没有改变，而且出现了最新的“印太战略”模式。那么，在全球地缘格局发生巨大变化之时，在“内外新月”地缘判断严丝合缝地为它们提供自以为更为有用的战略坐标的情况下，这些由麦金德地缘理论衣钵相传的各色地缘政治学说，还会继续有效吗？此其一。其二，即便美国的战略家们以为还会有效，而承压者也不能掉以轻心，然而又要在“见招拆招”之后，是否需要一直围绕这些令人听烦看烦的战略“动作”去花费更大的精力呢？无论是军事战略，还是经济发展战略，因时因地地出奇制胜，乃为最高境界。面对美日提出的“印太战略”，莫如重点出之“北太”，而所谓“北太”，就是北冰洋和北太平洋的简称。世界大国（集团）都集中在北半球，并且都直接间接地与北冰洋、北太平洋和北大西洋相关联。融冰化雪之后的北冰洋将会是一个新的更为重要的矛盾集中点。北极融冰和“北极航道”的开通，也为“一带一路”丝路架构的终极完善提供了机缘，使其成为多数国家共同发展的新空间，也必然会成为大国合作与博弈的新的舞台。那么，在及时因应美国的陈旧地缘政治战略的同时，主动地打造另一种相反的战略应对格局，岂不是更好选择吗？当然，麦金德“大陆岛”理论比他的“新月形”理论更有永恒的价值，或者按照他的比喻，人们已经明显地看到，“内新月”的一钩弯月，已经变为一轮由上弦月和下弦月组成的一轮新的“满月”，而对接上下弦月的弦，其实就是陆上丝绸之路经济带。因此我以为，我们应当将“冰上丝路”的出现看得更重要。

但在本书的写作过程中，不仅出现了“印太战略”的有关问题，更出现了令全世界都为之关注的中美贸易战，与此同时，中国首部北极政策白皮书发布了。这一切无疑提高了我的写作兴趣。贸易战是发生在中美之间最新最大的一场经济战争，不可能不涉及，但也会增加思维和写作的难度，即会出现平行思考中面临的各种不确定和困惑。平行写作似乎是写书的大忌，结构上要费很大心思，思维也很难跟进瞬息万变的各种不确定，好在我有较长时间的新闻经历，不求闻达于学者，但求有一点探索，也就凭着一股勇气下笔了。唯其如此，谬误和错误的判断在所难免。读者若能带着批评的眼光，浏览其中的主要精神，也就感到知足了。

关于中美贸易战，这里补充几句。主要是对于美国贸易逆差究竟怎么看，特朗普的意图究竟是什么。前一个问题，许多经济学家给出了比较深刻的解释，认为其所反映的并不是来往贸易账本上的统计，其实是美国再次聚拢世界财富的一种曲折表现。对于这些颇为专业的研究，可以暂且不去管它。仅从美国对贸易逆差的片面统计上看，就有很多站不住脚的地方。对于这个问题，全球化智库（CCG）在2018年7月底发布的《理解与破局：中美贸易摩擦的深度分析和智库建议》报告指出，美国的统计方法对中美贸易逆差做出了误判。其一是无视全球价值链你中有我我中有你的事实，将获得大量利润的在华美国跨国公司的返销全部记在中国出口的账上。“贸易顺差反映在中国，但利益顺差反映在美国”。其二是美国对华服务贸易顺差被忽略不计，其规模在2017年达到至少530亿美元。2016年，美国服务贸易顺差达到2494亿美元，而同期中国服务贸易逆差达到2409亿美元。此外，美元的国际货币主导地位也会在技术上导致美国出现贸易逆差的变形统计，而美国持续下降的居民储蓄和不断飙升的国债也会是拉大逆差的重要原因。

问题是，中美关税战贸易战在不断升级，已经引起了美国经济预期中的动荡。比如国际货币基金组织在其报告中判断，美国的高关税对中国经济总体影响有限，在2018年7月实行的增税规模中，只占中国GDP的0.4%，而根据其他国际经济咨询机构的预测，对美国经济增速的影响则是0.4%到1%不等。如果贸易战打下去，2019年美国经济增长很有可能面临停滞。贸易战对美国金融体系的冲击则更大，面对这样的无一利而有百害的后果，即便特朗普的思维再感性，难道会一直坚持打下去吗？他究竟要干什么？难道就是要一展商业谈判的才能和只是为了共和党继续一掌美国的政局吗？

或许有这方面的因素和另外的因素，比如美国的中期选举和特朗普连任的前景，但更深刻的大背景至少有以下四点：一是阻挡中国现代化的进程，确保美国的霸主地位；二是迫使中国对美完全开放战略市场，达到全面控制中国市场的目的；三是迫使中国改变现有经济制度；四是推到目前以多元自由贸易为特征的全球化，代之以美国单边主义为主导的另一个全球化等等。这四个目标是美国梦寐以求的目标，无论是特朗普在台上，还是出现了另一个什么“普”，在一个相当长的时期里都不会有大的改变。特朗普和所谓“特朗普主义”的出现，是与美国民粹主义思潮的泛滥分不开的。特朗普靠着民粹主义思潮的托浮上台，待在台上也要靠民粹主义的继续托浮。民粹主义潮头不落，特朗普就不会改弦更张，即便是贸易战调子继续升高或者有所降低，也会玩出什么别的花样。民粹主义在美国不会很快消退，而美国现政府开打贸易战的全理由，包括根本站不住的许多理由，更多的是在迎合和煽动国内的民粹主义思潮，最直接的反映，就是从各方面“妖魔化”中国。民粹主义思潮的既往史表明，它会孵化出很多怪胎，做出不合一般逻辑的事来，因此具有巨大的危险性。

中国的发展，是依照经济全球化必然发生的生产要素向价值洼地流动规律造成的，中国在自身的改革开放中抓住了经济全球化发展带来的机遇，用了不到40年的时间，一跃而成为全球第二大经济体，并在21世纪第二个10年，开始了同样是基于“生产要素继续向价值洼地流动规律”进行经济转型和产业升级。这个任何国家都要走的一条发展之路，引起美国的严重不安，他们想阻断中国的发展进程，甚至把贸易战对美国经济的负面影响继续转嫁到美国消费者的头上。一直到美国消费者无法承压而要用他们的方式来激烈对抗时，中美贸易战才有可能调子降低。因此，中美贸易战有长期化的可能性，并不是一个没有根据的判断。或者说，贸易战作为一种商战形式，总还有“收尾”和以什么方式“收尾”的时候，但新的形式会出现。中美经济关系已经结束了所谓的“蜜月期”，进入到了持续紧张的新阶段。

本书初截稿之时，特朗普贸易战还在进行，甚至在前两波的“攻击”中出现了第三波，也就是特朗普在9月18日宣布，将对中国输美的2000亿美元的商品加征10%的关税，并且放出年底调高到25%的“威胁”，特朗普还不排除对全部中国输美商品关税加征的可能。但在9月25日，中国也发表了关于中美贸易战的第一个白皮书，就中美贸易摩擦的看法和立场，给予比较系统的阐述。值得注意的是，在白皮书里，中国将这次严重的贸易冲突也“定性”为“贸易摩擦”，既说明中国政府的克制，也说明中国立场的坚定与态度的从容。与特朗普的上万条推特相比，形成了明显的反差，单凭这一点，孰主动孰被动，已经可以看出。更何况，中国的白皮书辟出关于中美贸易问题对世界经济影响的专章，体现了中美视点与焦距的大不相同，“单边主义”毕竟是不得人心的。

就贸易战或者贸易摩擦本身而言，总归有张有弛，或许会有告一段落的时候，斗而不破也有可能，但美中的贸易对抗不会是暂时现象，尤其要防备贸易战多种形式的商业战争，比如金融货币战等等，要从好的方向争取，更要从坏的方向准备。必须要有更重要的战略应对，包括地缘经济战略方面的应对。因为，中美战或者其他形式的商战，说到底是经济全球化如何推进之争，关系到中国的经济复兴，更关系到全球经济的良性发展。

11月中，特朗普称或不对中国加征关税，并传来中美12月有可能恢复谈判的信息。但特朗普依然在讲关税对美国是好事，明年1月还要将10%的关税提到25%，同时在与中国国家主席习近平通电后声称，双方可以在贸易问题上达成协议。他的贸易顾问纳瓦罗则继续发表煽动性言论，而白宫高级经济顾问库德洛又发出另一种信息，说纳瓦罗的言论“大错特错”且没有得到任何授权。信号依然混乱，但一直被推迟的中美高层安全对话开始举行。

11月底的G20峰会习普会举世关注，在这之前，基辛格博士在新加坡举行的创新经济论坛上再次亮出他对中美关系的看法。他认为，随着中国不断快速发展，两个世界上最大经济体不可避免会“踩到对方的脚趾头”。目前面临的挑战是，在分歧存在的情况下，“维持一种基本的合作关系”。中国和美国必须对话，而美国也必须明白，“建立新世界未必是改变我们所熟悉的一切”“双方需要避免被细节困扰”。基辛格博士为什么这样讲呢？一方面是对中美关系持“乐观”态度，另一方面认为中美关系再也回不到从前。

那么从前的中美关系又是什么样子，可能会有多种解释，各种解释也会有其一定的道理，或者语义有所指，但从前的中美关系也未必是一些人心目中的“中美国”，更不是曾经度过很长时间的“蜜月期”的关系，而是国家政治关系的正常化。在1979年1月29日邓小平对美国进行的历史访问中，时任美国总统的卡特给出一个基本定位——中国是美国友好的非盟国。在当时的历史背景下，中美曾经就军品采购、军事技术合作方面达成一些协议，并由此派生出所谓“和平珍珠”计划，两起两停，“和平珍珠”最终还是消失了，真正能够持续的是贸易合作。尽管贸易合作中也有摩擦，大体能讲得过去，并没有出现现在这样将中国作为敌人来看待的状况。从这个角度讲，中美关系至少在目前，的确是回不到过去了。但是，国家关系既不是“非盟即敌”的关系，也不会注定要生出“既生瑜何生亮”的情结。中美并没有直接的地缘冲突，在过去，是意识形态的冲突，现在则是市场影响力的冲突。这在美国市场竞争的辞典里，应当是再正常不过的事情，因此，会不会回到过去，其实并不如向前看更重要。

特朗普打的是贸易战，实则是政治地缘焦虑。这是中美贸易战的政治本质。需要摒弃的也是这样一些东西。因此，基辛格博士说，“教育别人与学会合作是有区别的”，而习近平在会见基辛格博士时说，“中美双方对彼此之间的战略意图要有准确的判断，美方也应尊重中方按照自己选择的道路发展的权利和合理权益”。

还有没有贸易摩擦需要达成的目标和现实状况发生偏离的问题呢？当然会有的。如果是这样，那就要反躬自问：贸易战好打还是不好打，为什么要打，为什么要知难而行呢？

贸易战对中国不是好事，对美国更不是好事。就中国而言，贸易战会诱发商品价格上升，迫使本币贬值，容易引发通胀。但也会反助中国改革，有利于中国经济转型，加快过剩产能消化，加速经济一体化的进程。对美国的影响却潜藏着更多看得见和看不见的危机。比如，最新联合国报告显示，2018上半年，中国是接受外商投资最多国家，同比增长6%，绝对数额为700亿美元。美国在2018年上半年接受直接投资额为447亿美元，同比下降72%。

贸易战会不会让美国出现新的更大的问题。如果单从贸易来讲，似乎不会，但也有经济学家判断，贸易战加上美元的强势回归和失控的债务、财政赤字，以及美国的经济过热和潜在的房地产泡沫，下一场经济危机海啸或许在2020年就会到来。俄新社的一位记者娜塔莉亚·登宾斯卡娅更是敏锐地发出一篇分析性报道《僵尸公司正在摧毁美国经济》。不要以为俄罗斯受到美国经济制裁，俄罗斯记者就会诅咒美国。她讲出了美国经济最危险的一面。她的文章虽然是从众所周知的美国股市连续下跌开始，并认为目前的状况完全可以与2008年金融危机前相比，但她的报道直接切入点是许多分析师开始谈论的“僵尸公司”问题。国际清算银行估计，经合组织成员的“僵尸公司”比例已经达到“危险的12%”，而大量的“活死人”企业是美国经济的最大威胁。随着美联储用“量化紧缩”代替“量化宽松”，无力还贷的“僵尸公司”将会漂出水面。连通用电气都进入了“活死人”企业的行列。经济分析师们为通用电气们创造了一个专用术语“BBB级公司”，福特和通用汽车也被归入了这一类。还有什么比这更可怖的。

自2008年以来，美国的系统性风险并没有被彻底消除，政府救助了大银行但丢掉了受害的企业群体和社会群体，企业债务与公共债务一齐飙升，潜藏着一触即发的危机。因此，美国经济尽管在表面上处于繁荣上升期，在时间上还堪称第二长的经济增长期，但国内担心的声音不断响起。这种状态或许会延续到2019年之后，但此后会不会发生新的危机，是一个很大的问号。在这样的经济阴影下，特朗普即便想把贸易战进行到底，又能坚持多久呢？

美国贸易战难以取胜还有另一些原因。中国市场回旋余地大，美国市场回旋余地小。中国发展眼光长远，而美国总统的眼光至多是停留在2025年前后的执政期内。中国从来都有两手准备，而美国却会出现二三其德的游移。中国金融相对稳定，流动性合理充裕，但美国潜藏着的金融危机种子在2008年就种了下来。中国的政局稳定，美国的民粹主义可以载舟也可覆舟。中国产业链由低端移至中端，个别的进入高端，制造业产值占全球三分之一，技术密集型企业产品出口占到60%。美国的高端产业不少，但产业结构失衡。美国有美元霸权，但“宝刀”亦步亦老，而国际上方兴的“反美元联盟”正在破土生长。俄罗斯不久前推出“去美元”计划，并不会强制弃用美元，但重点推动本币结算和在欧亚经济联盟内扩大欧元和人民币结算规模，美元的宝座正在摇动。美国的政治信用透支更明显，连法国总统马克龙都在讲演中呼吁，“欧洲再不能把自身安全寄托于美国”。

问题还在于，特朗普贸易战已经搞得内部多种基础产业发生了很大的市场问题，制造业和农业都不同程度地出现了贸易链断裂的问题。大豆滞销，价格连连下跌，让许多农场主进入破产状态，农业引发的这种市场危机，让美国作家约翰·斯坦贝克的小说《愤怒的葡萄》引起读者共鸣，从而获颁普利策奖。但依赖外国大豆进口的中国却由此出现了农产品贸易的多元化。

贸易战会不会长期化、变形化和泛化，这要看如何去看这些问题。落下的靴子也许不会轻易消失，但新的关税加码很难再次频发。美国著名国际问题专家葛莱仪指出，消费价格上涨，美国人就会开始问为什么。至于贸易战产生特朗普所希望的美国企业回流本土的效应，会不会真正出现，同样很可疑。如果从机器人的广泛使用角度讲，美国企业在国内生产也会走向低成本，未来企业生产转移的概率将会大幅减少，资本外流势头减缓，一定要视之为全球化减少动力的一个原因，也有一定的道理，但从贸易角度讲，更需要贸易全球化来护航。

《美墨加协定》的签订，可以视为特朗普的小胜利，因为其中有排他性条款。因此美国一些媒体认为，新的《美墨加协定》将是一颗毒丸，但毒性究竟如何呢？不仅墨外长此后表态说，《美墨加协定》签订影响不了中墨贸易经济关系，中加经贸关系也是如此。加拿大与中国也在继续推进自贸谈判，明确表示《美墨加协定》不会成为中加经济关系的掣肘。欧盟国家从中看到了更多的机遇，例如英国银行继法国银行之后提出报告，将这次中美贸易战视为自身的难得的机会。东盟“10＋3”峰会11月中旬举行，则同声维护自由贸易。中日韩贸易谈判稳步推进，“区域全面经济伙伴关系协定”（RCEP）进入最后阶段谈判。这说明贸易战打到哪里，哪里也不会等着挨宰。

因此，2018年诺奖获得者诺德豪斯、罗默也对特朗普政策提出了批评。美国前助理国务卿苏珊·桑顿在离任后，更是直言不讳地说，“如果美国找不到与中国合作的道路，我们将迎来极其困难的未来。”她直接抨击彭斯在10月的讲话，是给美国国内外留下新冷战的印象。她认为，“接触”无非是对话，寻找妥协点，“几乎所有问题都有找到共同利益的解决办法”“美国没有从经济上孤立中国的国际机制”，将美国经济从中国分离出来，“美国自身将会破产”。

不知是否出于提醒特朗普最好退出这场并无胜算的贸易战的思量，也有美国媒体在强调中国在中美贸易摩擦中，准备要打持久战。但中国早就申明，刀架在脖子上怎么谈呢？一切接触和谈判的基本前提是平等和尊严。中国知道自己的底气所在。中国还是那句话，不想打也不怕打贸易战。因为中国除了数量优势以外，还有许多人并没有完全看到的质量和可持续性优势。也是因为这些原因，清醒些的美国战略专家提出，把中国视为主要敌人是严重错误。而首提“修昔底德陷阱”的哈佛大学肯尼迪政府学院教授艾莉森也发表文章说，美国对华新冷战将导致严重误判。美国政府的目标，一是削弱中国的国有经济，一是允许美企业拥有更多支配股权，一是阻断技术转移，一是在尽可能的情况下，将中国孤立于经济全球化的进程之外，遏制中国经济发展的势头。

中国的国有经济和民营经济共同形成了民族经济共同体，这是一种无法战胜的经济力量。允许美企拥有更多支配股权只是一个技术问题，而且遵守中国的法律框架是国际惯例，是完全有的谈的，因此这只是一个由头。比较费思量的倒是阻断技术转移渠道。且不说除了现在和未来通用技术的部分，该不该封锁，能不能封锁得住，就像“挥刀断水水更流”那样白费力气，美国对华技术封锁从一开始就是一种常态和国策，因此并不使人感到意外。说白了，中国在航天航空、高铁、核能等方面的突破，又有哪个是曾经受惠于美国的呢？阻断技术转移无非是从服务贸易、人才资源流动，如收紧移民和留学等来实施，未来对美国所造成的伤害或者会大于对中国的伤害，远远会超出“杀敌一千自损八百”的程度。美国的经济本质上是移民经济，没有这一条，美国也就不成其为美国。至于知识产权保护问题，中国也会比以前更加重视，多家知识产权法院的成立，并不是摆设。至于想将中国孤立于经济全球化的进程之外，那更是一种天真的想法，这不仅是因为中国坚持经济全球化，已成为经济全球化的主要推动力，对WTO的改革更为上心。倒是事事要优先的美国，奉行单边主义和孤立主义，搞不好也会画地为牢，将自己的一只脚放在经济全球化的大门之外。

关于美国中期选举结果，已经揭晓。特朗普没有全胜，但也没有全败。德国的《明星》周刊动作很快，11月8日就发表了今后特朗普能干什么不能干什么的10个预测:1.特朗普也会输；2.特朗普不会闭嘴；3.特朗普也会讲策略；4.特朗普说话可以和风细雨；5.特朗普可以发出威胁；6.特朗普会狂妄自大；7.特朗普会蛊惑人心；8.特朗普不能干别的；9.特朗普能干一切；10.特朗普还能赢。这是就特朗普个性讲的，但个性是好玩的，个性并不能保证安邦治国。无论干多久，谁在台上干，都要解决美国向何处去和中美关系这两道大题。

最后，多谢愿意读完这本书的朋友们。

冯并

2018年11月15日

目　录

第一章

北极进入发展视野

一、北极地区的自然变局

北极地区是指北纬 66 度 34 分（北极圈）以北的海陆兼备区域，总面积 2100 平方公里，其中陆地面积 800 平方公里，包括北冰洋、海冰区、岛屿和欧洲、亚洲、北美洲以及格陵兰岛在北极圈以内的陆地。这些陆地和岛屿分属俄罗斯、挪威、瑞典、冰岛、丹麦、美国、加拿大和芬兰 8 个国家，俗称“北极八国”，也有俄罗斯、挪威、丹麦、美国、加拿大“北极五国”的说法，主要基于这 5 国既在北极圈内，又直接濒临北冰洋。在传统认知里，北冰洋有 1300 平方公里的海冰区，主要分布在俄罗斯、挪威、丹麦、美国、加拿大之间。海冰区里潜藏着许多不为人知的秘密，一直是各国科学家科考的重点，随着时间的推移，秘密正逐步揭开。

世界全球有四大战略水道，主要是指东南亚的马六甲海峡，位于南非的好望角和南美的德里克海峡，此外还有地中海西口的直布罗陀海峡和英吉利海峡、日本与中国台湾之间的宫古海峡和小亚细亚半岛的黑海海峡等等。连接欧亚非的苏伊士运河和中美洲的巴拿马运河等，也可以视为人造海峡。这些自然和人造的“海峡”大多成为古代和近代贸易的必经通道和重要的战略要点，只是因为位于北纬 66 度 34 分的白令海峡长期冰封，没有得到有效的利用，因此一直处于一种相对封闭状态，并未列入战略水道之中。随着地球气候变暖，这种情况正在改变，也许用不了多久，白令海峡将会列入世界四大战略水道之首。这是太平洋通向北冰洋的唯一自然水道。

北冰洋相对较浅，平均深度为 1296 米，最深处为 5527 米。由此形成一个巨大的北极国家圈，即从北纬 66 度 34 分 30 度画一个圆，其中包括了加拿大、美国、俄罗斯和部分北欧国家。如果从北纬40度画一个圈，则是一个包括了中国北部、中亚国家和几乎所有欧洲国家的内环区。从北纬30度再画一个圈，则包括中国长江以北地区和中东大部分地区，集中了世界三分之二的陆地和五分之三的国家。因此，就其同心距离来讲，从北冰洋向南，依次排列着三个层次：北极圈国家，近北极国家和与北极关联较为密切的国家。

北冰洋是毗邻亚洲、欧洲和美洲的陆间海洋，从地理形态上看，也可以向西连接北海并辗转连接欧亚非之间的地中海。这是一个重要的海陆结合部，只是几万年来一直被冰雪覆盖，似乎除了因纽特人在其边缘地区进行渔猎活动，其广阔的冰原一直被视作是人类经济开发的一个自然禁区。

但是，北极地区的气候正在加速变化，并在可以明确预见的时间里，这种变化将会对人类社会经济生活产生巨大的影响。除了影响到地缘经济、地缘政治和地缘文化格局的变化，也将会影响到现代丝绸之路（后简称现代丝路）的走向和国际经济合作格局。这样的影响已经不是一种逻辑推理，正在变得越来越实际，越来越清晰。如何在这个新的经济空间里认知现代丝路的自然延伸和运作半径，无疑是极为重要的一件事情。

在中国的历史文化记忆里，有着一个重要的地理概念，叫作“冥海”。“冥海”的大体地理方位与形态轮廓在2000年前已经明晰可见。中国的庄子说，“北冥有鱼，其名为鲲，其大不知几千里”，鲲或者是对北极鲸鱼类的夸张描述，在近代欧洲的典籍里也不乏对于北极海怪的记录，庄子又说，“穷发之北，有冥海者，天池也”。所谓穷发，当指居住在东北亚地区的髡发民族，这个冥海并非一般意义上的北海或者贝加尔湖，更可能指的就是北冰洋和北极地区。因此，在古代中国人的地理印象里，这个不被阳光轻易照到的北方称为“北冥”最为传神。

应当说，北冰洋与北极地区是两个概念，但互相联系。中国人为什么在2000年前就有“北冥”的概念，是因为中国人最早发现磁极现象，对北极星的关注度很高，并由此出现了“北极星君”的有关文化，也出现了南极的概念和“南极星君”的文化概念，但中国离南极比北极更为遥远，因此对北极的关注胜过南极。

现代科学考察已有定论，北极地区的地理中心与北极点有一定的地理偏移，但总体上距离不远。北冰洋中也有很多岛屿，但主要是水域。从北极地区的地理外环来看，蒙古高原是一个大的分水岭，发源于蒙古高原南边的4条大河黑龙江、黄河、长江和珠江向东向南注入太平洋，发源于北麓的4条大河勒拿河、鄂毕河、叶尼塞河和科雷马河注入北冰洋，注入北冰洋的河流在中国历史书上统称为北流河。

北流河覆盖了广袤的西伯利亚平原，这里有着尚未完全开发的最辽阔的平原土地，也是最丰富的水源地。或者也可以这样说，中国的青藏高原是面向亚洲东南的水塔，蒙古高原以北的西伯利亚是面向亚洲北方的蓄水池。在现代工业社会里，人们也许更加关注这里蕴藏着多少化石能源和金刚石矿藏，但真正影响未来的是它的生态资源，包括水、森林与土地。从世界经济未来发展布局来讲，这里会是重塑世界经济版图最后一块黄金区域。

北极地区受到北极各国包括世界多数国家前所未有的重视，除了气候环境发生变化，引起了几千年来从来没有的生态变化，主要还是它对地球文明发展的巨大的现实和未来价值，以及对全球经济的巨大影响。除了人们众所周知的军事战略价值，概括起来还有这样五点：

一是资源价值，据有关机构分析，北极未探明油储量是全球未探明油储量的5.9%，是俄罗斯原油储量的1.1倍，是美国的3.39倍。天然气1669万亿立方，是全球已探明储量的24.3%，是加拿大储量的27.36倍，美国的5倍，占俄罗斯的99%储量。大陆近海油气资源占到北冰洋油气总资源的84%。也有另一种估算，即这里蕴藏着世界13%的石油和30%的天然气，也就是说，那里分布着占地球四分之一的未开发化石能源资源，包括石油和天然气。此外还有黄金、钻石、铁、锌、铜、石墨以及稀土和铀矿藏，都具有巨大的开发价值。随着北极冰层融化，这些资源将越来越容易开采。美国地质勘探局也做出过估计，认为北极地区蕴藏着900亿桶石油、1699万亿立方英尺天然气以及440亿桶天然气凝液。这些资源的84%位于北极的离岸地区。2017年春天，俄罗斯总统普京曾经在登临亚历山德拉岛时说，那里的矿藏价值足有30万亿美元，强调了北极对俄罗斯的重要性。彭博新闻社甚至这样讲，俄罗斯95%的天然气在北极，75%的石油开采潜力也在北极，北极经济可以产出俄罗斯20%的国民生产总值。

北极地区不仅对俄罗斯重要，对所有拥有北极领土的国家来讲，都被视为极为重要的后备能源基地。2016年下半年，美国宣称在阿拉斯加发现了美国最大的油气蕴藏。北极的资源吸引着北极圈内外的许多国家。加拿大、美国、丹麦（格陵兰）和挪威先后都曾向联合国递交申请，要求获得北极碳氢化合物的开采权。

北极地区还拥有其他潜在资源价值，比如在公海渔业与捕捞业发展方面具有较大前景。有研究成果显示，随着近赤道地区海洋温度升高，出现鱼群向水温相对较低的北冰洋迁徙洄游的可能性有增大的趋势。如果这种情况出现，北冰洋会出现世界最大的渔场。俄罗斯渔业局曾经在2017年宣布，俄罗斯目前在远东地区的捕鱼量已经占到全俄捕鱼量的三分之二，当年俄罗斯全年捕鱼量和捕获其他水生动物的总量达到340万吨，其中有230万吨来自远东水域。这里集中了亚太地区水产资源的30%，拥有极大的发展渔业的潜力。因此，时任俄罗斯总理梅德韦杰夫2017年签署成立第18个远东开发区即千岛群岛开发区的命令，提出要在色丹岛拨款74亿卢布，建设生产冷冻水产品和罐头产业链，在满足俄罗斯国内消费需求的同时，更多出口到亚太地区。在中国的珲春地区，水产加工业的发展也有一定规模，其加工原料来自远东海域，主要是俄罗斯。

二是缩短航运距离的运输物流价值。自从“大航海[①]”以来，连接东西方的国际战略水道主要是非洲南部的好望角。苏伊士运河开通之后，连接地中海与东西方的“最后一公里”水路打通了，马六甲海峡和红海海峡从此成为东西方贸易必经之地。现在，白令海峡正在成为潜在的新的缩短航运距离的洲际运输水道，这本身就意味着世界航运格局正在面临重大变化。各种商船不仅可以穿越繁忙的马六甲海峡和苏伊士运河，也可以向北穿越白令海峡，走向欧洲和北美。据报道，取道北极地区，运输时间可比途径苏伊士运河传统航线缩短 20 天。北极航道的出现，或许并不会完全改变苏伊士运河的航海价值，当然也不能完全替代苏伊士运河和地中海航线，但在一定阶段里，可以承担亚欧之间 20% 的海运份额，并分流繁忙的传统海上物流，改善海运状态，完善世界海运体系。

目前，沿美洲大陆的北冰洋“西北航道”已经开通，航船可以在美国的阿拉斯加、加拿大与丹麦的格陵兰往来直航，直通俄罗斯的摩尔曼斯克。“东北航道”也在加速开发。除此以外还有“挪威航道”，也叫“中央航道”，商船由此可以从北冰洋进入北海。有研究者说，如果从摩尔曼斯克向西经芬兰开凿运河，也可直接抵达波罗的海。这是一条多向的沟通大西洋和北太平洋潜力很大的航运路线，不仅可以连接欧亚之间的各个重要港口，距离也最短，具有很高的商业物流价值。

---

① 即大航海时代，又被称作地理大发现。是 15 世纪末到 16 世纪初，由欧洲人开辟横渡大西洋到达美洲、绕道非洲南端到达印度的新航线以及第一次环球航行的成功。大航海时代是人类文明进程中最重要的历史之一。

2013年，中国货轮“永盛号”在破冰船的帮助下，从“东北航道”抵达荷兰鹿特丹，从那以后，已有10艘货轮试航北极地区。2018年8月，一艘自带破冰装置的“天恩号”从连云港起航，目的地是法国。“天恩号”可以在厚度为80厘米以下的冰层中航行，完全可以在夏季穿越北极地区，唯一的问题是如何避免浮冰的冲撞。同年9月初，由中国江南造船厂建造的“雪龙2号”科考船下水了，这是世界上唯一的可以在前进和后退时可以破冰的极地研究船，已在2019年交付使用。它能够以12节到15节的航速连续航行2万海里，并维持90名乘员两个月的补给。据讯，中国已经在筹建核动力破冰船，这无论对极地科考还是商用，都是一个大的利好消息。

假设以鹿特丹为夹角顶点，人们大致可以划出两条线，穿越北极地区与经由印度洋进入地中海。前者与后者的航距相比，航程缩短一半以上。也就是说。中国北纬30度（比如上海港）以北港口出发的商船，经由“北极航道”前往俄罗斯和欧盟各国，多了一条捷径。商船途经的国家与港口少了很多，停靠费用减少，也避免了海盗一类的航运干扰和热带风暴的袭击。从世界航运系统来说，北向的航线与南向的航线形成了围绕欧亚大陆的一个“航运闭环”，既可南行也可北行，形成了更为合理的循环。

当然，从目前来看，“北极航道”还处于刚刚规划开发的阶段，基础设施远未达到理想的状态，在一段时间里也会有低气温带来的航运时间较短的问题，同时还会有可以预见和不可预见的新的成本，但在运输的一般综合成本讲上还是有优势的。尤其是运输大宗资源产品，通过“北极航道”在欧洲与亚洲之间往返，可以减少空舱空驶的概率。人们知道，在现代经济往来中，物流成本占总成本的3成到4成，有效降低物流成本，是“北极航线”的优势之一。事实上，国际航空公司早已考虑到这种直线距离较短的路线优势，飞经北极地区是从空中直接连接欧亚大陆与北美大陆距离的经常性选择。比如，通过最近北极经飞区域，从北京直飞纽约要比跨越太平洋至少减少3个小时。在航海中，沿俄罗斯北部海岸从亚洲到欧洲或者从亚洲到美洲的时间，一般要比传统航线少15天，因此，中国极地研究中心的经济学家们估计，在2020年，中国会有5%至15%的贸易量要途经北极。

三是长远的宏观经济资源整合价值。在濒临北冰洋的东北亚经济区域里，仅中日韩三国，经济总量就占了亚洲70%和世界五分之一，如果加上潜力依然很大的俄罗斯，再加上美国的阿拉斯加地区和加拿大北部地区，整合后的泛东北亚经济区所具有的经济能量，恐怕是目前可以同欧盟和北美经济区相抗衡的，其对世界经济的影响力和带动力就更不用说了。泛东北亚经济区在一段时间里一直发育不很理想，但它是世界最有潜力的经济区域。世界第一大、第二大和第三大经济体都在这里，具有巨大现实意义的、带动世界经济发展的能量。

当下，东北亚经济区发育滞后，有多种原因，一是长期以来受到地缘政治的干扰，加上朝鲜半岛一直处于不稳定状态，区域内国家历史互信程度较低。二是气候的多种影响，致使东北亚经济发展的区域半径一直局限在偏南地区，全口径半径较小。但人们也看到，东北亚地区同时也是最早受惠于丝路贸易和丝路文化交流的地区。远在中国的秦代，中国与东北亚国家就开始建立海上联系，这种历史联系是包括日韩等国文明开化与发展的基本来源。近代以来，中日俄在这里演出了一幕幕角力，各种历史矛盾纠缠在一起。但在经济全球化的不可逆浪潮中，这不应当是一种常态，亟须得到改变。随着中国经济的崛起和“一带一路”的不断推进，东北亚新的丝路合作终将迎来新契机，东北亚经济区也会在新的经济合作背景下出现新的生机。

俄罗斯“向东看”是一个新变化，中日韩贸易协定的酝酿也带来新的机会。从一定意义上讲，东北亚的经济合作是拟议中的亚太自贸区不可或缺的主要部分，东北亚的经济合作自然也会突破近代历史形态的局限，在北太平洋和北冰洋沿岸国家更加密切的经济文化的互动中迎来新的发展机遇。

四是科考价值。北极有着巨大的科考价值。首先，伴随着长达几个世纪的北极探险活动，有关北极甚至地球深处的科幻想象也不断出现了，比较有代表性的作品是美国一位飞行员关于北极飞行探险的一本书。在这本书里，地球内部居然会有另一个世界。这是一本以第一人称记述亲历见闻的特殊科幻作品，从本质上与100多年前出现的法国作家儒勒·凡尔纳的著名科幻小说《地心游记》和《海底两万里》有些异曲同工。人类对于地球内部的探索和科幻认知一直没有停步，引起人们对通往神秘地心世界强烈兴趣的作品自然也会大量出现。比如，在1936年，英国科学家威尔金斯也在其《古代南美洲之谜》一书中讲到，史前人开辟了纵贯欧、亚、美、非首尾相接的地下隧道，而地球内部也存在有“地下王国”。这本书吸引了更多的人到墨西哥的丛林中去考察，甚至还出现了美国总统罗斯福派出考察队后，发现玛雅人后代坎顿人的有关新闻。1959年，美国上映了电影《地心历险记》，地心科幻达到了高潮，此后还有另一部《地心历险记》及续集，也改编自儒勒·凡尔纳的《地心游记》和《神秘岛》。《地心历险记》讲述了李登布洛克教授按照前人的指引，进入冰岛的一个火山口，历尽艰难回到地面的故事。这大约是从北极地区进入地球内部的科幻作品之鼻祖。

人们知道，地球内部处于高温高压状态，从质量上看，地核占其总质量的16%，地幔占83%，地壳只占1%，对地球内部的情况只能从火山和地震里去推断分析。地球深处有没有人类是一个匪夷所思的问题，但其中没有生命，却不那么简单了。从科学家们发现的深海热泉附近生活的细菌判断，地球深处并非生命禁区，有一些生命形式可以在极端条件下生活，甚至可以承受是人致死量200倍电离辐射的奇异球菌出现，有没有更高级的生命进化，目前还不能下定论。

然而，相对于南极来讲，北极同样也有牵涉众多学科的秘密需要揭示。科学家对北极的科学考察更有针对性、综合性和现实挑战性，不仅要实地考察气候变化，也要考察洋流变化、地质地理、植物群落分布、矿藏资源分布和必须加强的环境保护和生态保护等等，也涉及渔猎产业发展所能承受的捕捞水平等。

五是进一步拓展和显化了“一带一路”联通架构的内涵与外延。中国有关机构对“一带一路”陆上丝绸之路经济带的地理表述，此前是陆上6大通道或6条走廊，但从历史和现实情况来看，应当是陆上8大通道或者8条走廊，即由中国西北的主要口岸向西，有4条较大的通道，从北到南依次排开：俄罗斯欧洲通道、里海黑海通道、吉尔吉斯西亚通道和中巴经济走廊通道。由中国西南地区走向印度半岛和中南半岛的，则有尼泊尔通道、中缅孟印通道和澜沧江红河通道。此外还有向北的蒙古俄罗斯通道。海上丝路则在很长时间里沿袭传统的航海路线和“大航海”开辟的近代航线走向，大体上分为中南两路，即一路经由马六甲和苏伊士两大战略水道走向地中海，另一路跨越太平洋、印度洋、大西洋走向南北美洲。“北极航道”的开通，无疑改绘了人类的商业航海地图乃至经济地图，不仅在北极地区出现了新航道，也使北极地区开始摆脱寒荒的历史状态，出现了新的发展机遇。

从丝路发育发展的历史和现实过程来说，这样一种前所未有的变化，内涵的意义更为巨大。如果我们将丝路的历史发展分为“前丝路”“丝路”和“后丝路”三个大的发育阶段，即“前丝路”是自在自通的丝路自然地理阶段，“丝路阶段”是自发利用的经济文化地理阶段，“后丝路”则是各国各地区在自觉联通中的经济共同发展阶段，“一带一路”倡议的践行显然是丝路发展的崭新起点。“一带一路”倡议提出5年多来，已经显示出巨大活力和持久的生命力。这种活力和生命力体现在新丝路联通的网络构架上出现了新的生长点，联通走向也出现了新的突破。其一是海陆联通，中巴经济走廊终端瓜德尔港和工业园区、吉布提自由贸易港区和亚吉铁路、希腊比雷埃夫斯港与在建的匈塞铁路等，都具有这种海陆联通的典型特征。其二就是正在推进中的北极丝路联通，突破了丝路发展此前的自然禁区。也就是说，随着北极不再受到冰封的自然条件制约，北冰洋不再被人们视为商业航海的禁地，海上丝绸之路越走越宽，给世界带来的经济发展的空间也越来越大。

北极丝路联通意味着“一带一路”有了新的延伸，不仅将欧亚之间的距离拉得更近，也为亚洲与北美大陆的相互联通提供了更为便捷的海上通道。与此相关，原来大体上分为中南两路的东西方海上丝路联通，一变而为北中南三条海上丝路并行、南北东西方向都可通达的新格局，而“一带一路”互联互通的网络构架也随之覆被全球的新状态。

对于这种新状态和这种新状态即将引出的新变化，怎么去评估去预测都不会过分。例如，北极丝路联通与“大航海”所引起的东西跨洋联通，虽然在历史动因和其他许多方面并没有什么可比性，但是在扩大贸易和世界经济关联半径上，还是会有一比的。在“大航海”发生的时代，充满各种不测因素的大洋也是航海的禁区，一旦突破，也就引起了全球贸易数量和走向上的爆发性变化。北极航道诚然是由属于自然气候因素引起的北极融冰演变而来的，但最终会对世界贸易经济流发生巨大影响，这种影响是非常强大的，总体上也是正面的，至少在一个时期里，影响到某些特定的产业领域如能源的南北和东西合作布局，而从更长远更重要的视角去透视，则会进一步加快亚欧、亚美经济合作的进程，推动经济全球化和区域经济一体化向更高更紧密的层次发展。

对于北极地区开发发展的前景，也有一些并不十分乐观的看法。一方面，北极沿岸国家在积极地推动北极开发，非沿岸国家也开始介入，尤其是东北亚乃至东南亚国家，如日本、韩国和新加坡等，都陆续成为北极开发机制的观察员国家。另一方面，北极开发又是一个一边探索一边推进的过程，在探索推进的过程中将会不断出现许多问题，包括开发“北极航道”的新的自然制约因素和不同国家经济利益的具体分割，也包括某些政治地缘因素的干扰。日本的《军事研究》杂志在2017年刊登了该国军事研究人员的一篇文章，题为《北极开发热潮只是一种幻想》。该文主要立足于日本对北极开发的利益和“安保”分析，认为无论从航运、资源开发和“安保”问题上，对于日本来说都是“无利可图的”。其一是因为“北极航线”缺乏规模优势，浅滩多流冰多而且难以通行大型船只，气象也不稳定，并不能保证常年通行，因此与当前的日本运输市场需求目标有偏离，从海运市场赢利性上看也并不合算。其二是因为北极资源的开采缺乏经济性，尤其在大宗商品价格持续下跌的情况下，能够产生的经济利益也是不确定的。其三则是因为对日本的“安保”没有更大价值。此外，日本是非北冰洋沿岸国家，在北极并没有专属经济区，缺少实质控制手段，所以日本并不需要在北极地区过多地展示自身的存在，更不能因为中国展示了在北极地区的活动和存在，日本就要同样全力介入，等等。

这其中一些观点，在微观层面当然并非一无是处，尤其是航线开发中的地理气象因素和资源开发的短期和长远的经济比较，确乎都需要具体地去论证，但过多强调具体问题中的不确定因素，并不是远离北极地区的根本理由。目前尚处于开发利用起始阶段的“北极航道”，与已经成熟的航线并没有多少可比性。从近期看，“北极航道”的经济回报前景确乎不是那么明朗，新航线开通伊始，需要建设大量的基础设施，需要积累更多的用户，而航线的进一步成熟更需要时间，但由此简单地推论乃至怀疑和否定“北极航道”的航运价值和北极资源的开发利用价值，结论不仅有些草率，对“北极航道”和北极地区的经济分析也很难做到透彻，因此，这也只能说是对“北极航道”佯装不见的一家之言。任何新航线的开发都会面临新挑战、新问题，都会有很多的不确定性，但与“北极航道”已经开通和由此而来的更为确定的北极开发发展前景相比，人们面对挑战，只是一个过程。

对“北极航道”的开通前景的判断，同样处在走向北极的咽喉地带上的韩国，同日本的态度就很有些不同，前者看到了未来的商机，后者却更多地紧盯着“安保”和现实回报上。为什么呢？这与日本朝野历来的一些惯性思维有关，也与日本在周边环境中的微妙处境有关。

日本是一个看眼前现实经济利益要比远期利益更重要的国家，这是其一。其二，日本也是对所谓“安保”问题敏感到过犹不及的国家。这两种思维交织在一起，深刻地影响着它对“北极航道”的看法和态度。

除此之外，日本目前对“北极航道”的低调态度，也还包含着更深层次的一些难言之隐。那就是，作为美国的军事盟国，美国对北极的态度决定了日本的态度，而作为历史上与之一直交恶的近邻俄罗斯，“北方四岛①”的问题很难化解，也是一道绕不过去的坎。如何走向“北极航道”特别是“北极航道”的“东北航道”，确乎是一道难题。要说日本对北极地区根本不感兴趣，那是假的。不讲历史上发生的日俄战争为什么在彼时发生，二战中太平洋战争爆发之前，“北进”和“南下”，一直是日本内部的争论焦点。为什么一度提出“北进”，除了多种其他原因，主要是因为那里有日本维持战争的重要能源来源。为什

① 即南千岛群岛（日本称“北方四岛”）是位于太平洋西北部的千岛群岛向南延伸部分，总面积5038.33平方千米。目前在俄罗斯的实际控制之下，而日本亦对该地区有主权要求。

么又改换为“南下”？同样也是除了其他多种原因，主要是关东军在中国东北边境挑起的两次日苏战役中铩羽而归，只能在对英美决一死战和寻找突破口而最终走向了太平洋和印度洋。“南下”并没有挽救日本，但也造成了一种历史惯性，因此人们也看到，虽然时移世易，在关乎外向经济发展的优先方向上，日本又一次把目光瞄准了“南下”。这个动向虽然是在不同历史背景中展开的，也不能概括不久前日本首相安倍首提的“印太战略”的全部含义和动机，但也可以从中窥见，历史包袱是怎样影响现实思维和决策的。

北极新航道无疑是一条新的海上丝绸之路，如果这条海上新丝路发育的好，北冰洋也许是一个新的地中海，而白令海峡就是它的直布罗陀。不过，这个直布罗陀直接相对的不是西班牙和英伦三岛，而是美利坚的阿拉斯加。因此，一个更大的问题提了出来，面对“一带一路”走向北冰洋的这个新地缘格局，美国又会面临什么样的纠结呢？如果还是囿于惯性思维和冷战时代的思维走向，既无视丝绸之路的历史文明发展的地缘规律，又要沿着老路走下去，机遇女神也许不会再次降临到美国。

二、北极融冰与北极航道

北极正在逐步地出现新的开发浪潮，无疑是同北极气候快速变化直接相关的。北极融冰的规模始所未料，出现了加速度发展趋势。这种加速度使“北极航道”的开发似乎呈现出一种突然性。从总体上看，地球升温具有渐进性和波段性，北极融冰水平的升高还有一个过程，但呈现出加速度特征则是明显的。一般认为，人类在推进工业化的过程中大量燃烧化石能源，目前已迫使全球气温升高了 1 摄氏度，这种升温水平已经明显影响到北极周边的陆地和海洋，范围在迅速扩展，进一步加速北极冰原融化的速度。剑桥大学极地海洋科学家们已经给出一个考察结论，全球海冰正以前所未有的速度收缩，随着海冰面积缩小，地球的反照率也就是被地球直接反射回太空的太阳辐射的比例也会减少，地球吸收辐射，进一步加快地球变暖的速度。

这种变化在全球各地都能感受到，在北极地区更加明显。一项研究显示，自从2005年海冰开始较大规模融化，北极融冰确乎进入了加速期。相关的预测表明，到2080年，北冰洋的海冰将会全部融化，如果控制不力，时间表甚至也有可能提前到2050年前后。也就是说，在20世纪里，北冰洋将成为无冰世界，那里的冬季气温甚至有可能达到摄氏零度以上。对于地球气候变化，也有另一项发表在英国《自然·地球科学》月刊上的研究结果，认为气候变化对地球的影响被高估了，全球变暖的速度比以前预测的要慢一些，即当前的全球气温只比19世纪中叶升高了1摄氏度，全球升温幅度控制在比工业革命前高1.5摄氏度的可能性高达66%。这些不同的观点或许展示了北极完全融冰的不同时间表的预测，但在北极进入融冰状态这个客观事实上的看法，并没有大的分歧，也就是说，对北极融冰的快慢，预测判断有所不同，但海冰融化大幕既已开启，北极融冰将是一个不可扭转的大趋势。

2016年12月13日，美国国家海洋和大气管理局也发布了新的《北极年度报告》，同样强调了北极变暖的长期势头在加剧，最明显的变化影响不只发生在夏季，还有其他季节。按照以往的规律，在夏季以外的其他季节，北极会被冰雪全面覆盖，但现在并不完全是这样。自1967年开始有卫星观察以来，春天里北极冰封的面积，在2016年降到了389万平方公里。这份报告说，从1981年到2010年，北极的平均气温提高了2摄氏度，比1900年高了3.5摄氏度。在格陵兰沿岸，海洋温度比 30 年前高了 5 摄氏度。这就是说，北极气温升高的水平与速度，要比全球气候升温的水平高速度还快。

从夏季冰层总面积大小的前后比较来讲，也支持了北极冰雪融化加快速度的结论。截至 2015 年夏天，北极冰层总面积已经缩小了 30%。美国的科学家测算，北极地区冰原面积已由 1300 平方公里缩减到 1100 平方公里，英国的科研机构则认为，进入 2017 年，北极与南极的冰融达到有记录 38 年以来的创纪录低点，一月份的海冰面积只有 517 平方英里，比上年减少 10 万平方英里。在气温变化方面，北极一些地区的气温比平均值高出了 9 度。相比之下，南极海冰变化情况没有北极那么显著，但在夏季季节同样处于创纪录的低点。

2017 年初，欧洲议会通过一项决议，鉴于北极生态环境脆弱，呼吁禁止在北极地区进行勘探，禁止使用重油的运输船停靠在欧盟的港口。为什么呢？除了担心一些北极国家在北极地区获得先发展优势，主要原因还是因为北极气温升高的速度是世界平均水平的两倍——那里夏季海冰覆盖面比 20 世纪 80 年代减少了 40%——北极地区气候变暖的节奏快于地球气候变暖的节奏。这种现象发生或许是因为中心漩涡效应。正是基于这样一种效应，有一种更为大胆的预测，认为北冰洋会很快成为一个“无冰的世界”。

从目前来看，地球气候变暖的趋势不仅没有得到遏制，甚至愈演愈烈。英国气象局年初的预测结果显示，4 年前，大气里的二氧化碳浓度首次超过 400 ppm①，现在大气中的二氧化碳浓度上升 2.5ppm，平均达到 408 ppm。其中 2016 年上升了 3.4 ppm。这是一个令人注目的里程碑式的变化。大气中的二氧化碳浓度继续增加，意味着到 20 世纪末，大气里的二氧化碳浓度将会比工业时代之前增加 1 倍。ppm 就是百万

① ppm 浓度（parts per million）是用溶质质量占全部溶液质量的百万分比来表示的浓度，也称百万分比浓度。

分之一，但不能小看这百万分之一的增加速度，更不能小看 2017 年二氧化碳浓度上升到 408 ppm 所显示的影响。如果按照这样的增加速度并加上复式递进增加的结果，大气里中二氧化碳浓度增加一倍，并不是太遥远的事情。在工业化时代之前，大气里的二氧化碳浓度相对很低，此前 80 万年里，地球大气二氧化碳浓度均保持在 300ppm 以下，而目前显然有所不同。如果大气二氧化碳浓度再增加一倍，就会使地球温度在今后几十年里上升 3 摄氏度，在今后几个世纪里则会上升 6 摄氏度。这个预测数据来自对夏威夷冒纳罗亚的监测，并不代表预测结果与其他站点的变化完全一致，但那里的情况显示，二氧化碳浓度上升的速度在加快，尤其在厄尔尼诺现象频繁发生的年代，变化情况更显著。

有两个变化进一步证实了地球气候变暖的事实，其一是全球气候变暖导致南极苔藓加速生长，科学家们发现南极一些地区开始变绿。英国科学家对南极半岛 1000 公里范围内的 3 处地点进行考察，发现从 20 世纪中期开始，那里的苔藓年生长速度提升了四五倍。他们说，虽然整个南极大陆只有 0.34% 的地区没有被冰雪覆盖，但近 50 年来那里的平均温度每隔 10 年就会上升 0.5 度。其二是位于北极圈内的挪威斯瓦尔巴德群岛上的“北极种子库”也面临着冰雪融水的威胁。位于北极圈内的挪威斯瓦尔巴德群岛上的“北极种子库”，原本是抵御“自然或人为灾难所构成的挑战”的世界作物基因保护措施，储存了 100 万包各类作物种子，在设计和建造时，无论如何都不会料到，2016 年斯瓦尔巴德群岛的平均气温比常年高出 7 摄氏度，而永冻层竟会随着北极气候的变暖面临解冻的直接威胁。在那里，降雪变成了降雨，大量的雨水逼近种子库隧道入口，虽然目前这些变化还没有直接威胁到这些关系到人类未来的种子，但担忧正在出现。

南极其实也是北极变化的参照系。2000 年，南极一块面积相当于牙买加的B-15冰山从罗斯冰架上发生断裂，剩下的面积达5000平方公里的拉森冰架也出现了明显的断裂线。科学家们认为，这虽然不排除周期性变化，但拉森冰架的变化和随时可能断裂，更多的是由于气候变暖的结果。在靠近北极的格陵兰有一座著名的林克冰川，该冰川在2010年和2012年就出现了夏季加速融化的现象，而且融冰以每个月12公里的速度推进，上百亿吨融冰进入大海。

也许人们还需要进一步寻找变化的复杂成因，气候变化带来的全球变暖已是不争的事实。因为也有一种分析，认为大气中二氧化碳浓度持续增加，与常规判断并不一致，即在过去的几年里，能源使用和工业排放几乎没有增加，但温室效应还是加剧了。这一方面说明，或许还有许多排放来源没有考虑进来，另一方面也说明，导致大气中二氧化碳浓度持续增加的机制远要比我们想象的还要复杂。我们虽然不能讲，经过人类的共同努力，大气中二氧化碳浓度持续增加的趋势不会缓解，但由此带来的气候变化，却呈现更复杂的状态。

由科学家托马斯·克劳瑟领衔的另一项研究报告则指出，气候变化的真正影响被低估了，全球变暖已经到了无可挽回的地步。为什么这么说呢？因为此前的研究并没有将储存在土壤中的绝大部分碳计算在内，随着气温的升高，会有越来越多的碳释放在空气中，形成被称之为“正反馈”恶性效应，到2050年，将会有多达550亿吨碳从土壤中释放。全球气温有可能升高5摄氏度而不是目前的水平。除了巨量碳从土壤里释放，空气中的甲烷浓度从2007年后出现飙升，根据全球碳计划组织发表的研究报告，在2014年到2015年，甲烷浓度上升速度每年增加20倍，危及遏制气候变暖的努力，因为甲烷吸收的热量是二氧化碳的28倍，危害性比二氧化碳更大。甲烷的主要来源有可能是大量的牛群养殖、水稻种植、垃圾和煤炭油气开采。但目前导致气候变暖的排放因素约有20%归因于甲烷排放。

中国的专家也记录到全球海洋水温在2017年已经上升到有记录以来的最高水平。他们发表在中国《大气科学进展》上的论文提出一个计算结果，2017年比2015年，海洋升温的热量是中国年平均发电量的699倍。这一记录“强力表现了全球变暖的信号”。美国的一位热能教授也认为，2017年海洋水温升高达到了历史水平。2017年是一个并没有通常导致海洋温度升高的厄尔尼诺现象的年份，因此主要问题还是在大气中温室气体的累计增加。

据美国阿拉斯加大学气候研究人员的观察研究，2017年以来白令海海冰创历史最少值，阿拉斯加西部正经历有历史记载以来最温暖的冬天。

气候变暖也使北极的景观发生了变化，在白色中出现了微绿，这些微绿来自微藻。一些学者的研究表明，在2017年夏天北冰洋约有30%的地区出现微藻，而在30年前，这个比率只有5%。无独有偶的是，美国科学家们也研究了北冰洋浮游植物的繁殖与分布，由于海冰变薄，浮游植物在北冰洋大量繁殖，在过去10多年里，北极30%的地区在夏季成为浮游植物繁殖的地区。这些研究浮游生物的海洋学家们得出明确的结论，“研究结果表明，北极正在变成一个与过去迥异的地方。水道在变化，生态在变化，全都是由海冰减退引起的。”

事实上，这些变化反映的是目前气候变化的一种难以逆转的趋势。而从历史上看，地球气温变化也是有周期性的。冰河期和间冰期在地球上交替出现，显示了这样一个变化特征。比如最近一次冰河期结束是在1万多年前，期间也经历了寒冷和温暖交替出现的曲线。也许，新的气候变化周期正在开始，这样一种历史周期变化与人类活动过度排放因素叠加在一起，造成了北极融冰的加速度。

似乎有这样两个困惑，一是为什么南北极地区融冰速度不对称，为什么北极气温升高但临近北极的西伯利亚地区和北美高纬度地区出现极端寒冷的冰雪天气。前一个困惑目前主要从南北极地区人类活动排放温室气体差异来解释，后一个问题却与高速气流和极地气流涡旋现象相互作用有关。

近年来许多气象学家对“暖北极，冷大陆”现象进行了研究，具有代表性的观点是美国罗格斯大学珍妮弗·弗朗西斯与威斯康星大学的斯蒂芬·瓦夫鲁提出来的。他们在一篇研究论文中提出，全球变暖在北极的放大表现，导致了高速气流波动增加、移动速度变慢，反过来导致极端气候在临近大陆滞留，致使“暖北极，冷大陆”现象频繁发生。在这种情况下，北极海冰量降低，但西伯利亚和北美降雪增加，并进而推动北极的寒冷气温与中纬度的温暖气温发生了互换。因此，这是一个连锁的气候变化过程，并不能用中纬度的极端气候频频出现来否定北极变暖的客观事实。

2017 年和 2018 年冬春之交，丹麦气象学家记录到，在格陵兰最北部，气温高于零度的时长达到了 61 个小时。丹麦气象研究所的记录也显示，在整个北极，平均温度比以前提高了 20 摄氏度，约为零下 8 度。他们解释说，暖流是从大西洋和白令海峡进入北极的，暖流进入北极，迫使那里的冷空气南下，从而造成了欧洲比北极还要严寒的“古怪天气”。2018 年 2 月底，意大利迎来了暴风雪，在比利时，气温也开始下降到 10 度左右，而地处东欧的波兰气温也跌到了零下 8 度以下。这种欧洲比北极更冷一些的气候，虽然不排除是个案，但北极热大陆冷的气候模式出现是有研究根据的。早在 1973 年，北极气候还没有出现今天这样的明显变化，气象学家们已经得出结论：如果北冰洋的冰层融化，位于其南部地区的气候就会变得更冷，而联合国科学家委员会较近撰写的科学报告草案已经明确指出，北极冰层在夏天完全融化的概率达到了 50% 或以上。

研究还发现，北极海冰融化和高纬度地区降雪增加，也改变了风的环流模式，甚至在中国频频出现的雾霾也与此有密切的关系。

重要的是，最新卫星图像显示，北极的“最后一个冰区”开始融化。据英国《卫报》报道，美国国家航天局的全球卫星图像在2018年捕捉到了冰块从格陵兰海岸后退的影像，丹麦的卫星也捕捉到了相同的图像。美国国家冰雪数据研究中心在8月15日发表的一份报告说，北极海冰面积目前是570万平方公里，比1981年至2010年的平均数值减少了158万平方公里。

就南极而言，虽然融冰速度不很对称，但气候变化同样是明显的。南极冰架临近崩解，自20世纪50年代以来，全球变暖已使南极地区的气温升高了5度，有预测说，到21世纪末，那里的气温有可能再上升7度。

不管怎么讲，在这种气候急速变化中，北极冰原的完全融化不仅可以预见，也在变成事实。到某个时间节点，北冰洋将成为一片完全流动的海洋，而“北极航道”也就会成为基本无冰的航道，这不是无根据的推测。《美国趣味科学网站》2017年4月报道说，北冰洋部分区域正在变得越来越像大西洋。美国阿拉斯加大学的海洋学家们对此也发布进一步的研究报告，认为温暖的海水目前正在流入斯堪的那维亚半岛和俄罗斯以北的海洋，“改变了海洋生产力和化学特性”，使得海冰进一步后退，而由此启动的反馈循环会让夏季结冰成为过去。他们说，在北冰洋的东部，变化尤其明显，一层冰冷的不太咸的海水犹如“帽子”一样覆盖其上，在它们下面的则是温暖的咸咸的大西洋海水。在他们看来，海洋的分层正在发生改变，这种变化从20世纪70年代开始，在最近15年来开始显著，各层之间的水温差异已经缩小，以至将深层海水与表层海水分割开来的那顶“帽子”，在有些地方彻底消失了。也就是说，大西洋的海水进入表层，侵入了北冰洋的海冰。“其结果是形成一个反馈循环，基本将北冰洋东部的约三分之一变得类似于无冰的大西洋。”

美国阿拉斯加大学的海洋学家们发布的研究报告证实了这个判断：自 2011 年以来，这些地区在夏季基本无冰，在冬季海冰最大值连续 3 年创新低。2002 年他们使用重型破冰船抵达过的科考地点，现在使用冰级船就可以进入了。

不管怎么讲，海洋温度升高是一个事实，北极融冰也进入了关键时期。英国《美日邮报》网站 2017 年 8 月 25 日报道，在这一年夏天，俄罗斯一艘油轮克斯托夫・德马尔热里号，首次在没有破冰船护航的情况下通过了北方航道。这艘油轮仅用了 19 天的时间，就完成了从挪威哈默费斯特到韩国保宁的海上行程。比取道苏伊士运河少用了三分之一的时间。克斯托夫・德马尔热里号并非没有破冰设施，油轮长 300 米，它的破冰能力最多可以穿越 1.2 米厚的冰层，在通常情况下，不动用破冰设施是很难自行完成航程的。这一次仅仅凭借自身的常规动力，只用了 6 天半的时间就通过了位于俄罗斯北极领土内的北方航道。克斯托夫・德马尔热里号的北极穿越再次证明，北极气候变暖已经导致北极冰盖厚度已经降低到历史最低水平。

2013 年，中国的第一艘穿越北极的货轮“永胜号”在一艘破冰船的协助下，克服了浮冰的阻碍抵达鹿特丹，从那以后，陆续有 10 艘货轮穿越了北极。2018 年 8 月，中国货轮“天恩号”又从连云港启程，开始了新的旅程。“天恩号”可以在厚度 80 厘米的冰层中航行，此行的目的地之一是法国鲁昂港，不仅缩短了三分之一的航程，也节省了 300 吨航油燃料。

另一个并不怎么好的消息也佐证了北冰洋的气候变化，2013 年，西班牙和其他 8 个国家科研人员组成的团队乘搭“塔拉号”科考船进行了为期 7 个月的环北冰洋考察活动，他们记录了格陵兰海和巴伦支海中的塑料碎片，得出了北极成为容纳至少 3000 亿片塑料“垃圾场”

的结论。该报告刊登在2017年4月出版的《科学进展》杂志上。报告说，在强大的洋流系统的影响下，人类扔进各大海洋的塑料已经漂进北极水域，留在了格陵兰以东和斯堪的纳维亚半岛以北的海水中。他们戏称该地区是塑料垃圾在世界各大海洋长时间冲浪后进入的“死胡同”。能够进入这个“死胡同”，自然与北极海水大面积流动有关系。北极的人口很少，不可能直接产生这么多废弃物，“搬运工”应当是洋流，尤其是来自墨西哥的暖流。这种塑料碎片几经分化，已经成为毫米级的“微塑料”，3000亿片“微塑料”出现在北极海域，警示了环境污染，也提示了暖流正在北进。

三、海运变局与战略水道新平衡

讲到“北极航道”，不可能不联系到目前正在发生的海运变局。从一定意义上看，世界海运的变化，不仅仅是全球经济不景气的一种反应和经济尚未摆脱低迷引起的运能结构的变化，在更深层次上则是海运业面临整体格局调整的一个先兆。

从2015年起，全球海运业迎来了近8年来最大的不景气。航运企业无力消化过剩运力，其重要的指征是新船的订单数量降至历史最低水平，新船订单急剧减少。2011年到2015年每年新船订单尚能达到年均1450艘的水平，2016年上半年降至293艘。韩国的一些造船企业濒临破产，日本造船业陷入低迷，对新建集装箱、油轮的市场需求大减。海运业的变化直接影响到造船业。

海运运力的过剩促使货船回收周期缩短。2012年已有6100万吨载重量被拆解收回，2016年全球又有1000艘货船拆解，累计载重量达到5200万吨。一般地说，回收船龄期为30年，而目前平均为15年。缩短船龄，一个重要原因是运费下降，甚至降到无法承担燃油成本的水平。有统计显示，在作为行业收费基准的亚欧航道上，2014 年每个集装箱的平均运费是 1165 美元，2015 年降至 620 美元，2016 年又进一步降到 575 元。业内普遍判断，由于全球经济依然疲软，为实现自身的供求平衡，至少在两三年内全球海运运力停止了增长。中国的中远集团好一些，但同样面临运力过剩。中国的造船业约有三分之一的产能过剩，缩减船龄期也会成为重要的应对措施。

据了解，世界上著名的海运公司如丹麦马士基、德国郝伯特都有超过 30% 的运力闲置。2016 年 9 月，韩国韩进海运申请破产保护，其债务累计达到 53.7 亿美元。韩进海运是由 6 家航运公司组成的联盟成员之一，也是世界第七大集装箱承运商，曾经承担了对应于美国市场的大约 7.8% 的泛太平洋航运贸易运输，因此韩进的破产首先震动了美国的零售业，认为会对美国的货主构成诸如拖延交货期的挑战，但这只是一些短期影响。从更大背景上看，韩进海运申请破产保护是一个标志性的事件。一方面它是全球海运运力过剩的运费价格下滑中的最先出局者，后来还会有一些海运企业跟进，另一方面也反映了海陆运输的结构性变化。也就是说，如果韩进海运申请破产保护反映的只是因为全球经济乏力所引发的周期运力阶段过剩，也还会有再次复苏的可能，但眼前面临的问题似乎没有那么简单。

全球海运业低迷也拖累了金融业和投资行业。德国的银行一直为收回数百亿美元的信贷感到紧张。因为他们在高达 4000 亿美元的全球海运业贷款中占了近四分之一的份额。英国的苏格兰皇家银行的情况也是如此。有分析说，在金融危机之前，一艘干散货运船或油轮一天可以获利 20 万美元，但现在一天仅赚 1 万多美元。这样的赢利状态是无力还贷的。许多银行在海运业繁荣期里大量向海运业“砸钱”，海运业受到重挫后，留下巨大的债务缺口，因此有些金融机构不得不打折出售债务或者减少部分贷款。这种状况持续下去，将会更深刻地影响海运业的发展前景。

海运业不景气也直接影响到货运方式的调整变化。首先是随着大宗商品和集装箱越洋跨海运输的频次减少，大型货轮航行频次相应减少。其次是运输方式的变化，这种变化与另一个变化相关联，那就是伴随陆上运输规模扩大和效率提升，海陆货运方式发生融合，即在“一带一路”联通模式的推进下，陆上运输出现了持续复兴迹象，海上运输方式与陆上运输方式形成了相互竞争相互补充的新状态。陆上铁路运输目前虽然只占欧亚航空货运份额的10%，海运的2%左右，但已经对货物空运和海运产生了长远的影响。也就是说，在未来的很长的时间里，海运业有可能进一步缩小体量，至少不会一枝独秀。尤其是风光一时海上集装箱运输，受到的影响更大。对于这样一种变化，最有效的应对办法是大量发展“海陆联运”的新兴物流运输，把海上丝路与陆上丝路紧密对接起来。比较典型的就是中国中远控股的希腊比利埃夫斯港与匈塞铁路对接，此外还有哈萨克斯坦通过大陆桥运输与连云港的对接，既为内陆国家提供了新的运输途径，同时也相对保有了海路运输的市场份额。中巴经济走廊终端的瓜德尔港和缅甸的漂皎也有类似的运输特点，但后者目前主要是与输油管道或者公路运输对接。“海陆联通”使物流联结成为一个多方式结合的整体，要求海运企业加快经营转型，尽快进入物流的多环节全方位的具体领域，在海陆联运中拓展自身的业务。可以预见，随着“一带一路”基础设施建设的不断推进，陆上丝路与海上丝路将产生更多的交汇，“海陆联通”也会成为跨国物流新常态，运输方式的结构变化将会重绘世界的物流地图。

人们关注海运航道的布局，包括港口航线的布局和资源的就近分布，关注海运业重获生机的新机遇，同时也会关注正在寻找突围方向的造船业的产品结构调整。长期以来，适于温带和热带航行的巨型油轮、集装箱船以及邮轮，一直是造船业的主打产品，多数适用于在无冰的海域航行。这些产品已经严重地过剩，但是适用于北极地区的带有破冰功能的船只，包括目前仍然需要的破冰船，仍是俄罗斯用得比较多，制造的也比较多。在包括中国在内的多数造船大国里，对一般通用船只实行减产，无疑是必要的，适应新的市场需求调整产品结构，是在不景气中创造相对景气的重要经营路径。2016 年 3 月，广州造船厂国际南沙造船基地建造了全球第二艘极地重载甲板运输船 PUGNAX 号并交付使用，这是为俄罗斯北冰洋沿岸利比里亚半岛和亚玛尔半岛油气项目 Yama LNG 建造的极地船。这艘极地船设计载重两万四千多吨，破冰厚度 1.5 米，可在 −50℃环境下常年航行，完全适应对于 2017 年 1 月生效的《极地航行规则》[①]。极地重载甲板运输船 PUGNAX 号的交付使用，意味着极地运输技术已经不存在市场问题。中国能源企业在 2016 年持有了亚玛半岛大油气项目的股份，这意味着中俄的深度经济合作将在北冰洋"东北航道"一线开始展开，另一方面也带动造船业在产品结构上出现相应调整变化。

"北极航道"开通的前景使受到打击的造船业迎来新机会，亚洲造船业比较发达的韩国在 2017 年也向俄罗斯交付了全球第一艘破冰级液化天然气运输船，用于亚马尔半岛天然气运输。建造中的破冰级液化天然气运输船还有 12 艘，计划在 2020 年前陆续投入使用。

2016 年底，中国自主建造的第一艘极地破冰船也在上海江南造船厂开始建造，排水量 1 万 4 千吨，能以最快 3 节的航速连续冲破 1.5 米厚的冰层，设计续航力达到了 2 万海里。这艘极地破冰船用于科考，

① 此规则由国际海事组织于 2014 年制定通过，全称为《极地水域船舶航行国际准则》。这是一份具有强制性的国际条约，是国际极地环境保护进程中的重要里程碑事件，标志着国际极地环境保护迎来新的机遇。

但中国建造更多的具有破冰功能的商船和油轮，也不会是遥远的事情。中国造船业逆风而上，为造船业调整结构走出困境提供了经验。可以预见，“北极航道”进入开通阶段，造船业的产品结构调整也会陆续展开，至少是一般的干散货船或将减少，能够保温或冷链化的带有极地适用功能集装箱船会增加。极地邮轮和天然气运输船将会有旺盛的需求。由于北极地区对环保的严格要求，具有高安全性能的油轮同样是不可或缺的。

据报道，中国江南造船厂建造的科考破冰船“雪龙 2 号”在 2018 年 9 月中旬下水，这艘船的船头和船尾都安装了强大的推进器，从而成为世界上目前唯一的在前进和后退中都可以破冰的极地研究船。它能够以 12 节到 15 节的时速连续航行 2 万海里，可以供应船上 90 人两个月的生活保障。另据中国核工业集团公司消息，中国的第一艘核动力破冰船也在建造，尽管有评论说，这是为建造核动力航母作模板，但主要还是投入“北极航道”的开通和使用。

另据有关报道，俄罗斯远东联邦大学与中国的哈尔滨工业大学联合成立极地工程研究中心，研究冰载荷对船舶的影响以及冰上作业的各种工程结构的可靠性。俄罗斯远东联邦大学还接受俄罗斯石油公司委托，研究俄罗斯北极地区大陆架的水下冻土，为勘探开采油气资源作准备。中国与俄罗斯在永久冻土领域开展的科研合作已经多年，俄罗斯有意吸引中国共同开发北极。早在几年前，中国货轮曾经使用北极航道前往西欧，2016 年 9 月，中俄科学家在白令海峡水域首次开展联合科学考察活动。

但是海运业的这些变化，终究属于技术性变化，真正具有全局意义的是四大战略水道出现了新平衡新变化。如前文所述，四大战略水道主要指东南亚的马六甲海峡、地中海的苏伊士运河和红海海峡、位于南非的好旺角和南美的德里克海峡、地中海西口的直布罗陀海峡和英吉利海峡。在这四大战略水道中，对于欧亚之间的海上联通，最重要的是苏伊士运河红海海峡和马六甲海峡。白令海峡虽然也有战略水道之称，但一直徒有虚名，在世界航海史上只是一个令人遐想的空白点。因此，“北极航道”的开通意义非凡，不仅带来世界货物运输通道的新选择，也会带来更为深刻的超越物流的变化与战略水道的平衡。

从物流角度来讲，“北极航道”虽然不可能完全取代连接地中海和红海的苏伊士运河航道以及马六甲海峡，但可以分流和疏解后者的通过负荷，大大提高海运的效率。2011 年，时任俄罗斯总理的普京首次正式推出“北极航道”时就曾经这样评价，这是一条能够在服务价格、安全性和运输质量上与传统航道相媲美的国际运输命脉。对“北极航道”做出如此之高的预测评价，不是没有根据的。比如，将北海和西伯利亚的油气资源运输到亚太地区，北极航道的航行里程比传统线路至少缩短三分之一。船只从俄罗斯的摩尔斯曼斯克出发到中国的上海港，经由“北极航道”航行 10600 公里，而经由苏伊士运河需要 17700 公里。重要的是，航船通过不需要更多地等候，而且安全系数较高，不会面对频繁的海盗活动。

从更为复杂的地缘政治干扰来讲，所谓战略水道，在美国的军事霸权下，更多的是政治地缘的代名词。自从大航海以来，“航海自由”成为最重要的海洋通行法则，控制战略水道也就成为一些国家不遗余力的军事行为。世界上的许多军事基地大多分布在战略水道周边，事实上给“航海自由”造成了巨大的威胁。以保卫战略水道为名确保自身的海洋霸权，战略水道成为某种海洋霸权的代名词。

马六甲海峡是当今最为敏感的一个战略水道，所谓“马六甲困境”似乎也是欧亚航运的一个痛点。国际环境宽松，一切都好说，新加坡在“一夫当关”中大赚“买路钱”，也不是什么问题，但新加坡不仅是世界商港，也是美国的一个军港，一旦国际形势有所紧张，这个咽喉之地也会成为多事之地。中国南海的问题，不仅在于南海本身的主权归属中国，也在于美国舰队不断地穿行，并不是谁在妨碍“自由航行”，而是在武力显示美国无所不在的海洋霸权。马六甲海峡集中了太多的国际航运利益，包括中国的航运利益，也集中了美国遏制中国的多种战略利益。

新加坡海港是目前横扼马六甲海峡的主要港口，每年有近 10 万艘船航经新加坡港口，70% 以上来自中国、日本、韩国和东南亚许多国家和地区，来自欧洲的船只在此往来停靠，因此具有极为重要的国际地缘战略价值。

但是，马六甲海峡并不是哪个国家专有的水道，在历史上真正堪称马六甲门户的是距离新加坡 60 海里的马来西亚古城马六甲。那里一直是海上丝路的历史贸易中转中心，中国明代航海家郑和七下西洋，有五次出访和停靠此地。2016 年 10 月，马来西亚与中国企业合作建设的皇京港码头奠基，2019 年初步建成。这个皇京港建设发展计划宏大，除了兴建 4 个岛屿，码头建成后可以停靠巨型油轮和 30 万吨级的散装货船，同时配套建设了商业、金融、旅游和临海工业园区。皇京港的兴建增添了各国航船停靠和贸易商品转口分流的新选择，对马来西亚的经济发展具有强大的带动作用，同时也是化解“马六甲困境”的一着重棋。

皇京港的建设无疑增强了海上贸易的稳定性，但是，马六甲皇京港的兴建并不能解决“马六甲困境”问题，因为皇京港所在的马六甲古城位于新加坡海峡之西，新加坡扼守马六甲海峡最狭长的出口，来往商船只能减少对新加坡港中转停靠的频次，不可能绕过这个“一夫当关，万夫莫开”的海上峡口。在兴建马六甲皇京港的同时，中马在马来半岛东海岸还兴建了关丹港和工业园，并通过横贯半岛的铁路与半岛西部的著名自由港巴生港连线，开辟了一条海陆联运的“陆上运河”。许多集装箱可以不经由新加坡海峡，直接进入印度洋。然而，这同样解决不了油轮过境问题。于是人们看到，中巴经济走廊瓜德尔港的兴建和启用，以及缅甸漂皎港口的兴建和孟加拉港的扩容，成为破解“马六甲困境”的另一个重要路径，这些海陆联通的创新之举有效化解了“马六甲困境”，同时扩大了海上丝路的吸附半径，为俄罗斯和中亚、南亚国家提供了从未有过的海上出口，这对相对封闭的中国西部地区与中亚国家，无疑都是一个大的发展利好。

这样一种多元格局能不能完全有效地改变东亚地区海运的被动局面呢？答案只能是有效缓解但不能从更大程度上改变。因为，瓜德尔港、漂皎港的兴建，更多地平衡了中国西北腹地和西南诸省的石油天然气需求，对于中国的东部沿海地区，依然未能有效化解能源以及其他大宗商品运输的瓶颈。在这种情况下，“北极航道”的开通给出了更大的贸易联通选择，给出了海上能源运输的另一条有效的路径，也给出了海上丝路的南北通透性。中国以及更多的东亚国家既可以按照传统航线，一路向南向西，实现与海湾国家以及欧盟国家的全方位多需求的海上联通，也可以一路向北走上新的贸易通道。这条新的贸易通道使得欧亚联通更加便捷，面临的非经济因素也会更多地减少。至少是出现了多元选择，在客观上也疏解了马六甲海峡的拥堵局面。

这是亚太地区的一个新的航海格局，甚至也可以说是从根本上改写了东亚的航海地图。在几千年的东亚航海史上，过去是南去马六甲海峡一条路，今后也可以通过白令海峡直抵欧洲，尽管新加坡海峡依然具有很大的航运价值，但不再是唯一，更不会永远成为无解的“困境”。

在苏联时代，苏联政府也曾经提出开通“北极航道”的设想，但当时苏联的高度封闭的计划经济体制，决定了设想实现有着不可逾越的障碍，苏联与美国及北约之间无止休的冷战局面也根本难以实现俄罗斯东向的发展战略。在那个时代，远东地区经济不但未出现全面的起飞的计划，也不会出现经济起飞的基本条件。即便出现了“北极航道”的概念，也不会带来多少真正的用户。加上那时的北极地区融冰迹象并不明显，穿越北冰洋必须借助大功率的破冰船队，速度慢，成本高，因此开通“北极航道”的设想长期被搁置。

现在，北极地区冰融加速，虽然在寒冷的冬季还要借助破冰船，但冰层厚度与冰层覆盖面大幅减少。在夏季，有很多地区是无冰的海域，时机和条件相对成熟，开通“北极航道”的计划也就由普京政府再次明确地提了出来。

俄罗斯有关部门认为，“北极航道”的最大用户是中国的海运公司，其次是日本和韩国。从中国目前海运格局来看，经由南海和苏伊士运河的航道依然举足轻重，新开发的中巴经济走廊瓜德尔港也提供了通向波斯湾的另一条捷径。但“北极航道”的重要性和可行性也在明显地凸现。在这条新航线上，较大吨位的货轮在大多数季节里完全可以航行，未来也有全天候航行的可能。来自东亚的货轮可以经由摩尔斯曼斯克直达北欧，“北极航道”也就成为欧亚之间集装箱运输的备选航线。如果考虑到“西北航道”更加成熟，而北极地区还蕴藏着经过环保论证可以开采的丰富资源，“北极航道”改变的东西就更多了。俄罗斯的石油和天然气，并不能完全依靠陆上管道来输送，油轮和天然气船在“北极航道”上航行，迟早也会是一个更为主流的运输的方式。

这一切都使“北极航道”的经济价值具有了更多的复合性。从长远来看，“北极航道”的最大用户是中国，有了这个巨大的市场支撑，同时还有东北亚其他发达的经济体的先后介入，开发“北极航道”的条件已经成熟。幅员广大的中国需要在不断推进能源陆路运输的同时，对海路运输也有着多向性的市场需求，日本与韩国这样的海岛国家和半岛国家，更需要多条海运渠道才能满足他们的市场需要，有了这些至关重要的市场条件，“北极航道”的开发才会有自身的更大价值。

毋庸说，北极地区的能源和运输资源的开发，俄罗斯是一个先行者。2016年6月，俄罗斯第一艘北极航道航行的油轮在“北极大门”的新码头开始装载石油，俄罗斯总统普京出席并启动了这个项目。俄罗斯成立了北极发展委员会，由一位副总理直接领导。北极发展委员会研究了145个有关一揽子项目，其中17个重点项目列入经济发展规划。这些项目的计划总投资额约为760亿美元，约合5万亿卢布。矿产开采加工占40%，其中15%涉及开采和加工金刚石。18%是运输业，7%左右是工业、能源、渔业和农业项目。服务业占4.5%。从项目构成来讲，重点还是矿产和能源。

服务业也开始出现在昔日的冰雪故乡里。俄罗斯濒临北冰洋的港口阿尔汉格尔斯开始接待中国游客。阿尔汉格尔斯一直是俄罗斯通向欧洲和北极的门户，有400多年的历史。同样位于北极圈内的摩尔曼斯克也有一百年的历史。可以预见，阿尔汉格尔斯和摩尔曼斯克将会是俄罗斯和“东北航道”上的繁忙港口。

俄罗斯作为北极地区的能源和运输资源开发的先行者，是有道理的。俄罗斯濒临北冰洋陆地面积最大，北部边境长达5600公里，商业探索活动也开展得比较早，他们拥有的破冰船队的规模也最大。

根据有关报道，2016年，俄罗斯自20世纪70年代以来的第一艘新破冰船下水。这艘新破冰船自重6000吨，长85米，可以破开厚达1米的冰层。与此同时，俄罗斯正在建造3艘“北极”级核动力破冰船，长172米，自重33500吨，可以破开3米厚的冰层。“北极”级核动力破冰船能在海上连续航行6个月。目前俄罗斯的破冰船数量最多，达到41艘，其次是芬兰7艘，瑞典和加拿大各6艘，美国是5艘。俄罗斯的41艘破冰船多数是在苏联时代建造的，有的已经需要更换，因此加紧建造新的破冰船。这些破冰船需要承担多种任务，包括绘制精确航海路线和开发油气田的装备运输，尤其在冬季，海岸线仍然结冰，同时也需要动用核潜艇在水下巡航。美国海军也曾经有过7艘“风级”破冰船，是在二战末期建造的，当时主要用来维持战时北极运输线的畅通，战争结束后移交给海岸警卫队，在20世纪80年代全部退役。美国海岸警卫队目前仍有3艘破冰船，船龄较新的在1999年下水，主要活动在南极地区。俄罗斯在破冰船上的优势也决定了他们能够较快地付之于行动。

俄罗斯开发“东北航道”框架计划从2015年就开始系统实施。这个框架计划正在继续完善，除了一揽子项目，更需要建立统一的物流作业机构，并落实关税政策，而集装箱运输也需要提上日程。鉴于季节因素和目前融冰状态，要想全年通航，货轮还需要破冰船来护送。因此，从总体上讲，俄罗斯“北极航道”的开通还处于前期阶段。

未来的前景将是巨大的。但是，北极能源和航运资源的开发，仅凭俄罗斯一己之力也是难以完全实现的，基础设施与资金的缺乏就是是一个巨大的瓶颈。其次，“北极八国”或“北极五国”在多方竞争的大格局中，达成某些联合开发协议固然有可能，但他们相互之间的利益切割，同样需要不断去磨合。因此，联合“北极八国”或“北极五国”之外的国家，开展更大半径的合作，将会是推动北极地区联合合理开发的首选。中国与北极地区没有直接的领土和领海交集，与“北极八国”或“北极五国”特别是俄罗斯更不存在直接的竞争关系，是一个天然合作伙伴。俄罗斯将中国视为北极开发的首要伙伴，也是理所当然的一种选择，而北欧国家将中国看作是合作伙伴，也同样合乎逻辑。

四、新资源观下的绿色北极

北极融冰必然造成北极生态的新变化，包括长远的变化和过渡性的变化。尽管我们对气候变化有着新的应对努力，《巴黎协定》的签署也是多数国家达成的积极共识，但无论从乐观角度还是比较悲观的角度看，都应当竭力防止气温进一步剧烈上升的最坏局面。对于已经出现的变化，目前并没有更多扭转的办法，只能在生态保护和趋利避害中采取多种应对措施，而绿色北极应当是一个最现实的目标，也是必须达成的一个目标。我们只有一个地球，也只有一个北极，北极的生态脆弱又是显而易见的，“北极航道”的开通与资源的开发利用将会面临许多新的问题。如何处理好北极开发与北极生态保护之间的关系，是其中一个最为核心的问题。

环境保护是第一位的。北极和临近北极的西伯利亚虽然蕴藏着许多宝贵的矿产资源，根据初步测算，油储量占到世界蕴藏量的13%，天然气的30%，也就是说，那里分布着占地球将近四分之一的未开发化石能源资源，这些资源的84%又集中在北冰洋的离岸地区。北极地区还有黄金、钻石、铁、锌以及铀矿藏，都具有巨大的开发价值。但是，北极地区十分脆弱的生态系统，加上北极融冰有可能引起的地质变化等等一些目前难以预测的问题，需要从一开始就建立有效的生态环境变化预警机制和开发协调机制。过度开发已经给我们的地球生态系统造成了难以挽回的伤害，北极地区的生态高敏感度决定了对资源的开发必须在保护的前提下有序进行。

“北极航道”的开发建设，虽然也有许多敏感的环境因素，但从总体上看，影响程度相对较低。当然，油轮的行驶也应当有所限制，这不仅可以最大限度地减少和杜绝海上的原油污染，也可以减少在北极钻探和开采的过度开发活动。

据国际能源署最近年度报告预言，目前和可见的一段时间内，尽管可再生能源使用在增多，我们还不能摆脱以化石能源尤其是以石油为主的一次能源结构的制约，石油时代还远未结束，而美国也将在2040年成为全球第一石油和天然气生产大国。但报告也指出，此后的增长将不会再像以前那样强劲，世界对石油的依赖与渴求正在渡过高峰期，但过渡曲线不会陡降。

从2015年起，石油价格下行，目前又开始上行，在石油价格下行的时候，石油开采和钻探不会是有暴利可图。在一段时间里，原油价格一直在每桶50美元的曲线上下徘徊，尤其是在卡塔尔遭遇“断交潮[①]”之后，国际油价更是雪上加霜，一度降到每桶43美元以下，直接影响到中东产油国和其他石油大国的生产与出口。生产成本比较低廉的石油生产国处于价格危机之中，生产成本高的石油生产国更是陷入市场困境。价格波动不仅会对原油生产发生影响，也制约了新油田的勘探开发计划。在2018年之前，许多已经进入钻探和初期开发阶段的项目陷入观望和停顿。这对尚未准备好的北极地区来讲，并不算是一桩坏事。

全球石油生产会不会过剩？从总体上是这样，这不仅是因为世界许多地方包括海洋深处发现了更多的大油田，更为重要的是美国的“页岩气革命”让美国从油气进口国一跃转为油气输出国。油气价格现在又开始上行，但这轮油价回升能不能比较长时间的保持，也还存在疑问。2017年布伦特原油一度跌破45美元，存在几十年的“石油美元”机制在事实上也面临着深刻危机，许多石油生产国都在不同程度开始

① 指卡塔尔断交事件。2017年6月5日，巴林、沙特阿拉伯、阿拉伯联合酋长国、埃及、也门、利比亚六国及南亚的马尔代夫、非洲的毛里求斯指责卡塔尔支持恐怖主义活动并破坏地区安全局势，分别宣布与卡塔尔断绝外交关系，造成中东地区近年来最严重的外交危机。

了艰难的经济转型。

电动汽车的出现和量产将会是未来压倒石油行业的最后一根稻草。据有关预测，到 2040 年，电动汽车的全球保有量将达到 5.4 亿辆，原油日需求量因此下降 800 万桶。法国环保部在 2017 年宣布，将在 2040 年全面禁售燃料汽车，并希望在 2050 年之前实现碳中和。他们出台了奖励措施，鼓励消费者用新的节能车取代 20 世纪末生产的柴油车和汽油车。可再生能源生产成本不断下降，促使可再生能源生产进一步发展，自 2010 年以来，太阳能生产成本下降了 70%，风能生产下降了 25%。因此，在 20 年后化石能源生产会进入自身的半衰期，但相对清洁的化石能源——天然气除外。

美国的《华尔街日报》网站报道，美国的石油出口正在成为全球市场上一股“新生的破坏力量”。由于“页岩气革命”，美国的石油生产迅猛发展，国内供应过剩令美国国会在 2015 年底取消了美国石油出口的禁令。美国页岩气和页岩油的商业开发成本相对低廉，与传统油气生产形成了商业抗衡，出口不断翻番，虽然总体上只占全球石油出口的 1%，却是一个拉低市场油价的“新因素”。2018 年美国页岩气和页岩油日产量超过 1000 万桶，并出口到 30 多个国家。

美国“页岩气革命”一路领先，加拿大、中国和阿根廷正在跟进。据美国能源信息局预测，到 2040 年，全球页岩气日均产量将是 2015 年的 4 倍，达到 1680 亿立方英尺。同期全球天然气日均总产量为 5540 亿立方英尺，与 2015 年相比只增长 62%。美国能源信息局的报告中还说，目前只有美国、加拿大、中国和阿根廷 4 个国家能够进行商业化页岩气开发。到 2040 年，美国、加拿大、中国、阿根廷、墨西哥和阿尔及利亚 6 国的页岩气产量将会占到全球页岩气产量的 70%。

页岩油是从油页岩中高温干馏出来的一种重质原油。全球目前油页岩资源约为 4000 亿吨，而传统石油资源只有 2700 亿吨。从页岩油气埋藏量来讲，目前中国排在第一位，技术可采量为1115万亿立方英尺，理论上够用80年，阿根廷是802亿立方英尺，美国则为665亿立方英尺。中国的页岩气蕴藏量要比美国高出70%，蕴藏页岩油可开采量，俄罗斯排第一，为750亿桶，美国和中国分别为580亿桶和320亿桶。但中国的油页岩埋藏深，美国的水裂开发技术并不适合中国页岩油气埋藏深的地质情况，而且容易造成地下水污染。在过去5年里，中国已经建成600多口页岩气井，2015年日均产量为5亿立方英尺，到2040年日均产量可以达到200亿立方英尺，占到天然气总产量的40%，成为仅次于美国的全球第二大页岩气生产国。

据中国《吉林日报》报道，仅吉林省已探明储量的油页岩气就达1086亿吨，折合成页岩油是50多亿吨，占到中国已探明储量的80%。吉林省油页岩藏区主要集中在松辽盆地，那里早在2014年就发现4个大的埋藏区，其中扶余—长春岭一处的探明量为453亿吨。吉林大学的科研人员与有关产业公司采用了地下高压电击穿岩层的新技术路径，开采成本低也有效地防止了地下水污染，油气回收率高于国际上6%的水准，达到12%以上。据最新的消息，中国的科技人员已经在松辽盆地深钻到7000米以下的地层，意味着一个比当年大庆还要大的能源基地将在松辽盆地出现。

可燃冰的发现、开采和利用，也是可以与页岩气有一比的资源。人们对中国首次开发可燃冰虽然有不同的评论，尤其是可燃冰开发对大气和海洋的环境影响究竟还有哪些可知和未知的因素，需要进一步研究。真正实现商业开发也会有较长的路要走，但在海洋和冻土地带埋藏的可燃冰，既是一种清洁能源，储量同样巨大，因此很有开发前景。对固态地热的开采，例如中国在青海地区钻探的干热岩等，也会对传统化石能源的生产产生非常重要的影响。

除此之外，目前人们更多地考虑到一些成熟的绿色能源技术对能源结构变化的长远影响。水电能、核能以及新兴的风能、太阳能、潮汐能等正在悄悄地改变着社会能源结构。以核电为例，中国目前至少有20个核电机组在运行，在建的还有28个，虽然还没有未来全球核电规模数量的精确数据，但按国际通常的说法，未来30年，核电规模数量将是目前的7倍。核电发展似乎有一定的资源瓶颈，据有关资料推测，铀资源有可能在40年里耗尽，但据一些媒体报道，中国已经开出具有自主知识产权的第四代核能技术系统，用钍来替代铀，钍的储量不仅多出铀几倍，效能也很高，一块拳头大小的钍发出的电量在理论上可以满足伦敦一周的供电。中国和印度都有可观的钍储量，根据有关专家的计算，仅中国白云鄂博的资源就可以支撑中国核电工业5000年的需求。

太阳能光热发电同样是新的绿色能源的支柱，仅是在中国，潜在的太阳能光热发电量可达42000兆千瓦时，是目前各类发电量5000兆千瓦时的8倍多。根据中国电力企业联合会2014年公布的数据，2013年中国非化石能源发电装机容量已经占到总装机容量的31.6%，比2005年提高6.6个百分点，非石化能源投资也比2005年提高45.9个百分点，达到能源总投资的75.1%。中国电力企业联合会预测，到2020年，仅中国的清洁能源发电量就会达到2.6万亿千瓦时，占全部发电量的32%。到2030年，达到5万亿千瓦时，占到总发电量的42%。到2050年，达到8.1千瓦时，占总发电量的58%。无论是中国还是其他国家，非化石能源的迅速发展，无疑会从根本上改变社会的能源供给结构，加速降低人类对传统化石能源的市场的需求。

因此，虽然北极地区拥有大量的化石能源，由于开采条件严苛，对环保的要求更高，必须更加严格地准入，尤其是煤炭、黄金、钻石、铁、锌以及铀矿藏，更需要进行严格的环保论证。尤其要看到，北极融冰还在过程之中，在一个时期里处于不稳的状态，或者还有许多不可预见的问题不断出现，更需要汲取大规模工业化时代先污染后治理的世纪教训，多加研究，善加规划，努力实现低污染乃至零污染。基础设施建设也要合理布局，避免重复建设带来的负面影响。

对极地，保护与开放必须取得恰当的平衡。2017年5月，40多个《南极条约》签署国和国际组织的代表曾经在中国举行协商会议，会议提出，为了保护环境、保持经济增长和人类文化的稳定发展，有必要在南极实现保护与利用之间的合理平衡。对于《关于环境保护的南极条约议定书》将会进一步进行复议，有关保护与开发的思路和机制需要进一步明晰。《南极条约》签署国对南极的保护与开发所持的审慎态度，在原则上对北极地区同样适用。保护与开发的平衡，保护应当是第一位的，开发也必须以保护为前提。

有几个问题是无可回避的。第一是需要在北极圈内建立更多的自然保护区。第二是保护森林和苔原。第三是北极地区和临近北极地区的水资源的合理规划利用，尤其是西伯利亚地区，是北极地区的陆地心脏，随着气候变暖，开发利用的概率增加，如何在生态保护中合理开发利用，将会是一个复杂巨大的系统工程。

北极圈内已经有了一些自然保护区，但无论从数量和规模上都很不足。一些冰原需要尽力保护，比如冰岛，利用人造雪保护和延缓一些冰川，避免其快速融化。冰川和冻土的加速消融会带来灾难性的后果。长时间封存在冻土层里的甲烷等气体一旦大量释放，也会带来包括气候急剧升温的巨大灾难效应。这既会造成有气候加速变化的更加不可逆转的影响后果，也会形成新的问题。北极的自然保护区应当有多种形态，除了冰川保护、冻土保护以及地质保护，还有植被保护和物种保护。目前，北极的驯鹿已经大量减少，北极熊与海豹也处在濒危境遇，北极物种的减少危及北极的生态平衡，而生活在北极圈内的居民，例如著名的因纽特人历史形成的独特文化，同样需要特别的关注。

北极和临近北极地区，分布着许多在社会经济形态上颇具特色的民族和部族，拥有各自的独特文化，捕鲸、驯鹿和精于射猎的林中人，在长期的生存斗争中也形成了自己的生产方式和交通模式。这样一些历史上的民族和部族，既面临着不断融入现代生活，从而生活节奏加快的状态，又面临着古老文化传统逐步流失的挑战，需要在原生文化保护和现代文化发展之间取得一定的平衡。解决诸如此类的文化传承和演变的问题，目前主要依靠划分原住民保留地的方式来实现，但过度的旅游开发也会危及原住民文化传承的实际效果。应当看到，对稀有文化资源的保护，并不比对珍贵物质资源的开发利用更次要。它们的不可再生性同样是十分明显的。

关注和研究气候变化引起的生物带和生物圈环境变化，同样十分重要。一方面要看到变化的必然性，另一方面也要看到过度开发带来的永久性破坏。尤其在气温急速变化中，伴随植物带、动物带分布的改变，种植业和养殖业、捕捞业也会北移，如何取得变化中的新的平衡，关系同样重大。从目前来看，随着北极地区和临近北极地区的气候变化，作物分布地图也会相应发生变化。比如，俄罗斯有可能在未来成为世界最大的小麦出口国，产量达到了创纪录的 7000 万吨。有预测认为俄罗斯小麦出口量将达到每年 3000 万吨的规模。不仅是中东与北非国家，连南非和墨西哥也成为俄罗斯小麦的买家。俄罗斯小麦的传统产地主要在黑海地区，那里的平原一望无际，气候条件也好，但随着西伯利亚地区的气温升高，西伯利亚将成为俄罗斯农业特别是小麦种植的潜在产区。从这个角度看，俄罗斯有可能成为新的世界粮仓。2015 年，俄罗斯首次向中国东北地区出口 100 万吨小麦，这是一个重要的世界粮食供给结构变化因素。2016 年，由于俄罗斯和美国小麦丰收，全球人均小麦食用量达到 67 公斤，但全球小麦产量预计比消费量多出1000万吨。因此与2008年相比，小麦价格还是下跌了近70%。小麦市场的价格变化，或许对高纬度地区的农业开发有所制约，这种市场制约，也是必要的。

中国作为临近北极国家，东北地区农业发展前景也很清晰，尤其是水稻种植带的大幅北移，给出了更明显的趋势。近年来，水稻种植区出现在沿黑龙江南北纬53度的河流拐弯地区，是一个水稻种植区北移的明显标志，会不会跨越黑龙江进入外兴安岭地区，恐怕也会成为一个事实。水稻等南方农作物的北移，正在改变中国多年来南粮北调的格局，出现了北粮南运的新的供给局面。

从总体来看，气候变化引起农作种植带北移，是一个不可避免的趋势。在历史上，欧亚大陆大部分地区所处的北温带，气温变化周期就不断出现过交替，并形成了农耕经济圈和游牧经济渔猎经济圈的周期性扩张和收缩。以中国秦汉时代为例，由于气温升高，现在的长城一线，适于农耕的区域曾经北移200多公里。据《史记·乐毅列传》中记载，“蓟丘之植植于汶篁”，也就是说，当时的燕山山区可以广种竹林，山东半岛就更不在话下了。现在，太行山南麓还有大片毛竹林，那是小气候形成的。在那时，不仅关中有竹子，河南全境也都有竹林，并由此造成后世“竹林七贤”的地理佳话。根据一些考古资料，那时候的鄂尔多斯台地北部也遍布竹林。秦汉时代的朝廷在鄂尔多斯高原置有朔方郡，也是因为那里可以屯垦。秦汉王朝在现今的乌兰布和沙漠深处曾经置有6个县，说明那时中国北方的气候相对温暖，生态也没有后来那般恶化。但这种状况并没有维持多久，到了南北朝时期，中国北方气候又开始变冷，干旱频繁发生。这不仅直接造成鲜卑民族活动范围不断南向，也是远在西北的楼兰最终被废弃，而东部的敦煌开始崛起的重要因素。郦道元在《水经注》中也曾对南北朝的雁门关外的生态有所描绘，“山大乔木，连跨数郡，万里林集，茂林阴翳”。有人估算，在更早的新石器时代末期，整个山西的森林覆盖率曾经达到过63%。

物候学家们曾经有过一个研究结论，在中国的盛唐时代，热带和亚热带雨林北移，成都地区可以生长荔枝树，也有一定数量的木棉花树，但在两宋时期这样的景观就很少见到了。对于气候与生态的这种阶段性变化，学者们找到了一个规律，即温湿与干冷的交替，大体上具有300年左右的周期。公元初到3世纪，中国北部和西北属于温湿期，3世纪到6世纪则是干冷期，7世纪到9世纪和12世纪后，又迎来一个温湿期。这三个温湿期大体与唐代和元代对应，这期间不仅发生了农业边界向北向西移动的总体变化趋势，也形成了农耕文化与游牧文化分布的不同边界。但这些变化显示气候本身的波动曲线，而目前全球范围内的气候升温，呈现出更多的难以逆转的因素，具有直线性发展特征。2018年4月，韩国统计厅发布《气候变化带来的农作物主产地移动》报告，对1970年和2015年主要消费作物，如水果在韩国各地区栽种变化作了比较，得出的结论是，韩国大部分地区正在变为亚热带，主要农作物种植有明显的“北上”趋势。全球气候变化的明显后果，也将更多地改变全球的生态系统和社会经济文化系统。人类社会的多方面发展受到前所未有的新挑战，必须在不断适应中取得新的平衡。

森林和地衣是北极周边地区最可宝贵的自然资源，西伯利亚森林面积巨大，是并不比亚马孙热带雨林更为逊色的地球绿肺，西伯利亚森林目前多数处于原始状态，但也开始出现过度开发的生态问题。

更重要的是，西伯利亚面积广袤，分为西、中、东不同的自然形态，西西伯利亚工业布局较密。中西伯利亚和东西伯利亚的工业承载能力不能过度和过限，保护西伯利亚的生态重点是原始森林，是北极开发进入新阶段中的一个重要的课题。

淡水资源不足，一直是困扰全球经济社会发展的最大瓶颈。有预测说，2035 年将有 40% 的世界人口生活在缺水地区，因此，预言水会成为一种大宗商品，不仅在未来要比石油昂贵，还有可能引发为水而战的战争。有研究说，全球至少有 4 个地区潜藏着“水冲突”风险，主要是中东、中亚、南亚和南部非洲。这个结论有些极端，但并非完全耸人听闻。

德国的科学家曾经发布过一项新的研究结果，认为在地球地表以下 410 公里至 660 公里的地幔中间层可能蕴藏着水资源，总量几乎相当于世界所有大洋的水量。这项研究如果得到印证，此前人们普遍认知的地球水因彗星和小行星撞击地球而产生，将会遭到颠覆。但问题在于，即便此说成立，不知那些水是淡水还是什么水，埋藏得又那么深，总归有些远水不解近渴。因此，淡水作为最可宝贵的稀缺资源，将会在很长时间里出现短缺，而在世界大部分人口和人类经济活动的北半球，水资源的紧缺也将会成为一种常态。

北半球水资源分布不均，在这样一种水资源供给格局中，北极地区和北极临近地区，尤其是西伯利亚地区，作为地球北半球最富有的水资源集中地，无疑具有影响到水资源供给的全局意义。尤其是中亚地区和中国的北方地区，干旱是一个愈演愈烈的问题。竭泽而渔的水资源开发利用方式，使得地表径流减少，近半个世纪里，仅中国就有 2.7 万条河流断流或近于干涸。过量抽取地下水也使华北地区水位下降，形成了巨大的“漏斗”，北旱南涝西部缺水的恶性循环，虽然随着南水北调的中线、东线工程的实施而有所缓解，但主要解决的是一些大城市的缺水危机，并不能从总体上解决中国北方干旱缺水的格局。有研究者在 2016 年提出在中国西部实施雨水工程也即“天河工程”的设想，即在青藏高原实施人工降雨，年增加 50 亿立方的降水量，补充黄河流域的径流来源。或者有限度地实现“西水东济”，或者可以缓解局部地区的水资源紧缺，但同样难以在总体上改善水资源分布不均的局面。

这种设想的依据是，在大气边界层到对流层范围内存在着稳定有序的水汽输送通道，用飞机或火箭在空中撒播化学物质催雨，可以达到改变西部干旱状态的效果。这种人工增雨措施在技术上似乎可行，但代价是巨大的。气候的变化重新改变了亚洲干旱地区和湿润地区的降雨分布，目前也确乎出现了一些新的变化，一是总体上高纬度地区降雨量会有所增加，二是部分长期没有得到利用也无法利用的水资源，有可能得到重新合理的利用。但这似乎更说明，气候变化与北极气温的升高具有影响生态资源的更为重要的意义。

为水而绞尽脑汁，可以称为多数国家和地区普遍潜藏和显化的一种“水焦虑”，保护淡水资源和合理利用水资源成为各个国家的一项重大政策。那么，在一个时期和一定范围内，会不会出现相对的水资源缓解呢？随着北极的气候变化，这种情况也是有可能出现的。比如，西伯利亚分布着几条较大的北流河，它们的源头或者来自帕米尔的巨大冰川，或者是蒙古高原北缘山麓的巨大湿地。贝加尔湖蓄积的淡水占到世界淡水资源的五分之一，而且水质优良，基本上没有受到污染，生态价值和经济价值巨大。但由于西伯利亚地广人稀，开发度低，大量淡水空流入海，每年从贝加尔湖流入北冰洋的淡水达到60亿立方米，即60亿吨，因此并不排除俄罗斯未来会成为淡水的出口大国。

目前，俄罗斯很重视环保与生态，但如何做到合理开发，有许多分歧意见。例如蒙古国曾经计划修建一座额根河水电站，额根河是色楞格河的重要支流，色楞格河又是流入贝加尔湖的主要河流。在额根河上修建大坝，或有可能对色楞格河下游三角洲造成影响，因此不得不放弃该计划。但是，没有水也就没有绿色，关键是处理好利用与保护之间的合理平衡。所以，保护和合理利用水资源，也是北极气候变化引出的一个世纪性课题。

五、海相经济与陆相经济

世界经济重心东移，已经成为一种共识。这种东移是从西方国家的视角来看的。在近代，东方主要是中国一直是全球生产力发展最先进的地区，在17世纪之前，中国经济总量占有世界最大份额，也给世界带去了当时最先进的科技理念和包括丝绸、瓷器和茶叶等在内的系列高附加值产品。但是，随着第一次工业革命出现在西方，中国的以手工业生产方式为特征的经济发展模式陷入了困境，经济重心的天平向西方的新兴工业国家明显倾斜，世界经济重心从此开始西移，毫无思想准备的中国也随之沦为西方工业国的主要市场目标。尤其是“大航海”发生以后，海路成为西方商品进入东方和中国的主要通道，不仅从根本上改变了贸易的主要流向，也重绘了世界经济地图。昔日繁盛一时的陆上城市开始衰微，贸易的主要神经结更多地出现在沿海，大的工商业城市也开始遍布在沿海地带。在中国，上海、天津、青岛等一系列沿海城市无不在昔日小县城或小渔村的历史身影里蜕变出来，形成了与往日陆相经济完全不同的海相经济带。

繁荣在地理换位，内陆变成贫穷落后和封闭的代名词，沿海城市成为繁荣先进和经济开放的明星城市。西方是这样，东方也是这样。随着沿海城市带的发展，大大小小的城市群也开始陆续出现。发展到后来，经济大湾区成为海相经济的象征和主要载体，并对近代和现代区域经济的发展和经济地理布局产生了巨大的惯性影响。

20世纪80年代初开始的中国改革开放，也是在这样的经济地理背景下展开的。在那时，东南沿海发展战略是首选的经济发展战略。

海相经济的发展有赖于海上对外贸易的繁荣发达。由于海路是一种更为宽展并具有相对自由性的贸易通道，海相经济的发展具有必然性，港口作为沿海城市的贸易吸盘，源源不断地吐纳着各种商品，形成了巨大的商品流、信息流和资金流，拥有更好区位条件的沿海城市也就成为重要的商业中枢和金融中心，成为近代和现代社会经济生活的主要神经突和神经结。海相经济的发展还在继续，但区域平衡发展的内在和长远要求，也提出了一些重要的课题，那就是在发展的大棋局里，陆相经济是否永远属于过去？沿海和内陆平衡发展的要求和理念再次进入人们的视野。也就是说，近代以来获得巨大发展空间的海相经济继续优化提升的同时，一度陷入封闭落后的内陆经济也要寻找再次繁荣的道路。“一带一路”倡议的提出，无疑为海相经济与陆相经济的平衡发展提供了历史路径和联通发展的操作平台。

然而这只是事情的一个方面，从自然地理发生的客观变化来看，不仅海相经济与陆相经济出现了联通发展的趋势，高纬度经济和相对低纬度经济也同时出现了比翼齐飞的某种趋势。一是全球气候变暖，不冻港与冻港的界面逐步北移，而海平面逐渐上升，海相经济的前沿线也必然随之后退。近代区域经济发展历史形成的经济“一头沉”面临着局部地理调整。这是一个终究需要面对的问题。

根据美国气候学家们援引的卫星数据，全球海平面正在加速上升。根据他们的推算，未来多半个世纪里，海平面上升的速度将是先前预测的两倍以上。即到21世纪末，海平面可能会比世纪初的2005年高出65厘米，而不是此前预测的30厘米。这个研究结论是由美国科罗拉多大学的一个课题组提出的，相关研究报告发表在美国《国家科学院学报》上。这个研究项目考虑了影响全球海平面变化的多种因素，包括格陵兰和南极在内的冰盖融化速度和由于海洋升温引起海水体积膨胀等等的全面测算。

不可否认，南北极冰融在改变自然地理地图标高的同时，也会极大地改变经济地理和人文地理。美国的地理学家和气象学家劳伦斯·史密斯在其推出的新著《2050 年人类大迁徙》中，明确地提出了有关"预警"，就从人文地理的变化角度给出了佐证。这本书以一则新闻——"紧急警报，灰北极熊现身北极圈"，开始了他的分析。北极熊素来只有白色的种群，灰熊则是北极圈外的种群，灰熊不仅现身北极地区，而且与白熊繁衍了后代，这无疑是生物与生命向北迁徙的一个预兆。

《2050 年人类大迁徙》提出了此前闻所未闻的一个预言，35 年以后，人类将向北极迁徙。为什么这样说呢？第一是因为气候变化。第二是地球人口快速增加需要寻找新的生存与生活空间。

劳伦斯·史密斯在该书中说，在 2 万年前的冰河期里，全球的气温比现在低 5 度，整个地球是另一种景象，即那时的北美和欧洲大部分地区在雪线以下，海平面比现在低 100 米左右。现在，随着"温室效应"加剧，不仅是极端气候在频繁出现，海拔比较低的沿海城市带的一些地区，也会发生人们意想不到的桑田沧海的变化。在这种情况下，人们将会面临高海拔、高纬度和低海拔低纬度的居住选择。他引述了世界气象组织发布的气候快速变暖的"声明"，即在 2015 年，历史最热年份的记录已被再次刷新，全球气温要比 1961 年至 1990 的 30 年里的平均值高出 0.75 度。这个变化带来的后果是难以估量的。

劳伦斯·史密斯还预测，到 2025 年，全世界居住人口超过 1000 万的城市将达 27 个，大部分分布在沿海地带。到 2050 年，全球人口达到 92 亿，老龄化问题严重，居住空间相对减少，水资源问题突出，北极以及北极圈内的人烟稀少地区将会成为新的居住理想之选。那里丰富的资源尚未开发，广袤的土地尚未利用，北极及其临近地区将是人类新的生存发展家园。有一种测算，由于近 200 多年来海运业的发展，全球海相经济成为主流模式，全球至少有 2.75 亿人口生活在近海相对低洼地区。在未来的时间里，他们中的一部分或许也需要考虑在哪里生活和就业。

劳伦斯·史密斯的分析研究并非耸人听闻。从目前来看，北极海冰消退的受灾者不仅仅是北极熊，其他物种的分布也在出现变化。2006 年和 2013 年，俄罗斯北极的两个地区，分别有 2 万只和 6.1 万只驯鹿被饿死。是什么原因呢？是北极气候变暖导致了大雨，随之而来的是数十厘米厚的冻雨积雪覆盖了生长着地衣的大片土地，切断了驯鹿通常可以获得的植物供应。驯鹿的死亡，看似是由一场雪灾引起的，但雪灾又同北极气温升高引起的气候变化过程密切相关。对于《2050 年人类大迁徙》这样的分析著作，我们不能以一般的科普读物视之，更不能将其仅仅当作是《后天》那样的末日展示，必须看到这种预言的科学合理性。

对于海平面不断上升的变化，美国关注全球问题的科学家联盟也在 2016 年 7 月发布过一份报告。报告说，自 1880 年以来，全球海平面已上升 8 英寸（20 厘米），这是温室气体导致气温升高和冰层融化的结果。但报告又说，世界各地海平面上升的程度是不同的，他们转引了美国国家海洋和大气管理局的一个结论，认为美国的东海岸和墨西哥湾是全世界海平面上升速度最快的地区之一。这份报告还披露一个研究结果，预测 2050 年美国东海岸和墨西哥湾的 18 个沿岸军事基地中，有一半每年将会遭遇洪灾，洪灾的数量将会由目前的 10 次增加到 270 次。最严重的局面是，这里很有可能因此而失去 20% 以上的土地。另一预测更严重些，即海平面的上升将会危及 128 个美军军事基地，其中一些军事基地目前已经被海水淹没。为此，五角大楼曾经在 2014 年发布了“适应气候变化路线图”，并在 2015 年的另一份报告里，提出气候变化是基地遭遇水灾“威胁倍增器”的观点与结论。

美国、荷兰和印度的研究人员在《科学进展》杂志上发表的研究报告也指出，海水很快就会使全球数千岛屿“抹去，但并不是完全被水淹没，而是海平面上升加剧了海浪的负面影响，导致海水漫灌，进而污染到小岛和环礁的含水层，使海岛很难再有饮用水。因此也将不再适合人类居住。”

气候变化也会导致海洋热浪频发，极端温度对一些海洋生物来讲是致命的，因此有可能对渔业和水产养殖业造成严重影响。

很多气象学家指出，1970 年以来，地球变暖已经呈现出一种渐进性特点，海冰融化也使许多地势低的海岛处于正在被淹没的状态。濒临墨西哥湾的一些海岛都没有幸免。有关材料披露，美国路易斯安那州东南部有一个让・查尔斯岛，从 1955 年以来，90% 的土地已经被淹没，但这不是个案。由于这种趋势在近十多年里开始加速，在过去一个世纪里，路易斯安那州约有 5000 平方公里的土地消失在海洋里。那里的居民成了美国的“第一批气候难民”。

大西洋的西侧如此，那么东侧呢？濒临大西洋东侧的欧洲国家，对越来越极端的气候和强风暴导致的洪水以及海平面升高也高度重视。许多沿海城市在基础设施建设中加入新的应对保护体系，以保证居民在面对气候灾害时的人身与财产安全。德国的汉堡、瑞典的马尔默、丹麦的哥本哈根、比利时的根特、荷兰的阿姆斯特丹、法国的巴黎、意大利的博洛尼亚、葡萄牙的里斯本、斯洛伐克的布拉迪斯拉发、西班牙的比尔巴莫以及保加利亚的斯莫梁等 11 座城市被欧洲环境保护署认为是应对气候变化的典范城市，其中哥本哈根在“碳中性”的评价中排名第一，而哥本哈根的地铁建设以灾难性的气候事件作为修建和改建参照系，提升了入口地面高度，参照标准从 20 世纪 90 年代考虑到未来百年海平面有可能上升 48 厘米，提高到了 100 厘米。

导致海平面上升加速，有两个重要的变化原因。一是南极融冰速度快于预期，超大面积的冰山在崩解，冰架变薄，冰崖后退。二是海水温度升高，海水膨胀，给海平面的上升带来进一步的影响。这种影响持续发生，已经使南太平洋出现多个“人造岛”，使所谓“漂浮国家”开始出现露出了。诚然，这样的诺亚方舟式的漂浮“人造岛”多少还带有未雨绸缪的试验性质，但从未来海平面升高的发展趋势上看，未必就是一种杞人忧天。

联合国有关机构多次发出更为严重的警告，按目前的情况发展，在20世纪末全球气温有可能上升3摄氏度，那意味着海平面将会上升两米左右，并将有6个沿海地区受到影响，包括埃及的亚历山大港、巴西的里约和日本的大阪、美国的迈阿密和泰国的曼谷等城市。对于这种警告，英国媒体《卫报》网站发表文章分析说，如果不能把全球气温升幅按照2015年达成的《巴黎协定》控制在1.5度至2.0度之间，全球气温还会不断上升。即使气温上升到2摄氏度，迈阿密的一些地方也会淹没在海平面以下，而日本大阪的主要商业区也将处在海平面以下。

大西洋沿海和太平洋的海岛国家面临海平面持续上升的威胁，东亚大陆沿海也不可能置身事外。以中国的“珠三角”为例，根据世界银行的有关报告，在全球所有的城市中，气候变化有可能对广州造成的影响最大，深圳则排名第十。“珠三角”最富经济活力的一些区域都临近水域，遭遇水灾的概率不断上升。目前，珠江出海口的水位只比海平面高1米。一些新的开发区地处低洼地带。加上越来越严重的洪水和潮水也会导致土地沉降，这些因素都会影响到“珠三角”大湾区的建设前景。

美国《国家地理》杂志不久前测算，地球上共有2084万立方公里的冰，如果全世界继续无限制地进行碳排放，从而使地球两极和冰川全部融化，海平面最终将会升高66米，部分沿海地区将变得不再适合居住，欧洲将跟伦敦、威尼斯和荷兰说“再见”，孟加拉国和印度的加尔各答或者全部被水淹没，南美洲的亚马孙河盆地将会消失，澳大利亚也将失去其80%人口居住的沿海地带，而中国的上海也面临被海水侵蚀的危机。无独有偶的是，据美国《纽约时报》网站报道，南极洲目前冰层融化的速度是10年前的3倍。地球上60%以上的淡水冻存在南极洲的冰盖中，倘若这些冰全部融化，足以使海平面上升61米。科学家们还说，在1992年至2017年的25年里，南极洲的冰减少了3万亿吨，格陵兰的冰也减少了1亿吨。有关论文由全球44个科研机构和84名科学家集体撰写，发表在英国《自然》周刊上。这些研究结果虽然仍是一些令人不敢置信的预测，但不是毫无根据。

对于沧海桑田的历史变化，以往都存在于人类的神话记忆里，但更近于地理与气候周期变换的历史事实。这个变化事实曾经被自然界气温变化控制的固态水与液态水的转换率所左右，人类工业活动引起的温室气体的增加，进一步加速了这样的逆向转换过程。

人们知道，在几次冰河时代的高峰期里，几乎有5%以上的水封存在固体状态里，这种封存数量比例并不算很大，已经足以使海平面降低了300英尺。在那种状态下，白令海峡是一座典型的陆桥，而英伦三岛和法国仅仅相隔着一道峡谷和水沟，如果这些封存在固体状态里的水有一小半再次成为液态水，将会发生多大的地理变化和变迁呢？

可以确定无疑地说，这种变化不会是海岛和沿海低洼地被淹没那么简单，将会引起地理地貌的系统性变化。也即在沿海经济带出现地理形态相对变化的同时，也会引出干旱带、沙漠带与湿润带、绿植带区位互换的某种地理变化模式。英国《自然气候变化》月刊在2017年底发表的一项新研究结论是，如果遏制全球变暖的尝试未能达到气温增幅控制在2摄氏度以下的目标，地球在2050年将会有超过25%的地区遭遇干旱化和沙漠化。受到影响最严重的地区是中美洲、东南亚、南欧和澳大利亚南部地区。海平面升高让沿海一些地区被淹没，而另一些地区却会遭遇到长期的干旱。这种变化并不会马上到来，但需要严加关注。至少应当成为区域发展论证中的一个重要参照系。

对于海相经济带的可持续发展的担忧，也引起了人们对世界洼地国家荷兰的关注。荷兰四分之一的国土位于海平面之下。他们着眼于气候变暖导致海平面升高，开始了一场异乎寻常的城市大改造。过去的改造是用堤坝保卫城市，是防是堵，现在则提出了“与水共生”的新理念。欧洲的第一大港鹿特丹就制定了“与水共生”的《2035 年水城市规划》。什么是水城市呢？就是修建更多的蓄水设施。比如“水广场”等等，平时是娱乐空间，一旦暴雨来袭海水倒灌，就变成了蓄水池。他们计划以运河网代替公路网。说得更清楚些，就是要把鹿特丹变为现代的威尼斯。在荷兰，甚至修建了实验性的“漂浮住宅”，应对有可能发生的非常情况。此外，为了防止积水，要求市民在自家的院子里不使用硬化材料水泥和沥青。防风暴大坝当然是要建的，排水泵站也不可或缺，但也由此出现了盐碱化的新问题。为了解决这些新问题，建设“沙上住宅”和“沙上都市”成为另一个选择。荷兰化解海平面上涨带来城市危机的一系列努力，引起一些太平洋国家和印度洋沿岸国家的关注，例如孟加拉国、印尼等与荷兰都建立了长期合作关系。

诚然也有另一种说法，冰川融化也会带来陆地抬升的相反效应，最典型的例子是芬兰沿海的瓦尔肯群岛陆地在抬升，每年由此增加 1 平方公里的土地。这些不断抬升并逐渐连接在一起的陆地，使一些海湾演变成湖泊。在格陵兰和阿拉斯加的一些地区，也有类似的现象发生。据说与地壳与地幔的互动应力有关。2010 年初德国法兰克福大学也公布了一项关于印度洋岛国马尔代夫在过去 1 万年间的地理地质变化的研究成果。报道称在 1 万多年前最后一次冰河期消退，北半球冰盖的融化，马尔代夫的海平面以每千年 15 米的速度上升，但在过去

6000年里，由于珊瑚岛礁快速生长，那里海平面的上升速度减缓到每千年平均25厘米，而马尔代夫的第一批岛屿也就是在这个时期出现的。从目前来看，马尔代夫的居民虽然也会受到海平面上升的困扰，但并没有显现出会被淹没的迹象。因此，海平面上升导致海相经济受到威胁是个高概率的问题，但复杂的地质变化规律和自然因素也可能会使一些地区出现例外的变化。

就一般变化趋势而言，世界上的主要城市群集中在沿海低海拔地区，显然会有更高的概率出现不时之虞。现代城市群是现代经济的主要经济地理载体。有些沿海超大城市群在一国乃至全世界的国内生产总值中所占的比例相当高。比如伦敦的GDP几乎占了英国的一半。在美国，波士顿—纽约—华盛顿走廊和大洛杉矶地区的GDP之和也占到全美的三分之一。一些发展中国家如巴西、俄罗斯、土耳其和印尼，其主要商业城市的GDP也不会低于其全国的三分之一。据研究者预测，到2025年，这种海相的大城市和大城市群总数将会达到40个，他们将是世界GDP的主要产出者。麦肯锡全球研究所的调查似乎也证明了这一点。他们认为，到2025年世界三分之一的增长来自西方主要的都市和新兴市场的大城市，三分之一来自新兴市场的中等城市，三分之一来自发展中国家的小城市和内陆乡镇地区。对于这些海相城市来讲，至少要避免两个发展误区。

一是城镇化和城市群建设是发展中国家必经的发展阶段，但城市化并不等于完全沿海化，更不等于向海要地。因此，当人们为沿海超大城市群的出现欢呼不已的时候，也需要认真地考虑城市群的新的合理布局和地理结构。

二是，沿海地区的发展一定优于内陆地区，低纬度地区的发展也一定优于高纬度地区。不同地区拥有不同的资源禀赋和区位优势，但在“一带一路”发展的结构里，这里更多的是互补和相互支撑的关系。

既重视沿海一线已经形成的经济发展先行优势，又重视内陆地区的价值洼地优势，才是更全面更有远见的经济发展战略。

近年来，大湾区的概念再次吸引了国人的目光。这自然是十分有道理的。当今世界上有三个著名的大湾区，一是老资格的纽约湾，一是旧金山湾和日本的东京湾。旧金山湾在 19 世纪末期就开始崛起，旧金山港是世界三大良港之一，是美国西海岸的金融中心。20 世纪中后期出现了硅谷，从传统的金融旅游向高科技发展，是美国互联网和社交媒体的大本营。这个湾区的 GDP 增速超过了全美，如果以单一的经济体量计算，可以在全世界名列第二十一位。日本的东京湾又称江户湾，因为它从江户时代就开始发育了，90% 是人工海岸线，拥有横滨、东京、千叶、川崎、横须贺和木更津 6 个港口，人口 3800 万，GDP 占到全国的三分之一。这三大湾区的发展和经济分量确乎非比寻常。因此大湾区的建设也会是中国经济发展到一定阶段的必然选择。

一马当先的是粤港澳大湾区。有关规划提出，全力打造由广州、深圳、珠海、佛山、惠州、东莞、中山、江门、肇庆九市和港澳特区组成的海湾城市群。这个城市群的经济规模在 2015 年就达到了 1.36 万亿元，仅次于东京湾的 1.8 万亿和纽约湾的 1.4 万亿。接着，浙江在 2017 年末也推出了杭州湾大湾区的概念。

对于粤港澳大湾区的建设应当肯定，因为它在事实上已经是一个超级湾区，所要做的是进一步打通行政分割带来的体制弊病，实事求是的选择谁是龙头。此外则是“一国两制”的历史条件下如何合理分工。粤港澳大湾区有一定的特异性。除了拥有巨大的经济总量，有“一国两制”“三个关税区[①]”和“三个法律体系”的优势，但如何进一

① 三个关税区：指粤港澳，也就是中国广州、中国香港和中国澳门这三个地区。关税区是指一个与其他领土之间的大部分贸易保持单独关税税率或其他单独贸易法规的领土。

步发挥这些优势，不仅仅是泛珠三角体量上的扩大，需要在顶层设计中取得突破。杭州湾大湾区是以网络新经济和人工智能与制造业融合为背景为目标的。这个大湾区突破既有的传统产业结构，有全新的顶层设计思路，而不仅仅是区域联动的一般扩张，因此也会呈现出新的气象。但是，大湾区本质上是海相经济的巨大载体，因此其发展建设并不能完全按照国外大湾区的老模式进行，要在体制乃至结构上走出一条新路，同时也要在城市群结构布局和具体设计中考虑有可能出现的自然变化因素。至少需要多看 50 年甚至 100 年，在更为超前的视野里进行更为长远的布局与推进。

一个很难回避的事实是，在未来地球升温海平面上升的情况下，处于低洼地区的城市很可能缩小甚至有可能消失。届时，所谓“气候难民”向高海拔高纬度地区转移，有可能是一种未来的常态。是继续向沿海一线集中还是兼顾到更大的陆地半径，确乎是一个应当未雨绸缪的大问题。有一种值得关注的分析和预测，未来的特大城市将是尼日利亚的拉各斯，甚至还有阿富汗的喀布尔、苏丹的喀土穆以及刚果的金萨沙等。这些未来的特大城市有很多位于内陆，沿海城市似乎已经进入发展的饱和周期。

从 20 个世纪起，沿海造地已经成为一种景观，例如日本的东京湾主要靠填海才形成今日的气候。填海造地并不能一律否定，在特殊地区和项目合理延伸的情况下，可以作为一种选择，但未经科学论证动辄填海，未必是一种合理开发状态。填海造地的动因很多，其中一种动因值得注意，那就是填海造地成本较低，在中国，在沿海地区造地，成本一般在 15 至 30 万元人民币一亩，又可以规避逾越耕地红线，因此出现许多未经许可仓促上马的填海工程，仅在中国的海南岛，就有三亚新机场、儋州海花岛和万宁日月湾三个填海工程，被称为填海的“大跃进”。

那么，在一些近海地区，又有什么更好的途径解决工程用地不足的问题？又如何使已经形成的经济湾区的充足发展空间得到发展？一个很重要的思路是更多地利用近海的海岛，在大陆和海岛之间进行更合理的平衡。

新兴大城市出现在区位合理的内陆待开放地区，也是一个选择。中国雄安开发区的选择和建设就是一个很好的案例。与此相关，新的经济中心会不会有向高纬度高海拔地区转移的趋势呢？随着气候变化加剧，这并非没有可能。也许，人烟素来稀少的临近北极圈地区也将会是湾区城市的一个重要的增长点，至少不能排除这种可能性。总之，对于海相经济的变化，应当有一种全时空的预测，既不能由此低估海相经济的能量，也不可只看到海相经济的唯一性。

在中国，有可能成为未来大湾区的候选者，一个是位于山东半岛和辽东半岛之间的大渤海区。另一个则是毗邻日本海的中国珲春地区。渤海湾在近代历史上就是一个重要的经济湾区。这里出现过兴盛一时的牛庄贸易，出现了从天津、烟台、青岛到大连的许多大的商贸城市。由于渤海湾吃水的深度有限和淤积，那里的港口现在多数已经没有了超大的货物吞吐功能，但青岛和大连以及周边兴建的深水港依然构成了北方海运的明显优势。如何在推进京津冀经济一体化的同时重整渤海湾昔日的繁荣？在京津冀一体化见到明显成效之后，进一步整合包括辽东半岛和山东半岛的资源，使京津冀鲁辽和大环渤海地区实现湾区经济一体的复兴，将是中国区域经济发展的复兴梦更为重要的一部分。

雄安新区的建设无疑是大环渤海地区发展的重要伏笔。面积最终达到 2000 平方公里的雄安新区，是一个多重目标的重大决策，除了人们目力所看到的首都功能疏解，主要是要打造一个北方的创新特区，这个特区应当堪比当年的深圳和浦东，最终形成大渤海湾区复兴的强大科技支撑力。未来的雄安辐射大渤海湾。中国经济发展南北不平衡的局面将会得到巨大改观。

珲春出海口是个老问题，在20世纪80年代，联合国开发署曾经提出过国际合作开发珲春的计划，但目前还处于朦胧甚至敏感状态，唯一令人感到有希望的是俄罗斯在开发远东一揽子计划中，提出和修建珲春通向俄罗斯边疆区扎鲁比诺港的专用铁路线。中国商家可以借助中资企业和俄罗斯企业合作扩容的港口出海。中国与俄罗斯在开发远东地区的经济合作非常重要，与此同时也要看到，随着朝鲜半岛局势的变化，也随着“北极航道”的进一步开通，海平面变化引起的图们江出海口的地形地貌的变化，正形成一个国际化半径更大的经济大湾区，中国的东北地区无疑会是它未来的重心。图们江出海口也许会成为另一个国际大湾区的重要辐射中心。这个湾区说小了面向日本海，说大了包括鄂霍次海乃至白令海，几乎可以在包括整个东北亚的同时，延伸到美国的阿拉斯加。

从长远来讲，日本海西岸同样存在着一个潜在的经济大湾区，尤其伴随俄罗斯实施的符拉迪沃斯托克自由港政策和“北极航道”的开通，这里也会迎来繁荣。

六、最后的“地中海”

世界地图的绘制有多种视角，以太平洋为中心和以大西洋为中心，内涵和外延是不同的。人们已经习惯于从东西方向看世界，如果从北极看世界或者从南极看世界，视觉效果大为不同，其内涵与外延也会不一样。无论从地理形态上和政治经济形态上有可能呈现出相反的走向和特征。南极地区是一块大陆，一般被称之为“第七大陆”，北极却主要是海洋和大小不等的一些岛屿群。

以北极为中心视点，这个北冰洋更像是一个放大了的“地中海”，西边与大西洋相通，东边则通过白令海峡通向了太平洋。如果说有什么不同，除了前者的面积比后者要大上八九倍，也更具有冰原融化之后的地理开放性。如果说，白令海峡就是北冰洋的直布罗陀，格陵兰岛两侧的巴芬湾和格陵兰海与挪威海，则是通向大西洋的更宽阔的海上道路。这里曾是维京人北上美洲南下欧洲的重要通道，而维京人也是影响欧洲历史的一支重要力量。

北冰洋其实也是一片联系着亚洲、欧洲和北美洲的陆间海洋，在其不同地理半径内分布着隔洋或隔海相望的北极五国或北极八国。北极冰封在长时间里冻结了这里的商业文明，即使商业交换在这里若无若有的出现过，也如同地衣那样呈现出朦胧状态。设若这里早已是无冰或者少冰的世界，它会不会同地中海一样，也是一个航海文明的诞生之地？因此，很多人这样预测，北极融冰不仅会在很大程度上改写人类航海史，也会由此引发全球经济格局乃至政治格局的重大变化。

在农业文明占据主导的时代，地中海贸易繁盛一时，主要源于地中海国家之间的农产品和手工业品的交换，交换的半径一开始呈现为南北方向，后来扩大到东西方向，并由此出现了希腊在黑海地区的第一批殖民城邦。进入工业文明时代，地中海更大程度上成为一个洲际航海商业往来的主要通道。在“大航海”发生以后，这种重要性也没有发生大的改变，相反地由于苏伊士运河的开通，商业通道的价值进一步提升。值得强调的是，即便是在古地中海国家之间出现了规模性的贸易互补，如埃及的小麦、腓尼基的紫红布和黑海地区的羊毛制品，以及南欧地区的葡萄酒和橄榄油等等出现频繁交换，依然需要自觉不自觉地同通向中国的丝路贸易辗转地联系起来。这也是古波斯一直保有丝绸贸易中转的垄断权，而西罗马一直希望开辟丝绸贸易更直接通道的缘由。那么，在我们的未来预期里，北冰洋这个新的更大的“地中海”，又会展现什么样的一幅图景呢？

这个新的“地中海”，确定无疑的是亚洲、欧洲和北美国家之间存在着的更为四通八达的便捷航海通道，但北极的发展也在于其多种资源组合和合理开发利用，并形成一种更为开放的全球资源配置模式。从目前来看，沿北冰洋国家之间，至少是北极圈内5国之间，资源禀赋大体相似，除了巨量能源便是比较丰富的矿产品和海洋产品。能源经济和适度发展的矿业、渔业生产将会构成其共同的产业发展特征。这样一种缺乏地区内部互补性的经济结构，显然会加大沿北冰洋国家之间的同质竞争系数，由此而来或许也会进一步增加沿北冰洋国家的紧张关系。因此，北冰洋地区的经济开发与发展，需要从一开始就要提升扩大贸易和投资合作半径，在不断扩大域内国家和域外国家经济贸易合作中，提升北北冰洋地区发展的水平。

从丝路贸易发展本身来讲，那既是地中海地区不断发展的外部条件，也是一种不可或缺的动力。“北极航道”的开通既是丝路联通的最新的生长点，也应当是北极融冰后北冰洋地区发展的动力传动带。相比而言，北冰洋这个未来的更大“地中海”，有着比“地中海”更宽阔的经济舞台、更优越的资源条件，有理由也有可能发育得更好。

诚然，人们还有可能关注经由北冰洋而出现的新的北环经济发展带，但那并不意味着历史悠久的中环经济发展带和已经开始形成的南环经济发展带的地位有所下降，相反地进一步扩大了世界经济丝路联通的半径。“中环”“南环”与“北环”，基本能将世界上所有的经济体连接在一起，在相互交集中发生更多的经济合作关系，全面实现基础设施联通、贸易贯通、资金流通、政策沟通和人心相通的“五通”愿景。

在未来，丝路联通平台分布在不同的由丝路网络系统连接的地理空间里，有的已经被人们所熟知，有的还不很熟悉，有的甚至依然暂时封存在更为特殊的自然地理环境中，感觉上有些陌生。但自然的力量是最强大的，北极融冰造成的经济地理变化在本质上仍旧属于自然力引起的变化，它使我们的目光更多地投向了北极，同时也在更多地思考：这些可见的变化还会带来哪些可见不可见的相关变化？有一些变化，比如气候系统的变化，需要在客观面对中加大碳排放的控制力度，在建设绿色北极的努力中更多实现人与自然的和谐；有些变化属于经济地理系统的变化，比如随着“北极航道”开通，人类的商业活动在北极逐渐增多；有的变化如地缘政治活动增多的变化，则是经济活动带来的不可避免的衍生物。

把北冰洋比作地中海，或许有些为时过早，但商业的巨大塑造力同样是不可忽视的。把北冰洋当成未来的一个超级地中海，未必只是一种想象。如果说，地中海贸易塑造了历史的商业文明，流动的北冰洋也会塑造未来的商业文明。

人们对航海贸易的主动认知源于几千年前就开始繁荣的地中海，在那个历史时代里，腓尼基人率先完成了环地中海的航行，但地中海贸易的延续和延长却主要基于不同经济体经济资源的必要互补。如果没有尼罗河三角洲生产的小麦、希腊的橄榄油和腓尼基人生产的紫红布以及亚平宁半岛上的葡萄酒，地中海什么都不会发生。因此，在北冰洋沿岸国家之间的经济互动变得频繁的同时，与北极圈外部经济体之间进行的经济互补和资源交换更为重要。交换的半径愈大，经济贸易效应愈大，而北冰洋成为超级地中海的可能性愈高。

也许，新的地中海的候选者不止一个，例如在白令海以南海洋地区，或者沉寂很久的日本海，更有可能成为新的地中海。

日本海是北太平洋的边海，介于亚洲大陆与日本群岛之间，东北经宗古海峡与鞑靼海峡连通鄂霍次克海，并经津轻海峡通向太平洋，南经对马海峡连通中国东海，面积101平方公里。日本海大部分水深200米，最深处达到4000米左右。在其东部，有北上的暖流，在其西部，则是寒流南下的通道。日本海含盐量较大，但水产丰富。主要港口有俄罗斯符拉迪沃斯托克（海参崴）、朝鲜半岛的元山、清津、釜山和日本的下关、新潟与北九州。此外还有一直没有发育起来的中国图们江出海口。

日本海周边有5个重要的国家，俄罗斯、中国、日本、韩国和朝鲜，中国和日本在世界最大经济体中，分别位列第二和第三。这几个拥有一定综合国力的国家，不仅有着内部与外部的巨大经济互补性和广泛的经济联系，也会在一定条件下在日本海两侧形成东北亚的共同经济核心区。“北极航道”开通以后，日本海将会成为进一步发挥与北极地区连通的唯一重要的海上枢纽通道，同时也是关联密切的贸易目的地和商业受惠者。因此，将其看作是出现在东北亚的另一个新的地中海，并不只是地理上的一个比拟。

地中海是从西向东联通欧亚贸易的心脏之海，未来的日本海将是联通南北东西的从东向西的另一个贸易心脏之海。这个心脏之海的独特性或许可以决定，她将会是地球上最后也最为活跃的商业地中海。

这个新的商业地中海如果发育得好，白令海峡就是它的苏伊士，中国的东海则是它的直布罗陀。而美利坚的阿拉斯加也是其中极为重要的经济地理单元。但是，对于这样的前景，美国会持什么态度，是“冷战优先”还是“发展优先”？或许会成为一个新的纠结。那么日本呢？相信它最终不会无视“北极航道”带来的新机遇，更不会无视东北亚丝路曾经带给它的那些发展荣耀。在这个永不停顿的商业世界里，无论是哪个国家哪个地区，都不会无视经济发展的地缘交流规律，这既是丝绸之路能够一直发育的基本道理，也是日本海成为新的地中海的根本原因。

这个新的地中海也有极大的可能催生出新的东北亚，乃至更大经济半径里区域经济一体化的最新优化形式，即在亚太地区大的经济发展棋盘里，会不会出现“北太经济合作”新的平台的可能性？这样的预期，从经济地理的逻辑上看，是讲的通的，但在现实地缘政治中路径既远且长，既取决于东北亚国家经济发展相向而行的需求，也取决于“北极八国”或“北极五国”与北极地区域外国家之间的协调合作。在互联网发展的时代，国际政治地缘与经济地缘关系也正在发生深刻的变化，无论你如何看待自身在经济全球化中的具体利益得失，全球化的历史车轮是不会停顿的。当人们普遍意识到，一个新的具有更大发展能量的合作平台能够带来进一步发展的共同利益时，新的更有前景的经济合作机遇就会走来。

七、北极的争议与合作

北极融冰加快了北极航道和资源开发活动进程，同时也必然会带来与“北极航道”有关的诸多争议和相关纠纷。因此，我们在迎接北极地区进入一个新时代的同时，也有必要回顾一下这个地区此前出现的另一面。

所谓“北极航道”，目前主要分为“西北航道”和“东北航道”，还有“挪威航道”，即“中央航道”三条主干线。“西北航道”所经北冰洋水域，应为白令海峡和美国阿拉斯加西北沿海以及加拿大沿北冰洋巴芬湾地区一线。“东北航道”所经北冰洋水域，主要是属于俄罗斯北冰洋沿岸的楚科奇海、东西伯利亚海、喀拉海、巴伦支海和挪威的挪威海，巴伦支海的摩尔曼斯克一线。摩尔曼斯克是一个重要的枢纽港口，最终可以通向波罗的海。“中央航道”则由汉斯岛为起点，北通北冰洋，西接大西洋，与“西北航道”和“东北航道”汇合在一起，主要沿着格陵兰和冰岛东侧行进。“中央航道”一般是从北极地区进入荷兰鹿特丹和西欧国家的路线。由于三条航线经过的地区众多，而且各有交叉点，形成一定的比较复杂的关系，加上对于北极矿产潜在拥有权的关注，争议在所难免。

还有一个重要的因素，那就是北冰洋的开发具有一种突然的爆发性，各种准备相对不足。不像是南极大陆地区，虽然一些国家也曾对一些地区发出了声索，但早在1953年有关国际条约已经冻结了这种声索的可能性。因此，在一段时间里，南极地区要比北极地区安静许多。

应当说，北极的争夺与合作概率几乎一样大。但从现实来看，无论从航道管理权属，还是海岛、海岭、海洋乃至专属经济区的划分，还有许多历史遗留问题和争议问题。这些问题随着北极地区综合战略价值的提升，围绕海域划界和大陆架的划分以及对“北极航道”的控制管理，争论开始激烈起来。这些争论主要分为几个类型：

一是专属经济区。俄罗斯认为。苏美制定的白令海峡控制线使俄罗斯失去了2万平方公里的专属经济区。俄罗斯2002年提出要修改，但美国不肯让步。

二是在公海航道与内海航道之争。比如在西北航道上，加拿大认为国际货轮经过它的内水，而美国与欧盟认为属于国际航道。

三是大陆架之争。俄罗斯主张罗蒙诺索夫海岭属于俄罗斯，应当按照大陆架延伸的原则，其在北冰洋的领海需要向北推进600公里。

四是丹麦与加拿大关于汉斯岛归属的争论。汉斯岛位于丹麦所属的格陵兰和加拿大所属的埃尔斯米尔岛之间的肯尼迪海峡内，面积1.3万平方公里。丹麦和加拿大多次通过各种方式宣布对汉斯岛拥有主权，

六是丹麦、挪威之间海域划界之争。挪威认为，扬马延岛与格陵

兰的海域分界适用中间线原则，丹麦主张接近比例性原则，而格陵兰也应当享有200海里以外的大陆架。

极地争议，主要的角力方来自“北极八国”或“北极五国”。有一点比较明确，即根据《联合国海洋法公约》规定，由于目前没有证据表明任何一个国家的大陆架延伸至北极，因此北极点及附近地区不属于任何国家，被视为国际区域。但在“北极八国”或“北极五国”里，俄罗斯是一个最重要的北冰洋国家。为了强调俄罗斯在北极地区的权益，俄罗斯的科考队在2007年就将一面俄罗斯国旗插在4200米深的北冰洋海底，并在2015年8月再次向联合国大陆架界限委员会提出北极领土申请，要求将包括北极点在内的120万平方公里区域划入俄罗斯。对于俄罗斯的申请，丹麦和加拿大等国表示强烈反对。而美国、挪威也对北极有着各自的领土主张。

这些问题有些拖延不决，有的得到解决。如2013年9月15日，俄罗斯与挪威就巴伦支海争议水域达成协议，平分了17.5万平方公里的争议海域，西侧归挪威，东侧归俄罗斯。这是一个通过谈判解决分歧的重要范例。

极地争议，目前主要来自能源资源的分割与争夺。美国的地质勘探局也做过估计和测算，认为北极地区蕴藏着900亿桶石油和1699亿立方英尺天然气，以及440亿桶天然气凝液，这些资源84%蕴藏在离岸地区。因此，拥有北极领土和领海的国家包括俄罗斯、美国、加拿大、丹麦和挪威，都向联合国递交了申请，要求获得这些化石能源的开采权。据分析，整个北极一半以上的海岸线位于俄罗斯的北部沿海，那里蕴藏着丰富未开发的石油和天然气资源，因此，俄罗斯国内近年来一直在讨论北极地区在促进俄罗斯社会经济发展和扩大俄罗斯全球影响力中的战略作用。2014年，俄罗斯总统普京也曾登上法兰士约瑟夫地群岛的亚历山德拉岛，强调了北极对俄罗斯的重要性，他说，那里的矿藏价值达到 30 万亿美元。2017 年 5 月底，美国总统特朗普签署了一个行政命令，鼓励美国企业离岸开采石油，这意味着美国的石油勘探活动将会更多地出现在北冰洋地区。能源开采之争会不会加剧北冰洋的军事摩擦，尤其是在俄罗斯主张自身对延伸到北冰洋的 120 万平方公里大陆架拥有无可争辩的主权情况下，俄美之间会不会发生进一步的冲突，这是一个普遍的担忧。

世界的石油利益的争夺曾经令中东地区成为近半个世纪里不时引发战争的火药桶，并使地中海成为世界上的最不安定的海。这桶火药到现在一直没有熄灭，下一个潜在的不安定地区又是哪里呢？并不能将融冰之后的北冰洋排除在外。

人们还看到，北极的一些海域，在本质上属于公海还是一些国家的内海，也是一个大问题。这虽然并不影响到国际商船的自由航行，但涉及海域管理权。因此，制定什么样的北极航行规则，如何开发利用“北极航道”，还需要由更多国家来参与讨论和研究，在国际层面上进行。

除了这些明显的争议，飘荡在北极上空的真正阴影，其实还是不时飘荡在北极上空的冷战阴云。地球的主要国家和人口集聚密集分布区在北半球，北极地区居北临南，直线距离最短，势必会对全球尤其是北半球国家安全问题产生直接或间接的影响，甚至还会深刻地改变现有的全球安全战略均势。从贸易与海运物流角度讲，“北极航道”的进一步开通和利用，具有一定的选择弹性，但其军事战略敏感性也是显而易见的。早在 1921 年，意大利人朱利奥·杜黑发表了《制空权》，首次突出了北极地区的战略地位，并开始了地缘战略由平面转向立体的第一次超越。现代太空战略的提出，进一步加重了这样一种趋势，而北极融冰的加速，也将进一步使该地区的战略敏感性提升到前所未有的高度。如何在和平稳定的基本架构内平衡各方的战略利益关系，将成为未来北极最为重大的国际课题。

基本的事实是，随着北极地区变暖，北极地区的军事活动日渐频繁起来，北极正在和已经成为北极国家和利益攸关方争夺资源利益和战略利益的潜在战场。“油气战争”发生的前景加大了北极政治空气恶化的概率，要比任何时候都大。与北极开发活动并存的是军事活动在不断增加。美国在北极重整旗鼓，北约也强化了在北极地区的军事存在，俄罗斯在对北极地区防空控制能力逐步强化的同时，组建了北极联合战略司令部，向北极圈内 190 个军事据点派出 2 万多名军人。

应当说，美国的北极行动很早就开始了，只是缺少连贯性。从 1959 年开始，美国就在格陵兰岛美国图乐空军基地以东 200 公里处修建了研究基地，1962 年又提出了“冰虫计划”，并从 1967 年开始，在冰面下挖掘隧道建立导弹基地，这个计划由于冰层的不稳定性不得不中途中断，成为冷战中胎死腹中的一个流产计划。原来认为，“冰虫计划”将会永远封存在 30 米以下的冰层里，成为一个秘密，但不久前加拿大的冰川专家们指出，随着北极融冰加快，这个基地将会在 2090 年完全露出地面。“冰虫计划”也即美国的冰下弹道导弹计划，虽然没有能够继续实施，但显露了美国很早就具有的一种军事战略企图。

由于俄罗斯在北极的沿海领土线最长，俄罗斯必然要把北极地区视为自身的战略要地，2017 年 4 月，俄罗斯国防部首次公开了“北极三叶岛基地”，“北极三叶岛基地”位于亚历山德拉岛以北，占地 1.4 万平方米，历经 9 年建成，是全世界位置最北的设施齐全的最大军事基地，基地的所有建筑都在桩子之上，高出冰面数米。除了“北极三叶岛基地”，俄罗斯还建设了新西伯利亚群岛的科捷利内岛基地。亚历山德拉岛基地的历史久远，在二战期间，纳粹德国曾在北极建立秘密气象基地，位置就在北极圈内。目前，俄罗斯再次启用了原有的阿拉库尔季基地，并在纪念卫国战争胜利 72 周年红场阅兵式上，首次展示了新的北极军事装备，包括各种“北极版”防空导弹系统，搭载这些防空导弹的车辆可以在零下55度低温条件下行驶。

俄罗斯海军的破冰船是目前世界上规模最大的。1977年8月，苏联北极号是世界第一艘到达北极点的核动力破冰船。俄罗斯北方舰队是其北冰洋的主力，可以穿越一米厚冰层的柴电破冰船也加入到北方舰队，具有领航和补给性能。2017年9月，长170米、拥有两座核反应堆的22220型西伯利亚号破冰船在圣彼得堡下水，其可调节的双重吃水设计可以令它在极地海洋和普通河口航行，不仅具有国防价值，在护航方面效能很高。目前，俄罗斯拥有30艘柴油和4艘核动力破冰船。俄罗斯还建立了北极作战旅，并将空军基地和导弹系统转移在有关地区。俄罗斯在北极地区具有军事装备优势，在破冰船的数量和能力上超过了美国，它的“格罗纳斯”全球导航卫星系统在北极也要比美国的GPS全球定位系统精度更高。这一方面是因为“东方航道”的通航难度较大，冰面走向复杂，还有不少浅滩，需要更为灵敏的定位系统，另一方面也会有安全方面的其他用途。

美国政府自然也不会闲着，在2017年初举行的国防部长提名审议听证会上，首次提出了北极是关键战略地带的概念，并提出把北极整体战略规划的制定作为军方的“优先任务”。对于俄罗斯的北极海洋动向，美国是十分关注的。美国的海军战争学院成立专门的智库俄罗斯海事研究所，集中研究俄罗斯有关海事问题的决策以及北极融冰所产生的法律和贸易问题。在此之前，该学院也成立了研究中国海上力量的研究所。

为了引起美国国内对北极地区的进一步关注，美国国家海洋和大气管理局在2017年提出了“新北极”的概念，宣称人们已知的北极已经不存在，今后将“没有重新成为过去数十年间那种稳定冰冻区域的迹象”。曾经感到相距遥远的国家会发现，随着冰层的后退，彼此之间的距离拉近了许多。美国战略与国际问题研究中心的一位高级副总裁，则提出了与自然地理变化相对应的“新冷战”的地缘政治概念。她说，“从地缘政治角度看，北极正在非常缓慢地重新结冰”“俄罗斯在该地区日益增加的军事存在重燃旧日的不信任感”“目前正推动西方也增加在该地区的军事存在”。有关论者也指出，有关北极可能变成全球紧张局势爆发点的观点仍然遥不可及，长期以来，该地区一直是国际合作的场所，但“发生意外、误解和沟通不良的可能性也在增大”。美国的军事规划者正在将这些因素纳入考量。2018 年初，美国的海岸警卫队司令透露，在 2023 年，美国的一艘具备未来携带进攻性能的新的重型破冰船将会入役。

不仅是美国，北约也似乎开始出现针对俄罗斯的“北极挑战”。2017 年上半年，西北欧、波罗的海和斯堪的纳维亚半岛的北约国家发起了“和平伙伴关系计划”。说是和平伙伴关系，但参与国举行了较大规模的军事演习，约有 14 个北约国家的 40 余艘战舰参与。演习的主要环节在靠近俄罗斯边界附近进行。与此同时，在爱沙尼亚和立陶宛也分别举行了名为“春季风暴”的军演和有 25 个国家参与的快速反应部队军演。空军演习被称为“北极挑战 -2017”，有 100 多架飞机参与。作为回应，俄罗斯在波罗的海也进行了一系列海空军演习。

2016 年 9 月，美国《国家利益》双月刊网站曾经发表过一篇文章，题目是《为什么下一场北约—俄罗斯危机可能发生在北极？》文章说，在北极，全球变暖正在为海洋、土壤和空气加温，融化冻土，改变植物的分布，改变“北极飓风的特征”，在未来几十年，从北极获得丰富的能源与食物资源的可能性，以及在东亚和欧洲之间形成新的较短运输路线的可能性，“将助推各个角色在北极争夺支配权”。文章还说，随着海冰消退，对俄罗斯来讲，“确保能从各个北极基地经由终年无冰的通道进入大西洋和北太平洋，将是当务之急”。这篇文章讲的是北约与俄罗斯之间在北极的角逐，但真正的冲突，也许会更多地发生在俄美之间。

但是，北极上空冷战阴云笼罩是一回事，会不会一定要发生“北极之战”又是另一回事。因为，“丛林法则”虽然没有消失，但正在出现的人类命运共同体和地球人共同忧患意识的不断增强，也会逐渐减少动辄拳头相向的战争行为。尤其是在高科技发展的条件下，有限的冲突多数是在相互战略误判和沟通机制失效时才有可能发生。战争的成本是谁也难以承担的成本，军备竞赛更多地成为军事产品促销的手段，此外，贸易往来从来是和平的润滑剂，资源共享中实现双赢和多赢，是多数国家和经济体更希望看到的结局。此外还有一点，现代战争的发生，除了当事者的主权和核心利益受到伤害和严重威胁外，或者为了争夺战略资源和不可再生资源，传统的化石能源争夺已经进入“最后的疯狂”，当现代能源体系取代了传统的能源体系，由此引起战争的概率将会进一步降低。从这个角度讲，北极发生能源之战的可能性，也许会进入一个新的高风险期，但即便是急性发作，也并不会演变成久治不愈的顽症。

从这两个因素来看，北极地区的能源争夺和与此相关的领土和领海争夺，与北极通航比起来，并不是十分重要的事情。前者或有一定的时限性，后者却有影响更为深远的跨时代意义。航道的管理当然也会关乎一国的经济利益，但这种利益也是有限的。关键在于提供了什么样的航运服务。“北极航道”的发育，最终使用的将是自由无害通航的概念，完全可以排除更为复杂的地缘政治的干扰。

也许，南极地区曾经的纷争为北极地区现实纷争的解决，给出了一个更好的参照。在20世纪，对南极部分地区提出主权声索的国家前后有7个，包括阿根廷、澳大利亚、智利、法国、新西兰、挪威和英国，而美国和俄罗斯也曾提出过保留声索的权利。但它们的声索并没有得到其他国家的普遍承认，最终被南极国际条约冻结搁置。《南极条约》的制定结束了南极地区出现的纷争，和平利用南极的局面也就在总体上由此形成，成为各国极地科学考察最为密集的地方。

目前，《南极条约》拥有53个成员国，其中有29个是拥有决策权的协商国。中国1983年加入《南极条约》，也是协商国之一。从1984起，中国在南极首次成立科考队，“雪龙号”破冰船每年都要进行南极科考，并前后在罗斯海地区建立了长城、中山、昆仑、泰山4个科考站，第5个科考站目前也正在兴建。中国还将建立覆盖南北极的全球海洋立体观察网，完善国际合作平台。中国在南极首次成立科考队30多年来，已经建立了一套门类齐全、体系完备的科考系统，组建了一批重点实验室。近年来，前往南极旅游的中国游客也在不断增加，根据国际南极旅游组织协会的统计数据，在2015年到2016年，到访南极的游客中的中国游客比例占到11%，中国成为继美国、澳大利亚之外的南极旅游第三大客源国。2017年5月22日，中国首次主办南极条约协商会议，会议主要涉及气候变化、旅游和有关管理问题。在会议上，中国与美国、俄罗斯、德国签署了《极地合作谅解备忘录》。南极国际合作目前处于比较协调的状态之中。

北极地区目前尚没有比较完备的协调机制。其丰富的自然资源和即将展现的航运前景，引起国际比南极地区更大的关注，并在关注航道商业开发的同时，也关注到资源的合理开发利用和相关优先产业的发展。“西北航道”和“东北航道”以及“中央航道”，本身就形成了比较符合海运地理合理的闭合与开放系统，存在着与既有海上丝绸之路明显的联通性，相对较快地进入了商业状态。

北极地区的长远机遇大于短期机遇，复合经济机遇也大于某一方面的机遇。“北极航道”不仅为航海带来新愿景，也会推动北冰洋地区社会经济可持续良性发展的进程。从某种意义上讲，能源资源和其他矿产资源是其副产品，摆正了这种因果关系，也就理顺了北极地区的主要经济开发的最终次序关系。北极地区的生态系统也会随着北极融冰的加速变得更加脆弱和不稳定。趋利避害必然是北极地区开发的极为重要的前提，环保产业和环保型的产业应当是其主要的先行产业形态，应当在既有国际公约的基础上制定更科学更有远见的国际保护法律框架，对北极航运资源开发，特别是环境保护做出更为明确的国际规范。有了这样的共同意识，可以更好地规避风险，减少各种纷争发生的概率。而要实现这一切，仅靠域内国家的探讨是不够的，需要更多域外国家参与努力。

第二章

北极地区与欧亚美洲

八、从“新月形”到“满月形”

北极融冰，不仅会造成“北极航道”的出现，以及人类对北极研究开发日益频繁的活动，也会深刻地改变现实的经济地理版图，让人们的经济视线从一直关注的中心区域走向边缘区域，从赤道两侧走向了极地，经济活动的半径前所未有的增大，活动舞台前所未有的扩展，各种经济资源的配置前所未有的充分，并使从古至今一直存在的丝路网络架构发生了前所未有的巨大演进。丝路在北极融冰中延伸，丝路也在自我进化，而顺应丝路联通规律的“一带一路”倡议也有了更为通透和宏大的地理依托。

毋庸说，这也将是改写近代地理和地缘学说的一件大事情，是“大航海”以来发生的最为重大、最具有历史影响的一个经济地理大事件。

人们都记得，早在100多年前，在英帝国进入“日不落”时代的初期，英国著名的地理学家也是西方政治家地缘理论的鼻祖麦金德，首次提出了一个具有全球影响的重要地理地缘学说，那就是“世界岛”学说和“新月形”理论。这个理论主要体现在他于1904年出版的《历史的地理枢纽》一书中。他认为，欧亚在地理上是联结在一起的，形成了当时世界的自然地理中心和经济地理中心，并组成了“大陆岛”或称“世界岛”。英国需要强有力的欧洲政策，从“大陆岛”或“世界岛”的视角制定自身的发展政策。与此同时，麦金德还提出了“新月形”地理理论，即围绕欧亚“大陆岛”或“世界岛”，在其南侧的沿海地带，包括地中海沿岸和中东地区、东非、印度洋和中南半岛乃至整个西太平洋边缘地区，形成了一条肥沃富庶的弯月形地带的理论。他把这条弯月地带称之是“内新月”。“内新月”地带之外，则是由北美大陆、拉丁美洲经过南非和大洋洲以及东太平洋上的诸列岛的“外新月”地带。

毋庸说，不管是“内新月”的描述，还是“外新月”的更宽视角，显然是以英伦三岛为中心去透视去投影的一种世界地理镜像。麦金德关于内外新月的地理描述，涵盖了“大航海”以来出现的所有海上路径，也涵盖了当时所能涵盖的所有海上殖民贸易走向。“内新月”显示了传统的地中海到印度洋再到东南亚以及东亚地区的主要地理地缘关联，“外新月”则标示了包括“大航海”中发现的“新大陆”以及连接大西洋和太平洋的新的海上地理连接。对于正在推动工业革命中的英国来说，在“外新月”地带进行殖民扩张有利，还是在“内新月”地带扩张更有利，这是英国朝野争论不休的一个问题。当时的北美大陆，美国还处于刚刚从英法殖民地独立出来不久的状态，加拿大的大部分地区依然是英国的自治领，而拉丁美洲的更多地方处于西班牙的统治之下。新大陆瓜分完毕，暂时没有再瓜分的更大空间。与其在“外新月”地带再展拳脚，远不如在“内新月”地带上开疆拓土更具战略扩张价值。因此，把殖民扩张的视野更为直接地投向东方的扩张思维，具有更大的吸引力。麦金德提出新月地带理论，尤其是“内新月”地带理论，从地理地缘学科上为英国对外政策的制定，及时提供了论证依据，正好适应了英国的殖民扩张的战略方向选择的要求，成为英国对外推行殖民政策的主要理论推手和推进殖民战略的主导思维。

在这样的背景下，麦金德“大陆岛”和“内新月形”地带理论一经出现和传播，很快得到英帝国当政者的赞誉，因为这个理论具有地理科学研究的色彩，虽然有些姗姗来迟，但是一块很有用处的殖民贸易的遮羞布，有力地解释了英国在近 1 个世纪以来频繁出现的殖民战争行为，并为“日不落帝国”的形成以及对欧洲大陆腹地的干预找到地理和地缘上的理由。

在麦金德的著作中，内新月带理论和地理比喻，占据着比“世界岛”学说还要重要的地位。所谓“内新月形”地带，主要节点国家包括了从埃及到印度再到缅甸和中南半岛的许多国家，他们在 19 世纪逐一沦为英国的殖民地。英国对“内新月”理论钟情，主要是因为他们在“内新月”地带连续不断推进的殖民成果巨大。他们也为了进一步打通“内新月”地带的海上联系，投入巨大的财力物力，主持开凿了当时最大的苏伊士运河工程。苏伊士运河的开凿，意味着横在“内新月”地带之间的最后的一点地理阻隔消除，英国掌控“内新月”地带的力量得到进一步提升。

英国商人在印度果阿成立东印度公司，标志着英国早在 18 世纪就对“新月形”地带展开全面攻掠，英国的东方殖民贸易和殖民战争活动从此进入了鼎盛期。他们知道，“新月形”地带最大的贸易市场在中国，“内新月形”末端和殖民战略重点也是中国。延续已久的第三地贸易满足不了殖民贸易的胃口，清政府的“一口通商”更没有什么吸引力，在列强分割中垄断中国市场从而肢解中国，成为以英国为主导的列强殖民贸易联盟的终极战略目标。为了实现这个目标，西方殖民者建立了以英帝国为首的“神圣同盟”，使出各种手段，从鸦片倾销到“炮舰政策”，从“利益均沾”到签订多个不平等条约和建立“治外法权”下的“租借地”，都是内新月战略中的一着重棋，而颇有悲壮色彩的中英第一次“鸦片战争”和中英第二次“鸦片战争”的爆发，则是中国开始沦为半封建半殖民地的百年屈辱历史的起点。

应当说，在这一系列对华殖民行动，战争威胁的杀伤力最大，但也仅仅是一种战术武器，支配战术武器的战略武器，则是被麦金德后来总结提炼出的“内新月形”地理地缘理论。在当时东西方力量完全失衡的情况下，这种地缘战略武器如此地屡试不爽，不仅成为英国建立庞大殖民体系的理论支柱，也成为其攫取世界霸权的战略理论来源。后起的霸权国家美国继承了这个理论体系，在麦金德“陆权论”的基础上派生出“海权论”边缘战略理论等等。

诚然，抛开霸权问题，单从地理交通的意义上讲，麦金德的“内新月”勾画出欧亚之间传统的从海上到东方市场的进入路线，这条路线犹如吸管，一直为西方全力推行的殖民贸易吸附着巨大战略利益和经济利益，大约也是因为这个原因，英国在失去世界霸权和英联邦海外领地开始解体之后，也曾经在20世纪50年代中期，发起过有名的苏伊士战争，希望借此保住其在“内新月”咽喉地带的最后一点影响。战争的结果事与愿违，英国最终失去了对苏伊士运河的控制，其对“内新月”地带的直接控制也随之走向了终结，但这是后话。

从另一个角度讲，苏伊士运河的开通，为东西方贸易提供了更为通畅更为便捷的海上通道，而“内新月”所勾画的海上路线的更大地理地缘轮廓也随之更加清晰。“大航海”以来出现的新航线，则是“外新月”地理坐标的海路体现。“内新月”和“外新月”共同组成了从海上切入欧亚大陆的包围圈，但“内新月”具有更为短兵相接的战略意义。从历史沿革上讲，“内新月”的主要走向，沿袭的是拥有2000多年历史的古代海上丝路的轨迹和环绕欧亚“大陆岛”南部边缘的传统海上航道。这条海上航道，在古代航海的第一个1000年里，主要通过阿拉伯人商团和水手开辟的“厄立特里亚贸易”即“红海贸易”来实现，在进入第二个1000年之后，特别是15世纪之后，则主要通过荷兰、葡萄牙、西班牙商团主导的“马尼拉—盖普贸易”来实现。

“马尼拉—盖普贸易”的历史长达二三百年以上，最先进入“马尼拉—盖普贸易”的西方交易者是荷兰的商人，他们由此获得了“海上马车夫”的名声。在“马尼拉—盖普贸易”中，中国的福建商人经常扮演着卖方的角色，他们将中国内地生产的丝绸、茶叶和瓷器，装载在统称为“盖普船”的较大商船上，经过南中国海的传统航线，运到菲律宾的马尼拉，实现中国明末推出海禁政策后的第三地现货现银交易。荷兰商人之后，葡萄牙、西班牙商人接踵而来，第三地贸易成为中国明末实行海禁政策的一时之选。

现货现银交易在第三地贸易中出现，一方面是基于当时国际金融信用体系尚未建立，另一方面是因为当时的西方贸易者还拿不出更多的对冲产品，因此只能拿出从美洲掠夺的或从欧洲廉价买来的低价白银参与交易。对福建商人来讲，第三地贸易有效规避了中国明晚和清初断续实行的海禁政策，但不管怎样讲，丝绸、茶叶和瓷器与白银作为实物贸易的相互商品对象，为西方商人带来了可观的商业利润。这种形同后世的“自由贸易”形式的商品交易，不仅吸引了葡萄牙和西班牙的商人，也吸引了英国的商人，并引出西方商人追逐东方财富的巨大冲动，以及西方商人以多种方式与中国市场直接对接的商业行动。

这种商业行动原本无可厚非，但在麦金德“内新月形”地带理论与西方殖民霸权理论的扭曲下，一切都开始变味。或者可以更准确地说，如果只把“内新月”理论当作是一种地理描绘，可以另当别论，一当其成为与世界霸权追求者的头盔，也就带上了异样的色彩，不仅为当年英帝国巩固“日不落帝国”的战略目标轮值站队，也成为后来霸权理论的主要地理理论外衣和西方地缘政治战略学说的主要理论基石。

人们看到，无论西方出现了多少种后起的战略理论，从美国阿尔弗雷德·马汉的“海权论”到意大利军事战略家朱里奥·杜黑的“空权论”，一直到美国的“太空权论”，大多都是基于控制的霸权理论，在战略出发点和立足点上，都从不同的角度继承了麦金德“陆权论”的核心战略取向。麦金德新月地带理论学说影响着西方一代又一代的地缘政治学者，也深刻影响到美国的地缘理论学家。尤其是美国的边缘地带战略理论创立者尼古拉斯·斯皮克曼和现代地缘战略学者兹比格涅夫·布热津斯基的“大棋局论”，都是麦金德理论衍生出的重要地缘战略理论。

尼古拉斯·斯皮克曼是二战后出现的重要西方地缘政治学家，也是二战后美国从英国手中接过世界霸权并谋求巩固世界霸权的理论旗手。他的思维主要体现在《世界政治中的美国战略》以及《和平地理学》等著作中，其核心思想概括起来，就是谁控制了边缘地带，谁就控制了欧亚大陆，谁控制了欧亚大陆，谁就控制了世界。他根据两次世界大战都发生在欧亚边缘地区的事实，得出边缘地带既是海洋大国和陆地大国激烈争夺的地区，也是冲突频繁地带，维持欧亚大陆均势，控制边缘地带，应当是美国地缘战略的核心。他的这个边缘地带论明显地带着“内新月”地理地缘理论烙印，完全继承了麦金德的“内新月”地理理论内核。在斯皮克曼边缘地带论的影响下，二战之后，亚洲边缘地带发生了朝鲜战争和越战，虽然美国并没有赢得这两场战争，但人们看到，在冷战前后时期，“外新月”和“内新月”的地缘理论思维挥之不去，并且一直在理论外衣变换中持续不断地发酵。“外新月”地理坐标成为美国钩织北大西洋公约组织和美国盟国体系的主要地缘依据，“内新月”则成为美国编织围堵中国包围网的一成不变的地理网兜。所谓亚太战略和此后出现的“印太战略”，都有“内新月”地缘战略的浓厚色彩。

内外新月地缘模式还进一步派生出美国学者的大棋局论。《大棋局：美国的首要地位及其地缘战略》一书，是美国地缘战略学者布热津斯基在1997年推出的重要著作，在他的著作中，除了继续强调美国控制欧亚大陆确保世界霸权的观点，也对欧亚大陆的西部、南部和东部的边缘地区做了更为仔细的研究。他认为，在欧亚大陆的棋盘上，不仅有着法国、德国、俄罗斯、中国和印度这5个战略棋手国家，也有 5 个重要的政治战略支轴国家，比如乌克兰、韩国、土耳其和伊朗等等，需要美国善为布局。这些国家其实也多数处在从中东到亚太的“内新月”边缘地带里，因此这个“大棋局”也应当是新月理论的一种较新的演绎。现在，这盘“大棋局”，有的有应验，有的棋路走的还很别扭，甚至导致了更大的乱局。究竟如何收拾这盘“大棋局”的残局，还是一个未知数。但有几点可以确定，一是新月形内的许多国家早已走出殖民阴影，成为主权完整的独立政治主体，分别拥有自己的话语权和决策权，并不会成为霸权国家随意摆弄的对象。二是边缘地带的经济正在不同程度地崛起，或者正在摆脱当年的经济落后状态，开始成为新兴的经济力量，而边缘地区同所谓核心地区经济力量对比的这种快速变化，也决定了各自不同的国家利益定位和对外部干扰的抵御能力。三是“内新月”和“外新月”模式说到底只是地理描述，无论是麦金德的原创理论，还是由此引申的别的地缘战略，毕竟是殖民时代和冷战时代的产物，具有只见平台不见人，更不见时代变化的思维特征，因此并不能在任何时候任何情况下都会发生西方地缘战略学家希望发生的那种效用。

当然，作为地理学者，麦金德的“新月形”地带理论也有其独特的价值，即描绘了一种客观存在的地理地缘事实。但这种客观事实并意味着它只能是遏制与征服者活动的舞台，在更多的情况下是不同区位人们相互交流和推动经济贸易往来的地理选择。古丝路的形成发展证明了这一点，“一带一路”共同发展的相互需求也会继续证明这一点。

更为现实和重要的是，麦金德当年提出的新月形理论，本身就具有始所未料的自然地理变化的历史认识局限性。在麦金德的时代里，北极地区长期处于冰封状态，这是一种事实，也是一个自然地理常识。常识一直告诉人们也告诉地理学家，在北极地区，除了生活在冰雪边缘区域的因纽特人，以及探险家时而涉足，人类活动并不活跃。北极地区一直都是一个白夜和极光常伴的世界，具有巨大的气候壁垒和冰雪壁垒，而这个认知的局限决定了麦金德对边缘地区的研究视线，必然地会投向欧亚大陆的南侧，而他所描绘的“内新月”也只能是一条从英伦三岛开始，沿着地中海东侧和南侧以及印度洋，一直延伸到中南半岛和西太平洋的半弧，而“外新月”所展示的，则是几乎囊括了地理大发现的所有认识成果的更大地理半径的一条大弧。

麦金德无论如何都不会想到，在他的新月形地理地缘理论提出百年之后，北极气候发生了戏剧性变化。北极开始变得陌生起来，新的海洋通道出现了，新的经济地理场景也出现了。“世界岛”还是那个“世界岛”，但海洋对大陆的地缘关系大大改变。他的“新月形”地理地缘理论已经不能全面反映即将出现的地理变化，和由此引起的海洋通道变化。“新月形”地理地缘理论面临着部分的颠覆，面临着新的改写。其中最大的问题，并不是内新月地理失真了，而是内月形理论的战略价值不再成为唯一。也就是说，反映欧亚大陆边缘局部镜像的“内新月”，已经不能反映欧亚大陆边缘地带的整体镜像，至少是在经济地理范畴里是这样。

或者也可以这样说，从月像比拟的角度，麦金德看到的大陆边缘地理走向，是一钩上弦月，并未预见到未来的北极会升起一钩新的下弦月。他也不会想到，这钩上弦月和从未料到的下弦月，会是怎样的一种整合关系——拥有同一条弦，而这同一条月弦，最有资格充当的，就是作为古老存在，但在100多年前开始变得有些模糊的陆上丝绸之路。他自然更不会想到，他的那钩上弦月和北极升起的下弦月，才是欧亚地理外围的真相，更不会想到，这轮拥有同一条弦的新月，整合地看起来，更像是一轮轮廓清晰的满月出现在欧亚大陆的上空。

那么，这样一幕自然地理经济地理的变化，如果更早地出现在麦金德的时代，他又会如何作想？又如何去打造他的“新月形地理边缘”理论呢？或者换句话说，在那种情况下，彼时的英帝国又会制定和实施怎样的一种地缘殖民战略？而后来的美国战略家们又会推演出什么样的一种边缘战略和“大棋局”呢？

可以肯定的是，作为实现霸权利益最大化的工具，他们是不会扔掉新月形理论的，但思路会有所同也有所不同。任何理论都有自身的生命周期，也会在形势变换中不断出现修正，只是情况可能变得更复杂，需要考虑的地缘问题更多。至少，人们还可以假设另一种历史情景。比如，俄罗斯会不会为了区区700万美元，拱手让出阿拉斯加？而俄罗斯的欧亚“双头鹰”的标志，会不会变成欧亚美“三头鹰”的另一种标志？再比如，当年的英帝国会不会在挑起“鸦片战争”的同时，会不会同时发起对北欧维京人的报复和反击？而围绕“大陆岛”的边缘战略会不会变成双向的钳形战略等等。如果这些情况发生，沙俄与英国的历史争夺与碰撞，也许不会仅仅发生在中亚地区。

但是，假设毕竟是假设，历史是不会按照假设来安排的。回到眼前的现实中来，人们可能更关心这样两个问题：第一，下弦月地缘关系的出现，会不会减轻甚至消除上弦月地缘战略的张力？第二，“北极航道”的出现与可以预见到的北极地区的发展，会不会带来全球经济发展更大的布局和更大变化？

下弦月地缘关系的出现，会不会减轻甚至消除上弦月地缘战略的张力。这个问题需要从两方面去看，结论是既会也不会。说不会，是因为全球战略棋盘变得更大了，棋局也变得更加错综复杂，日益减弱的美国霸权力量能不能全面应对？会不会出现顾此失彼力不从心的矛盾？加上美国的孤立主义和民粹主义思潮泛起，“美国优先”成为特朗普政府的主要执政概念，精力有所分散，尽管美国国内冷战思维依旧汹涌，但在此起彼落中出现多种政治力量的相互消长，难以多面应对，出现一定程度的疲态。说会，则是因为，“内新月”地缘关系还存在，冷战的惯性思维的土壤也存在，对中国综合实力不断壮大的担忧越来越强。“中国威胁论”不仅没有消失，还以新的所谓“锐实力”威胁的新说辞，连续不断地恶化着国际环境。从“内新月”与“外新月”地缘关系入手围堵中国，依旧是美国及其盟国战略家熟门熟路的选择。最新的例子，就是继奥巴马努力打造亚太“再平衡”战略之后，出现了“印太战略”和所谓“四国联盟”的构想和躁动。在北极地区它也不会留下战略缺口。在北极融冰想象开始明显出现之前，冷战的阴云也不时地在北极上空掠过，北极被视为美国重要的战略区，凡此总总，都显示融冰后的北极同样不会是一片经济的乐土，只有绿色而毫无一丝血色。

但是，北极吹来的乍暖还寒的风，也会同时带来更为积极的信息和强大的正面能量，而这种强大的正面能量无疑来自具有和平发展根本特征的“一带一路”。在北极新的自然变局中，从人类历史深处走来的“一带一路”宏大网络，总体架构正在进一步延展和完善，不仅显示了在一定条件下人与环境的良性互动的极大可能，也显示了“一带一路”的强大生命力和无处不在的自我发展能力。北极发生的变化以及“北极航道”的开通，增强了丝路发展连通的通透性，标志着人类经济舞台进一步得到扩展，“一带一路”共同发展出现在新的地理空间里，标志着丝路文明发育进入了全新的阶段。

相比之下，形形色色的以维护一己霸权为特征的种种地缘战略，带来的是更多的负效应，不能忽视其依旧拥有强大的地缘政治影响力，但不会成为永远的主宰力量。“一带一路”并不否认客观的地理地缘存在，但否认霸权的天然合理性，更反对霸权对地缘关系的强暴。基于地理地缘关系的不只是战略利益的争夺，更有丝路联通带来的发展。这是一种良性互动的地理地缘关系，并会进一步提升地理地缘关系良性发展。从某种意义上讲，丝路联通是全球经济共同发展并不断推动人类文明提升的一部“永动机”。因为，在丝路联通的传输带上，更多传输的是不同经济发展“势位差”造成的发展能量，这个能量比任何一种能量都更持久更强大。

九、“大陆岛”地理整合

与新月形地带理论相比，麦金德的欧亚“大陆岛”的说法倒是更带有一定的启示性，他从一个令人膺服的角度，描绘了欧亚大陆一体的地理事实。

尽管，“大陆岛”说法的出现同样事出有因，是麦金德构建“陆权理论”的主要地理依据，而他的“大陆岛”或“世界岛”理论的创立，也是为英国干预欧洲内陆提供了操作空间，而他发表的著名的“三段论式”，即谁统治东欧，谁就能主宰心脏地带，谁统治心脏地带，谁就能主宰世界岛，谁统治世界岛，谁就能主宰全世界的因果思维逻辑，也成为后起的地缘学家们竞相效仿的语言范式，甚至成为政治地缘理论学说的推理法则，但他也明确无误地指出了欧亚大陆地理上的整合性。

麦金德把世界概括为3个区域，中心内陆区和前面讲到的“内新月”地带和“外新月”地带。中心内陆区也即欧亚“大陆岛”或曰“世界岛”。在他看来，欧亚大陆是世界的核心，也是世界的枢纽。这自然是从欧洲中心论的角度得出的一种判断。在这个判断里，他已经超越了一般地理学家的研究视野，更多地带着政治地缘学的色彩，从而奠定了他在西方政治地缘理论学说中的开创地位。

欧洲亚洲有没有高度的整合性？确乎值得从多角度特别是地理角

度进一步审视。从地理视野上讲，欧亚大陆的地理结构在总体上比较规则，甚至大陆边缘的较大半岛都具有涡形旋转的地理对称性。亚洲南北与东西的间距与内部辐射半径大体相等，西伯利亚与南亚次大陆、东亚与西亚遥相呼应，呈现了地球上各种地理地貌，涉及地球上多种气候带。

欧洲在地形上则更像是欧亚大陆整体的一个大半岛，与它对角的东南亚半岛以及南亚的印度半岛，共同组成了围绕中亚地理中心旋转的风车的几片叶轮。虽然这些不同的地区有发达与后发展之分，资源禀赋和区位优势不尽相同，但经济互补性和文化的沟通性决定了它们之间的关联是十分紧密的。2000多年前出现在欧亚大陆内部的陆上丝绸之路，和围绕在大陆南侧的海上丝绸之路，就是两条巨大的经济文化动脉，在千百年经济文化能量持续的交换中营养着世界文明。

对于欧亚大陆的整合性，麦金德的看法是有一定道理的。虽然他不是从欧亚大陆的整体结构和内部联系明确地指出了这种整合性，而是从当时世界各地区政治地缘的外部投影中寻找这种整合关系，从四大海洋围绕着的一个“大陆岛”，“大陆岛”周边又围绕着内外“新月带”，宛如剥洋葱般地剥出了一个核心世界，但也还原了一个基本地理事实。

麦金德“陆权论”的着眼重点无疑在欧洲，其新月带理论不过是为英国给出了从海上围绕“世界岛”或“大陆岛”获得霸权的路径。这个地缘理论在后起的美国得到异曲同工的发展，那就是提出，谁控制海洋谁就能控制世界的艾尔佛雷德·马汉创立的“海权论”。二者所处的地理方位不同，视角不同，视野半径也有宽有窄，各自强调的控制世界路径也有差别，但在把欧亚大陆视为“世界岛”或“大陆岛”的基本概念的看法上，并没有多少差别。至今，“海权论”仍然是影响美国政治地缘战略的主流学说，但他们也把“陆权论”作为维持世界霸权不可或缺的基石，所谓二战之后美国实施“马歇尔计划”，进而不断推进大西洋联盟并构建了“北约”，就是这样一种重要战略的具体体现。

欧亚大陆是一个地理整体，一目了然，但文化的双核结构也很明显，这种文化的双核结构并不是彼此孤立的，看似差别很大但又相互联系，这至少在具有2000多年丝路直接和间接联通的过程和彼此影响中得到了或明或暗的显示。一方面，欧亚各民族历史文化确乎有差异，另一方面，它们之间在文明发展中始终相关。最直观的理由是，如果没有中国的四大发明，并由当时的伊斯兰世界和昔日的罗马帝国辗转传入西欧和北欧，欧洲也不会那么快地摆脱蛮荒状态，文艺复兴与工业革命也不会那么快地到来。如果丝路没有开通，地中海的商品流通也不会那么活跃，甚至近代货币的发生和金融业的发展也许会推后几个世纪。

问题在于，欧亚既然同属一个大陆板块，原本是可以称为“欧亚洲”的，为什么在地理概念中一直是楚河汉界，泾渭分明？这与欧亚经济文化的复杂交流过程有着密切的关系，也与欧亚的划分思路有着直接的关系。

欧亚的划分与其他的洲际的划分并不一样。其他大洲的洲际划分，无不按照诸如大洋和自然形成的明显陆地地理标志来进行，但欧亚之间却带有更多的宗教文化甚至种族色彩。一般认知里，“欧罗巴”的称呼来自一位希腊女神之名，但根据最早实现规模航海的腓尼基人的说法，贸易往来中最重要的是确定方向，在他们看来，“亚细亚”就是日出之地，“欧罗巴”则是日落之地。日出日落指代方向，但并不代表它们是两块大陆。

对这样一块连在一起过于庞大的大陆，后来不知道有多少希腊、罗马的历史学家们绞尽脑汁，试图给出一个满意的划分方案，但这些方案都脱不开当时的政治家们的功利判断。在罗马时代，主要基于是如何有利于帝国的行政统治。他们先是提出以地中海为中心划分的方案，南边是非洲，北边是欧洲，东边则以小亚海峡、黑海和亚速海为界，其西北部划为欧洲，东南部划为亚洲。因为这样一来，小亚半岛的绝大部分便成了罗马帝国的“亚细亚行省”，帝国的版图也就随之与欧洲亚洲的划分一致起来。这个说法虽然解决了罗马帝国的“跨洲”版图问题，其实并没有解决欧亚大陆的划分的根本问题。因为欧洲亚洲在地理地缘上是一体的。欧洲与亚洲之间的地理联系如此紧密，在小亚海峡、黑海和亚速海以北的广大地区，并没有一条如同地中海般清晰的界限。于是，首次划分欧亚的尝试也就无疾而终。

到了近代，欧洲各国出于资源的争夺和资本的扩张需要，欧亚划界的问题再次提了出来，形形色色的方案纷纷出现。其中最有趣的方案是，出于占有版图越大越能满足扩张的欲求，有的欧洲学者推出了欧洲版图膨胀版，一直要膨胀到中国的塔里木盆地，而这也是一些学者把中国的新疆视为中亚的由来。支撑这个欧洲版图膨胀版的表面理由，是用印欧语系包括了东伊朗语支的标准来划分欧亚的，其实最终还是为了殖民扩张。用所谓印欧语系和汉藏语系来划分欧亚，受到很多地理学家们的强烈反对，伊朗语支的国家和民族也明显地也不会认账。这个主张也与古罗马的历史学家们的理念发生了巨大的冲突，因此同样在吵吵闹闹中搁置一边。

于是，俄国地理学家塔季晓夫又提出了另一个方案，俄罗斯民族的语言属于斯拉夫语系，虽然斯拉夫语系与印欧语系没有多大关系，毕竟也是白皮肤们的语言，而且，由莫斯科大公国发展而来的俄罗斯一直认为自己是东罗马文化的“继承者”，从俄罗斯的角度考虑欧亚之间的划界，也就成为一个选择。俄国地理学家提出，既然不能直接以语言划分，何妨以山来划界呢？于是，一个方案出现了，就是把乌拉尔山作为欧亚的东西界山，再把高加索山脉作为南北界山，欧亚的洲界划定，也就在并没有更好的选择中如此这般的定了下来。至今，乌拉尔山南部的叶卡捷琳娜堡也还树立着欧亚的界碑。

但是，在这个过程中还发生了一桩奇事，就是有人主张把埃及也算作了亚洲，这无疑又与传统的划分法不一样。把埃及划为亚洲，也许是高看了埃及文明一眼，但在一些人的眼里，非洲根本就不算是什么洲，很多地区无非是他们各自的海外殖民地。但这同样不合地理学的一般常识，最后不得不选择苏伊士地峡作为亚洲与非洲的一个地理区分。

今天看来，欧亚的分界其实仍是一笔糊涂账，有的具备一些地理学的依据，有的是无奈下的选择。比如，乌拉尔山之所以成为欧亚洲的分界，并不是因为它是一个难以替代的地标，而是因为这里是"白种人"与"黄种人"的历史居住分界线，但真要查历史，更早的欧洲白种人如雅利安人的故乡分明就在亚洲，所谓哥特人的根也在亚洲。以乌拉尔山为欧亚界线也造成了近代、现代俄罗斯的历史纠结，既西又东，令其"双头鹰"的国徽图案有了特别的含义。

对于造成欧亚洲如此划分的原因，西方学者也是心知肚明，因此麦金德干脆绕过了这个概念，从大英帝国的海洋和陆地利益出发，把它们统称为"世界岛"，欧亚洲之外则被称为新月形地带。"世界岛"理论自然别有含义，但也婉转地承认，这块连接在一起的超级大陆原本一体，只是出于某种优越感，可以把它人为地割裂开来，划出了发达的欧洲和落后的亚洲，而"新月形"地带则是更加边缘化的地带。

如果真要以明显地标为标准，地中海自然是首选，高加索和黑海也有一定的理由，乌拉尔为界却有些差强人意。要说是选取明显的大地标，也许帕米尔高原更有候选资格，但种族文化歧视又使他们不愿把阿拉伯人和同是印欧语系但又是伊朗语族的伊朗人，甚至小亚半岛的突厥语系的国家与民族当成与自己同居一块大陆的文明谱系。这就形成地理科学与现实地缘学说的一个悖论。

明明是悖论，却要让它看起来比较顺理成章，此中的纠结程度该有多大。尤其是大费周章地要把一个政治经济学意义上的大陆，实则是连在一起的欧亚大陆的一个“大半岛”看作是欧洲，其余归为亚洲，人为操作定义的痕迹太过明显了。这种划分当然已经在尘埃落定中一直沿袭下来，人们也已习惯了不同名称下的地域指代，也就安然视之，不去深究了。

当然，名称只是一个指代，一定区分指代形式的合理性也产生不了多大的作用，但透过这个长期和反反复复的划分过程，人们看到的是对历史文明发展的一种认识疤痕，甚至非科学意识对地理科学的一种有意无意的嘲弄。

这种嘲弄很有些一本正经，甚至成为许多著名理论立论的基石。比如，亨廷顿①以“文明冲突论”扬名于世，但其“文明冲突论”所依据的却是欧亚划界的政治文化柱石和这些并不牢靠的柱石留下的长长阴影。亨廷顿把文明冲突看作是第一性的，或者他从未去想，文明不仅有地域来源，更有相互包容和交流中的各自发展，同时也在不断地合流。在世界的几大文明区里，欧洲地区在历史上只出现过希腊文明和罗马文明，更多更久远的文明出现在亚洲。非洲文明似乎很模糊，但它分明是欧亚发生发展的多种文明最初的源头。美洲的文明史多数被淹没了，留下了许多谜团等待考古学家们去揭示。但是，文明可以有显性文明和不那么显性的文明之分，可以有中断文明和延续文明之

① 亨廷顿：萨缪尔·P. 亨廷顿（1927 年 4 月 18 日 ~2008 年 12 月 24 日），美国政治学家。他以“文明冲突论”闻名于世，认为 21 世纪核心的政治角力是在不同文明之间而非国家之间。

分，还有各自能达到的高度和相互碰撞出现融合转移的诸多可能，然而，支配文明发展的无一例外的规律是它们之间的互相交流，并由此演化出历史和现今的世界文明谱系。

对于欧亚的自然地理与人文地理分析，基辛格博士在其比较近的时间出版的著作《世界秩序》里，有关于文化和文明的分析，并引起认同者强烈回应。亚洲开发银行的一位学者阿基莱什·皮拉拉马里就曾发表文章题为《基辛格是对的："亚洲"概念是一种西方结构》，阿基莱什·皮拉拉马里对基辛格涉及的这个西方人闻之未闻的观点提出了明确的支持，并不是无缘无故的。他说，亚洲仅是对欧洲以东的一部分欧亚大陆的统称。从历史角度而言，认为欧洲和亚洲是不同大陆的看法源自于古希腊的观点，即希腊以东的陆地构成了一个单一有机整体，被称为亚洲，而希腊以西的陆地构成了另一个整体，名为欧洲。这种观点最终让西方将欧洲和亚洲作为两个独立的大陆来看待。就地理而言，欧洲亚洲没有特殊的区别，他们位于同一地质板块的欧亚板块上。在文化上，西方已经被界定为源自罗马文明，被基督教化后经历文艺复兴、启蒙运动和工业革命，"但这并不是说与亚洲就没有共同的历史或文化""亚洲拥有众多的区域比如东亚（如日本、朝鲜和韩国等受中华文化影响的国家）或南亚，每一个区域都像欧洲一样独特。因此可以将欧洲与亚洲作为一个具有特定分区而内在相连的体系。"他还说，"概括亚洲最简洁的方式是将其定义为一个（包括欧洲在内的）自然大陆，拥有约七大区域。这种方式平衡了地理和文化之间的关系，且未完全遵循政治界线划分而是包含了几大过渡带：欧洲、中东（包括北非在内）、南亚、中亚、俄罗斯、东亚和东南亚。"阿基莱什·皮拉拉马里的最后结论是，具有不同区域的"欧亚板块并不会模糊这些地区拥有大量共同文化、历史和发展趋势的事实"。

阿基莱什·皮拉拉马里的观点不仅有力地支持了基辛格博士关于

欧亚的分割，特别是亚洲概念是西方某些人虚构出来的论点，也有力地支持了大陆各个次区域文化传统有差异也有关联的事实。皮拉拉马里阐释了自己引人瞩目的观点，即不同文化和历史有一种共同性，也有共同的发展趋势。在更多的人看来，这正是古代丝绸之路一直努力实现并深刻影响欧亚文明进程的既定史实，同时也是现代丝绸之经济带建设所要继续实现的发展愿景。

事实上，欧亚一体的结构首先来自于地理地貌的通透性。虽然人们也看到，欧亚在自然地理上有多个地理隆起造成的天险和阻隔，但不妨碍对它的整体地理通透的认知。

欧亚自然地理地貌的形成，与地质时代陆续发生的两次造山运动直接关联，而造山运动的发生又是地球板块漂移引起地质挤压的结果。一方面，这两次造山运动，在总体上形成了如今所看到的陆地海洋相对位置，另一方面，又使大陆内部形成了复杂的自然地理地貌。这两次造山运动就是众所周知的燕山造山运动和喜马拉雅造山运动。燕山造山运动和喜马拉雅造山运动的方向是如此的不同，前者是南北纵向运动，后者是东西横向运动，时间有先有后，间隔也很遥远，但共同造成了影响到欧亚大陆内部的地理结构和山脉纵横交错的基本地理结构，塑造了欧亚地理整体相连，但又呈现阻隔的一种自然状态。这种地理状态在交通技术及其不发达的时代里，必然会成为一种难以逾越的地理障碍，影响到人们对欧亚甚至亚洲内部不同地理单元地理联通的认识和理解。

具体地说来，最早发生的燕山造山运动，让一部分山脉呈现南北走向，更晚发生的喜马拉雅造山运动，让另一部分山脉呈现东西走向。两次方向不同的造山运动共同铸就了欧亚大陆的骨架，形成了欧亚大陆内部山脉有横有竖、横竖交错，但总体上很有规律的地貌特征。在中国的地理版图上，南北竖向的如大兴安岭山脉、太行山脉、贺兰山甚至地震频繁的龙门山等，东西横向的如燕山山脉、阴山山脉、秦岭山脉、祁连山脉、昆仑山脉等。在中亚和欧洲之间，则有兴都库什山、高加索和阿尔卑斯山等等。一般地讲，横向的山脉比较高大，也比较年轻，纵向的山脉比较古老甚至相对有些低矮。其中，面对华北平原的太行山一侧有些突兀，但那更像是历史上海平面升高时代的一条海岸线。不同走向山脉的不同高大与低矮的形态，显示出两次造山运动相隔久远，而距今最近的喜马拉雅造山运动，最终在欧亚心脏地区造就了著名的“世界屋脊”帕米尔高原地理隆起，构成了对欧亚地理通透的最主要的交通阻隔，也成为欧亚和亚洲内部存在比较明显的地理屏障的认识来源。

但是，两次方向不同的造山运动不仅形成了地理地貌的隆起，也会在相互挤压中形成断裂和大小不等的凹陷。大的凹陷就是大大小小的盆地和相应的冲积平原，小些的断裂则形成了沟谷与河流通道，从而在不同走向山脉之间的结合部，出现了天然的地理通道。或者也可以说，山脉的这种东西向和南北向的大体规整的交叉排列，一如经线与纬线，在其结合部留下宽窄不一的间隔，间隔的分布具有网状的联通性，为欧亚和亚洲内部的地理联通提供了相对通畅的自然条件。而从古至今一直存在和不断发育的陆上丝绸之路，正是基于对于这种自然地理地缘规律的认识和合理利用，再加上居住在欧亚两端人们筚路蓝缕的开拓努力，欧亚大陆内部既曲折但又是分明存在的历史性联通线，也就如此这般地出现了。这些贯穿欧亚内部的地理联通线，将会在新的交通技术日新月异发展中变得更加明晰，也会越来越展示欧亚内部经济往来和文化沟通的紧密性。

事实上，两次方向不同的造山运动造成了两个结果。第一个结果是，不同的造山运动中地质应力不同，造成山脉走向的扭曲，往往会形成“天险”，形成大的地理屏障。横亘在中国西部的帕米尔山山结以及这个山结前浩瀚无垠的沙漠盆地，以及西南的横断山脉，就是最典型的例证。这也是新丝路联通需要面对的自然挑战。帕米尔山山结是名副其实的世界第一山结。帕米尔在中国古代被称为“葱岭”，主要是因为雪线下开有淡紫色小花的野葱。帕米尔有12帕，即有12个谷地，也被称为“冰大板”的垭口，气候恶劣但不是无路可通，帕米尔还有1000多条冰川，融水东向流入塔里木河，但更多的水量进入喷赤河及其支流瓦罕河等。喷赤河与瓦罕河汇流，形成阿姆河的上游水系。来自帕米尔的水流也进入发源于中国阿里地区的印度河，有谷地有河流便会有通道。

第二个结果是欧亚大陆地理骨架上的网状结构。我们常说，“车到山前必有路”，其实指的是横向的山脉有大体纵向的谷地，纵向的山脉也有大体横向的谷地，这些纵向的和横向的谷地形成了与山脉排列方向相反相成的通道系统。我们也常说，“山不转水转”，沿山体走向，常是伴山而行的河流，勾勒出更为清晰的河道系统，也使水陆交通成为最基本的交通形态。正是这样一种纵横交错自然天成的山水孔道，为人类迁徙活动和经济活动提供了方便。这些孔道或者有宽有窄，有大有小，串起了盆地与平原，也串起了最早的居民点与后来的集市乡村，并在不断开发中形成大小不一的相互联系的经济区域。

一般地讲，河谷地带是人类进入文明的较早地区，这一点概莫能外。舟船的发明与较多地使用，让河流成为人类行走与相互沟通交换的原始“高速路”。在中国中部和东部，与山系相伴而行的河系，形成了无数大小冲积平原。在中国的西南，则形成了星罗棋布的“坝子”，在中国西北，广袤大地上串起了绿洲。居住在这些地方的人们要想远行和进行商业交换，必须往来于山水构成的路径之中。这些路径直接或者间接地连接在一起，形成了我们通常所说的交通走廊、商业走廊和经济走廊。这些交通走廊、商业走廊和经济走廊不仅是商品集散流转的通道和市场信息的交换渠道，也成为区域经济板块之间的最敏感、最具传导辐射功能的经济神经束。

诚然，喜马拉雅造山运动产生的应力作用颇为扭曲，至少在中亚、南亚和东南亚的广大地域里，出现了更多的地理瓶颈，即在喀喇昆仑山北端出现帕米尔山结的同时，也在喜马拉雅西端和东端出现了印度河水系造成的一些高海拔走廊，如著名的瓦罕走廊，以及通向克什米尔的高海拔山口，以及由青藏高原向东延伸的横断山脉的扭曲，总体上呈现出从西北到西南的一个大的S形。但是，无论是古丝路的开通，还是新丝路联通中出现的“中巴经济走廊”和“泛亚铁路”北线工程，都说明了一个事实，比起大陆内部某些地区的相对地理封闭，它们之间的联通更有绝对性。

那么，在亚洲内部之外，欧亚之间的整合反映在地理变迁中，又有什么样的历史线索？似乎也可以从古地理的沧桑变化中找出一些答案。古地质学家们认为，从元古代直到中生代，比利牛斯、亚平宁、小亚细亚、阿尔卑斯、高加索、克里米亚、帕米尔、喜马拉雅一直到中南半岛、苏门答腊、爪哇等大片地区，都被海水所淹没，这就是远比今日大得多的古地中海或称特提斯海。当时的南亚次大陆板块还没有嵌入欧亚古陆，在新生代第三纪末发生的喜马拉雅造山运动中，随着古地中海消退，喜马拉雅山脉成为新的亚洲地理的拼合线，并在中亚和西南亚方向留下了相互联系的多条陆地通道。有关地质学说还认为，在古地中海最大时，帕米尔以西或以东的塔里木盆地、河西走廊和秦岭一线的关中走廊，也曾是古地中海的范围，这解释了为什么这一带沙漠连绵而且都是盆地，也回答了我们今天依然面对的一个经济地理学问题，即为什么通向欧亚东西联通的主轴线，无论在陆上还是在海上，主轴线的总体走向具有高度一致性。

古地中海或称特提斯海，从远古时代欧亚大陆存在的地理事实上讲，无疑的是环绕这个亘古“大陆岛”的古代海洋，而欧亚“大陆岛”的一体存在由此可以回溯到更为久远的地质变迁的时代里。稍有不同的是，随着后来冈瓦纳古陆的分裂，使得印度次大陆嵌入亚洲的南缘，在其引发喜马拉雅造山运动的同时，也扩大了欧亚“大陆岛”的地理版图。也许，沧海桑田的变化，造成人们对地理稳定和变迁的种种模糊感与神秘感，但欧亚一体存在的主要地理结构之稳定则是非常明晰的。这种稳定的地理结构导致了后来的基本没有变化的欧亚人类之间的交通走向，即无论是从东向西还是从西向东，抑或无论在海上还是陆上，往来经由的轨迹线一直没有大的变化，而分别经由地中海东侧和南侧的陆上与海上的交通一直也是一条主轴线。在“大航海”发生以后，经由非洲南端的欧亚新航线出现了，但那最终只意味航海半径的扩大，在苏伊士运河开通之后，欧亚海上交通的主轴线，依然更多地回归到最初的路线。也是因为这个原因，苏伊士航道和马六甲海峡，也一直被人们看作是四大水上战略通道中最重要的通道。

当然，欧亚地理的整合，离不开对欧亚间经济整合的愈来愈强烈的需求，更离不开交通技术的发展和对地理瓶颈的改造。在陆路上，现代铁路运输工具替代了千年不变的驼队、驴子与马帮，在海路上，从多桅船替代单桅船的帆船运输，发展到今天的以集装箱运输为代表的规模物流，与此同时，相关的海陆交通设施也在迅速发展。方兴未艾的信息革命，则在欧亚越来越紧密的经济合作发展乃至整合发展，给出了新的前景。

那么，在这种新的发展前景中，北极的自然变化以及“北极航道”的开通，又将为欧亚整合的认识带来什么呢？

首先，透过北冰洋发生的前所未有的变化，会使我们进一步看到欧亚地理整合的广角镜像。在北极长期冰封的自然状态中，欧亚之间的北部地理联系一直比较模糊。也就是说，在麦金德“大陆岛”的视野中，缺乏可以展开想象和论述的地理空间。在他的“大陆岛”理论里，北极是缺失的，无足轻重的，围绕欧亚“大陆岛”的北缘地理联系是中断的。随着北极融冰，这一切都在改变。“大陆岛”不仅是可以正常流动的大西洋、太平洋和北冰洋环绕的最大陆地，也是一块通过真正的地理“大陆桥”与北美大陆两端相连，并由此居于核心地理位置的大陆。

其次，透过北冰洋发生的前所未有的变化，也使我们对欧亚大陆地理的整合性有了更清晰的认知。欧洲与亚洲的地理距离并不遥远。远在万里，近在咫尺。航海路程的缩短，拉近了彼此之间的距离。

第三，也是最重要的一点。透过北冰洋发生的前所未有的变化，欧亚相对的地理阻隔更多更快地减弱和逐步消失，而欧亚的整合发展也将会从一般地理意义上的整合走向全面的整合发展。

十、欧亚经济文化的历史关联（一）

回顾欧亚划分的历史过程，以及100多年前出现的“大陆岛”地理地缘理论，并对欧亚洲的地理概念去作一些新的诠释，其意义并不在于欧洲或者亚洲的名称需要作什么修正，那其实并不重要。重要的是在丝路联通新的历史进程里，不断加强不同地域文化之间的沟通与传导，让欧亚大陆在共同发展中产生面向未来的更大的经济能量。

欧亚地缘地理的一体性，从理论上讲，应该导致经济文化发展的某种联动效应，但历史事实远非如此。这种历史事实的一直存在和延续，一方面是因为欧亚两端距离遥远，其中又有历史技术条件难以突破的许多地理瓶颈，各自处于经济文化传导的末梢，以丝绸之路为传导器的经济文化交流活动，一直处在经由西亚曲折连通的状态中。另一方面则是近代西方经济崛起后推行的殖民贸易政策，造成彼此不同的经济文化情结，进一步延宕了彼此接近的历史进程。但是，这种状态并不会一直继续存在。欧亚地理的整合，至少为欧亚区域经济体发展提供了近水楼台的地理条件，从而在经济全球化的历史进程中造就了欧亚经济和文化共同发展和彼此整合发展的前景。

应该说，拨开历史的迷雾，人们也会隐约看到欧亚经济文化关联的历史线索，包括欧亚在古代丝绸之路上的曲折对接，以及对更为久远更具沧桑感的文化联系的研究。德国学者李希霍芬①发现和命名的丝绸之路和现代许多学者对欧亚经济文化历史联系的思考和多方面的论证研究，已经和正在为我们廓清历史障碍。毫无疑问，丝绸之路的命名不仅来自亚洲不同地区从古至今的商品交流，也是伴随商品交流出现文化交流的事实。正是因为有了这样一条漫长曲折的经济贸易的陆上和海上大通道，出现了最初的欧亚经济文化曲折联通的亘古奇观。

丝绸之路是经济全球化和区域经济一体化最初的胚胎。古丝路开启了多种要素流动的大门。伴随物化商品的流动，经济要素和文化要素流动同时出现。在丝绸之路上，流动的文化要素，包括了不同的宗教观念、不同的生活方式、不同的艺术形式和不同的自然观，并在相互融合中形成新的文化景象。流动的经济发展要素，包括了人员、技术、信息乃至那时的多种实物资本。发生在古代北印度的具有希腊文化和古印度佛陀文化相融合特征的旃陀罗文化，是文化要素流动的另一个经典例证，而中国敦煌石窟的珍贵文化遗产则是欧亚文化交流的另一个经典性续篇。中国古代四大发明的西传和近代出现的“洋务运

① 李希霍芬（1833—1905年），德国地理学家、地质学家。近代中国地学研究先行者之一。多次到中国考察地质和地理。提出地理学是研究地球表面的科学。首次系统地论述了地表形成过程，对地貌进行形成过程分类，研究了土壤形成因素及其类型。

动”，无疑是欧亚在不同历史时代出现的方向不同的经济交流的历史浪潮，只是，中国古代四大发明的西传更有曲折性和更多的中间环节，也就在西方历史记忆里出现了有意无意中的模糊不清。

但是马克思很早就清晰地看到了，中国的古代四大发明为欧洲走出中世纪和之后的工业革命准备了必要条件。那就是在他的经典性著名论断中明确指出，造纸技术和雕版印刷技术传入欧洲，推动了欧洲的文艺复兴和宗教革命，罗盘和指南针传入欧洲开启“大航海”贸易的历史进程，而火药的西传，则把统治欧洲的骑士阶级“炸得粉碎”。中国古代四大发明传播到欧洲，不是一条直线，阿拉伯人在其中充当了“二传手”。这是在一个时期里出现传播路径不十分清晰的一个重要的原因。但是，还原四大发明的具体历史过程，使人们进一步看到欧亚特别是中国与欧洲历史久远的经济技术联系，看到这种联系不是零星和偶然的，具有系统性和地理联通中曲折呈现的一种必然性。

欧亚之间的人员流动，更具复合效应。在古代，欧亚人员流动在多种情况下频繁发生，有的出于特定族群的迁徙，包括自然灾害带来的迁徙和族间冲突造成的诸多原因，但丝绸之路上发生的频繁贸易，则是人员流动的常态性的动因。不管怎么讲，人员流动和人群迁徙，造成了中亚著名的“十字路口”，经由这个“十字路口”，古代雅利安人南下或者西去，中国有名的大月氏部族也定居在中亚腹地。人们研究西欧一些国家的居民来源，有许多割不断的亚洲“摇篮”记忆，而历史上东哥特王国由亚入欧，便是一个定论。中欧与东欧的现代民族国家，似乎或多或少都带有内部居民结构的亚洲来源，并由此引出很多的学术争论。

比如，在一段时间里，许多学者对匈牙利的族源结构颇为关注。多数历史学家明确地否定了匈奴后裔说，但也有学者指出，其现代居民的构成中，似乎也有阿瓦尔人西来的影子。阿瓦尔人来自何方？有研究指向中国南北朝时期居住在亚洲北方草原的“柔然”。在公元6世纪前后，即相当于中国的南北朝时期，“柔然”人通过乌拉尔山南部辽阔的草原通道，进入了东欧平原。乌拉尔山南部辽阔的草原通道历来是古代亚洲人迁徙进入欧洲的主要路径，这就像更早的雅利安人从中亚的十字路口向西向南走向欧洲和南亚地区一样。迁徙的理由并不一定是所谓战争，更多的是自然环境的变化。较早生活在亚洲北方草原的民族大多是游牧民族，经济形态单一脆弱，又有移场放牧的习惯生产方式，跨地区迁徙是完全可以想见的事情。

也有观点认为，匈牙利民族主体来自马扎尔人，而马扎尔人同样来自乌拉尔山以东，他们在公元955年前后皈依了基督教，建成了自己的主权国家。美国有一位华裔学者朱学渊，在比较了语言和生活风俗之后，还发表过一种语出惊人的研究结果，认为马扎尔人是13世纪从中国出走的一支女真人，他们是蒙元灭金后迁移的一部。是邪非邪，莫衷一是。但东欧的许多地区的确是西来东往的许多民族汇接进入之地，也是不争的历史事实。欧亚大陆内部有许多地理阻隔，也有地理阻隔之外的大小路口，构成了与丝绸之路走向基本一致的迁徙流动天然通道。比如在13世纪进入南俄草原的有名的库曼人，据信就是曾经与契丹民族结盟的库莫奚族，他们伴随在中亚地区建立西辽的耶律大石西走，进入了里海以东地区。库莫奚人在中国的北方消失了，却在新的生活舞台上发展。欧洲特别是东部欧洲出现了亚洲的古代民族文化元素，这并不是什么秘密，是欧亚大陆内部人群流动的结果，而这种历史的流动也会带来欧亚大陆内部的文化流动。

在同一块大陆上，历史形成的文化联系，有显性的，也有不那么显性的。对那些不具显性特征的文化联系，人们只能从某些专业学科寻找线索。比如比较语言学等等。据英国的《卫报》对美国《国家科学院学报》发表的一篇研究文章报道，英国有一个专门研究“大语系”

的研究团队，他们研究了上古欧亚语言的演化，即用计算机模型方式搜索了欧亚大陆具有一定“亲缘关系”的词语，主要是出现频率较高、语音变化很小，但属于不同民族使用的词语，包括他们经常使用的数词、代词和特殊副词。他们的研究结果显示：在欧亚大陆，至少有 7 种主要语系“同根同源”。他们还分析了这 7 种语系的语音差别演变的历史，认为至少在 1.5 万年之前，欧亚人使用的语言更为相近，之后才逐渐分裂为 7 种，接着，在随后的 5000 年时间里分裂为几千种。这个研究显然是从相反的方向提出欧亚语言文化具有更早关联的证据。

无独有偶的是，美国得克萨斯大学人类进化学教授根井正利，也曾通过对欧洲、亚洲和非洲的人类遗传因子的比较，计算出三大人种之间的平均遗传距离，并用相关系数显示了他们之间的接近程度：非洲人与亚洲人的遗传距离系数是 0.078，非洲人与欧洲人是 0.063，亚洲人与欧洲人是 0.040。测算与比较显示，欧洲人与非洲人遗传距离较近，亚洲人与欧洲人的遗传距离也接近。他的研究兜了一个更大的圈子，无非是要证明人类走出非洲的迁移路线。据他推测，人类从非洲进入欧洲，是 12 万年前，进入亚洲的时间则是在 5 万多年以前。在 5 万年前，亚洲非洲之间的人群流动似乎有一个断层，这只能通过最后一次冰河期出现的原因来解释。但他对欧洲人与亚洲人的基因遗传距离相对较近的研究结果，从另一个更为久远的人种基因遗传距离，给出了欧亚人之间的相对紧密关联。

在不同经济文化体系之间的诸多的文化联系中，人们之所以对语言的差异更加关注，不仅因为它是文化交流的最基本的工具——即使在我们所处的网络时代里，也离不开语言与文字符号的沟通——也是因为这里隐藏着太多的文化之谜。人类语言系统很复杂，既有大的语系区分，也有不同语族的近似，本身就反映着不同的一种曾经的相似。人们都知道，《圣经》里有个众所周知的巴别塔传说。这是一个神话传说，但也有可能是对欧亚语言体系演变化过程的一种模糊文化记忆。在巴别塔传说里，人类最初使用的是一种共同的语言，并在共同语言的相互沟通里协调劳作，但人类协作修造“通天塔”的努力使“上帝”感到担忧，为了让他们相互之间不能顺畅地沟通，无法继续“通天塔”的修造，也就通过变乱人类语言的办法，阻断了人类协作劳动的信息沟通系统。巴别塔传说其实是对欧亚语言分化的一种神化解释，人们隐约看到了语言分化的历史迹象，但又找不出此中的原因，只能从神化的传说中寻找解释并试图化解相关的疑团。但是，透过这个传说，人类语言呈现由简到繁，甚至从一种曾经的共同语言演化为几千种乃至上万种语言，体现的是古代人群文化分化的过程所带来一种语言分化现象。现在，世界上的语言种类又出现由多到少的迹象，虽然这也引起另一种担忧，需要对即将消失的语言看作是人类最宝贵的文化遗产善加保护，但从总体走向上看，人类语言由繁到简，又是契合世界正在变为“地球村”的一种合乎逻辑的变化。

无论怎么讲，作为人类文化交流的基本工具的语言，在各自演变里也会不时出现某些异中有同的趋同现象，主要体现在外来语的借用中。即便在古代的欧亚之间，也会在相互的经济文化交流频繁发生中，出现音意的直接借用，尤其是丝路贸易中高频使用的商品词，更有明显的趋同特点，比如，波斯人在中国丝绸技术的基础上首先织造的“金丝锦”，在俄语、波兰语和法语里是同一个来自波斯语的词根。对茶的叫法，在欧亚大陆的几种主要语言里包括波斯语、俄语、印度语以及蒙古语、突厥语都搬用了中国的叫法，几乎没有任何音素音节的变化。

语言文化变化现象是这样，其他文化的变化现象也是如此。在一种时间和地理条件下出现分化 ，在另一种时间和地理条件下走向融合。这是文化发展的一种历史规律。这种规律与文化的多样性和丰富性并不矛盾，相反地，在多种文化的融会中将会出现新的更有生命力的文化样式和模式，进一步丰富了人类文化谱系。

不管从哪个角度去研究欧亚的文化历史关联，或者着眼于人的迁徙流动给出不同族群文化关联的这样和那样的解释，或者着眼于其中的文化分化的历史过程，抑或从中寻找从文化走向再次整合的一般规律，并由此出现了多种观点对立的学说，然而有一点似乎是十分明确的，那就是迄今为止，并没有一种研究结果显示，欧亚文化存在不可逾越的经济文化鸿沟。相反的，更多的判断指向在说明，历史的文化分化来自历史交通技术相对制约下的地理相对封闭，而文化裂变分化的历史现象中又隐约呈现出同根同源的古老特征。当新的交通技术的不断发展，欧亚之间出现更为密切的人员互动往来，经济合作与文化信息交流加快，来自地理封闭的瓶颈的文化交流瓶颈也就开始打破，并进入了文化包容发展和相互融合的新状态。

很久以来，无论是欧亚大陆的边缘地区还是在内部，都一直断续呈现出人员不断流动的历史镜像。即便流动往来者操着如何不同的语言，有着自己特定的民族和国家理念，都阻断不了人员流动和文化流动的一股股浪潮。尤其在欧亚连接部，这样的特征更加明显。

有一种疑问，即在文化背景相近的地域人群里，文化的相互接近融合和相互整合容易实现，但在文化背景相差甚远的情况下，文化的相互接近融合和相互整合就难以实现。欧亚居民各自的文化背景如此不同，从思维方式到生活方式，从风俗习惯到文化观念以及是非判断的一般视角，都有巨大的差别，即便在亚洲的不同国家不同地区和同一个国家的不同文化区域，甚至和个体之间，都存在着很大的文化差异，因此，所谓文化的相互接近融合和相互整合，只能存在理想的状态之中，既没有可能，也无必要。但这是一种对文化相互接近融合的机械和比较偏狭的理解。

文化的相互接近融合和相互整合是一个较为宏观文化的概念，其第一要义是沟通和理解。不同的文化谱系和不同的文化认同标准，具有各自永恒的价值，但这不代表他们之间不能理解和接受与自身有所不同的文化认知，更不代表在不同文化谱系必然会发生冲突和摩擦。第二要义是包容。中国有一句古话，叫作“有容乃大”，这是文化自信的主要体现。中国的孔子也有两个关于“和文化”的缺一不可的说法，一个是“和为贵”，另一个是“和而不同”，“和文化”本身就是包容的文化，是实现不同文化相互独立又可以相互接纳，在共生中共存的重要途径。第三个要义是尊重，不同的文化思维，不同的文化信仰者相互尊重，看到彼此的长处，欣赏彼此的长处，是实现文化包容基本方法。应当看到，欧洲文化中的商业法制感和契约精神、提倡商业诚信，是商业文化的核心，精工制造的传统也使他们普遍养成严谨认真的作风，这是历史上长期习惯于相对粗疏农耕文化的东方人需要学习的。在相互尊重中取长补短，才能完善和提升自身的文化。第四个要义则是相向而行、存异求同。时间是良药，可以化解误会、化解一切文化冲突。在“一带一路”的“五通”中，前四个“通”相对比较容易，“人心相通”最难，但有了“人心相通”的愿望，就能坚持不懈地去努力，欧亚文化就会走得更近，彼此的文化连接也会更紧密。

也需要看到，经济全球化带来的人员流动频次在不断加大加快，欧亚文化交流进入高峰期，为彼此文化相互接近，和相互融合整合提供了条件，在基于文化沟通努力的“人心相通”中，欧亚人的“共同语言”将会更多。

从更深更高层次上讲，文化包容和文化相互融合整合的背后，是更大的文明包容和相互融合和整合。那么，会不会发生文明包容和文明融合整合呢？或者说，世界文明面临美国另一位著名学者所预言的必然“冲突”的局面，还是最终会迎来共存共生甚至走向“大同”的格局。悲观者认同前者，乐观者更倾向于后者。

乍听起来，世界文明走向大同，似乎是一个天方夜谭，其实并非如此。因为这个世界正在发生多方面的变化。

首先，文明是一个发展的过程。文明是物质文明成果和精神文明成果的总和，但归根到底是社会生产力发展的产物。科技作为第一生产力，决定着文明的发生发展形态和文明形态必然会发生的内涵与外延变化。因此，在科技发展的不同的历史场景里，也应当用一种和与之相应的视角来看待文明发展和文明比较的问题。在传统的认知中，一提到文明，总会历数地球上曾经出现的几大文明，尤其是亚洲出现古老辉煌的四大文明区。这诚然没有错，但这些古代文明的基本形态，无一不带有青铜技术和炼铁技术出现而形成的农业文明共同特征，即便是彰显了欧美历史文明源头的地中海文明，也即人们通常讲到的希腊罗马文明，也是从农业文明中派生出来的特定的商业文明。没有古代埃及农业文明的发育，也就没有了那时地中海的商业交换基础。或者是否也可以这样说，地中海的商业文明乃是当时基于种植业和养殖业高度发展农业文明的必要补充。在希腊罗马的古代神话里，出现“金羊毛”乃至象征着黄金开采的“金苹果”（天然狗头金）的传说，其实也显示了这一点。一个基本的事实是，自然经济有很大的脆弱性，在自然灾害和外来力量的打击下，基于自然经济发展而来的文明体系也会出现崩溃和文明大厦的坍塌。随着工业革命时代的出现，基于工业革命的工业文明形态也会随之替代了农业文明。那么，在我们面临的信息时代中，新的科技进步和由此造成的新的生产力又会催生出什么样新的文明形态?

第二，文明边缘空间存在方式也会随着自身形态的演变不断演变。农业文明具有点状的分布的特征，而这是由相对封闭的自然经济包括农业和手工业的自给自足性造成的。农业文明并不必然就是高度封闭，否则也不会发生不同文明的文化交流，但其封闭发展的总体特点是明显的。工业文明以市场交换作为支撑，首先出现在发生了工业革命的西方，也会随着市场的扩张出现扩散，由点状发展为片状，具有了与农业文明有很大不同的地域特征。对于这样一种基于市场扩张的地域扩张，人们往往看到它所带来的弊病，以及伴随而来的资本扩张、资源掠夺和相应的新旧殖民贸易惯性，甚至因为新的工业文明首先发生在西方，而发生在西方的工业文明在其物质文明高度发展的同时，精神文明的发展更多地带有极端利己的胎记特征，给人类生存环境带来新的灾难，并没有看到市场逻辑主宰了其中的一切。由于工业文明的扩张力量和扩展力量半径要比传统的农业文明大得多，工业文明必然会在新旧殖民扩张中从西方延伸到东方。依然处于自然经济状态的东方国家，在饱尝了“落后就要挨打”的屈辱之后，也在不断走向民族自强，并在经济全球化和区域经济一体化的浪潮中先后进入后发展进程，工业现代化和走向新的工业文明成为第一个重要目标。华夏文明是延续时间最长最久唯一没有中断的文明，但也经历了各种曲折。中国作为全球最大的发展中国家，在现代化建设中取得惊人的成果，已经成为世界第二大经济体，并向世界第一大经济体发展，但如何在继承传统优秀文明成果的同时，在继承中发展，在扬弃中提升，开创建设社会主义物质文明和精神文明的新道路，成为新的重要课题。

第三，文明发展是连续的，更高级的形态会出现。世界已经进入后工业时代，新的工业革命与方兴未艾的信息革命也在新的时代节点上出现了历史交汇。一方面，以互联网与物联网为切入标志的新一轮技术革命，一方面推动经济发展进入智能时代，另一方面，也必然会催生新的文明体系。以新的科学技术支柱为支撑的新的信息文明大厦已经进入了“正负零”，并且同时出现在西方和东方，一个最终覆盖全球的新的文明体系正在躁动。

在这样一种文明发展的历史大趋势下，多种文化的互鉴互学也会随之出现。欧亚大陆是诞生多种文明的地区，有着文明之树生长和发展的肥沃土壤，应当在文明的发展中相向而行。

十一、欧亚经济文化的历史关联（二）

贸易往来具有欧亚地理整合的最强力黏合力。因此，彻底搞清欧亚经济文化的历史关联关系，需要更多地聚焦在古丝路的经济联通效应上，更需要从两种商业利益关系和两个商业地理视角出发，透视其中的经济贸易关联度和关联的具体途径和方式。

欧亚之间存在着两种历史的商业利益关系。在其早期，主要体现在东西罗马与中国的商业关系中，彼时的西欧和北欧地区，分布着大量的以日耳曼人为主的森林民族，在其尚未崛起之前，可以暂时视为罗马帝国的经济附庸，而中国与罗马的商业利益关系也可以由此视为欧亚之间的整合商业利益关系。这种关系显现为两种特征，一是曲折，一是不平衡性。

亚欧贸易的曲折性是显而易见的。由于中国所处的重要地理位置、幅员之广以及黄河文明造成的发达农业手工业生产力，长时间大批量生产出包括丝绸、瓷器、茶叶在内的连续不断、独步一时的“超级产品”。产品生产持续之长，市场覆盖之广，在世界经济发展史上可以说具有唯一性。丝绸是彼时的奢侈消费品，茶叶则是颇具文化含量的生活必需品，它们有时还充当堪比黄金的实物货币，不仅满足了中国国内市场的消费需求和贸易需求，也必然会在更大的外部消费需求和贸易需求中走出国门，并形成历史和地理大跨度的市场影响，而市场的地理大跨度决定了转手贸易是其主要实现形式。

充当贸易转手主要角色的，最初是生活在阿尔泰山两侧的斯基泰人也即中国史书中不断提到的“塞人”，接着就是来自中亚阿姆河和锡尔河之间的粟特人，后来则是阿拉伯人。这种中转贸易还带有梯级转运分销的特点，在中国国内，一般以一连串的西部绿洲为中转平台，在境外则由更多更大的绿洲与盆地和草原部族地区来担当，并由此形成了陆上丝绸之路和相应的商业城市的线状分布。在很长时间里，古波斯即中国史书中经常提到的安息，一直是中转市场的终端，从这里开始对罗马的再次贸易交换，波斯消亡之后，阿拉伯商团接过了这个商业角色。在这个过程中，天竺也即印度人不断介入中转贸易，但他们贩运的商品来自中国西南地区的马帮，更多的商品来自海上的印度洋贸易也即“厄立特里亚贸易”。

应当说，在公元 8 世纪前后，欧亚的陆路联通和海路联通进入了第一个高潮，陆路贸易主要经由中亚，海路上开始出现“厄立特里亚贸易”也即红海贸易的东西对接，并在公元 13 世纪以前，进入了欧亚海路联通过渡的第二个高潮。

厄立特里亚地区面积 11.6 万平方公里，东北部狭窄平原紧邻红海，形成了由印度洋通向苏伊士地区的商船停靠港湾。这是史称“厄立特里亚贸易”的地理由来。因为当时的商船向南必须经过印度洋，所以“厄立特里亚贸易”又被称为“印度洋贸易”。印度洋贸易也即“厄立特里亚贸易”又称“红海贸易”，因为厄立特里亚不仅扼守红海的南出口，词义的本身也是红的意思，又因为必须途径印度洋，所以又被叫作“印度洋贸易”。“厄立特里亚贸易”之所以重要，是因为这里曾是西亚连通地中海的海陆贸易的交汇地区。可以同时经由当时的苏伊士地峡和埃塞俄比亚与上下埃及的道路，进入地中海。厄立特里亚在

1890年后一度成为意大利的殖民地，这似乎也反映了该地区与西罗马之间的这种历史贸易关系。厄立特里亚在1941年到1952年又被英国占领，同样反映了它与苏伊士运河地区的近代历史贸易关系。1952年，厄立特里亚成为埃塞俄比亚的一个联邦成员，但在21世纪初分离了出去。厄立特里亚和埃塞俄比亚关系一度冷淡，目前有所回暖。

“厄立特里亚贸易”是海上丝路贸易的主轴，从中国三国时代起，中国东吴的商船队就开始进入“厄立特里亚红海贸易”的直接贸易环节，但频次不是很高。更多的时候，这条海上丝路是由阿拉伯商团和阿拉伯水手占据中转贸易的主导地位的。这种中转主导地位，在中国的唐宋元时代达到鼎盛，以至中国的穆斯林蒲寿庚[①]，在南宋末期和元朝初期连续担任了泉州市舶司使的重要职务。即便是中国航海贸易的巅峰人物郑和，在明代初期“七下西洋”，开创了“大航海”之前世界上规模最大航线最远的直接的“红海贸易”，他的家族也具有连续的阿拉伯血统。

在13世纪的一段时间里，由于蒙古在西亚建立了伊尔汗国，欧亚陆路贸易再次畅通，海路贸易也更多转向了波斯湾，但在14世纪明朝取代元朝之后，“厄立特里亚贸易”再度进入高潮，并更多地回转到“厄立特里亚贸易”的初始格局中。郑和航海标志着“厄立特里亚贸易”进入鼎盛期，但郑和航海的落幕并不意味着海上丝路贸易开始衰落，而仅仅意味着“厄立特里亚贸易”航线暂时出现了休止符。“厄立特里亚贸易”在郑和之后有所减退，是因为明代中晚期实施“海禁”，其结果更多体现在官方贸易为特征的贸易活动式微，更大规模的民间贸易活动则在中国南海周边兴起，并出现在中国闽商为主角的“马尼

① 蒲寿庚（1205—1290年），宋末元初时期“蕃客回回”的代表人物。其先辈系10世纪之前定居占城（今越南）的西域阿拉伯人后裔蒲开宗之子，任泉州市舶司30年。德祐二年（公元1277年）十二月初八，蒲寿庚献泉州城投降。

拉—盖普贸易”的离岸转口贸易活动中。也就是说，“大航海”后新航路的出现，在一段时间里改变了欧亚贸易的传统地理流向，直至苏伊士运河开通，历史久远的“厄立特里亚贸易”再次出现，只是，因为苏伊士运河造成更大的海上联通效应，“厄立特里亚贸易”所体现的原始贸易功能减退，也就成为历史的丝路名词。

值得提到的是，14世纪出现的发生在南洋地区的“马尼拉—盖普贸易”离岸贸易，当时属于中国对外贸易的法外管辖之地，因此它对海上丝路发展的重要性也就容易在有意无意中被抹杀，甚至一直被笼罩在欧亚海上贸易开始凋敝的阴影里。但真正的事实是，郑和航海的种子已经播撒到民间，海上丝路不仅没有闭塞，反倒显示出贸易繁荣持续的本来面目。彼时的陆地上，跨国贸易也并未因为明帝国版图的变化而陷入停顿，尤其是在中亚帖木儿帝国分崩离析之后，欧亚的商道依然通畅。只是，这一切都在旧有的丝路运转轨道上进行，在很长时间里，并没有出现地理上的大突破，“大航海”给出第一次地理大突破，“北极航道”的开通，又给出了又一次新的地理大突破。伴随着这样一个新的自然地理和经济地理的新突破，海上丝路通道结构也出现了新的变化，即不仅出现了苏伊士新运河，在紧邻厄立特里亚南部的吉布提，一个具有更大海陆联通半径的自由贸易区和联通埃塞俄比亚腹地的亚吉铁路开始出现。

明代中期和末期实行“海禁”政策。在一般的认知里，这似乎是是中国走向商业封闭的开端。事实并非如此。在郑和之后，具有官方背景的海上贸易进入尾声，但民间贸易连续不断地出现了。中国的闽商突破海禁，开辟了第三地贸易即一般称呼的“马尼拉·盖普贸易”。为什么叫“马尼拉·盖普贸易”呢？马尼拉是指在吕宋群岛的马尼拉开辟了海外交易市场，盖普则是中国载重量较大商船的名称。或许交易现场就在盖普船上，因此有了这样一个直观的贸易概念。盖普船承载着来自中国内地和沿海地区的大批丝绸、瓷器和茶叶商品，不断进入马尼拉沿海地区，与“大航海”之后第一批进入的荷兰、葡萄牙和西班牙商人进行海上交易。由于荷兰商船最早利用这个市场，并把中国商品从这里转运到欧洲，由此得到了“海上马车夫”的名声。所谓华人华侨“下南洋”的浪潮也肇始于这一幕。

在“马尼拉·盖普”第三地贸易中，中转贸易的特征同样明显。或者也可以说，在古代官方史籍里记载的直接通商的事例之外，更多的是不见经传的民间中转贸易，而中转贸易必然呈现出的曲折性，也就使人不能一目了然地看清欧亚经济密切关联的历史脉络，如果再加上历史上一直存在的市场垄断和品牌推广的某些潜规则因素，使得终端消费者感到扑朔迷离，也不会是令人奇怪的事情。比如，由于在唐末发生的一场“呾罗斯之战”，中国纤维造纸技术由被俘的工匠传入阿拉伯黑衣大食[①]，但在很长时间里一直被认作是阿拉伯原创产品，并被欧洲人称呼为阿拉伯纸，也就产生了认知的误区。

贸易的不平衡性来自曲折的中转贸易。在长达2000年的时间里，中国商品在欧亚大陆贸易中一直处于市场供应链的高端和卖方地位，罗马则处于买方终端地位，欧亚贸易的不平衡呈现为罗马黄金出超，国库空虚，市场危机开始出现。但是，这种贸易不平衡，根源并不在中国。因为丝绸产品虽然价格昂贵，在其原产地中国，由于生产数量十分庞大，而且普遍充当税赋，显性成本较低；从中国流入国外，长途运输使其综合成本不断翻番，而奇货可居的中转环节也使其身价暴涨，出现令人咋舌的价格溢出效应。东西方的丝绸贸易并没有给古代

---

① 即阿拔斯王朝（Abbasid Dynasty），为阿拉伯帝国的第二个世袭王朝，在古代中国史籍中称之为“黑衣大食”。阿拔斯王室是伊斯兰教先知穆罕默德的叔父阿拔斯·伊本·阿卜杜勒·穆塔里卜的后裔。在该王朝统治时期，中世纪的伊斯兰教世界达到了极盛。

中国带来更多的商业利益，大量的商业财富进入了中间流通环节。

这种由中转贸易引起的不平衡，曾经引发了西罗马和波斯之间长达20年的“丝绸战争”，但终归解决不了什么问题。西罗马实行财政税制改革，也很难奏效，限制丝绸消费更不可能，甚至会引起丝绸价格的进一步上涨，不得不在贸易路线和方向上打主意。他们开始转向埃及的苏伊士地峡方向，寻求与中国开展海上直接贸易的新途径。应当说，西罗马后来的思路是对的，可以有效摆脱多环节贸易带来的贸易困境，因为无论什么贸易之外的办法都不重要，只有更为直接的贸易贯通才能带来较为理想的贸易利益格局。也应当说，彼时的西罗马已经开始清楚地意识到，欧亚之间的经济贸易联系有着更多的联通渠道。疏通和打通这些渠道，才会双赢和多赢。但这一切来得有些太晚，不久后西罗马灭亡，东罗马出现，中国与东罗马的曲折贸易开始向黑海方向转换。

两个商业地理视角，一个是从东向西看，一个是从西向东看。无论是陆上丝路走向和海上丝路走向都需要这样一种180度的大视角，缺少其中任何一种视角角度，同样不能看清欧亚历史贸易紧密的更完整更清晰的影像。这在特定的历史年代里当然也不是一件容易的事。需要拨开很多历史迷雾，从中寻找欧亚人共同走过的丝绸之路的印迹。人们可以想见，若不是李希霍芬在100多年前往来欧亚之间，在纷乱复杂的一团地理考古线索里，看到了一条最有价值的商业主线，看到了一直贯穿甚至埋藏在欧亚大陆的原野上的“绢的街道”，陆上丝绸之路贯通的历史，也许会成为飘落的风筝，不知从哪里再找到它的痕迹？

由于历史景象的沧桑变换，也由于地缘和古丝路在自发状态中相应的认识局限，欧亚大陆的东方和西方，无论在丝路的利用上还是历史最初的回顾中，视角半径是有差异的。但不管这些差异有多少，都有过彼此寻找的商业冲动，也有过侧肩而遇但相遇不相识的历史经历。

在中国人的历史回顾中，联通亚洲和欧洲的陆上丝绸之路颇为清晰，那就是一般表述为“北道”“中道”和“南道”的丝路主轴线。从自然地理形态上讲，“北道”也可以称之为“草原丝绸之路”，“中道”是“沙漠绿洲丝绸之路”，“南道”则是进入南亚的“悬渡丝绸之路”，因为这是佛教东传和东土佛教僧侣取经必经之路，因此也称“佛陀道”。后来，随着研究半径的扩大，研究者又提出了通向南亚的雪域高原之路和通向印度东北地区的“博南道”，还有一路向北的“万里茶路”和通向中南半岛的古老河谷道路等等。这些历史久远的古丝路轨迹给出了六大通道或者八大通道的历史依据。

但是，无论是六大通道还是八大通道，连接欧亚的最重要的主轴线还是“北道”“中道”和“南道”，也即“草原丝绸之路”“沙漠绿洲之路”和“悬渡之路”。重视这样三条联结欧亚的主轴线，有其地理依据，也涉及丝路网络整体结构的回路特征。也就是说，除了这三条连接欧亚的丝路主轴线，其余的通道或者是亚洲内部的连通线，或者属于欧亚连接回路系统。

从自然地理角度去看，帕米尔山结是丝路交通的屏障和大的地理转盘，不仅向东延伸出昆仑山脉，向南延伸出喀喇仑山脉，向北延伸出的东西天山山脉，向西延伸出兴都库什山脉，也同隆起的蒙古高原、青藏高原共同造成了欧亚交通的大小通道道路连通的更多机会。最大的通道是阿尔泰山与天山之间的盆地以及浅山山口，这是“草原丝绸之路”自成一个通道单元的自然路基。帕米尔山结虽然高大，但它的12帕沟豁结构也形成了许多山口与山垭和许多断续连接的空隙与通道，比如伊犁谷地和通向吉尔吉斯的山口等等。通过这些自然通道也可以直接走向哈萨克斯坦的干草原和乌兹别克斯坦的众多较大绿洲，一直到达西亚，并转向地中海和欧洲。这是“沙漠绿洲之路”的基本走向。越过喀喇昆仑山的高海拔垭口和流经喀喇昆仑山和喜马拉雅山之间的印度河、阿姆河水系，冲刷出险峻的沟谷，则是走向南亚的主要通道。这个通道就是史上最著名最险峻的“悬渡之路”和旃陀罗文化的发源地。法显印度取经，去路经过这里，玄奘取经，归路经过这里，多年后的马可・波罗进入中国，也经过临近的瓦罕走廊。在喀喇昆仑山的明铁盖山口，至今尚有3间石屋组成的驿站和6处古驿站，成为进入悬渡和南亚地区的主要地理坐标。

也因此，我们在回顾和细化欧亚陆上丝绸之路的网络结构的时候，既需要看到不同丝路走向的区分，也要看到它们之间的联系。三条丝路主轴也好，六大通道或者八大通道的说法也好，都有它的表述的理由。更重要的是，这个通道系统基本是稳定的。在不同的年代里和在不同的自然变化中，丝路的实际路线时有变化，但欧亚联通的总体走向不会变化。即便其中一条出现了阻滞，另一条又会出现更多的商气和人气。哪条道路出现波折，另一条道路就成为替代选择。正是这样一个主干清晰的丝路网络体系，构造了欧亚大陆的古代丝路和现代丝路的坚实路基。从总体上去看，我们还可以将其比作一棵横看的参天大树，有发达的枝桠，更有发达的根系，但它又互为枝叶与根系，营养着欧亚大陆的文明。我们也可以将其看作是文明机体的血液循环系统和营养交换体系，离开这个系统和体系，欧亚的文明之花不会开放。

明确了欧亚经济历史连接的主轴线，就可以在寻根溯源中，把历史经济地理的纵横坐标作为移动的透视点，拼接一些看似并不相关的碎片化记忆，去分析欧亚在不同时期经济贸易的具体途径与方式，得出欧亚经济历史关联的更清晰一些的图像。为了梳理方便，不妨将其分为四个基本段落：“前丝路”段落、丝路第一高潮段落、第二高潮段落和“大航海”时期段落。

应当说，陆上丝绸之路的三条主轴线里，“草原丝绸之路”开通的时间最早，发育的程度也最高。大约也是因为这个原因，联合国教科文组织在20世纪80年代末组织过规模很大的草原丝路考察团，进入21世纪以后，联合国申遗大会又将天山路网列入世界地理文化遗产。天山路网列入世界地理文化遗产，不仅是中国与哈萨克斯坦共同努力申遗的结果，也是因为天山路网具有彰显欧亚丝路联通的更重要的意义。当然，天山路网揭示的只是“草原丝绸之路”的东段，并未反映出“草原丝绸之路”的全貌，尤其是它进入亚洲和欧洲的连接部后又如何进一步延伸，都是今后需要继续深入研究的课题。

不管怎样讲，至少在公元五世纪前的“前丝路”时代，“草原丝绸之路”雏形已经开始出现。在那个时代里担当丝路产品中转角色的，应当是草原游牧部落，其中最主要的是操东伊朗语的斯基泰人。东伊朗语是古印欧语系的一个分支，斯基泰人也并不是一个古代民族，是对散居在从黑海、里海到阿尔泰山的游牧部族和部落的泛称，在中国的史籍里，他们也被称为“塞人”。希腊著名历史地理学家希罗多德在其经典著作《历史》一书里，对斯基泰人的不同部落由西至东接续分布的情况作过详细的记录，据说他从黑海地区一路向西考察，终点是阿尔泰山西侧地区。在《历史》一书中，希罗多德特别提到一个具有“秃头人”外形特征的部落，指出他们是把阿尔泰一带出产的黄金贩运到黑海地区的人，也提到开掘黄金的“独眼人”。书里虽然没有提到丝绸，但“秃头人”等与巴泽雷克大墓[①]墓主所在的部落，显然处在同一条地理放射线上。

中国的带有神话色彩的古代地理典籍《山海经》里，也有“一目

① 即巴泽雷克冢墓，南西伯利亚早期铁器时代墓地。年代为公元前5–前4世纪，一说为前3–前2世纪。于1924年发现，是20世纪前半叶苏联考古学上的一个重要收获。

人”在同一个地区生活的描述。“一目人”是“前丝路”时代阿尔泰山地区的塞人中的一个群落，阿尔泰是黄金的意思，因此最有可能是这个地区较早的黄金生产和冶炼者。希罗多德笔下的“秃头人”和《山海经》中的“一目人”，在阿尔泰山两侧发生了历史交集，提示了黄金流转方向和大致路线。

无独有偶，在20世纪，考古者在阿尔泰山两侧的“前丝路”墓葬里，都发现了丝绸织物和镂金丝织品的遗迹。其中最具代表性的是南俄草原发掘的巴泽雷克游牧贵族大墓和中国新疆的阿拉沟墓葬遗存。尤其是巴泽雷克游牧贵族墓葬，曾经出土过绣有孔雀缠枝子花纹的绸面马鞍被褥残迹。这个大墓准确的断代是公元前5世纪，这意味着，不晚于这个时间，中国的丝绸也已经同黄金一道进入草原至黑海地区。

从希腊神话里，人们也能隐约看到这样一种历史商品流转的影子。希腊神话中有寻找金羊毛的著名“桥段”，还有伊阿宋金苹果的神话传说。两者指向具有一致性。金苹果说穿了也就是形状浑圆的“狗头金”。金羊毛则很有些镂金丝织品的意思。著名的“波斯锦”就是镂金工艺和丝绸工艺的巧妙结合，波斯工匠利用黄金可以抽出比羊毛还要细的金丝的延展性，以及丝绸的柔韧和漂亮的色泽，造出了更为华丽的衣料，成为东西方古代贵族最昂贵的宫廷奢侈品衣饰，而“波斯锦”工艺在西亚地区的出现到成熟，自然离不开黄金与丝绸最初的流转。至于希腊人为什么要将这种材料称为“金羊毛”呢？那很可能是因为希腊人只能用熟悉的羊毛来类比，这正如罗马人曾经想当然地误以为蚕丝生长在树上，而古代的东方人也曾经把棉花当成一种羊的绒毛一样。

我们或许还可以在希腊神话中的“人头马”形象中，进一步看到黑海周边早期游牧部落战士的影子。他们是野马最早的驯化者和骑乘者。马不仅成为他们投入快速战斗的运动装备，也是快速往来在草原丝绸之路上的主要运输工具。马与同样较早出现的骆驼，一起成为适应不同地形地貌的绝佳交通组合，这是草原丝绸之路之所以能够最早开通的必要交通技术条件。

指向黑海的草原丝绸之路，显然是草原丝绸之路总体的一个分支，也是后者最早的路线与最初的形态。人们从这里看到，在希腊罗马时代，东西方之间的商路已经出现，黑海的草原丝绸之路不仅是古代中国同地中海之间的曲折相连贸易通道，也是中国商品辗转进入欧洲腹地的重要贸易中转路线。指向黑海的草原丝绸之路也是希腊人在黑海地区建立殖民商业城邦的主要动因。在希腊时代，从小亚半岛的以弗所到黑海北岸，都有大量希腊商业城邦出现，给希腊和后起的罗马注入了发展活力。在那个时代里，这个地区战事频仍，甚至发生了希腊史诗中著名的特洛伊战争。这场战争经现代考古证明并不虚妄，所谓海伦被掠或许只是一个开战的理由，真正的背景则是他们对草原丝绸之路西端的争夺与控制。

从现在来看，为什么外高加索地区国家对“一带一路”更为重视，共同发展的愿景是主要的，对于丝路历史的清晰记忆也会自然而然地起作用。黑海和里海周边地区，素来是欧亚大陆东西和南北联通的十字路口，可以北上欧洲，可以东进中亚和东亚。现在，这里再次成为丝路联通的重点区域，新的铁路在延伸，里海的巴库新港也在昔日荒原上崛起，不仅会使第二座欧亚“大陆桥”轮廓开始变得更加完整，也进一步形成了草原丝绸之路的全方位的闭合开放系统。

在历时多年的中外贸易史上，草原丝绸之路一直发挥了巨大作用。在中国盛唐初期，草原丝绸之路要比其他道路相对通畅一些，在隋唐时代，著名的楼兰已经消失，所谓“北道”也就成为商队行人的一时之选。比如玄奘取经，目的地是印度，本来应当经由“南道”而行，但唐初道路难行，又有暂时性的朝廷禁令，也就不得不绕道高昌，进入了草原丝绸之路，转了一大圈才到达了印度。玄奘返国时，“南道”开始大通，也就选择了归国的新旅程。

中国进入魏晋南北朝以及隋唐五代时期，国土分治割裂，然而丝路贸易不仅没有停顿，反倒在陆海两路出现了齐头并进的局面，特别是北魏和南方的陈朝，大大推进了陆路贸易和海上贸易的半径。短命的隋朝也再次打通河西走廊，与西域使节和商团首领会于山丹，为盛唐进入欧亚中转丝路贸易的又一个巅峰期准备了条件。在这个时期里，中亚的粟特商人居于欧亚中转贸易的第一线，大批地来华经商定居，而原生于欧洲的基督教分支景教也随之进入中国。

无论是在唐代还是后来的宋元时代，中国汉代开通的“中道”即沙漠绿洲之路大开，但草原丝绸之路包括其中的黑海走向，依然具有不可替代的欧亚联通价值。据元末中国航海旅行家汪大渊的《岛夷志略》记载，在大高加索地区西南，有过一个由陈姓将军管辖的地区，并说这位陈姓将军来自中国河北临漳，大约是随旭兀烈大军进入西亚地区的一位高级将领。欧洲的一些历史研究者也曾指出，在蒙元灭辽耶律大石建立西辽前后，这一带也存在过一个区域性的突厥族王国，其宫廷官职设置具有中国辽朝的特点，那里的居民有很多通晓汉语，因此也就成为沟通丝路贸易的最好中介。

自然形态的草原丝绸之路还会有另外的走向，那就是东北亚走向。这条路线也可称之为森林草原之路。中国的东北地区素来是游牧部族的摇篮，纷至沓来的游牧部族在这里度过游猎的童年，或者南下发展，或者进入蒙古高原，走向中亚和欧洲的草原。他们与中原内地居民交换产品，也同东北亚的半岛和岛屿居民进行文化交流，使东北亚成为丝路发育中较早开放，较早传导大陆文明的先声地区。

北方草原与华北的渤海湾，是走向东北亚的重要通道。在丝路联通的意义上讲，燕山也是一个山结，是东北亚丝路上的一个转盘，只是海拔低些，看起来不甚分明。从燕山阴山西向新疆，东向黄渤海，历来是草原丝绸之路的重要历史通道，并将在未来新的联通规划中凸现更大的丝路价值。

沙漠绿洲之路开通时间相对较晚一些，但这是丝路联通第一高潮中的重要道路标志。沙漠绿洲之路有两个走向。一是经由塔克拉玛干沙漠北缘和东天山南麓的绿洲，转向伊犁河支流昭苏古道，进入草原丝绸之路。二是南行喀什噶尔，经由上文提到的南道上的“悬渡”，进入南亚地区。在较早时期，塔克拉玛干沙漠并没有现如今这般浩瀚，河水相对丰沛，沙漠与昆仑山之间也有比较宽阔的山前平原，各国各部落星罗棋布，给养充足，因此成为商客走向西亚和南亚丝路的首选。

沙漠绿洲之路的开通，与中国汉武帝的经略和张骞的两通西域分不开，但沙漠里出现络绎不绝的商队，不仅与丝路上商流和人流激增有着密切关系，更重要的是西域36方国相互联通的格局已经形成。从中国西部到中亚、西亚，丝路进一步畅通，由大宛国到东伊朗地区的安息再到地中海东岸，形成了比较完整的贸易转手对接链条。在这个时期里，中亚和西亚的商团成为更为直接的贸易主体，而当年亚历山大大帝在西亚地区主持建立的一些半自治性系列商业城邦，成为欧亚贸易新的连接平台。这些商业城邦都以亚历山大命名，分布在从埃及到波斯的沿海地区，在很长时间里成为东西方贸易集散中心。丝路贸易由此进入了第一个繁荣期。中国的史书明确记载，在东汉时期，甘英作为汉朝的使节班超的副使，曾经到达了地中海的海边，也有乘船进入地中海的想法，但当地人以海途遥远为由婉阻，也就没有成行。假使那时甘英能够成行西渡，不仅会极大地丰富中国人的商业地理知识，也会在中国与欧洲之间实现更为直接的丝路贸易。然而限于当时的交通技术条件，以及业已形成的中转贸易链条的制约，这个很大的历史遗憾也就只能留在人们的心中。这个时期及以后很长时间里，以欧亚贸易依然以中转贸易为特征，始终缺少直接对接的更多机遇，而更多的商业利益进入了中介环节。如果说此前此后有什么不同，无非是中转环节少一点或者多一点，中转贸易的效率高一点或者低一点。中转贸易的这种利益的不平衡性，最终导致了上文提到的西罗马与波斯之间的“丝绸战争”。战争并无结果，西罗马转而也曾希望开辟与中国进行直接贸易的新路径。他们也确乎在苏伊士地峡南端建立了阿杜利港口，并与汉末三国时代的东吴船队尝试实现直接海上贸易联系的，但随着西罗马的灭亡，这个机会也终归失之交臂，再次留下欧亚贸易未能在海上直接对接的历史遗憾，并在随后的漫长岁月淡化里，没有留下多少关于欧亚短暂直接贸易的历史印象。

“悬渡之路”是中国西部直接进入南亚的传统道路，但进入南亚的道路不止一条。“悬渡”居于喜马拉雅山脉的西北端，在喜马拉雅山的中段和东段，分别有谷地相连，由此出现了雪域高原之路和后来称为“博南道”或者“滇缅古道”的西南丝绸之路。这也就是现今中缅印孟走廊。此道在汉唐以后由蜀道入四川，经由大理、保山，翻越高黎贡山，进入缅甸、印度，或伴随怒江河谷进入缅甸，但从丝路联通的总体格局上看，这条经由东天竺、中天竺、北天竺的印度商道上，流转的是从中国西南地区进入的丝路商品，这些商品除了印度消费者消费，大多在转手贸易中最终流向西亚和地中海市场。因此既有中印贸易联通的价值，也是欧亚丝路的不可忽视的重要贸易回路，对南亚与西亚以及欧亚总体的丝路贸易产生较大的积极影响。

事实上，虽然有一种认知，认为“悬渡之路”对古代欧亚文化交流的意义远超商品交流的意义，但在历史丝路商品的交换中，不仅位于克什米尔地区的古罽宾国，也曾生产价值同样不菲的罽织品，也即后世所说的“开司米”，从而进一步丰富了丝路商品的谱系，同时在中印之间的“回路”贸易中，更多地体现了欧亚经济短暂联系的全方位性。近年来，印度学者也提出了香料之路的历史概念。香料之路，既有其独立的古代商品流转含义，也是与丝绸贸易相伴相生的欧亚贸易历史现象。

“中道”也即沙漠绿洲之路，一直通向西亚和地中海地区。“南道”也即“悬渡之路”，进入南亚但也可以回溯到西亚，这样一种回路贸易在多个方向上往来发生，其最终贸易目的地就是从北非到西亚的著名的亚历山系列城邦。这种回路贸易也使“北天竺”成为亚历山大大帝东进士兵的最后落脚之地，并给此后形成的旃陀罗文化注入了希腊文化基因，形成世界古代史上绝无仅有的文化交流奇观。10 多个世纪之后，随着阿拉伯商业力量的再次进入，伊斯兰文化又成为这里的主流文化，从而形成了新的商业与文化格局。这条发出历史文化异彩的丝路通道与在喜马拉雅山脉东侧展开的另一条商业通道“博南道”东西呼应，联通了南亚与东亚，也在商品与文化的回流中实现了南亚、中亚、西亚和东亚之间的闭合循环和一体联通。

如果我们需要勾画陆上丝绸之路总体轮廓，可以大致给出这样的一种说法：

从东北亚到北亚再到中亚、西亚和南亚。八个通道渐次相邻相接，形成了东北西南的卧 C 形大扇面，与海上丝路构成了环形圈，也构成了中国在丝路上从古至今基本不变的地理开放格局。这个地理开放格局既具有明显的网状结构，也有相互之间可替代性，即便其中有哪一条通道出现了各种原因引起的一时阻滞，另一条可以继续确保畅通。在近代出现的陆路贸易相对凋敝，而陆上丝绸之路的历史镜像开始变得模糊起来，原因虽然很复杂，究其主因还是因为“大航海”之后海路直接贸易占据了主导地位，路上贸易交通技术落后，贸易规模和贸易效率低下，缺少商业竞争力所致。

十二、欧亚经济文化的历史关联（三）

中国的蒙元时代无疑是丝路贸易的第二个高潮。在这个时期里，无论是在欧亚大陆丝绸之路还是海上丝绸之路，无论是在地理联通方面还是交通方面，都出现前所未有的大变化，尽管这里有成吉思汗及其铁骑涂炭生灵的极大历史代价，但在客观上一度重绘了亚洲的交通地图。

成吉思汗的子孙在西亚、中亚和南俄草原的废墟上建立了伊尔汗国、钦察汗国和察合台汗国，并且先后灭掉了西夏、辽金和南宋，在中国建立了庞大的元帝国。元蒙统治者的征服手段和治理手段是残忍的，但开放度又是此前最高的。在短暂的时间里，他们建立了陆上的上千座驿站，在中国的泉州发展了南宋开发的世界第一大港，随着商流的横溢，欧亚之间的人员流动达到了前所未有的频繁程度。被统称为“色目人”的阿拉伯人、欧洲人纷至沓来，有的进入“工匠营”，有的成为宫廷役使，有的获得政府的任用，而在宋元官府里担任泉州舶司使的阿拉伯裔商人蒲寿庚，以及在中国游历了近 20 年的马可·波罗，都是其中的具有代表性的亲历者。建帐于萨莱的钦察汗国为归附的莫斯科大公国提供了庇护和贸易便利，为后者后来崛起为沙俄帝国创造了条件，进入西亚地区的伊尔汗国不久后开始了伊斯兰化的进程，其结果之一是西亚此后继续保持了对欧贸易中转平台的地位，一直持续了几个世纪。也正是这样一种联通格局，中国的“四大发明”在公元 13 世纪前后，通过丝绸之路开始陆续传向欧洲。“四大发明”西传是改变文明历史进程的历史大事件，恰如马克思后来所指出的，“火药、指南针、印刷术——这是预告资产阶级社会到来的三大发明。火药把骑士阶级炸得粉碎，指南针打开了世界市场并建立了殖民地，而印刷术则变成了新教的工具，总的来说变成科学复兴的手段，变成对精神发展创造必要前提的最强大的杠杆”。中国“四大发明”的西传同样具有曲折中转的特征，有的甚至带有一定的戏剧色彩，但这是丝绸之路给世界带来的具有划时代意义的贡献。

除了这些标志性的大事件，在这前后，尤其是在蒙元帝国全面崩溃之后，丝路贸易和通道本身也出现了新的演化。有的演化过程一目了然，有的则需要作一些更长焦距的地理透视。最典型的是源自北欧著名的“汉萨同盟”。对于“汉萨同盟”，关心和研究世界贸易史的人都不陌生，但把它同丝路贸易联系起来的，似乎很少。至少在其具体商流流向上看，两者之间并没有直接的关系，但其与丝路贸易究竟有没有关系，如果有，又是一种什么样的关系？很值得研究和透视。一般地去看，北欧的“汉萨同盟”一开始的贸易对象是西欧，那似乎是在西亚和南欧国家自然垄断丝路贸易的情势下，不得不为之的一种区域内部贸易选择，与丝路贸易并没有明显的关联。但随着“汉萨同盟”商业规模的扩展和后来商道的延伸，开始连续不断地进入东欧与亚洲的地区，并且以受到钦察汗国直接影响的莫斯科大公国和后来的沙俄帝国商人为中间，建立了自身更完整更宽泛的贸易体系。从这个意义上讲，“汉萨同盟”的东进，也是北欧国家自觉不自觉地建立同亚洲，尤其是中国建立虽然仍具中转性但相对直接贸易联系的努力。这条中欧贸易联系同样带有曲折性，但在一个时期里同中国到西亚的丝路贸易路线并行不悖，更明显地同古代草原丝绸之路叠印在一起。

“汉萨同盟”是 14 世纪至 17 世纪北欧出现具有政治色彩的商业同盟，是北欧商人在进入地中海贸易过程中，在受到地理和商业利益阻隔情况下的贸易方向选择。汉萨一词，在德文中意为“公所”或者“会馆”，由各城邦大的商人直接治理统治。最初是以北德意志的卢卑克为首，形成卢卑克、汉堡、不来梅几个城市商人的联合体。于 1367 年正式成立。“汉萨同盟”得到当时北欧城邦执政者的支持。参加城市的数量显示增加到70多个，最多时曾经达到170个。它们被授权拥有武装与金库，甚至拥有有战争权、媾和权和缔结条约的权利。1370年“汉萨同盟”曾经发起过对丹麦的战争，订立《斯特拉松和约》，并开始建立起西起伦敦，东至诺夫哥罗德的商站网络，一度垄断了波罗的海的贸易。“汉萨同盟”进入诺夫哥罗德，意味着其商业触角从莱茵河、多瑙河的水路延伸到第聂伯河和伏尔加河，形成了曲折进入亚洲的贸易新通道。

“汉萨同盟”正式建立，适逢中国的元明之交，但北欧商人的商业探索活动却早于这个年代。北欧地区大部分处于阿尔卑斯山北麓。要么沿袭波罗的海至亚得里亚海陆商业走廊，走向地中海，要么顺着莱茵河、多瑙河以及第聂伯河的水运路线进入俄罗斯地区，并利用多条内河水路在东欧及以东地区展开汉萨贸易。汉萨商人沿着莱茵河、多瑙河和第聂伯河、伏尔加河，西去东来，首先与黑海、南俄草原建立曲折的商业关系，接着又通过俄罗斯商人的对接中转将商业触角伸向了遥远的东方。

“汉萨同盟”在向东发展的同时，并不意味着他们放弃了走向南欧和西欧的传统经商路向。其一是走海路，即从波罗的海出发，走向西欧地区。其二是走陆路。陆路概括起来也有两条路线：一条是阿尔卑斯山通道，但那显然有巨大的自然屏障，高大的阿尔卑斯山阻挡了他们直接通向地中海的商路，那里是近年发现史前冰人葬身的地方，也是后来拿破仑率令法兰西军队艰难攀越过的地方。一直到2016年建了10多年的戈德哈特隧道开通，才算实现了与意大利的直接连通。另一条路线则是从波罗的海穿越东欧平原抵达亚德里亚海，实现波罗的海与地中海的陆地连通。这后一条路线，在历史上除了借助往来于克里米亚海和亚速海的威尼斯商人的中介与中转，也要借助“汉萨同盟”向东开辟内河水路运输，主要是注入黑海的伏尔加河内河运输。

在“汉萨同盟”发展的后期，连接北欧与地中海的三个商业通道开始陆续形成。这三个通道就是波罗的海—亚得里亚海陆上走廊、莱茵河——多瑙河和黑海走廊，以及由俄罗斯商人中转的辗转连接中国市场的回路系统。

对于“汉萨同盟”的历史评价，自然会有不同的着眼点，但客观地讲，“汉萨同盟”的商业扩张开拓，对“草原丝绸之路”的发育，不仅起到重要作用，也明显带有欧洲商人向东寻求贸易机会的历史商业冲动。这种扩张也给出了14世纪之后草原丝路多种走向的进一步清晰的结构与轮廓，同时加速了在欧亚广袤草原上流动的游牧部族的经济生活形态的某种转变，使许多习惯于居无定所的游牧者，在有意无意中加入了丝绸之路的商业浪潮，并在新的经济地理布局中寻找各自的定位。他们之中的一部分，从漂泊不定的游牧活动中更多地转向了商业定居。在东欧和黑海周边许多国家居民的成分里，就有不少亚洲历史游牧部族的后裔，他们对欧亚草原丝路的历史联通，都有着浓浓的文化记忆。他们的先辈，有的就是丝路历史发展的主动参与者，因此对于“一带一路”倡议有着一种天然的历史亲近感。

在更早的蒙元的金帐汗国的时代，草原丝路贸易基本覆盖了欧亚的草原地区。从撒莱到阿尔泰再到大都已经出现了比较成熟的商道，欧洲商人既可以经由黑海地区的亚美尼亚以及阿塞拜疆，与伊利汗国统治下的西亚辗转取得商业联系，又可以一路东向，形成了一个相对独立的丝路贸易系统。在此前的辽金时期，重视商业贸易的契丹人，也比较早地同乌拉尔山以东的欧洲商人建立相对稳定的贸易关系。那些欧洲商人中有很多是俄罗斯族商人。为什么俄罗斯人以契丹指代中国，并把中国称呼发音为契丹？为什么俄罗斯的喀山至今还有一条“契丹街”，而不是人们在其他国家常见的“唐人街”，那自然是这样一种历史贸易关系的商业文化反映。人们在北欧的一些位于莱茵河、多瑙河的欧洲君主的夏宫里，现在还能看到一些表现东方人生活塑像图景的工艺作品，其中的人物或者披着辫子，或者髡发，未必都是清人的形象，更多的是契丹人的模样。

已故美国社会学家珍妮特·阿布卢戈德在其著作里曾经指出，西欧和北欧与中国之间有八条相互重叠的“贸易回路”。其中最主要的是宋金辽时代的中国商人与刚刚开始露出端倪的近代俄罗斯商人之间的贸易。这种贸易在契丹民族立国于中国北方的时候进入稳定状态，尤其在耶律大石在中亚地区建立西辽国后得到进一步发展，在蒙元时代拔都金帐汗国建都萨莱时再一次得到加强，彼时的莫斯科大公国依附了金帐汗国，从而取得了更大的贸易空间。为他们日后与汉萨同盟商人进行贸易对接奠定了商业基础。“汉萨同盟”商人与俄罗斯商人的历史对接，扩大了草原丝路贸易的半径，以莫斯科大公国或后来俄罗斯商人为贸易中介的东向商业格局也随之进一步形成。

“汉萨同盟”与东方的贸易对接促进了前俄罗斯地区最初的商业发展，同时也让中国的丝绸、瓷器与茶叶通过西向的草原丝路源源不断地进入俄罗斯地区与北欧、西欧地区。俄罗斯人既是这些中国商品的重要消费者，同时也是对欧转手贸易的传递者。伏尔加河也从此成为连通莱茵河、多瑙河、第聂伯河与黑海的内河丝路，而“汉萨同盟”的商业末梢，也就借助这条内河丝路延伸到了黑海地区和更遥远的东方。俄罗斯流传至今的《伏尔加河船夫曲》描写的应当是货运船夫的心声，也是在河上流淌的商贸活动的天籁之声。2013 年，中俄曾经磋商过一个“长江—伏尔加河”地方合作项目，俄罗斯伏尔加河联邦区的许多联邦主体如乌里扬诺夫斯克州、下诺夫哥罗德州、基洛夫州以及楚瓦什共和国、巴什基尔共和国、鞑靼共和国等，都希望加入进来。为什么要提出这样一个“长江—伏尔加河”地方合作项目？或者来自伏尔加河流出的历史灵感，但从中国北方到达伏尔加河地区的贸易历史场景，恐怕更是一个直接的历史源头。

提到“汉萨同盟”商业活动的东进，不能不提到著名的“万里茶道”。“万里茶道”是古代及近代中国与俄罗斯相互贸易的重要通道，也是中俄之间持续最久的贸易形式。“万里茶道”是中俄以及中欧丝路对接的一个典型的历史例证。起于中国明代，鼎盛于清代。特别是在清代，清朝领有蒙古高原的几乎全部版图，与俄罗斯直接接壤，相互贸易的最重要的节点是那时中俄边境的“买卖城”（恰克图）。根据《鸦片战争前中国茶叶对外贸易大事记》记载，1727 年（清雍正五年），清俄订立《恰克图条约》，中俄茶叶陆路贸易进一步确立。“买卖城”也就成为茶叶输俄输欧的最大集散地。

但是，途径中蒙边境的“万里茶道”的发育，要比伏尔加河的草原贸易晚得多，但两者后来殊途同归。“万里茶道”的主要地理走向，或者直穿蒙古高原的大戈壁一路向北，或者经由蒙古西部的乌苏里雅台和唐努乌梁海地区进入西西伯利亚。前者在现今俄蒙交界的恰克图也即中国商人习称的“买卖城”实现第一次交易。这个交易由中国的晋商与俄罗斯的茶叶商共同完成。接着，俄罗斯的茶叶商带着中国茶叶商品折向西行，到达莫斯科。但最终的流向和贸易目的地仍然是东欧、北欧乃至西欧地区。途径伏尔加河的贸易道路，与“万里茶道”前后互为贸易回路，形成了跨越几个世纪的相互接续的相对闭合的贸易系统，既与较早的“汉萨同盟”发生了密切的联系，也与前者具有商业建成关系，也可以说，“万里茶道”的出现，其商业原动力来自“汉萨同盟”晚期的商业影响。作为居中的商业环节，俄罗斯不仅见证和显示了中俄的古代近代贸易，也见证和直接参与了中欧之间的曲折贸易。这个格局至今不会变化，目前主要体现在“第二座欧亚大陆桥”的铁路贸易的总体格局之中。

应当说，在那时，草原丝路的西去道路一直有两个走向，一是西出北京，沿燕山、阴山南麓一路西去，经河套地区、巴里坤、哈密、吉木萨尔、伊犁到达今天哈萨克斯坦的楚河流域再转向莫斯科和欧洲地区，而著名欧洲探险家斯文·赫定在亚洲腹地旅行，走的就是这条路线。另一个走向就是明清以来的“万里茶道”，辗转走向东欧和北欧。

几年前有报道说，很久以来，俄罗斯有关研究机构一直在寻找一个叫“羊楼洞”的中国小镇，因为在他们保存的商业档案里，“羊楼洞”是通向“万里茶道”的始发站和中国茶叶最重要的一个流转中心。这个“羊楼洞”位于中国长江南岸的赤壁市。为什么“羊楼洞”会成为“万里茶道”的始发站呢？主要是从集散地上讲的。那里连接着湖南的著名茶产地安化和福建省的著名茶产地崇安，同时也连接着江西和安徽南部的茶叶之乡。作为中国茶北运的最大集散地，羊楼洞是俄罗斯茶商的云集之地，因此也就屡屡见于俄罗斯的商业档案。这样看来，将中国的长江与“万里茶道”联系在一起，也就不那么令人奇怪了。在晋商与俄罗斯商人的共同经营下，“万里茶道”贸易持续了两个多世纪。道路全程 13000 公里，沿途串起欧亚 200 多个城市，在中国知名的城市就有武汉、信阳、安阳、长治、平遥、张家口等。在中国境外，则覆盖了欧洲的主要城市。

有学者研究考证过，对中国茶，全世界只有两种叫法，一是 ter, 一是 caer。主要是因为来源和去路不相同，前一种叫法多与海路贸易有关，后一种叫法源自陆路贸易，更接近于中国人的原本叫法。也即从“万里茶道”串起来的国家里，人们都把茶叫作 caer，而从海路输出的茶被叫作 ter。不同的命名体现不同的商业路径，也可据以大体判断不同的海陆丝路走向。

现在，“万里茶道”早已被中蒙中俄铁路所替代，西出北京，沿燕山、阴山南麓一路西去，中国在清末修建的京包线已经向西通向了居延海地区，并继续向哈密和乌鲁木齐延伸。2014 年，中俄双方也曾讨论过莫斯科至北京的高铁规划。立足于中俄经济进一步联通的未来，他们之间的联通轨迹也必然要与草原丝绸之路的历史走向联系在一起。修建莫斯科至北京之间的高铁，是连接莫斯科与北京最便捷的路线，这也是中俄与欧洲联结的历史道路，尽管这个巨大的投资计划并不能很快付诸实施，但具有一种丝路延伸的必然性。目前，另一个联结圣彼得堡与中国西部重要城市的铁路规划正在酝酿，尤其是在中俄北极经济合作不断推进深入的背景下，中俄经济和中欧经济合作将会形成一种更新更大的海陆回路系统。

在这个新的回路系统里，中国与东欧“16 加 1”的丝路经济合作非常重要。在“汉萨同盟”时代 ，东欧的民族国家已经大体形成，他们既是“汉萨同盟”的由多瑙河串联起来的贸易对象，也是前者向东拓展市场的不可或缺的链条。他们是向北延伸的草原丝绸之路的敏感末梢神经。对中国产品和市场并不陌生。现在，东欧 16 国是中国的重要贸易和经济合作伙伴尤其是由捷克、斯洛伐克、匈牙利和波兰组成的维谢格拉德四国集团，是欧洲新兴市场国家的代表，在对华贸易和经济合作上共同语言更多，因此对“一带一路”倡议持有更为积极推进的态度。黑海地区国家如保加利亚等国家以及巴尔干国家，同样也具有丝路联通的历史背景，因此也是丝绸之路经济带的重要合作对象。

“汉萨同盟”渐趋式微前后，另一个贸易方向开始进入兴盛期，这就是著名的“黎凡特贸易”。“汉萨同盟”正式解体于 1669 年，在这之前的 200 多年里，“汉萨同盟”是北欧兴起的一股既向西又向东，联结欧亚市场的举足轻重的商业力量。“黎凡特贸易”的兴起，则是欧亚贸易主导权开始转向西欧国家的一个重要标志。其贸易方向大体上还是遵循西亚地区对亚洲中转贸易的既定路线，所不同的是操控权开始掌握在正在开启第一次工业革命的英联邦手里。

“黎凡特贸易”，也被称作为“近东贸易”。1581 年，伦敦商人组织了一家近东公司，也称“东方公司”或者“土耳其公司”。这是一家获得了在小亚细亚君士坦丁堡和叙利亚地区贸易独占权的特许经营公司，其主要经营范围是丝绸和毛纺织品产品，最终货源自然来自遥远的中国。

所谓近东与中东，在历史上有狭义和广义的区分。狭义的说法，离欧洲较近的地中海东部地区称为近东，主要是指当时的小亚细亚君士坦丁堡和叙利亚地区。离欧洲较远的地区则称为中东。这种区分显然与“近东公司”获得的贸易独占范围有关。“近东公司”贸易独占权最终消失之后，近东与中东的地理概念也就再没有进一步区分的必要。人们更多地使用中东的地理概念，将现今包括土耳其、叙利亚、巴勒斯坦、以色列、黎巴嫩、伊拉克、沙特阿拉伯、两也门、海湾国家、塞浦路斯、伊朗、埃及甚至阿富汗的广大地区，统称为中东地区。阿富汗属不属于中东地区，也有不同的说法，因为那显然是中东与中亚的一个地理接合部。一般的说法，中东地区目前的面积为 700 万平方公里，人口约为 1 亿。

“黎凡特贸易”从兴起到走向衰微，也同中东地区的政权版图更迭变化有着密切关系。在“黎凡特贸易”发生之前，欧亚贸易的咽喉和中介权基本控制在中东商人尤其是阿拉伯商团和后起的奥斯曼帝国商人手中，而中东地区也一直是欧洲商团与伊斯兰商团进行跨国贸易的中转市场。这个中转市场由谁来控制，是欧洲商人与伊斯兰商人竞争和斗争的主要焦点，彼此之间的冲突和冲撞，延续了很长时间。1453 年，拜占庭被奥斯曼帝国灭亡。奥斯曼帝国兼并了埃及与北非，控制了从红海、波斯湾到黑海的通往地中海的商路。但是，这个庞大的帝国在不久之后也开始由盛转衰，新兴的欧洲国家先后进入了第一次工业革命。欧亚力量对比发生的逆转，欧亚贸易的主导权的变化，也就催生了“黎凡特贸易”。也就是说，英国商人组织的“近东公司”全面进入近东地区，开始了新的一轮市场扩张。

诚然，中东出现的贸易格局变化以及由此出现的利益斗争，很早就开始了，从欧洲中世纪起，连续发生的所谓的十字军东征，胜几回也罢，败几回也罢，表面的理由是宗教文化斗争，归根结底还是为了商路控制权而战。从那个时候起，中东也就一直陷入不安宁，这种不安宁状态延续至今，尤其是20世纪对中东石油利益的争夺与控制，令其成为任何一点火星便可引起爆炸的“火药桶”。而这一切又铸成了中东地区复杂的政治地缘经济地缘关系。

也诚然，中东复杂的政治地缘经济地缘关系的形成，也具有一定的内部因素。从14世纪起，伊斯兰教内部出现教派分裂，也就是在穆罕默德去世以后，围绕哈里发权位，人数较多的一派承认艾卜·伯克尔、欧麦尔、奥斯曼和阿里四大哈里发都是穆罕默德的继任者，是为逊尼派。只承认阿里及其后裔为穆罕默德合法继承者并称为伊玛目的一派，是为什叶派。什叶派主要分布在伊朗、伊拉克、巴基斯坦和阿拉伯半岛的西南部。逊尼派主要分布在阿拉伯半岛和海湾地区。他们对《古兰经》有各自的解读，并形成了各自的一些支派，而在贸易中有些欧洲的利益集团有意无意地利用这种教派矛盾，达到自身利益的最大化。“黎凡特贸易”也就在这种复杂的历史背景下发展一时，并给欧亚贸易留下比较深刻的历史印记。

“黎凡特贸易”鼎盛时期，欧洲商人推动的贸易活动仍然延续了东西方贸易的中转形式。欧洲商团的亚洲终极市场目标不变，变换的是中转利益的实际操控权。因此，“黎凡特贸易”虽然也带有殖民贸易的若干色彩，总体上依然是彼时推动欧亚贸易的一种自然贸易形态，与后起的“东印度公司”的完全殖民贸易模式有着一定的区别。值得注意的是，在“黎凡特贸易”中，英国商人成为贸易舞台上的主角，伊斯兰商人沦为配角，但不意味着其他国家的商人无关轻重。在“黎凡特贸易”中，不仅有威尼斯、热纳亚、瑞典以及叙利亚、伊拉克和土耳其的商人参与，也有大量犹太商人参与。犹太商人精于计算，以从事金融业著称。犹太民族在历史上经历失国流浪，分散到世界各地，犹太民族人口只占世界人口的0.18%，但影响巨大。对他们的丝路贡献，目前研究得还很不够。在历史上一直有一种偏见，即在传统基督教徒看来，放贷收利息的人是应当下地狱的，而犹太人是当然的入选对象。但商业与金融业是不可分的，商业催生了金融业，金融业也支撑了商业，更多的欧洲商人惊奇地发现，被宣判为下地狱的人居然成功地盘活了财富，也盘活了市场，而这是“黎凡特贸易”中的重要一幕。

“黎凡特贸易”也即近东贸易前后持续了250多年。1825年，随着“近东公司”正式宣布解体，“黎凡特贸易”也开始走向尾声。“近东公司”解体的原因，最初是因为意大利、法兰西和荷兰商人共同组成的“东印度公司”并介入了“黎凡特贸易”，“近东公司”的商业垄断由此被打破，但真正的动因则是因为新航路的开辟，直接动摇了“黎凡特贸易”的基础。而17世纪前后出现的“东印度公司”，是一家同时在近东和东南亚地区进行所谓特许经营的更为庞大的一家殖民贸易公司。“东印度公司”开了欧亚直接贸易的先河，也正式启动了欧亚之间殖民贸易的大幕。“东印度公司”同前面提到的“汉萨同盟”商业组织一样，也拥有自己的武装，并拥有宣战权和制定条约的权利。不同的是，“汉萨同盟”是城市的联合，“东印度公司”则是资本的联合，并具有公司的结构与形式，有着更大的殖民贸易的自由度。因此，在“黎凡特贸易”“东印度公司”先后式微的情况下，成为欧洲最主要的贸易力量。不久之后英国商人也在印度果阿建立了自己的“东印度公司”总部，英国的这家“东印度公司”就是在中国发起“鸦片战争”的实际操作者。

在新航路的最终冲击下，“黎凡特贸易”也开始败落了，尤其是

“东印度公司”殖民贸易模式的出现，彻底埋葬了“黎凡特贸易”。一方面，伴随海上新航路的开辟，海路贸易出现了多向选择，欧洲商人的目光更多地转向了更为直接的海路贸易，而欧洲商人与中国商人推动的第三地转口贸易即“马尼拉—盖普贸易”进入欧洲商人的视线。另一方面，陆上丝路贸易进入了长达近200年的低潮期。从伊朗到不花剌、撒马尔罕再到中国西部的别失八里的商道，虽然依然延续，但对欧亚贸易的影响开始变得越来越小。再到后来，草原丝路一时成为西方探险家的文化探险之路。在19世纪中后期，依然注视着亚洲腹地市场的欧洲商人，纷纷资助探险家和文化学者进入中亚地区和中国的西部，引发了一波亚洲探险热。这些探险家和文化学者对丝路文化考察带有多种使命，但总体上为我们找回了几近丢失的经济文化记忆。

对于“东印度公司”尤其是总部设在印度果阿的英国“东印度公司”，人们的感性认知和理性认知就有些不同了。从商业视角上看，这是一个寻求欧亚直接贸易的商业组织，但他们从来没有商业底线，并将欧洲历史上存在过的武力征服加商业倾销一整套殖民商业做法，发挥得淋漓尽致，甚至为后起的西方陆权政治地缘、海权政治地缘和边缘地带战略理论的出现，提前进行了预演。

英国“东印度公司”在19世纪中叶发动对华“鸦片战争”，就是其中最为典型的例子。关于“鸦片战争”的起因，东西方似乎有一种不同的历史评估视角，在深受“鸦片战争”伤害的中国人看来，起因在于“东印度公司”在中国大量倾销鸦片，遭到了反抗。但一些西方出版的一些近代史书里，认为是贸易出超。这些书里很少出现“鸦片战争”乃至鸦片的字眼，往往会用“贸易战争”甚至“白银战争”来表述，好像那是一场事出有因的经济战事，是因为西方在近代开展对华贸易的初期，除了白银之外，缺少更多的贸易对冲商品，而白银的出超，不得不迫使他们通过鸦片取得对华贸易平衡。面对反抗，也就动用了炮舰，运用武力达到他们自身的商业目的。“东印度公司”的所作所为，无疑是带着血的旧殖民贸易的登峰造极。因此，虽然不能说这里没有贸易通商的影子，但这是海上丝路曾经出现的一股血腥的“涡流”。

相比较而言，无论是“汉萨同盟”抑或“黎凡特贸易”，尽管开了贸易加战争的先河，也还比东印度公司要更文明一些。或者从贸易的视角上看，更多反映了他们对欧亚通商的一种主动追求，在客观上也承载了特定历史时期的丝路贸易的部分使命，部分地实现了与陆上丝绸之路的历史对接。

十三、连接亚美的北极大陆桥

欧亚有着紧密一体的地理关系与藕断丝连的经济文化历史关系，这是确定无疑的。那么亚洲与北美大陆和拉丁美洲之间有没有类似的关系呢？答案也同样是比较明确的。这种关系或者多少有些扑朔迷离，目前主要存在于地理学家和历史考古学家与未来学家们持久不断地关注中。关注的焦点主要集中在北极圈大陆桥上的古代亚洲人的迁徙路线上，聚焦在白令海和白令海峡在未来的更大的连通前景研究的不是很多。

白令海和白令海峡是连通北太平洋与北冰洋的唯一水道，也是亚洲与北美洲的分界地标。白令海峡和南边的阿留申群岛也是最典型的地理大陆桥。白令海峡的探险与发现是由俄罗斯探险家白令完成的。此后，米哈伊尔·格沃兹杰夫和伊万·费奥多罗夫率领的俄罗斯探险队在 18 世纪后半叶，由白领海峡进入阿拉斯加地区，阿拉斯加于 1799 年正式成为沙皇治下的俄罗斯属地。在此后的 135 年里，俄罗斯一直统治着这块土地。1866年，沙俄政府认为，这块人烟稀少到处冰封的土地离开俄罗斯的心脏地带太过遥远，价值不大也无力经营开发，便在当年12月16日举行的由亚历山大二世亲自参加的彼得堡会议上，做出了出售阿拉斯加的决定。沙俄政府决定在此时放弃阿拉斯加，也是因为俄英争夺中亚控制权的斗争愈演愈烈，无暇东顾，而俄国在经历克里米亚战争失利之后，被迫开始改革农奴制，急需大量资金，因此出售阿拉斯加不失为一种应急选择。当时的美国内战刚刚结束，开始进入领土扩张阶段，在向南蚕食墨西哥的大片土地之后，也希望把美国的疆域扩展到北极圈内。持有这种主张的是当时的美国国务卿西沃德，反对者认为，购买阿拉斯加是最大的资金浪费。西沃德说服国会通过了购买方案，美国从沙俄手中接过阿拉斯加的事情也就最终被美国国会通过了。

根据美国国家档案馆提供的历史资料文件，即由美国第17任总统安德鲁·约翰逊签署的美国参议院批准购买阿拉斯加条约文件，是由时任俄国驻美公使与美国国务卿西沃德在1867年3月30日正式签署的。当年10月18日，俄美代表在新阿尔汉格尔斯（锡特卡）举行了阿拉斯加交接仪式。美国出价720万美元，取得了面积超过150万平方公里的阿拉斯加的土地所有权。在1884年以前，阿拉斯加一直由美国军事部门管理，1884年阿拉斯加获得美国行政区的地位，1912年被正式宣布为美国领土，1959年成为美国的第49个州。在美国的联邦州里，阿拉斯加州面积最大，但人口密度最低，目前也还只有74万人口。近年来，阿拉斯加油气开采业发展迅速，人均收入名列美国第三。美国在获得新领土的同时，也获得了意想不到的巨大能源财富。这无疑是一笔最大最合算的买卖。2017年3月，美国分别在华盛顿及阿拉斯加州两地，高调举行了购得阿拉斯加150周年纪念活动。阿拉斯加成为美国经济发展潜力最大的联邦州之一。

对于俄罗斯来讲，这无疑又是一笔最大的赔本买卖，因此，在美国纪念购买阿拉斯加的时候，俄罗斯的一些媒体也在百感交集中计算阿拉斯加当时的市场价值和现在的市场价值。他们说，1838 年的 1 卢布相当于现在的 1700 卢布，因此根据同一份协议，阿拉斯加如今的售价应当是 187 亿卢布，以目前黄金价格来计价，则合 4.4 亿美元。但即便是 4.4 亿美元，也是微不足道的数字，计算货币币值的历史变化与阿拉斯加本身拥有的巨量石油天然气财富相比，可谓是九牛一毛，遑论阿拉斯加的巨大战略价值无法用货币计算的。

完全可以想见，如果没有这笔历史上的最大土地交易，俄罗斯的“双头鹰”国徽标志，也许会变成“三头鹰”，而美国也不会成为北极圈的重要国家。对于西沃德个人来说，这也是他能够入选美国的最有远见国务卿的主要理由。他也未必想到，80 年后的阿拉斯加的价值会愈来愈大，尤其在“北极航道”开通的新格局里，白令海峡一跃成为世界上最重要的战略水道，甚至会成为大国制衡与合作的最重要的一个平衡点。

抛开近代史上白令海峡的发现和阿拉斯加转手的历史，从亚美地理关系上讲，白领海峡一直就是亚洲和北美洲相互连接的主要通道。许多考古证据都指向了同一个历史事实，即白领海峡是古代亚洲人走向北美大陆最重要的地理通道和大陆桥。只是，这条通道和这座大陆桥是由海峡长时间的冰封状态造成的。古代亚洲人通过白领海峡走向北美大陆，引出美洲原住民印第安人是否与亚洲人具有亲缘关系的持续不断的学术讨论，并为美洲早期的开拓史给出了一个极为重要的研究视角。近年来，在白领海峡大陆桥学说之外，还出现了阿留申陆桥的推论。阿留申群岛位于白令海的南缘，是由一连串岛屿组成的弧形群岛，一直从俄罗斯的堪察加半岛断续连接阿拉斯加的陆地。这个推论似乎更有合理性，因为阿留申群岛的位置靠南，人类活动要比白令海峡密集，虽然同样被冰雪覆盖所覆盖，气候相对没有那么严酷。但从总体上说，这两种学说指向是一致的，都指向了亚美联通的历史地理事实。

现在，随着北极融冰加快，人们更加关注，在新的地理联通的现实中，白令海峡和阿留申群岛周边地区，将会出现什么样的经济和人文变化。换句话说，通过位于白令海峡包括阿留申群岛新的“大陆桥”前景，人们将会看到亚美以及欧美之间的经济联通，有着什么样的前景，这种前景又在什么样的情况下展现?

回溯白令海峡地区的人类历史活动，那里确乎不是完全的自然禁区。这里不仅存在着人类迁徙的古老通道，也一直存在着割不断的经济联系和文化联系。北极圈内的土著居民生产形态或有不同，比如爱斯基摩族群主要是捕鱼，而白令海峡地区的居民的经济活动更多来自狩猎业。他们一般分散在西伯利亚冻土带的南侧，但也会进入更北的区域。所谓“通古斯”人也即“林中人”族群，从事的主要的生产活动与驯鹿和捕猎有关，驯鹿提供冰雪道路上的交通能力，肉食则是主要食物来源，但多余的皮毛需要依赖于外部交换。皮毛一直是他们的外输产品。“通古斯”是对“林中人”地区的一个泛称，也是对东西伯利亚地区的人文地理命名。珍贵的西伯利亚的皮毛粗制品吸引了俄国商人，并成为近代俄罗斯对欧贸易的重头商品，也由此成为沙皇俄国从 17 世纪末期开始，向远东地区不断扩张和深入的主要经济动因。但在更早以前，这块一直通向白令海峡和白令海的北极边缘地区的广袤冰天雪地，一直是通古斯各部族生息的地方，到了蒙古高原进入成吉思汗崛起的时代，蒙古帝国兼并了亚洲北方的许多民族部落，形成的庞大经济文化联合体，“林中人”也随之成为蒙古部落联盟的北翼，而广义上的东北亚古丝路在那时就覆盖了从中西伯利亚到东西伯利亚的广大地区。

在此之前，西伯利亚和白令海地区虽然一直处于千里冰封人烟稀少的自然状态，但绝非人类文明发展的禁区，相反地，随着区域性的狩猎活动不断发展和对外交换活动范围的持续扩大，北亚的居民不仅进到了北美洲，也与定居在北美大陆的居民发生了这样或者那样的频繁联系，从而形成了亚美丝路联通的最初链条。这个链条从至少在12世纪的蒙元时代还显性存在，甚至引出有关的研究热。2017年，英国的一家媒体发表了一篇轰动一时的文章《马可·波罗比哥伦布更早发现美洲？》。文章主要讲述了19世纪由意大利抵达美国的一位移民，曾经捐给美国国会图书馆14份羊皮纸资料。这批资料中有一份据说是马可·波罗女儿写的，其内容记叙了马可·波罗曾在堪察加半岛遇到过一位叙利亚商人，这位商人（或者还有马可本人）去过白令海峡，并去到过阿拉斯加。这份羊皮纸资料文件究竟有多少真实性，似乎不好判断，因为对这些资料放射性碳扫描的结果表明，那些羊皮纸是15到16世纪的物品。这意味着相关文件至多是个抄录件，而非原件。因此没有更高的可信度。《马可·波罗游记》中也没有关于他去过西伯利亚的任何一点线索和蛛丝马迹的暗示。但是，14世纪与15世纪相隔年代并不算远，捐赠者似乎也没有明显需要捏造的动机，因此也不能完全得出伪造的肯定结论，只能在存疑中继续研究。

马可·波罗究竟去没去过堪察加半岛或者白令海峡周边地区，确乎是个疑问。因为根据《马可·波罗游记》，他的主要活动半径围绕在元上都和以南地区。北上的可能性并不是很大。但也不能排除他在元上都遇到一位去过堪察加的叙利亚商人，听他讲到那里的自然地理情况，并且得到一些相关的资料。彼时的蒙古汗国是包括林中人在内的庞大多部落联盟，其势力范围或影响范围不仅包括森林和积雪覆盖的泛西伯利亚地区，到达堪察加或者白令海峡以北地区，在这种情况下，林中人的狩猎活动和进行物品交换的故事也会不断上演。如果这里有什么最大的疑点，并不是马可·波罗的好奇心大到必须要亲自去一趟西伯利亚或者堪察加，关键是他有什么强烈动机要把这些资料带回欧洲——至于这些羊皮纸文件是复制品还是原件，是他自己记录还是从别人那里得到，倒不是最重要的事情了。这里有个最重要的细节，即英国媒体的报道中特别提到，文档里收有十份地图，其中有一份描绘的是连接堪察加和阿拉斯加西海岸的阿留申群岛。如果真是这样，羊皮纸资料的可信度也就有所提高。

如上文所述，相比白令海峡，阿留申倒是亚美大陆联通的更有历史可能性的人类迁徙通道。在1万年以前的冰河期末期以及后来，经由堪察加半岛与阿留申群岛陆桥进入北美大陆的道路，在一定季节里还是具有很大的“旅行”空间的，路径并没有被巨大的冰原完全覆盖，不仅相对好走，也能提供必要的食品补给。因此，一些皮毛商人在与猎人的交易中得到那里的信息，也是完全可能的。

马可·波罗究竟去没去过白令海峡和阿留申一带，其实并不至关重要。只要那里存在着人类活动的踪迹，就会有关于道路的传闻。一定要深究，马可·波罗是不是美洲的发现者，既无解也并不需要去解。因为真正活动在白令海峡和堪察加、阿留申地区的一定是西伯利亚的狩猎人，他们的祖先和后代在这里生活和迁徙，时间跨度超过了上万年。从亚美大陆地理联通的事实来讲，有这一点也就足够了。

事实上，亚美大陆的经济文化联系的发生，要比我们想象的时间更古远更长久。不仅可以追溯到上两次冰河转换期间，也出现在后来的各个历史时段里。西班牙的报纸在2017年初也曾发布过一则消息，说美国科罗拉多大学考古人员梅森小组发现了新的佐证，再次证明亚洲商人和商品生产者在青铜时代就到达了阿拉斯加并与当地居民进行了交换活动。他们的研究根据不是首次证明亚美大陆相互联系的著名的克洛维斯假说，而是在阿拉斯加埃斯彭伯格角出土了两件实实在在的青铜文物，即在那里一栋有1000多年历史的窝棚里发现了一个青铜搭扣和一个可能是哨子的物件，青铜搭扣上还残留了一小段有1400年历史的皮带，具有亚洲地区的明显工艺特征。他们认为，在当时，这里并没有人会冶炼青铜，也没有冶炼青铜的历史，据此推测青铜搭扣是外来的物品。他们认为这是当地居民与亚洲人贸易留下的遗存。考古专家们还指出，当时阿拉斯加士兵使用的头盔也与东北亚地区很相像。这些研究结论不仅从一个特定的地理角度，推翻了哥伦布是发现美洲新大陆的第一人的定论，也否定了2014年12月美国密西根大学曾经发表的另一项关于谁先到达美洲的研究结论。后者在加拿大北极地区的巴芬岛也发现了有关文物，并据此认为北欧的海盗在公元8世纪时最早来到美洲。

但是，密西根大学考古学者的研究也有自身的价值，说明通过北极周边地区到达美洲的方向和路径不是一个，既可以从欧洲一直向西，也可以从亚洲一直向东。时间段落上也有基于不同目的和活动半径的连续性。密西根大学考古学者的发现和梅森小组的发现还原的历史事实，并不是谁更早发现美洲，而是北极圈内外一直就存在着多方向的持续不断的经济联系和人文联系。这种持续不断的经济联系和人文联系，为我们打开了有关北极圈内外历史思维的更长链条。

当然，对于考古学者和大陆桥地理学者们来讲，白令海和白令海峡是他们的童话和神话。因为这座大陆桥隐藏着远古人类迁徙和美洲原住民的起源之谜。考古者力图寻找更多的线索，希望印证美洲原住民来自亚洲和更多地来自西伯利亚东北角的推测。美洲原住民的先祖，或者是在小冰河期里就越过白令海峡的一批勇士，或是在白令海峡周边进行过皮毛交换的人群。他们或者是一些“黄皮肤”，或者是一群“棕色皮肤”，共同书写了亚美联通的早期历史。

对欧亚新旧大陆人的跨洲流动，也有学者借助古老文化传统的比较研究和现代基因技术，进一步进行论证，比如美国《华盛顿邮报》网站在2014年报道过，美国的潜水员在尤卡坦半岛的洞穴里发现一个1.2万年前的女孩头骨。这个女孩被取名为纳娅，通过对纳娅线粒体DNA的提取和检测，她拥有当今美洲原住民中十分普遍的基因标记，这个标记在几千年里曾经孤立地存在于白令海峡两侧，同时也出现在墨西哥湾。这是亚洲人迁徙到北美后继续南下的重要佐证。

中国的历史文献和考古成果也在说明，东亚人有可能最早到达美洲。比如，原产美洲的花生，居然在具有4、5千年历史的良渚遗址出土，而良渚遗址呈现出的庞大的古代城市结构，不仅显示那里有可能是东亚地区最早的文明来源之一，也显示了亚洲美洲之间很早就出现了不可思议的原始交换。

中国在汉代已经出现的《山海经》，也从古代文化传说的另一个角度，勾勒了东亚人对美洲的某些光怪陆离的认识。对于《山海经》，很多学者并不笼统地将看作是古代神话与传说，而更多的是一部有关中国及其周边地区的经过编辑的古代“地理书”。这部奇书从虽然被当时最权威的史学家司马迁列入“余不敢信也”的海外奇谈，但其中除了一些带有图腾色彩的感性地理认识和对异族人类的描述，其所提供的地理方位信息，多数有一定的根据。《山海经·海外南经》记录了羽民国，“在其东南，其为人长头，身生羽”等信息，带有鸟图腾的显性历史部落文化印记。不死之民自然是原始宗教中的传讹，但头插羽毛也是世人对印第安人的印象。古代美洲墨西哥地区也有蛇羽神崇拜。这自然会引起后来对东亚与美洲原始文化有所接触的一种推测。按《山海经》一书，是经过西汉人编纂的合集，原为22篇，现存18篇，共分山经5篇，海内经5篇，海外经4篇，大荒经4篇。《汉书艺文志》记载13篇，缺少了海内经，其所收的可能是残本或者是另一种辑本。不论是哪个版本系统，都有内容大致相同的海外经，也都有关于羽民国的记载。

《山海经·海外经》也可以视作为古代中国人对古代环太平洋国家和地区的模糊文化记忆，虽然不能真确地反映历史的地理文化真实，至少反映了古代中国人对大洋彼岸的关注。

据美国《美日邮报》的有关报道，美国考古人在新墨西哥州、加利福尼亚州和亚利桑那州的多个岩壁上发现过中国商代的甲骨文。商代甲骨文在北美出现，意味着先商时代的中国人已经同古代美洲国家建立了非同一般的联系。另据报道，西方的考古学家们还在墨西哥奥尔梅克文化遗址里发现了“玉圭”，玉圭刻有类似甲骨文的4个符号，研究推测，其大概含义可能是首领建立了王国的基础等等。这些考古学者由此得出奥尔梅克文化有可能源自中国的商文化的一种假说。

美国俄克拉玛州大学的华裔教授许辉，经过多年努力，也曾收集到带有146个字模的200多块“玉圭”。他先后两次返回中国并拜访中国古文字学者，确认为先秦古文字字体。“玉圭”是古代中国特有的代表治权的礼器，也是官吏在王庭上议事礼仪规则。甲骨文与刻有先秦古文字的玉圭出现在美洲，无疑是一个惊天的发现。当然其中也会有一些望文生义的研究，例如对一些印第安语言的某些基本词语发音与中国古音进行对比 诸如“你、我、它”的发音具有中国古语中的“宁、内、伊”的对应，而“ 人”的发音更近似于“银”，“花”的发音近似于“发”，称呼孩子也叫作“娃”，河流则为“河”等等。这些研究并不能用来说明印第安语言发音系统的确切来源，但将中国的商文化的某些因素与印第安文化的某些因素联系起来进行比较研究，还是一种有意义的探索。

问题在于，商文化的某些因素比如玉圭为什么会出现在几千年前的美洲，而这些因素又是通过什么途径传播美洲的？对于第一个问题，有一种研究指向了周武王伐纣引起的一场历史变故。研究者认为，纣王失败后，部分殷人漂洋过海，移居到了美洲。早在1936年，中国学者陈志良就提出过这种观点。他认为，武王伐纣的时机，正当商纣王发兵攻打淮夷之时，殷都朝歌兵力空虚，出征大军也来不及回援，纣王只好临时组织奴隶工匠，抵御周武王的八部落方国联军。奴隶工匠组成的部队既无战斗力，也对商王的暴政积怨已久，阵前倒戈是必然的结果。那么在纣王自焚之后，他派去攻打淮夷的十几万精锐哪里去了？中原归不得，在当地又无法长久立足，很可能就此流落到海外。这种情况在中国历史上发生的重大变故中是不乏其例的。20世纪黑龙江人民出版社出版的《中华祖先拓荒美洲》一书如是说，香港地区的一些学者也如是说。《中华祖先拓荒美洲》一书甚至提出一个并不过硬的理由，即印第安的称呼来自“殷地安”的见面问候语，但作为一种假说，也可以聊备一格。

关于第二个问题，存在假说中殷人如何漂洋过海的疑问。一个疑问是，攻打淮夷的十几万商人精锐是无目的地漂洋过海，还是早有比较明确的地理信息指向？对此，有学者引用《诗经·商颂》中的“相土烈烈，海外有截”，认为早在商朝的第11代君王临朝时期，中国人在海外已经有过经略活动。除了商颂中“海外有截”的记载，在春秋典籍里也有有关的一些说法，其中讲到，去到海外的殷人后裔派人回到过中原，并带来6只只有美洲才有的蜂鸟。此外，更早的夏命九夷猎于大海的记载，也出现在《竹书纪年》之中。凡此种种，至少都在说明，夏商时代的中国人对太平洋并不陌生。

第二个疑问是，东渡的殷人凭借什么样的工具漂洋过海？原始的舟船那时无疑会有，殷人征讨河网密布的淮夷地区，也少不了用于水战的战船。中国人对天象进行定位的观测也很早就开始出现，再加上对海洋潮流和季节洋流变化的长期观察，这些因素综合起来，在关键时刻冒险横渡太平洋的可能性并不能完全排除。近代和现代以来，一些太平洋岛国的探险者也不时通过各种海洋探险途径到过中国，说明在通常情况下，即便缺少现代科技装备，也会有成功横渡太平洋某些地区的较大概率。南太平洋一些岛国有许多来自大陆的古代移民，凭借独木舟，便在大洋上寻找到了新的家园。据说。在南太平洋岛国的某些居民成分中，也有自称为中国人的后裔者，而中国在每一次改朝换代的政治变故中，常常导致一些人流向海外，变成最早的华侨。这样一些有关的记载在中国的笔记文丛里并不少见。

商文化人进入美洲人文历史的研究领域，并不会引起其他不必要的历史联想，更不能与后来西方人在所谓“新大陆”的殖民活动相类比。西方殖民主义者推行的是种族灭绝政策，因此对所谓“新大陆”最早的原住民究竟有多少，研究到现在还是一笔糊涂账。一般归因于原住民缺少抵御天花等烈性传染病的能力。是不是这样，也还需要从更多的角度去透视。

其实，谁是到达美洲或者发现美洲的第一人，本身并不特别重要。第一个进入美洲的应当是猎人群体，而且不会是一次。早在2010年，中国与丹麦的科学家，已经通过对格陵兰永冻层发现的4000年左右的古人头发，进行人类基因组测定，推测出他们更接近于现代东亚人和西伯利亚人群。这个研究成果发布在《自然》杂志上，在其封面上还发表了根据研究成果模拟绘制的秃顶男人头像，并称之为Saqqaq古人。也有学者考证，在公元8世纪，北欧的维京人首先发现属于北美洲的格陵兰和纽芬兰。从时间早晚的角度讲，也可说是维京人要比哥伦布早700年就发现了美洲，而北极和北极圈进入人们比较准确的历史视野，似乎也应当从这个时候开始算起。但这种地理发现没有引起世界的更大变化，倒是哥伦布在误打误撞的远洋探险中“发现”了“新大陆”并引发了后来的“大航海”，成为一个时代性标志的历史事件。

就古代美洲而言，其原住民的历史来源目前还有很多未解的谜，其文化系统也足以让人眼花缭乱。考古者不久前在加拿大发现的史前足印，把古代人类进入美洲的时间上推到了13000年，说明美洲文化的形成，远比比人们想象地更久远。一般地说，美洲较早较大的文明区域和类型主要有三个，一是玛雅文化，包括向北进入墨西哥的阿兹特克人文化；一是哥伦比亚波哥大以西河谷地区的穆伊斯卡人文化；一是安第斯山中部的夸姆卡、克楚亚、艾玛拉等部落文化，而克楚亚部落在公元13世纪以前与其他部落共同建立了印加帝国。在西班牙人入侵美洲之前，这个印加帝国已经拥有大约一千万居民。印加帝国发育较晚，在公元12世纪时仍处于结绳记事的状态，内部交换也以食物为主。在经济形态上，采集、狩猎与灌溉农业并存，他们最早种植的作物有玉米、马铃薯、向日葵、棉花、番茄、金鸡纳树等，但印加帝国的宗教生活是很丰富的。

在美洲的三大古文明区域里，发展最早的是玛雅文化及居于墨西哥盆地的阿兹特克文化。据已发现的公元前328年沙克敦城石碑，早在纪元前，玛雅人就在尤卡坦半岛南部贝登·伊查湖东北形成最早的城市。而据16世纪西班牙编年史家记载，公元5至6世纪，他们曾在尤卡坦北部建立奇钦·伊查城，10世纪时，又建立马亚播、乌布马尔两个城市国家，这3个城市曾一度结成联盟，马亚播在1194年取得支配地位。但由于各城国不断混战，玛雅文明终于败落了。

印第安人入居中美洲，据信是3000年前的事，居住地区也大致在墨西哥尤卡坦和危地马拉、洪都拉斯一带，全盛时期约1400万人口，比后来的印加帝国还要大。他们发明了0符号和二十进位法，有象形文字，历法和穹形建筑，信仰多种宗教。现在仍以玛雅命名族裔约36万人，居住在墨西哥坎佩切州东部，那里有大量的石砌金字塔，用黄金红铜做装饰，引起很多考古学家们的注意。

总体来讲，美洲人原住民入据美洲的历史相对比较短，其文化的形成也较晚。如果考虑到现代人类开始大迁徙的最近一次冰河期消退之后，其中还有或长或短的小冰河气候变化曲线，那应当是人类进入美洲的最可能的时间段。这个时期出现了所谓沧海桑田的地理变化，更有利于人类远距离跨洋迁徙。自然也有另外的推测，如最后一个冰河期之前美洲就有人类活动，但那是不是类如尼安德特人的状况，研究者恐怕也根本说不清楚。

“沧海桑田”是中国的一句古语，但准确地描绘了自然变化引起的陆地与海洋关系变化。如果我们展开地图，把目光投向标识海平面的不同海深的等高线，一样是蔚蓝色，但蓝色深浅颜色是不同的，这些深浅不同的蓝色海洋板块，分别标识从海平面负 100 米以下到负 8000 米以上不等的深度。不妨这样去设想，在一个小的冰河期里，海平面降低上百米会是什么样子？最浅的部分也就成为陆地，而大陆桥的地理形态将会更多地出现在各个方向。换句话说，在冰河期里大量的水移向陆地形成冰原，海平面相应降低，降低到一定程度，也就可以得到另一幅陆地的地形图。在这幅新的地形图里，不仅白令海峡是一个几脚就可以跨越的地峡，白令海南缘的阿留申群岛也与堪察加半岛直接连在一起，而波斯湾与红海只不过是一条狭窄的地沟。在那种情况下，中国的山东半岛与日本列岛断续联系在一起。印度尼西亚也不会是一个千岛之国。甚至远到南太平洋的澳大利亚，也会有曲折的陆海道路将星罗棋布的群岛连接在一起。彼时的各大洲或者会呈现更多的陆桥地理连线的自然形态，人类海陆活动的半径更大，人类的迁徙活动也会频繁地发生。

事实上，大约在 10 万年前，地球进入迄今为止的后一次冰河期。这次冰河期一直持续到 1 万年前才告结束。在地球最寒冷的年代里，海洋面积大幅收缩，海平面下降要比现在低出 120 米。中国的渤海、黄海和东海大部分是陆地。台湾岛和海南岛也与大陆直接相连，日本列岛也会是东亚大陆陆地的一部分。北极冰盖向低纬度地区延伸，不仅东北亚的白令海峡和西亚地区的曼德海峡不存在，著名的红海也只是一个柳叶形的内陆湖。美洲的格陵兰岛通过巨大的冰盖同欧洲同北美洲连接在一起。史前人类和诸多物种正是通过这样一些紧密相连的路径从亚洲、欧洲走向了美洲。

相比而言，中国的商时代要晚得多，而商人余部横渡太平洋的假说，毕竟也是一种推测，并没有直接的考古确证。而在更早的年代里，亚洲人从白令海峡大陆桥或者更典型的阿留申群岛陆桥进入美洲，考古证据更多也更靠谱。事实很可能是，在不同的气候变异时期，人类迁徙的主要路线和方式或不同，但迁徙最频繁的一条路线是白令海峡和阿留申群岛一带。这条路线位于欧亚大陆草原森林丝绸之路的东部延长线上，有多长有多宽，似乎要从丝绸之路地理架构的全视角上来考察。若设中亚绿洲丝绸之路是一条以欧洲为目的地的浅弧线，草原丝绸之路更像是直线，后者的直线距离要比前者短，气候条件更严酷。

从草原丝路国家和民族分布的全视角看，草原森林丝路同样是一种网状的丝路带，大体上由北向南排列出比较规整的多条纬线。最北的一条是南西伯利亚“大陆桥”之路。为什么这里不被直称为森林之路而被叫作草原之路呢？其实，森林也罢，草原也罢，在历史经济的自然形态上只有或猎或牧的区别，具有庶几相近的自然经济特征。草原与森林的分布变化，与气候条件的垂直高度有关，历史的草原经济和森林经济同处一带，因此这不是问题。关键在于这里曾是众多草原森林民族的摇篮，当这些草原森林民族成长后，或者南下西去，或者向东跨越白令海峡地区的冰原，连续不断地走向了美洲。

现在，我们仿佛又回到了历史文明的起点，亚洲人不仅可以通过“北极航道”更为便捷地走向欧洲和北美，也可以通过亚美北极圈内的陆桥实现欧亚美的直接连通。所不同的是，人们需要穿越的不再是茫茫的冰原，而是冰融之后的海峡。

颇有意思的是，俄罗斯的学者在研究远东经济发展的时候，也提出过两个设想，一个是开通“北极航道”，另一个则是在白令海峡开凿海底隧道，修建亚美跨洲铁路，直接连通亚美大陆。他们认为，这个设想在工程技术上并没有很大的难度，主要取决于俄美关系的变化和庞大的资金投入。这个在白令海峡开凿海底隧道的设想，听上去有点匪夷所思，但从最终的世界经济一体化历史走向去考量，并不是永远不可企及的一个梦想。对于这个设想，中国工程院院士王梦恕先生也认为，修建白令海峡海底隧道，在工程技术上并没有什么问题，而且也有长远的交通需求。他甚至还进一步提出，在西伯利亚铁路向北美阿拉斯加延伸的同时，也会出现由北京向北向东连通的一种可能性。中国东北地区的铁路网很发达，目前也出现了同西伯利亚铁路多向对接的交通格局，所以，就交通本身而言，只要是白令海峡海底隧道能够出现，从陆路上实现北京与阿拉斯加的连通，应当是顺理成章的一种工程设想。在那种情况下，亚美之间的联通也许会呈现出海陆并举、海陆联通的全新特征，不仅意味着亚美之间交通距离大大缩短，也意味着亚美经济也会在一些特定区域里出现了一体化。在这个新的联通区域里，集中包括了北美贸易区的主要国家美国和加拿大和中俄、日本、韩国等世界最大经济体，其对世界经济未来的发展将会产生什么样的影响，怎么去估量去预测都不为过。

如果从丝路发育本身的未来前景去进一步思考，在地球的北半球一直存在的丝路地理“死角”开始消除，一个更为合理更为有效的新丝路联通系统开始显现。或者更具体地说，在经济全球化的总体格局和走向里，与北极接近的东北亚地区，历来是最为纠结的一块。那里的边缘地区既有最早迎接古丝路曙光的历史，也有丝路联通不时出现停滞与徘徊的一些停动。现在，历史正在苏醒，冰上丝路的联通给出了东北亚丝路发展继续延续的机会，也会使这个机会变成更大的历史机遇。

十四、南环、北环与中环

“北极航道”的开通，也给出了全球经济在紧密国际合作中发展的更加完整的前景。2017 年 6 月，国家发展和改革委员会（后简称国家发改委）和国家海洋局联合发出了建设三条“蓝色经济通道”的政策文件，并同“一带一路”倡议明确地联系在一起。国家发改委还发布了《“一带一路”建设海上合作设想》，明确提出有必要吸引中国企业参与北极运输路线的商业开发。同年 8 月，在厦门举行的金砖峰会上，“蓝色经济带”的概念被正式提了出来。

“蓝色经济带”是个比喻，但明确勾勒了以“蓝色经济通道”为轴线形成的经济共同发展的主要区域轮廓。“蓝色经济通道”之一，是从中国经马六甲海峡到印度洋再到地中海的传统航线；“蓝色经济通道”之二，是大航海新航线开辟的经由南非好望角的有关航线；“蓝色经济通道”之三，则是从东北亚经北冰洋到达欧洲和北美洲的新的航向。后一条新航向的提出，不仅标志着中国已经将“北极航道”纳入海上丝路的发展设想之中，也意味着，由海上丝路连接起来的世界经济发展带的框架开始全面显现。如果用大致的地理维度去标识，这些联通发展的跨大区域经济带，不妨可以用中环经济带、南环经济带和北环经济带去表述。

三条“蓝色经济通道”，各有不同的历史发育背景。三条“蓝色经济带”也有各自殊途同归的发展前景。或者也可以这样讲，未来的海上贸易地图和相关的发展经济带，将会出现三个相互密切联系的方向和三个带状经济板块的相互联结。

先说中环航线和中环经济合作带。从中国东部沿海经过马六甲海峡到印度洋再到地中海的航线，是世界航海史最先开辟也最为成熟的传统航海线，也是欧亚之间一直延续到现在的主要海上经济联系线。这条航线造就了历史的经济繁荣，分别营养了欧洲经济和亚洲经济，并为航线所经国家和地区在不同时期注入了经济活力。在历史上，世界贸易的几乎全部活动都经由这条航路来完成，在近代和现代，世界贸易的多一半也由这条航路来实现。因此，无论从全球自然地理方位上看，还是从经济地理联系上去看，它都居于中轴地位。中环航线经过中央赤道地区，吸附了赤道南北侧的贸易流，同时又是欧洲与亚洲在“海上公路”进行经济能量交换的实现载体，将其视为地球上的中央航线也并不为过。

这条中环航路和相关的中环经济发展带，在相当于中国三国时代的公元三世纪中叶已经开始成型。在那时，中国的东吴商船队首次到达了红海。此后历经演变以及阿拉伯水手的不断开拓，这条海路便成为按照印度洋季风规律定时往来的主要海上贸易通道。因为航路一般要经过厄立特里亚地区，也即红海南部的海角地区，西方航史家也就将这条航路上的贸易，称为“厄立特里亚贸易”。“厄立特里亚贸易”见证了海上丝路的早期历史，也在新的历史发展时期里继续发挥作用，就是在16世纪“大航海”发生后新航路开辟的情况下，它的海上交通地位一直没有改变过。

有一种相关说法，认为自从中国明代郑和航海结束，接着又出现了西方的“大航海”，至少从中国东部沿海经由马六甲海峡、印度洋再到地中海边缘的传统航线，开始进入沉寂的阶段，但这是不准确的。郑和航海之后，中国明朝实行了海禁政策，只是标志着中国的“官方贸易”结束了，但同时也揭开了民间贸易的大幕，催生了闽商出海的浪潮和著名的“马尼拉—盖普贸易”。持续200多年以上的“马尼拉—盖普贸易”是由来自中国沿海的闽粤商人与来自新航线的荷兰、葡萄牙、西班牙商人对接完成的。后者是新航线的开发者，也是新航线的受益者。或许由此造成传统航路的冷落。在较短的时间里情况也许如此，但是在1869年苏伊士运河开通以后，传统航路再次恢复了贸易活力。因为在欧亚之间，这条航路无论从航程距离还是市场的接近性上，具有更大的商业吸引力，从此在19世纪之后一直成为多种农产品、工业制成品以及能源等大宗商品的主要流转通道。在这条航路上分布着众多的欧洲国家、中东国家、南亚国家、东南亚国家和东亚国家及相关经济体。近代以来，欧洲、亚洲与大洋洲和南太平洋国家也通过这条航路开展大量贸易活动，进一步加强了它的地位。

现在，在“北极航道”开通的前景中，这条中央航线依然举足轻重，这条航路上分布着资源禀赋和发展阶段不同的多数世界重要经济体，其中有经济技术力量雄厚的发达经济体，也有发展潜力巨大的发展中经济体，有世界重要的能源输出国，也有能源相对短缺需要输入的国家，它们之间的经济互补性十分明显。在不同国家的经济结构调整中以及经济全球化的基本走向里，他们相互之间的经济合作不仅不是可有可无，相反地具有更大的相互依存度。在这条由中环航线连接的世界超级经济带上，有着世界上除了第一大经济体之外的前十名经济体，还有极具发展潜力的印度、东盟国家、北非国家以及东北亚国家、中东地区国家，对这条“中环经济带”的经济发展前景投入更多的关注，无疑是十分重要和必要的。

在“一带一路”倡议的推动下，中环经济带国家的经济合作出现了前所未有的发展势头。基础设施建设正在跃上新台阶。旧的港口在扩容提升，新的港口在不断出现。有些地区，在海陆联通的新的发展思路中，开始建设工业园区或者自由贸易试验区。这些在建的或者已经竣工的基础设施项目，规划格局大，联动效应高，从地中海到红海、印度洋沿海，接连排开。其中影响比较大的有：希腊比雷埃夫斯港与匈塞铁路组合、埃及苏伊士运河新线新机场工业园以及首都新城、吉布提自由贸易区和连接埃塞俄比亚的亚吉铁路组合、中国公司与阿拉伯酋长国合作建设的阿布扎比港项目、中国—阿曼产业园、中巴经济走廊临海的瓜德尔港以及印度投资建设的伊朗恰巴哈尔港。在缅甸和位于印度洋地理中心位置的斯里兰卡，分别建设连通油气管道的皎漂港和将于2041年建成的科伦坡港口城。在马来半岛和马六甲海峡，则有在建的皇京港（马六甲）等等。北部非洲国家、海湾国家和东盟国家都是中国在海上丝绸之路上的重要经济合作战略伙伴，他们也都希望在新一轮经济发展中成为海上丝绸之路的新枢纽。

在扼守红海曼德海峡的东非之角，在建面积达到48平方公里的吉布提自贸区，很有希望成为东非的迪拜或者“非洲的新加坡”。吉布提人口只有100万，位于世界上最繁忙的一条航道上，从阿拉伯半岛越过曼德海峡，北向红海联通苏伊士运河和地中海，向南延伸至更多的东非沿海国家。它不仅是埃塞俄比亚对外贸易的主要门户，也会成为南苏丹、索马里和所有大湖区国家的对外贸易最大的海上窗口。吉布提也是目前非洲经济增长最快的国家，世界银行认为，吉布提2018年的GDP增速达到7%。吉布提港目前的吞吐能力为1800万吨，但总投资35亿美元的自由贸易区完成之后，新的港口将会大大提升货运能力。

在波斯湾，海湾国家阿布扎比港口项目与位于阿曼湾的杜库姆，投资107亿美元建立产业园，集炼油、甲醇、汽车和太阳能设备生产项目为一体，被美国的《福布斯》双周刊认为是影响世界的“五座新城”之一。阿曼在当地传说中是阿拉伯文学名著《一千零一夜》中著名水手形象辛巴达原型的故乡。阿曼在开辟横跨印度洋航海的历史中，具有特殊的地位。阿联酋是中国在中东的最大投资目的地，也是阿布扎比国家石油公司原油的最大客户。阿联酋社会稳定，已有4200家中国公司进入阿联酋市场。迪拜的龙城已经成为中东和海湾地区最大的中国产品交易中心。2018年，习近平出访中东与非洲，首站是阿联酋，这一年是中阿经济关系大幅提升的一年。

在地中海，除了比雷埃夫斯港和匈塞铁路组合，在习称马格里布地区的阿尔及利亚、摩洛哥，也同中国公司积极合作扩建港口。与此同时，位于直接联通欧亚的小亚半岛上，土耳其也出现融入“一带一路”海陆联通的极大意愿。小亚半岛是欧亚陆海丝路极为重要的地理交汇点和经济交汇点。目前，土耳其学者加大了对丝绸之路的研究力度，展开了对土耳其是否应当成为海上丝绸之路一部分的讨论，土耳其商业思维更为活跃的工商界提出各种联通设想。他们认为，作为地中海东部沿海的最重要的国家，土耳其坐拥众多港口，比如隔爱琴海与希腊比雷埃夫斯港相望的阿尔桑贾克港和钱达尔勒港，以及梅尔辛港等等。这些港口虽然目前的规模不是很大，但处于地中海与欧亚海陆连接的重要区位上，具有巨大的发展潜力。这个国家经济增长势头强劲，2014年经济增长率达到7.4%，几乎与印度旗鼓相当，超过了经济学家的预测。土耳其经济增长速度，也使它跻身于20国集团。

中环丝路不仅在印度洋、波斯湾和地中海得到新的延伸，也开始走向西非。在几内亚，科纳克里港建设了三个新船坞，一举成为西非最大的港口和西非地区一些缺少出海口国家的货物吞吐中心。例如地处非洲内陆的马里，其大批货物可以由此出海。从物流角度讲，扩建后的科纳克里港堪比东非的吉布提港。

毋庸说，苏伊士运河作为中环海上丝路的咽喉和欧亚经济连接的最大枢纽，其巨大的扩建工程具有重大意义。苏伊士新运河不仅实现了扩展通过能力的建设目标，通过能力增加一倍，在构建立体交通体系方面也做出了历史性的突破。埃及政府举全国之力，在拓展苏伊士运河运能的同时，在苏伊士地区修建新的铁路、机场，建立了工业园，并将未来的首都定位在苏伊士运河以东地区。他们把埃及进一步发展的希望聚焦在苏伊士运河地区，是因为看准了苏伊士运河在未来欧亚经济联通中无可替代的经济战略地位，看准了中环蓝色经济带发展的巨大潜力。在“一带一路”基础设施建设中，打通地理瓶颈重要，继续扩展和扩大自然形成的地理瓶颈更重要。苏伊士运河的开凿在近代海上交通史上留下了一笔，苏伊士新运河的建设和苏伊士运河地区立体交通体系的出现，将会留下更为浓重的一笔。

总之，中环蓝色经济通道一条历久弥新的海上通道，也是欧亚经济紧密联通的最具历史成熟感的海上丝路。苏伊士地区正在发生的历史性变化，为海上丝路的联通发展，提供了一个非常重要的案例。这个案例说明，海陆联通是丝路的重要运作形态。除了苏伊士运河的扩容，中美洲巴拿马运河的扩容以及尼加拉瓜新运河的启动，也都是其中的重要案例。当然，一条运河或许会有自身容量和流量的最大极限，更需要在发掘其最大交通潜能的同时，进一步发挥陆上丝路的交通潜力，尤其是发挥“大陆桥运输”的乘数效应。正是这样一个乘数效应，经济能量多渠道集聚在中环经济带上，使它具有了永久的不可替代性。目前“大陆桥运输”虽然只占据欧亚贸易数量的10%和全球贸易数量的2%左右，但对欧亚各国联通发展的重要性远远超过了初始数量的简单比较。我们常说，丝路是网状的，丝路的网状结构本身就显示了丝路海陆联通的地缘特征，即在丝路网络里，没有永远的“死角”，只有最终的丝路联通。

比如在西欧地区，英法等国都对“一带一路”经济合作总体上持正面态度，但由于一些国家不同政治势力之间的争斗激烈和其他一些原因，也会出现二三其德的情况。例如法国，作为西非一些国家历史上的宗主国，一度也惧怕失去传统影响力，因此，需要后来的合作者即尊重历史，顾及现状，又在第三方合作中不断加强协调，在多赢中发展合作关系更为重要。英国目前面临脱欧关口，很难心无旁骛，也会对“一带一路”合作有些犹豫不决，但是，爱尔兰的贸易官员就曾明确表示，希望在推动“一带一路”方面替代英国。爱尔兰虽然只有500万人口，却是进入拥有5亿消费者的欧盟市场的重要国际市场平台，他们希望中国企业去投资，更希望扩大爱尔兰在中国的存在。

南环蓝色经济通道和相应的南环经济带，同样十分重要。南环经济带的概念，是美国学者奈斯比特在其著作《大变革》中首次提出来的。奈斯比特认为，通过海上丝绸之路，亚洲、非洲和拉丁美洲三大经济板块正在形成一条联系更为紧密的经济带，其中一个重要的纽带就是金砖国家的经济合作。在奈斯比特看来，五个金砖国家被人们普遍看好，而一心要成为太平洋东西航海之轴的印尼，也在这条南环经济带上。从南环航海通道进入南环经济发展带，无疑是从“大航海”时期开辟的结果，这条航线需要绕过南非的好望角，具有麦金德“外形月”地理理论的典型特征。它连接了南太平洋、印度洋和南大西洋，是亚洲与南部非洲、拉丁美洲和加勒比海国家联通的最重要水道。在短短的几年里，南环经济发展带的部分国家经历了美国金融危机引发的发展低谷，开始进入新的发展期，而新巴拿马运河的启运和尼加拉瓜运河的断续开建，也使南环航线与南环经济发展带在未来得到重塑。

应当说，“大航海”是海上丝路发育的一个重要时间节点，不仅催生新的海上航线，也是欧洲商人开始掌控海上丝路贸易主导权的开端。但18世纪苏伊士运河开凿和20世纪初巴拿马运河开通一样，海上丝路系统的不同方向的完善和开辟，进一步提升和通畅了太平洋、印度洋和大西洋之间的航行路线，扩大了世界贸易的半径，并陆续兴起了许多重要的沿海港口城市，加速了世界经济发展的进程。这一幕远远没有结束，在新的21世纪里，出现了南环经济带加快发育新的一幕，亮点不断在出现。

在南环经济带上，金砖国家无疑是最重要发展引擎。金砖这一术语是高盛投资银行首席经济学家奥尼尔在2001年首次提出来的，当时主要是指中国、印度、俄罗斯和巴西，称为金砖四国。2010年南非加入，变成金砖五国。对于金砖国家的发展前景，分歧的看法比较多，主要是其中的资源型国家受到世界经济危机的影响，发展曲线有所波动，甚至一度被一些学者认为已经开始濒临消亡。金砖国家是个泛经济概念，但也产生了很大影响，尤其是中国和后起的印度的持续发展，是金砖并未“褪色”的主要证明。2017年，金砖国家总体上进入了新的发展状态，中国经济发展一直保持中高速的新常态，印度则成为发展中国家经济增长率达到8%左右的国家，俄罗斯经济在回升，巴西和南非也从经济危机的阴影走了出来。从2009年叶卡捷琳娜堡举行第一届金砖国家峰会开始起，金砖峰会由成员国国家轮流举办。2017年在中国厦门举办的金砖峰会被视为金砖国家的新的发展的一个重要会议，而蓝色经济带在峰会上首次提出，是其中的重要成果。

近年来，金砖国家开始发展为“金砖加”，虽然目前没有在形式上扩大金砖合作范围，但形成了金砖国家发挥主导作用的地区经济一体化新平台，辐射到包括南方共同市场、南部非洲关税同盟、欧亚经济联盟、南亚区域合作联盟以及中国—东盟自由贸易合作的更大区域半径里，涵盖了30多个国家，因此也被称为“金砖加”经济体。金砖五国在世界人口的占比超过40%，GDP占比约为23%，陆地领土占25%。很多人认为，决定未来格局的不是G7而是金砖国家。金砖国家是当前经济全球化的“替代发动机”。金砖国家提出了在相互贸易中改用本币的构想。金砖国家在2015年还制定了外汇储备库规则，规模为1000亿美元，其目的是应对成员国出现美元流动紧缺性问题。金砖新开发银行实行了与其他国际银行不同的体制，定额分配资金，在2016年下半年就贷出了15亿美元基础设施建设资金。目前，金砖国家也增加了在国际货币基金组织里的投票权比，金砖五国从原来所占份额不足15%，达到了15%以上。在贸易伙伴之间，“金砖加”经济体扩大了自由贸易和特惠贸易的范围。“金砖加”经济体的出现，被认为是对全球经济一体化提供的新创新，同时也使南环经济带的概念有了更为扎实的内涵与新的经济外延。

中国与拉美国家的经济关系日趋紧密，也使南环经济带的内涵进一步丰富。2014年，金砖五国领导人举行第六次会晤时，习近平主席顺访巴西、阿根廷、委内瑞拉、古巴，并与巴西、秘鲁，就一些合作项目开始进行可行性研究，并达成了共同声明。“两洋铁路”的修建目前由欧洲银行贷款，但选择什么样的贷款对象并不重要，重要的是“两洋铁路”最终能够启动，并为南环经济未来的发展提供海陆联通的基本条件。2014年国家主席习近平还参加了“中国—拉共体论坛”，提出了中拉合作新框架，力争在10年内，中拉贸易规模达到5000亿美元，中国对拉投资存量达到2500亿美元。2017年5月，阿根廷和智利领导人来华参加“一带一路”高峰论坛。6月中，中国与中美洲的巴拿马正式建立外交关系。中拉经济丝路合作进入新的提升阶段。巴拿马在地理上衔接南北美洲，又拥有联通大西洋和太平洋的巴拿马运河黄金水道，这条运河1914年实现通航，运河通过的贸易量占全球贸易量的6%，是世界航空和海运的重要枢纽之一。巴拿马还有美洲最大的科隆免税自贸区，有发达的金融业，因此是南环经济带上的一个重要枢纽。扩容后的巴拿马运河，在集装箱和大宗商品货运结构上形成新的优势，将会进一步强化中美洲在世界贸易中的地位，也使南环经济带的美洲终端释放出更多的经济能量。

2018年7月，习近平主席出席约翰内斯堡金砖国家领导人峰会，

“金砖加”模式进一步拓展，成为愈来愈多国家和国际组织交流的平台。峰会邀请了阿根廷、土耳其、印度尼西亚等国，金砖朋友圈在扩大，金砖合作将会进一步实现常态化。在约翰内斯堡金砖国家领导人峰会期间，土耳其提出加入金砖“组织”。

现在，随着中拉经济合作越来越紧密，南环海上经济航道也将成为海上航道的热线，进一步推动南环经济带的发展。它将亚洲与撒哈拉以南的南部非洲、拉丁美洲和加勒比海地区紧密联系在一起。在非洲地区，先后出现了多种形式的共同市场，现在又诞生了多达 40 多个国家的自由贸易区。在拉丁美洲地区，先后出现南椎体[①]等多种地区经济一体化组织，现在则向拉丁美洲—加勒比经济一体化方向迈进。

南环经济带形成发育的时间相对比较短。从历史的视角看，也从欧洲视角看，原来主要是欧洲“旧大陆”与美洲“新大陆”的经济连接线。是“大航海”后进入活跃期的一条经济带，一直到 19 世纪苏伊士运河开通之后，通向亚洲的海上丝路再度进入了新的活跃周期，贸易的天平又开始更多地向亚洲倾斜，上文提到的“马尼拉—盖普贸易”，是中国商人和欧洲商人利用“大航海”地理成果的历史贸易案例，但也直接开通了中国与美洲的直接贸易通道，并与拉美地区发生了比较频繁的贸易联系。19 世纪 20 年代，很多中国商品参展了巴拿马博览会，并获得了不少金奖，即是这种经济联系的商业反映。或者也可以说，恰如苏伊士运河是中环海上经济通道的咽喉，在欧亚商人的视线里，南环航线拥有更为宽阔的贸易视野。

有趣的是，从大陆对海洋的地缘结构上讲，非洲既是中环经济带上的金色大陆，同时也是南环经济带的重要组成。非洲位于北纬 35 度与南纬 35 度之间，将是正在发展的中环经济带和南环经济带的交汇舞

① 南椎体，指的是南美洲位于南回归线以南的地区。南锥体是南美洲经济最为发达的地区。

台，东非和西非，北非和南非，从地理走向上与欧亚大陆岛构成了世界经济发展的T字形舞台，前者必然会是后者的延长与支撑，因此，这里也是“一带一路”的重要交汇之地。中国与非洲国家的经济合作，在铁路港口与水利设施方面取得很大进展，在产能合作上也有比较显著的成效。亚吉、蒙内等铁路成功运行，最终有可能发展为非洲的“两洋铁路”，使中环经济带与南环经济带联系得更加紧密。

与中环、南环贸易通道相比，“北极航道”的开通，时间自然更晚了，它不是过去时，是现在时和将来时，但前途无可限量。“北极航道”的开通，给出了海上丝路架构的新变化。这种变化不只是可利用航道数量的简单增添，至少还有两个重大意义。其一是进一步完善了海上丝路的地理布局，二是最终会催生新的北环经济发展带。

由“北极航道”引起海上丝路地理格局的进一步完善，首先使我们在拥有中环航线和南环航线的同时，也可以一路向北，增添了欧亚联通的新选择和联通捷径，破天荒地从北冰洋方向实现亚洲与欧洲、美洲的海上贸易联系。也就是说，在北半球各大洲之间，贸易和经济合作的格局联结出现了前所未有的南北通透性，这是海上丝路贸易有史以来出现的一个巨大地理突破。

“北极航道”的开通，也必然带来新的经济联动发展效应，在启动北极地区经济渐进发展和协调与平衡发展的同时，也会在地球气温变化中对高纬度地区经济发展产生历史性的影响。不仅不能排除北极地区出现新的经济增长的极大可能，更不能排除出现北环经济发展带的更大的概率。也就是说，“北极航道”的开通之于世界贸易的意义并不比历史上“大航海”之于世界贸易的意义更小一些，它将再一次改写世界经济地理版图，产生长远深刻的历史性经济影响。

北环经济发展带目前并未形成，但未来的区域架构已经隐然可见。从总体区域发展走向上看，白令海峡更像是个“三岔路口”。东向通往俄罗斯与北欧，西向通向美国的阿拉斯加和加拿大，其中的“中央航道”直接联通北欧和西欧，再向南去，则是地中海和北非与西非地区，形成一个巨大的弧。如果在地中海对接“中环航道”，继续延伸到印度次大陆和东南亚及东亚、东北亚地区，一条更为通透的环形航线开始形成，几乎包罗了四大洋濒临的所有大陆和岛屿，未来将会形成的“北环经济发展带”，便同“中环经济发展带”以及“南环经济发展带”实现了无缝对接。在这个世界里，不仅不会有任何经济地理“死角”，也不会由此出现经济发展的不平衡。

在这条北环经济发展带上，分布着已经成型和尚未成型的经济合作区域，包括已经存在但一直不很清晰的东北亚经济合作区域和已经清晰的“10 加 3”东盟经济合作区域，甚至连近一两年出现的含义同样模糊不清的“印太合作”，也会从中寻找到自身应有的经济定位。

北环经济发展带覆盖的范围要比我们想象的或许更大。“北环经济发展带”所初步显示的一些特征，也会随着“北极航道”的开通愈来愈明显。一是通过新兴的“北极航道”与欧洲特别是北欧直接联通，二是与美国等北美国家建立更直接的丝路联系。其经济联通的影响将是世界级的影响。

美国的经济重心在东海岸与西海岸，临近北极圈的阿拉斯加一个发展不充裕的地区，也是一个新的西部。“北极航道”开通无疑给阿拉斯加带来了发展新机遇，也为世界经济合作增添了新的积极因素。俄罗斯经济发展的重心一直在西部的欧洲部分，东部则是它的不发达地区，随着其经济开发重心“向东移”，沉寂多年的远东地区开始出现了变化的新契机。“北极航道”的开通无疑是俄罗斯经济平衡发展的最大抓手，同时也为俄罗斯成为太平洋国家铺平了道路。

比较微妙的是，世界第三大经济体日本，似乎对“北极航道”和终将出现的“北环经济带”，多少有些反应迟缓。这是同它对中国提出的“一带一路”倡议的态度是一致的。在二战结束后，日本的对外政治经济政策基本是随着美国对外政策起舞，美国对“一带一路”倡议不予回应，日本也佯装不见，对于“北极航道”的开通，同样持有相同的态度。但是，变化也正在出现，一度受到“森友地价门[②]”影响的日本首相安倍，首先表现出对“一带一路”第三方商务合作有条件的“松口”。比如日本提出设想，邀请中国参加由日本资助的非洲项目，包括连接科特迪瓦、加纳、贝宁和尼日利亚称之为“经济增长之环”的公路项目，以及连接喀麦隆和刚果共和国的“国际走廊”项目等等。日本企业对华投资的意愿也开始反弹。中国日本商会在2017年中公布了一份白皮书，提出了敦促推进中日韩三国自贸协定的建议。在华日企还建立了“一带一路”联络协调会。这对推动东北亚地区的经济合作无疑是一个利好。东北亚地区的经济合作最终绕不开“北极航线”和“北环经济带”的经济地缘问题，因为“北极航线”和“北环经济带”的直接受惠者，应当是东北亚地区国家，包括日本在内。在当今世界上，东北亚地区不仅是没有得到充裕开发和发展的地区，也是经济合作含金量最高的地区，是消费人口最为庞大的市场之一。东北亚国家的关联度取决于地区内的经济关联度和贸易关联度。“北极航道”正式进入新的发展利用阶段，无论从相关国家的进一步发展还是日本的发展前景，都是至关重要的事情。在这方面，韩国就很敏感，不失时机地提出了“新北方政策”，要说这是为了进入“北环经济带”作准备，并非言过其实。

② 是指日本首相安倍晋三夫人安倍昭惠担任过名誉校长的森友学园，贱买近10亿日元的国有土地而引发的事件。

十五、欧亚“一带一路”全视角

“北极航道”的开通，也使我们有了进一步全面审视“一带一路”发展镜像的可能。丝路地理坐标是体现人类社会经济发展水平的历史性坐标，丝路延伸和拓展到哪里，哪里就会出现更多融入经济全球化的机会。“一带一路”在欧亚大陆的联通镜像，需要通过陆地内部的丝路网络去描绘，也需要通过正在形成的三条蓝色经济带去展现，为了论述方便，不妨仍旧以中国的地理视角，从不同的地理方位展开联结欧亚大陆的丝路新景象。

中国提出“一带一路”倡议，迄今只有5年。这只是历史时间的一瞬间。在这样短的时间里，这个倡议不仅成为中国与世界各国打造人类命运共同体的思维与实践，也已经成为许多国家和地区实现经济对接的主要方略，产生了比较强烈的呼应和一定的发展效应。这种发展效应目前主要体现在基础设施联通、贸易便利化和相互间直接投资增多等各个方面。前一段时间，国际金融论坛发布了一项“一带一路”5周年调查报告，对有关26个国家的央行进行了访问，受访机构都肯定了“一带一路”倡议在带动本国本地区经济增长方面发挥了重要作用。这些国家近年来年均增长率有所提高，增长幅度最高达到5%。还有将近三分之一的受访金融机构提出建设意见，希望能够使用本国货币为“一带一路”项目融资，而希望使用欧元融资的占到29%，使用美元和人民币融资的各占19%。这反映了货币多元流通的一种要求。“一带一路”倡议中的多元投融资渠道受到了更多的关注。

在“一带一路”倡议中，推动基础设施建设不断取得进展，具有领先意义，尤其是跨国铁路运输和相应的跨国物流平台建设，以及相配套的国际合作产业园区建设，是“一带一路”经济合作中最为显眼的成果。根据美国金融巨头摩根士丹利的预测，在今后10年中，“一带一路”沿线国家和地区，公路、铁路、港口和输电网络的建设投资需求将会达到 1.2 万亿美元。多元投融资正在成为一种新的趋势。国际产业合作园区建设也成为“一带一路”沿线国家的“风景线”，有的已经开始形成新的丝路城市雏形，一如往昔的丝路节点城市一样，正在成为新丝路上的新城市坐标。一些国际媒体似乎注意到了这一点，比如美国的《福布斯》双周刊网站在 2018 年 3 月就发表了一篇题为《影响世界未来的五座新城》的文章，列举了马来西亚的“森林城市”、中国规划中的“雄安新区”、哈萨克斯坦东部连接中国西部口岸城市霍尔果斯和努尔肯特、斯里兰卡的科伦坡港口城，以及阿曼的杜库姆等等，这些正在生长的新的丝路城市，分布在欧亚的内陆地区，也出现在海上丝路的不同节点上，从不同侧面显示了“一带一路”的现实和潜在的经济活力。

从中国西部地区看去，昔日的草原丝路通道、黑海里海丝路通道、中亚西亚丝路通道和如今成为著名的中巴经济走廊起点的南亚通道，都已不同程度地实现了联通。在草原丝路通道上，“大陆桥”运输已经成为常态，70 多对定期与不定期的铁路班列行驶在第二座欧亚大陆桥上。其中最长的货运线路是从中国的义乌抵达马德里的长达 13052 公里的线路。著名的“渝新欧”班列高频次地往来于中国西南地区的重庆和德国的杜伊斯堡之间。美国战略与国际问题研究中心（CSIS）的一份报告显示，2017 年上半年，欧洲与中国之间铁路运输货物的总价值飙升至前一年同期的 2.4 倍。中国的 35 座城市与欧洲的 34 座城市实现铁路直通。该报告的起草者乔纳森·希尔曼认为，“最近的增长表现得极为戏剧化，每个月似乎都有新的服务项目启动”。他认为，“大陆桥”运输尽管只占欧洲与中国之间货运量的 0.9%，金额占比也只有 2.4%，但在今后 10 年里可能翻番。2018 年 4 月中国与奥地利之间的货运班列首次开通，经营这条线路的奥地利铁路货运集团测算，当年就将有400至600辆列车投入运行，来往的时间可以由14天缩短到10天之内。

“一带一路”有效地带动了俄罗斯的铁路过境运输。中俄过境货运主要通过哈萨克斯坦、远东和中蒙俄几条路线来实现，2017年，中俄集装箱运输同比增长了55%，俄罗斯铁路公司的近中期目标是年均200万标箱，其中有一半属于过境运输，一半以俄罗斯为贸易目的地。目前，欧亚“大陆桥”货运商品主要是电子产品、家电和家具类产品，今后，欧洲生产的肉类、水果等装货量乃至汽车整车运量将会增多。如此一来，困扰一时的列车来往货运量不平衡的现象也会逐步消失。

杜伊斯堡是中欧货运集散的一个典型的案例。杜伊斯堡是莱茵河上的重要内河港口，勃兴于17世纪，曾在历史上的“汉萨同盟①”后期的东向贸易中发挥过重要作用。在20世纪中期，杜伊斯堡经历了一轮发展，目前进入了新的发展转型期。陆上地理位置奠定了它的丝路联通中的转口贸易地位，而大陆桥运输给它带来千载难逢的新机遇。从这里到荷兰的鹿特丹，水上距离230公里，到比利时的安特卫普也只有200公里距离。它的直接辐射半径里，人口密度最高，产业密集度也不小。其中中国的吉利集团2010年收购的沃尔沃轿车公司的根特汽车组装厂，就位于安特卫普。2017年，根特厂淘汰旧产品，建立新的生产线，汽车产量达到24万辆。这不仅是“中国投资”与“欧洲技术”结合与合作的双赢案例，也将是大陆桥运输的重要用户。

从2011年起，“渝新欧”班列开始往来行驶在杜伊斯堡与中国西南经济重镇重庆之间，形成了一条标志性的货运路线，中国武汉、郑州和义乌也接着加入了货运班列的行列。到2018年初，班列开行总数达到每个月78列次。由中国有关城市往来行驶的班列，由10年前

① 是指德意志北部城市之间形成的商业、政治联盟。13世纪逐渐形成，14世纪达到兴盛，加盟城市最多达到160个。15世纪转衰，1669年解体。

的每周3列上升到25列。其中的“渝新欧”班列在2017年全年开行663班。

在欧亚大陆桥运输渐入佳境的同时，德国企业对“一带一路”倡议给予有力的支持。西门子公司2018年举行北京“一带一路”国际合作论坛，邀约了30个国家的1000名企业高管和政府官员参加。西门子首席执行官乔·克泽尔在论坛上说，“一带一路倡议能够改变世界，也能改变世界贸易秩序。人们应当认识到这一点。”

值得注意的是，中欧之间的陆桥运输正在迎来更大的发展前景，“北极航道”刚刚进入人们的视线，与之相关的北极大陆桥运输也出现在规划中。其一是挪芬铁路进入具体论证阶段。其二是俄罗斯也推出修建科白铁路的计划。挪芬铁路连接芬兰的罗瓦涅米和挪威的希尔克内斯，并有把俄罗斯的北冰洋深水港摩尔曼斯克和中国西部进一步连接起来的设想。该计划一经确定，有可能在2030年前完工。挪芬铁路计划将是欧亚海陆联通的标志性工程。科白铁路的计划同样具有重大意义。俄罗斯还计划开通圣彼得堡到中国西部的直达铁路和高速公路，这应当是此前拟议的莫斯科至北京高速铁路的向北延长。圣彼得堡到中国的高速公路，计划中的终点是中国东部沿海的连云港，是俄罗斯与欧亚经济联盟国家共同推动的一项宏大的高速物流运输走廊计划，干线长度达到了8000公里。相关文件在2016年底由俄罗斯上合组织代表签署。

俄罗斯一直在全力推动“大欧亚”下的经济全球化，但他们也明白，在现阶段，“大欧亚”落地，必须与“一带一路”倡议实现对接，“北极航道”的开通给出了开发“东北航道”的历史机遇，也给欧亚经济一体发展创造了海陆联通的机会，欧亚经济在海路和陆路上齐头并进，这无论对欧洲和亚洲的发展还是对中国与俄罗斯的发展，都是一个多赢的选择。

在南欧地区，特别是在巴尔干地区，“一带一路”的影响力持续增加。这种影响不仅体现在海陆联通的港铁路等基础设施上，也体现在投资贸易中。在东欧地区，“16加1”峰会于2018年6月在保加利亚首都苏菲亚举行。这是继2017年11月布达佩斯峰会之后中国与东欧国家“一带一路”合作水平的进一步提升。“16加1”影响力不断扩大，一些南欧国家如希腊等也有可能积极参与。

在里海、黑海联通方向上，“丝绸之路经济带”建设成果也取得进展。早在2015年，中国合作建设的输气管道已经通向了土库曼斯坦，与此同时中国与格鲁吉亚的自贸谈判完成。目前，大陆桥运输方式也开始进入里海，货运班列从哈萨克斯坦东部边境出发，经由土库曼斯坦的里海轮渡直抵阿塞拜疆的巴库。巴库的工业园区在荒芜的沙漠里崛起，这里将会是推动外高加索十字贸易枢纽地位进一步提升的一座丝路新城。阿塞拜疆背靠里海，面向黑海，在历史上与其格鲁吉亚一起形成北联欧洲，南通西亚，东向中亚和中国西部的十字形贸易回路，新丝路的再次畅通，将为欧亚联通提供了更大的回旋空间。这个十字形贸易回路，史称青金石走廊，连接着阿富汗、土库曼斯坦、阿塞拜疆、格鲁吉亚和土耳其多个国家。目前土库曼斯坦沿里海的巴希港建设了新的开发区，与巴库和第比利斯相呼应联通，一直延伸到土耳其的安卡拉和伊斯坦布尔。与中国出发的草原丝绸之路和通向西亚的沙漠绿洲丝绸之路共同形成了欧亚联通的三条重要丝路干线。

毋庸说，联结西亚的跨国铁路建设也在多年的谈判中有了新的进展。在这条传统丝路的东端，联通吉尔吉斯斯坦和乌兹别克斯坦的安格连隧道已经贯通，一俟条件进一步成熟，经由吉尔吉斯斯坦和乌兹别克斯坦的中吉乌铁路计划也会落地，到那时，由中国内地发出的货运列车可以直抵伊朗的首都德黑兰。据伊朗电视新闻媒体的报道，在中国新丝路倡议的带动下，伊朗开始出现了新一轮“铁路革命”。在10

年里计划投资 500 亿美元，改造和扩建全国铁路网。主要是东西方向的连接和南向扩建。早在 2015 年习近平主席访伊之后，西亚大走廊铁路建设已经开始启动。2018 年 3 月，伊朗总统鲁哈尼参加了其西部丝路城市克尔曼沙阿接入全国铁路网仪式，这条铁路接下来要延长到两伊边境。德黑兰至土耳其的铁路一直在正常运行，伊朗“铁路革命”首出现在西部，接着把建设联通的重点更多转向东部地区，应当是一项复兴丝绸之路并使之更加现代化的一个努力。伊朗东部的马什哈德是一个重要的丝路历史城市，德黑兰至马什哈德的铁路电气化工程正在进行。德黑兰至马什哈德的电气化铁路是中伊合作的“新丝绸之路”铁路的一部分。从马什哈德到土库曼斯坦只有不到 100 公里的断头路，接通断头路也就到了马雷，也即中国史籍里以中国铁器曾经集散而扬名于世的“木鹿”。由此穿越土库曼斯坦、乌兹别克斯坦、吉尔吉斯斯坦、哈萨克斯坦而到达中国的乌鲁木齐，全长 3200 公里的“新丝绸之路”也就可以横空出世了。在“一带一路”倡议提出的不到 5 年里，中国与阿拉伯海湾 6 国贸易和投资伙伴关系迅速升温。中国与阿拉伯联合酋长国签署了建立“一带一路”交易所备忘录，旨在支持“一带一路”沿线主要是中东、北非和南亚的企业投资。投资促进阿联酋经济产业多元化发展。中国的沙漠绿化和沙漠土壤化农业种植技术，使这里的沙漠开始变成良田。卡塔尔目前是世界上最大的天然气供应国，他们提出，到 2024 天然气年产量增加 30%，主要用来满足东亚尤其是中国的天然气需求。中国的港湾工程公司在多哈郊区建设了新哈马德港和自由贸易区。多哈的一个雄心是建立一个与迪拜同样具有全球影响力的金融中心。“一带一路”对受到经济封锁的卡特尔来讲，无疑是最重要的支持力量。在 2014 年中阿第 6 次合作论坛举办时，中阿提出构建以能源合作为主轴、以基础设施建设和贸易投资为两翼、以核能、航天卫星和新能源为突破口的合作格局，几年来已经取得了一定成效。

仅2016年一年，中国从阿拉伯国家进口石油，占中国当年石油进口量的近20%，几年来进口原油1.57亿吨，占中国当时进口量的37%。

中国是阿拉伯国家第二大贸易伙伴。2017年，中国与沙特确定了30个投资合作项目，其中8个已经开工建设。中阿在航天卫星和北斗通讯以及金融合作方面也取得很大进展。目前，中国与9个阿拉伯国家签署了共建“一带一路”协议，“一带一路”合作平台稳步扩大。2018年7月，中阿合作论坛第八届部长级会议在北京举行，许多西亚和北非国家参加。中阿经济合作进入新起点，承诺在未来5年从阿拉伯国家进口8万亿美元的商品，阿拉伯将会扩大对中国的能源出口。“一带一路”倡议的影响在中东进一步加强。

在西南亚方向，著名的中巴经济走廊迎来了中巴合作新阶段，2015年，中巴关系上升为“全天候战略合作伙伴关系”。2016年11月，瓜德尔港正式投入运营，工业园区也开始加速建设，长达3000公里的喀喇昆仑公路二期工程接近竣工。在瓜德尔港临近的航道上，每天有1700多万桶石油和大量集装箱货船通过。巴基斯坦国家电网发电能力增加了1万兆瓦，改善了巴基斯坦长期缺电的状态。巴基斯坦政府宣布，要建造铁路、光缆和长达1680公里长的土库曼斯坦—阿富汗—巴基斯坦—印度天然气管线，进一步加强南亚和中亚的联通性。瓜德尔港是联通南亚的标志性工程。伊朗、土库曼斯坦和俄罗斯也有意使用这个港口，其他国家也表示了浓厚的兴趣。目前，深海港开发加速推进，中国也将协助巴基斯坦铁路改造升级，主要线路是从卡拉奇到白沙瓦，长达1872公里。巴基斯坦智库有关报告也提出建议，需要通过瓜德尔港和卡拉奇港与阿拉伯沿海港口建立更直接的联系，进一步扩大中巴经济走廊的丝路联通效应。2018年8月，巴基斯坦新政府就职，正义运动党的新总理伊姆兰·汗成立一个“九人委员会”对有关项目进行评估，但并不意味着中巴合作会出现波折，伊姆兰·汗访华将会进一步重申中巴经济合作稳定关系。

在中缅孟印经济走廊里，联通工程目前主要在缅甸推进，中缅油气管道已经投入运营，漂皎半岛的港口运营正在稳步运转。漂皎输油管道每年可以输送2200万吨原油，约占中国石油进口量的5%。其中一部分分流到缅甸的石油市场。在漂皎半岛，中缅合作投资的73亿美元的深水港项目，也在谈判之中，港口与油气管道共同组成了中缅物流通道，一俟“泛亚铁路”中缅北线计划敲定，中缅物流合作体系大框架基本形成。漂皎及以西地区是缅甸的经济落后地区，缅甸的安定与发展，不仅需要南北联通的交通格局来支撑，也需要东西方向的联通来平衡。在打通南亚结合部东西交通的举措中，印度与缅甸合作修建了跨国公路，这条东西公路带来的联通效应，同样需要南北方向的联通来呼应。在南亚中国企业同孟加拉国经济管理区共同组建了合资工业园区，迄今为止，中国企业对孟加拉国的直接投资接近100亿美元，主要集中在电力、公路和其他基础设施项目上。

在通向南亚的“雪域高原丝路”上，中国与尼泊尔之间的铁路联通前景更加明朗。中国连接前藏后藏的拉日铁路接近于完工，铁路联通中尼口岸乃至加德满都，将会是水到渠成的事情。奥利在2016年首度访华，曾经签署了《中尼政府间过境运输协定》、铁路联通协议以及跨境输电线路、旅游和开放更多边境口岸等协议。2018年6月奥利于再次就任尼泊尔总理后访华，明确地表示，“尼泊尔可以成为中印两国之间的桥梁，事实上，我们希望通过发展跨境互联互通，从内陆闭塞的国家转变为陆地相连的国家”。奥利访华签署了价值24亿美元的协议，涉及水电和水资源项目以及农业生产项目。目前，中印尼三国正在形成“2加1”对话模式。这种“2加1”对话模式不同于惯常的“三边机制”，更多地倾向于中印联合与第三方国家实现对话和利益对接，因此适用于南亚任何国家，也将会对跨喜马拉雅经济区的形成和发育有着重要的意义。目前，中尼签署了尼泊尔使用中国深圳、连云港等 4 个海港和包括兰州在内的 3 个陆港的协议，这将使陆联国有效地摆脱地理封闭。

在与印度的经济合作中，虽然还要不断地增强两国之间的政治互信，但经济互利合作为中印关系注入了新的活力。习近平主席 2014 年访印，是中印经济关系向前发展的新的开端，中印两国的经济合作虽然没有达到预期的水平，但经济联系和人员往来不断稳步增加。其中一个比较明显的指标是中印机场客运量增加，中印之间的旅行人数不断增加。根据国际机场理事会 2018 年 4 月的排名，在全球前 20 名大国际机场中，新德里甘地机场和中国的白云机场分别进入第 16 位和第 13 位，甘地机场旅客数量上升 14%，白云机场旅客上升 10%。这里有中印人员往来所做的贡献。2018 年 4 月下旬，印度总理莫迪与中国国家主席习近平在中国的武汉举行非正式会晤，2018 年莫迪又首次出席了印度加入上合组织后的青岛峰会，中印两国关系开始进入新的进程。中国是印度最大的贸易伙伴，尽管 2017 年双边贸易额只有 844 亿美元，并不能反映两国总人口达到 27 亿这样一个市场事实，但这也说明中印双边贸易潜力巨大，进一步加深经济合作与扩大贸易规模，中印完全可以实现双赢。尤其是面对美国的贸易战威胁，中印正在加紧建立更为密切的贸易关系。两国制定了新的目标，争取到 2020 年将双边贸易额提升到 1000 亿美元。为了减少印度对华贸易逆差，中国扩大进口印度大米和糖类。

印尼是东南亚最具发展潜力的国家，中国也是印尼最大的贸易伙伴，2017 年双边贸易总额达到 633 亿美元，同比增长 18.3%。中国同年对印尼直接投资达到 34 亿美元。中国企业承建了雅万高铁。印尼《雅加达邮报》报道说，雅万高铁是一个绿色项目，这些项目的初始资金由中国提供，但“绿色债券”可以填补该项目的融资差额。印尼有改善基础设施的大规模计划，据有关金融公司估算，从 2016 年到 2030 年，印尼将有 2740 亿元的绿色投资机遇。他们认为，绿色“一带一路”可能会成为锁定可持续的低碳技术方面的有用工具，以利于今后几十年的基础设施融资与开发朝着有利于绿色经济的方向发展。印尼是太平洋连接印度洋东西向海上运输支轴性重要国家，1 亿多人口，具有很大的发展潜力。2018 年美国启动的贸易战令其受到较大压力，被美国贸易办公室也列入 301 特别报告 12 国“优先观察名单”，其贸易和经济合作走向更多地转向了中国。

在湄公河也即澜沧江方向，中老铁路正在施工，中泰与日泰分别合作的北向铁路也在曲折中开始启动。在泰国通向北方的计划铁路线上，中泰合作的时速为 160 公里的准高速铁路开始建设，从曼谷经由阿扐到廊开，实现与中老铁路的对接。新马高铁进入了不确定状态，但曼谷至吉隆坡的铁路已经对接，“泛亚铁路”的北线轮廓大体上开始展现。“泛亚铁路”网络一共有 3 个方向，除了东西方向没铁路和计划中的中缅铁路尚未启动，在中老泰马铁路联通之外，还有经由越南和柬埔寨的东线。这三条进度不一的铁路线，将会把中国西南地区和东南亚更紧密地联系在一起。“泛亚铁路”北线的建成有可能进一步形成东南亚至北欧的对角线路，将使东盟国家首次经由中国的新兰高铁同欧洲建立陆地上的经济联系。因此，一定要说这是欧亚之间的第三座大陆桥，也不会令人奇怪。

与“泛亚铁路”北线相关，湄公河（澜沧江）次区域的发展也是一个历久弥新的话题。2018 年 3 月，湄公河（澜沧江）流域 6 国包括老挝、泰国、越南、柬埔寨和缅甸、中国，通过一项价值 660 亿美元的“五年投资计划”，将为湄公河（澜沧江）流域国家地区带来新的发展希望和前景。大湄公河（澜沧江）次区域合作（GMS）机制是亚洲开发银行在 1992 年发起的，自那以来已经先后筹集了 210 亿美元的资金，主要投入相关的基础建设项目之中。老挝、泰国、越南、柬埔寨和缅甸及中国的云南和广西，总人口3.4亿，国内生产总值之和为1.3万亿美元，是世界上经济增长最快的地区之一。越南与中国广西和云南的铁路和公路联系，一直是中越以及中国与东盟国家的重要经济联通通道。中国是越南最大的贸易伙伴，也是越南旅游业与原材料的主要来源。据国际货币基金组织统计，2017年，越南对中国出口总额达到506亿美元，对美出口为465亿美元。从目前美国特朗普政府采取的新关税政策来看，中越贸易规模只能越来越大，双边贸易超过1000亿美元是迟早的事情。

马来西亚是东盟成员国最发达的国家之一。马来西亚地处马六甲海峡东岸，过去被美国认为与菲律宾同样重要，是美国遏制中国包围圈的一环。2016年以后，中马关系也开始升温，中国在马投资大量增加，并成为马来西亚最重要出口商品棕榈油的第二大买家。中国企业斥资建立都鲁钢厂，并在马六甲等地合作建设港口和铁路。2018年5月，92岁的马哈蒂尔在马来西亚大选中胜出，马来西亚政局有所变化，马哈蒂尔提出重谈东海岸中马合作铁路项目，同时也有就取消与新加坡谈判，从而取消新马高铁的想法。缩减项目的原因比较多，但主要是为了降低马来西亚的负债规模。在先后暂缓新隆和东海岸铁路计划的同时，马哈蒂尔重提他在1995年提出的“泛亚铁路”建设建议，修筑一条从昆明途径越南、柬埔寨、老挝、泰国和马来西亚抵达新加坡的铁路。马哈蒂尔在接受媒体采访时表示，他一直认为应该重建丝路，并一再强调，他并不反对马来西亚参与中国旨在促进亚洲地区贸易和基础设施建设的倡议，多次重申支持“一带一路”倡议，也重申在南海问题上保持中立。马哈蒂尔总统说，“我们不希望把像中东那样的冲突带到南中国海”。其国内有关民调也显示，67%的马来西亚人认为，马中关系还在朝着正确的方向前进。

新加坡与中国的经济合作虽然也有过高峰和低谷的脉冲交替，但新加坡作为“一带一路”第三方合作的范例还是突出的。从苏州工业园到天津于家堡金融试验区，再到重庆的“一带一路”合作服务中心，都是中新合作的重要成果。2018 年 5 月，“中新南向通道班列”即中国云南昆明至新加坡铁海联运线开通。货物由钦州出港海运到新加坡，再中转销往东南亚国家和北美国家，实现了陆海与海陆的一站式联通。这个陆海陆的一站式物流新模式的出现，不仅为中国西南地区大宗物资的进出提供了新的通道，也为其他地区和国家提供了可借鉴的联通模式。

越南是中国最大东盟贸易伙伴，2018 年上半年，双边贸易水平月均超过 100 亿美元，同比增长 28% 以上。两国贸易逆差开始解决。

在中国北方的中蒙俄方向，除了既有的通过二连浩特连接俄罗斯西伯利亚的铁路大通道，以及历史绘出的“万里茶道”现代走向，从中国天津始发的中蒙俄公路国际运输走廊也出现了。这使缺少出海港口的蒙古国多了一条更便捷的出海口，也丰富了中俄“一带一路”合作的联通形式，中俄、中蒙之间的联通一直多向存在，随着“北极航道”的进一步开通，“一带一路”合作的空间将会进一步增大。尤其在东北亚丝路的棋盘里，中俄、中蒙有着更多的合作利益，也会出现更多的多赢格局。

在东北亚，随着半岛紧张局势缓解，中韩经济关系升温，在“一带一路”的吸引下和美国特朗普贸易战的压力下，日本担心美日同盟遭到弱化，随时准备好应对美国“变脸”，被迫自备应变的“B 计划”，不仅很快签署了日欧经济伙伴协定，相互取消大部分产品关税，而且开始搭上“一带一路”的顺风车。日本通运公司从 2018 年 5 月起启动了从日本到中国的空海货运，转近大陆桥运输通道进入欧洲。富士通和三菱重工加大在中国的投入，开始迈出“一带一路”发展的实际步伐。

在拉美地区，“一带一路”倡议的影响也在稳步推进，尽管有些项目有些细节变化，例如“两洋铁路”改用欧洲银行贷款，但中国并不介意这类问题，重要的是实现跨区域的互联互通。中国与巴拿马建交后，“一带一路”开始与巴拿马国际运河水道对接，巴拿马拥有连接太平洋和大西洋的运河和铁路，也是重要的国际航空枢纽，“一带一路”与巴拿马运河的对接，将使整个拉美和加勒比地区更快地融入“一带一路”合作发展之中。中国与阿根廷也进一步扩大贸易，并就扩大货币互换共同作出努力。

在东非和西非，“一带一路”同样影响很大，全长 750 公里的亚吉铁路的开通使东非之角成为非洲经济开放的前沿，全长 472 公里的蒙内铁路也可望开始向南苏丹、卢旺达、布隆迪和埃塞俄比亚、刚果共和国延伸。2018 年 7 月底，习近平参加在约翰内斯堡举行的金砖国家峰会前，对西非的塞内加尔和卢旺达等国进行的首次国事访问，彰显了“一带一路”倡议对西非地区的实际影响。塞内加尔经济和政治稳定，是进入西非的门户之国，近年经济增长率达到 7.2%。2005 年中塞复交之后，中国成为其仅次于欧盟的第二大贸易伙伴。中国与西非经济增长最快的科特迪瓦也建立紧密的经济合作关系，对其基础设施的融资规模达到 75 亿美元。中国帮助塞内加尔推进东到吉布提的跨洲公路建设，并参与修复建设抵达马里与几内亚的铁路。迄今为止，中国在非洲合作建设的铁路里程累计达到 6200 公里，公路 5000 公里。此外还有坦桑尼亚巴加莫约的“超级港口”，以及肯尼亚至坦桑尼亚的油气管线等。中国对非洲国家电子行业的发展促进作用明显，利用中国电子技术在非洲组装的手机在非洲各国很畅销。目前有超过 1 万家的中国企业在非洲运营，并在工程人员培养和医疗服务上做出了贡献。在过去的 17 年里，中国已经向非洲投入了 1360 亿美元。在 2018 年中非论坛峰会上，中国承诺为非洲继续提供 600 亿美元的投资和援助。对于这一切，西方一些人既不想投入，又感到酸涩，又拿所谓“债务陷阱”来说事，但正如埃及《金字塔报》网站发表的文章所言，那些说法完全是“伪善的”。

总之，“一带一路”倡议有效地推动欧亚经济联通，并在整体上显现出如下几个特点：一是“五通”路径明确，相互助推区域经济一体化水平不断提升，丝路合作从古老的自发合作形态走向了现代经济合作的自觉形态。二是丝路精神贯穿，和平发展、共同发展与包容发展成为丝路发展的精神。三是进一步突破了既定的地理局限，尤其是提出和实施海陆联通的概念，使得欧亚之间的联通变得更为直接。四是联通地域不断扩展，道路途径不断延伸，出现了丝路联通网络的新架构，而“北极航道”开通，为欧亚经济合作水平的提升，打通了新的地理通道。五是现代互联网科技为消除跨地区地理瓶颈提供了新的条件，极大提升了丝路联通的效率。

“一带一路”倡议越来越大的成效和影响，得到了国际多数国家和联合国的肯定。2018 年中，联合国总部举行了“一带一路”倡议和 2030 年可持续发展议程高级研讨会，明确地把“一带一路”倡议同 2030 年可持续发展议程联系在一起，第 72 届联大主席莱恰克在研讨会上表示，“一带一路”是全球性的，并植根于合作、贸易和地理概念。他还说，世界正处于超级联通和全球化时代，这样的时代需要多边主义，这是“一带一路”倡议的基石。

目前，全球已有 100 多个国家和国际组织参与到“一带一路”倡议中来。中国与这些国家和国际组织签署了合作协议和有关文件，包括备忘录。中国企业投资也不断走向“一带一路”沿线国家和地区。据中国商务部统计数字显示，截至 2016 年，中国企业在“一带一路”沿线 20 多个国家合作建设了 56 个经贸合作区和工业园区，总计投资 185 亿美元，为东道国创造了 11 亿美元的税收，创造了 18 万个就业岗位。

这些经贸合作区和工业园区主要分布在中亚、西亚、南亚和东欧地区。在西欧地区，中国企业直接投资增长也比较迅速，然而“第三方合作”具有更大的空间。中国已经和有关国家签订了16个自贸协定，涉及20个国家和地区，但尚未与世界前十经济体达成自贸协定，虽然相互贸易投资规模较小，但已经形成了占世界25.22%的市场。目前正在推进的谈判有14个，其中8个处于可行性研究阶段。这些自贸协定完成，所占市场份额将会达到43%。英国外交大臣在出访中国时表示，英国计划在脱欧后与中国谈判签订自由贸易协议。

诚然，对“一带一路”倡议，西欧有些国家也有犹疑，希望同中国在经济上合作，但并不公开签署合作协议或者备忘录。这也是欧洲国家党派林立观点不同所致。有的是习惯性用双重标准看待对话贸易问题，在中美贸易战升级的某些时段，也有意无意地加入了特朗普的和声部。例如中国欧盟商会，居然在特朗普宣布对中国2000亿美元加征关税的同一天，发布了《欧盟企业在中国建议书》，声称中美贸易争端的根本原因是因为中国出现了“改革赤字”。该商会这样做已经不是第一次，说明一些商人得了便宜还想卖乖，因此并不是什么明智的做法。但人们也看到，真正的有识之士并不那样看，他们更多地看到，中国市场不仅为欧洲公司的发展提供了丰厚的利润，也看到了“一带一路”将会提供更大的历史性发展机遇。最典型的例子是，英国议会在2018年9月10日成立了跨党派“一带一路”和中巴经济走廊小组，小组成立伊始就有40多名下院和上院议员表示了兴趣。小组主席拉希德是下院议员，曾经是一位银行家，他到中国参观考察，发现“一带一路”倡议中蕴含着巨大的机遇，尤其是对脱欧后的英国，意味着可以“打破现有格局”，有利于英国在“后脱欧”时代需要“与更广阔的世界市场打交道”的发展逻辑。他在接受中国记者采访中说，“一带一路”最好的地方是带来互联互通，这是促进贸易的关键。当然也希望项目要更加公开透明，什么是公开透明呢？就是要向潜在的“第三方合作者”讲清楚，什么样的公司来参与和投资，以及如何带来回报等等，因此建议需要对“一带一路”更多地去解释和推广。

最有象征和实际意义的是，首个七国集团（G7）之一的意大利提出，希望在2018年底与中国就“一带一路”达成谅解备忘录。在此前，希腊已经与中国达成合作谅解备忘录。

“一带一路”经济合作，无疑是全球公共产品供给的新模式。新模式的成功，并不完全在于相互贸易由此更加通畅，从根本上讲是提供了经济全球化的新动力。什么是经济全球化？说到底就是生产要素包括资本资金、技术、市场信息和管理经验的全球跨国流动和优化配置。没有这些要素的跨国流动和优化配置，经济全球化无从谈起。在经济全球化中，唯一不能流动的是土地资源，但在资本的襄助下，投资企业也可以在约定的时限里获得土地使用权。因此这是一种生产和经济要素的全口径流动。“一带一路”为这些要素流动提出了路径，也即“五通”，提出了基本规则，也即“共商、共建、共享”，提出了理念，也即包容发展、共同发展和构建人类命运共同体，这是对经济全球化理论和实践的重大贡献。

第三章

东北亚与北极地区

十六、东北亚丝路的复兴

“北极航道”的开通，也提出了“东北亚丝路”复兴的重大发展课题。东北亚丝路有陆上形态，也有海上形态，在古丝路显性发育中开始得很早，成果也最显著，因为中国人的规模航海活动始于东北亚，时间至少不会晚于公元前 2 世纪。在秦始皇嬴政时代，与万里长城几乎齐头并进的声势浩大的工程就是东北亚地区的航海活动，这种航海活动不仅有史籍“徐福出海”的明确记录，甚至在与山海关的地理坐标交叉中，通过诸如“孟姜女哭倒长城”的民间故事流传了下来。秦亡汉兴，从汉武帝时代起，中国的规模航海活动从东北亚地区逐步南移到南海的北部湾地区，并不意味着东北亚的航海活动戛然停止了，而是因为多种原因形成的背景有所不同，在汉武时代，南岭地区已经成为汉帝国稳定版图的一部分，帝国工商业的发展一开始就带有浓厚的商业因素。“徐福出海”则带有秦始皇派人寻求长生不死之药的主观动机，也就在有意无意中淡化了中国早期规模航海起于东北亚地区的真相。或许秦始皇派徐福出海寻求不死之药的动机确凿无疑，但三千童男童女在徐福的带领下远出渤海或者东海，这样的航海活动无论是从规模上或是从包括经济联通在内的多种影响上，都是远在西方的地中海中所见不到的。徐福的下落之谜或许是个问题，东北亚沿海西岸缺少暖流且封冻期较长，而航线发育的持续性不是很足也是个问题，但这些因素并不能否定一个事实，即东北亚海上丝路要比其他海上丝路开发的更早一些。

徐福是琅琊赣榆人氏，相传是鬼谷子的关门弟子，主修气功、武术与海事，出道的时间是在公元前 2 世纪中期，时间上与秦始皇晚期时代吻合。其事在《史记》中有明确记载，因此属于信史。渤海湾沿线乃至青岛地区都有徐福渡海的传说，也分明暗示着，那里存在着不止一个东北亚海上丝路的重要起点。

问题在于，那个时代是否出现了较大规模航海所需的较大船只，也就是说，中国航海人凭借什么样的航海导航技术横渡大海。这些问题其实不难解答。因为较大的船舶至少在秦代初期就大量出现了，并有其特定的命名名词。这个名词就是汉代许慎编撰的《说文解字》中的“方”。“方”是什么？《说文解字》给出了确定的解释：“方”字的一义是“并船也”。这样看来，合并小船为大船也就解决了渡海工具问题。从中国的“三国时代”开始，对于较大船只的新的称谓出现了，那就是“艑”与“舶”，“艑”中留有“方士”并船的影子，“舶”则是中国造船技术发展的新的设计。为什么中国“三国时代”的大舶可以抵达红海，“艑”与“舶”的出现，起了决定性作用。

搞清了什么是“方”，人们把如同徐福这样的古代异人称为“方士”，也就不难理解了。“方士”最早的含义未必就是弄神好道的“神仙家”，他们是中国最早掌握天文定向并能扬帆远航的一批人物。这样的“方士”除了徐福还有在秦皇岛地区活动的卢生等人，他们不仅会编排船只，也精于观测星图变化和风向气候。他们会不会使用最早的定位罗盘，没有明确的记载，但从黄帝时代就能制造指南车的历史传说来看，谁也不能忽略他们最早使用定位罗盘的可能性。

对于东北亚早期海上丝绸之路，我们似乎清楚但又感到朦胧。这是因为在历史上，那毕竟是距离丝路文化核心区较远的边缘地带，那里的历史场景变换很快，大部分时间里是狩猎和骑马民族部落休养生息的舞台。狩猎和骑马民族部落与中原的汉民族时有争锋，以至于三国时代的曹操在兵临长江之前，首先要北征乌桓，并在经过碣石时写下了颇有诗意的《碣石篇》。东临碣石，海水澹澹，碣石在幽燕海滨到处都有，未必就是一个排他性的特定地域，但以昌黎临海地区的碣石山最为著名。秦皇汉武都到过这里，恐怕并不是为了观海，除了筹划入海求仙之事，还是因为这里的区位很重要。徐福出海是有历史记载的东北亚海上丝路开发的第一幕，在丝路文明发展史上具有开风气之先的地位。

东北亚是亚洲历史游牧部族的“摇篮”，也是古代海上丝绸之路最先联通最先活跃的地区，直接养育了亚洲的东北亚的丝路文明。在更早的地质年代里，白令海峡和阿留申也是“前丝路”文明曙光露头的洲际联通通道。白令海峡或者阿留申群岛是亚洲大陆文明与美洲文明相互连接互动的地理人文脐带，只是由于历史沧海桑田的巨大变化和最近一次冰河周期的迁延，这里一直处于闭锁性状态。现在，随着北极地区气温上升，北极地区的海上环境发生了改变，而北极航海通道的出现，必然会使东北亚海上丝路以及东北亚区域经济发展的重要性再一次凸现出来。

东北亚有几个重要的半岛和岛屿国家，现在主要是朝鲜半岛上的朝鲜、韩国与日本列岛的日本国。他们的早期发展历史，与东北亚的陆上和海上丝路密切关联，甚至可以说，没有早期和此后持续了很长时间的丝路文明的营养，也就没有东北亚文明的高度发展。日本的原住民是阿依努人，在新石器时代出现绳纹文化。这种绳纹陶器的纹饰，在日本的西部比较简单，在地处东北的本州比较复杂。日本的一些学者认为，后者并不排除东亚大陆文化的早期影响，这种影响应当来自日本海方向。这样看来，前丝路在东北发育得更早。还有一种难于考证的说法，即徐福东渡并没有直接到日本，而是到了朝鲜半岛的南部，而日本的皇室历史里似乎有来自朝鲜半岛的某些影子等等，难于证实。不管怎么说，在中国，先商人在燕山的早期活动，以及秦始皇对东北渤海方向的格外重视，说明了这个地区的重要性。中国历史的许多大事件在这里发生过和由这里的古代居民引发，也大体显示了它的重要区域价值。如果我们还要追溯更多的历史线索，很多考古证据都指向两个文化事实，一是美洲的印第安人，多数也是最早的东北亚人；二是出现在中国西辽河和滦河流域之间的“红山文化”，既有可能是中国中原文化的一个重要源头，也会是中国东北多民族文化的一个共同源头。在这两个文化事实之外，还有一个事实，即在古代中国的辽河流域以及白山黑水之间，向来有着中原文化沿着东北亚丝路向东的重要输送带。

这里虽然气候寒冷但地势相对开阔，东西走向的阿尔泰山脉和萨彦岭与南北走向的兴安岭，是草原民族曾经的生存发展舞台，他们以原始畜牧业特别是牧马业为草原民族与部族的主要经济形态，往来于欧亚之间。相对短暂的冲突与更为持久的和平贸易，一直是草原丝路内外交响乐的主旋律。一般地讲，草原狩猎民族和海上的渔猎民族经济生活具有单一性，这使得他们更需要依赖于各种形式的贸易与交换。这是他们与自给自足的农业人群的一个显著特征和显著区别，而这也是东北亚地区经济文化发生频繁交流的内在推动力。

有一个自然因素不能忽视，那就是东北亚地区，气候总体寒冷，结冰期较长，并不是航海的历史热点地区。即便是许福或者卢生出海，一开始主要是在渤海湾中部北部地区，但受气候条件限制，渤海湾中南部的航海活动更频繁。从总体上看，这里更像是东北亚丝绸之路的一个最大的港湾组合。因此，历史的狩猎和骑射部族更倾向于向西向南发展，半岛和海岛古代国家也更愿意来往于航海条件更好一些的东海，后一条海上通道更容易与中国内地建立较大规模的丝路联系，但这也说明了，东北亚丝路的覆盖范围很大，包括了东海以北以南广大地区，现在则出现了向白令海峡延伸的趋势。

中国东北地区在历史上就是一个资源互补性很强的地区，养育了很多历史民族。中国历史上很多重要的民族如建立北魏的鲜卑族、建立大辽的契丹族、横扫大半个亚洲并建立元朝的蒙古族，以及建立很多地方性政权的众多的其他民族，都在东北亚的核心区生活过。他们羽翼丰满之后，或者一飞冲天，登上了叱咤风云的历史舞台；或者一路西去，为草原丝路的延续做出不同程度的贡献。养育他们成长的，不仅是传统狩猎和骑射文明所固有的文化营养，更有相互紧密联系的内地文明。缺少了与相对先进汉文化之间的直接交流，也就没有了他们后来崛起的基本条件。但传统的狩猎和骑射文化不仅培养了他们坚韧与勇敢的气质，也同时在容纳、吸附农业文明成果的基础上，培植和养成了最初的商业文化。20 世纪 60 年代，著名历史学家翦伯赞到草原上考察，说那里是“历史的后花园”。草原既是“历史的后花园”，也是丝路文明的后花园。

广义的东北亚地区包括中国东北、华北、山东半岛，俄罗斯远东地区，蒙古高原东部地区、朝鲜半岛、日本列岛甚至美国西北地区。其主要海洋是中国的渤海、黄海、东海与日本海、鄂霍次克海、白令海、楚科奇海、东西伯利亚海等等。亚洲的楚科奇半岛和白令海峡、美国的阿拉斯加隔海相望，狭义的东北亚主要指中日韩朝俄，其核心地带是中国的东北地区。

东北亚是丝路经济文化传播的重要的次区域，也是一个相对独立的丝路经济文化传播单元。源远流长的中日、中韩经济文化交流造成了最早的东北亚丝路经济整合繁荣发展。不同历史时期里出现不同的发展曲折走向，然而走向无论如何曲折起伏，东北亚文明拥有辉煌的过去，也拥有更为生机勃勃的未来。

从长远来看，东北亚存在着多元多向经济合作的可能，但一个时期里呈现的情况比较复杂，东北亚国家之间对立的因数不少。

在近代，连续爆发的俄日、中日之战以及日本军国主义发动的侵华战争，还有二战结束之后持续多年的“冷战”，包括朝鲜战争，造成一种复杂的历史背景。日本借助朝鲜战争带来的供给美军大批军需物资的机会，经济一跃而起，成为世界第三大经济体。韩国则在朝鲜战争停战以后，经济得到迅速发展。但日本和韩国都是美国的重要盟国，冷战的阴影一直笼罩着东北亚。这是东北亚丝路难以真正复兴的主要地缘政治历史因素。

在近几十年里，现实的中日关系和中韩关系走向也很曲折复杂。中美建交之后，在老一辈政治家的努力下，中日实现了邦交正常化。1978 年中国改革开放以后，中日经济合作关系得到很大发展，中韩关系也突破了多种有形和无形的阻力，实现了建交。但是，安倍再次进入日本政坛，中日关系迅速恶化，日韩关系也由于历史上的“慰安妇”问题和独岛（竹岛）问题不断交恶。朝鲜半岛成为西太平洋一触即炸的“火药桶”。虽然中日经济贸易关系一直没有停顿，出现了所谓“经热政冷”的格局，中韩经济贸易关系也由于萨德问题多少受到了影响。在一个时期里，东北亚丝路的复兴看起来更是有些遥遥无期。

然而，历史毕竟是历史，可以以史为鉴，但不能过多地去纠缠。2018 年，随着时局的一些变化，朝鲜半岛出现了积极因素，东北亚地区也开始透出新的亮光。美国的“美国优先”政策，迫使日本政府开始面对现实，不仅开始正视“一带一路”共同发展的广谱影响，表达了对“一带一路”倡议的比较正面的态度。随着朝韩接近，以及中韩关系的回暖，东北亚主要国家开始面临新的变化格局。一些历史争端可以按照中国的方针暂时搁置，待时机成熟时再去解决，但现实存在的政治猜疑如何化解，却是必须要优先考虑的大课题。谁都明白，酿成这种局面的最主要原因，是美日、美韩之间的军事同盟和安保条约，美军在日韩驻军和建立军事基地，一直是肢解东北亚的利刃。在目前日美遏制中国崛起意图十分明显的情势下，东北亚的紧张因数不会在短期内完全化解。

现在，东北亚丝路复兴的希望开始出现了新的转机。主要是朝韩关系出现了新的变化，中日关系也面临着新的契机。中国总理李克强访问日本，双方强调了经济领域加强合作。而日本经济界也期待在“一带一路”倡议中加强第三方合作，实现双赢和多赢。日本政府希望2020年海外基础设施订单达到2015年的1.5倍，实现这个目标离不开与中国的合作。双方一致同意，以《日中和平友好条约》签署40周年为契机，推动日中关系全面改善，把日中关系推上新台阶。中日开始恢复货币互换协议，这个协议在2002年签署，2013年因为钓鱼岛问题而失效。此外，中国对在东京设立人民币清算银行态度积极。中日关系重回轨道，对于东北亚丝路振兴无疑是一个重要的利好因素。

在朝鲜半岛的韩朝峰会上，韩方也提出一个朝鲜半岛经济一体化的考量——《朝鲜半岛经济地图》。该计划绘出“三条经济带”，一条是南北旅游带，一条是连接半岛西海岸与中国，一条是半岛东海岸连接俄罗斯。这个新的半岛经济地图也包括连接朝韩与中国东北的铁路，一直延伸到欧洲。这个计划将会对中国产生积极影响，也是东北亚丝路复兴极为重要的设想。

回顾2012年，中日韩三国经济贸易谈判接近于基本完成。在更早一些时候，甚至共同提出了打造“亚元”的动议。而此后中韩签订自贸谈判协议，也使中韩贸易达到了历史高点。此后由于一些时局的变化，导致情势发生很大的逆转。此番设想更加具体，并随着半岛紧张局势缓和，以及中韩经济关系有所回暖，很有可能成为东北亚丝路复兴的重要切入点。尽管韩国在2018年初也宣布了新的贸易政策，希望减少对中美的“贸易依赖”，最终敲定加入《区域全面经济伙伴关系协定》（RCEP）以实现贸易多元化——该协定将在RCEP的11个成员中的6个完全批准后生效，旨在相互削减关税，促进贸易发展。RCEP 11个成员国的GDP占到全球GDP的13.5%，贸易总量占到全球的29%。相互削减关税也是“一带一路”倡议的一贯主张。中韩目前一直在商讨，要把自由贸易协定范围拓展到服务业与投资业，进一步消除两国之间的贸易壁垒。但更重要更直接有效的是振兴东北亚丝路。在提出《朝鲜半岛经济地图》之前，韩国新总统文在寅就曾提出“新北方政策”，首先与俄罗斯讨论了如何在俄韩两国之间搭建包括天然气贸易、铁路、海港、电力、北极航线、造船、劳务、农业与渔业在内的“九座桥梁”。2017年12月，韩国还首次在不用破冰船的情况下，从俄罗斯运输了一船液化天然气，运往法国，行程为1.4万公里。如果要绕道苏伊士运河，大约还要增加一半的路程。这可以视为韩国航运当局对“北极航道”的正式试水，也是通过北极航道直接驶向地中海的一次成功的商业尝试，显然具有标志性的意义。

东北亚丝路复兴自然离不开日本，但是，目前日本的经济动向，一是希望搭乘中欧已经进入开发成熟期的陆桥丝路，与欧洲国家实现更频繁紧密的经济联系，一是希望通过海上的走廊加强对东南亚、南亚和非洲国家的投资与工程承包。这是可以理解的，日本作为人口日益老化的经济发达国家，国内市场相对狭小，长线性的对外贸易成为制约其发展的重要生命线，因此日本目前还没有完全认识到东北亚丝路复兴对其发展的重大意义。基于对国家安全意识比较陈旧的传统和偏颇的认识，日本对“北极航道”的开通反应一直比较滞后，甚至认为没有必要过多关注，特别是一个时期以来，日本的对华政治经济政策受到国内右翼势力的影响和制约，日本对华关系有“政冷经热”的说法，对俄关系也一直处于被动状态。人们记得，2009年鸠山由纪夫出任日本首相的时候，曾经提出过“东亚经济共同体”的概念。这个概念虽然从地理半径上大于东北亚经济共同体，但包罗了后者。可惜这个主张被束之高阁。中国为了维护在钓鱼岛及其附属岛屿的主权，不得不加大对日本军国主义复活的警惕，在钓鱼岛中国海域实施了以海政船为主的常态化巡逻，并划定了东海识别区。而安倍则在国内右翼政治势力的鼓动和美国的支持下，随同美国实行了对中国的遏制政策。安倍政府与美国不时对表，对“一带一路”乃至中国发起的亚洲基础设施投资银行，采取了不合作的态度。在对俄关系方面，也有些一条胡同走到黑的趋势。这些主客观因素都形成了日本主动参与东北亚丝路复兴的多种阻力。

东北亚毕竟首先是东北亚核心国家的东北亚。日美、日韩与美国的军事同盟虽然比较稳固，美国也不会轻易放弃在东北亚的军事存在，这终究属于冷战中形成的外部介入因数。即便从广义上讲，美国也属于东北亚外围国家，但如何化解东北亚主要国家历史遗留至今的战略猜疑，必须以中日韩建立战略互信为前提。这是一件很不容易做到的事情，然而无论多么困难，都需要不断地去努力。

但从另一方面看，日本内部的积极因素也正在增加。2017 年年底前后，日本的安倍首相在一些场合里，多次表示了对“一带一路”有条件的“认可”。为什么呢？主要是日本国内出现了越来越多的声音，希望再次加强与中国经济合作，增加日本经济在“一带一路”中的利益存在。日本的经团联以及其他一些经济贸易团体不断组团访华，日本的企业界也开始不断讨论“一带一路”有关话题，日本的一家跨国物流企业更是开始利用“一带一路”的中亚陆上通道，将日本产品运输到欧洲。日本政府有关机构和企业还发出“邀请”，提出与中国资本一起进入西非的“国际增长通道”，在那里建设新的港口与公路。

安倍在 2018 年初提出的有条件合作，是以实施所谓“自由开放繁荣”的“印太战略”为前提的，其意在于突出日本对“印太战略”的主导作用，并以之对冲“一带一路”在印太地区已经形成的影响。对于由日本首先正式提出的这个“印太战略”，很多国家都正在进行评估，美国官员也做出了美国的解释。不管怎么理解和解释，抛开其中的含义和弦外之音不谈，即便是从地理逻辑概念的比较上讲，想用“印太战略”替代“一带一路”，似乎也很不通顺。至少，“一带一路”和“印太”，在其经济贸易联通的普遍意义上和覆盖半径大小的地理逻辑上，都不在一个等量级上。

如果说，“印太”融入“一带一路”并成为后者的一部分，二者的关系也许会成立。历史的去看，印度洋贸易通道也即史称的“厄立特里亚贸易”，本来就是海上丝路联通的一个方向，怎么能够以偏概全地将“印太战略”当作“一带一路”的替代呢？所以，安倍对“一带一路”价值的“认可”，更多出自应付国内不同声音，在概念混淆中作姿态。但是，安倍对“一带一路”的表态言辞毕竟有些聊胜于无，至少是看到了“一带一路”倡议的广泛影响，也看到了其中的商机，不再像以前那样佯装不见。

那么，中日韩有无再次强化经济合作共同打造东北亚丝路经济的可能，机会当然会有。日本的右翼政治势力虽然在一个时期里操纵了日本社会舆论，但操弄不了工商界，它们有自身的商业利益追求和对“一带一路”的正面认知，这应当是化解中日紧张关系的最大动力。再加上安倍的“印太战略”和所谓“四国联盟”，虽然得到特朗普的回应，并没有换来预期中另眼相看的实际回报，经济天平向“一带一路”倾斜一些，也是必然的选择。

应当说，在东北亚经济合作中，中日韩之间的经济合作是重要因素。在一段时间里，因为“萨德系统”，中韩经济合作遇到困难，目前开始恢复正常。日本安倍政府修改和平宪法的动向，也使中日关系陷入低潮，日本政府虽然对“一带一路”一度采取不合作态度，但日本工商界的多数人士的态度更现实更理智。他们或许还没有来得及系统研究东北亚经济总体发展，将对日中经济进一步提升带来什么样的新机遇，但他们不会忘记庞大的中国市场曾经给日本企业带来的巨大利益，也不会看不到，中国经济的持续发展和正在出现的产业创新和升级，预示着中国市场出现了更多更大的机会，更不会看不到，已经形成气候的“一带一路”，对于同样与欧洲市场紧密联系的日本企业意味着什么。日本制造产业具有较高的科技水平，日本的金融业也很发达，尽管日本的企业管理体系饱受诟病，但日本企业市场开拓能力依然很强。只是，日本企业的进一步发展，也需要加长自身的短板，除了继续开拓南亚、东南亚和非洲市场的努力，必然也会在“一带一路”的更为广阔的联通中寻找更多的出路和商机。

中日经济较高的互补性和贸易依存度，以及“一衣带水”的悠久历史文化交流，也提供了中日经济文化进一步紧密联系的较大公约数。“地利”不可无，“天时”不可违，而“人和”才能在求同存异中再次推动中日经济文化交流步入新的阶段。就文化交流而言，鉴于中日韩三国2018年、2020年和2022年分别举办冬奥会和夏奥会，三国体育官员2017年在韩国江源道平昌共商合作方案，并就老年体育、生活体育交换意见。这是很有意义的相互文化交流，尤其是在西方城市如波士顿、汉堡、罗马纷纷放弃角逐奥运会主办权的情况之下，更彰显了东北亚国家的奥运精神。从经济贸易上讲，一段时间内搁置的中日韩自贸谈判也在向前推进，同时中国总理李克强访问日本，也为中日韩自贸谈判进一步铺平了道路。中日韩自贸谈判取得突破，不仅有利于东北亚区域经济一体化进程向前推进，从长远来讲也会奠定东北亚丝路复兴的基础。

东北亚丝路复兴增加了新变量，出现了新的因素。近年来，俄罗斯总统普京提出的开发俄罗斯远东地区的计划与设想正在落地。这个具有前瞻性的开发计划，扩大了东北亚丝路的联通半径。远东地区不仅是俄罗斯在亚太地区的下腹部，也是俄罗斯向西发展受阻中的重要发展战略选择。俄罗斯政府明确地意识到，未来新的增长引擎在亚太地区，俄罗斯要想进一步发展，必须在兼顾欧洲的同时，进一步融入亚太经济发展的进程。尤其是在“北极航道”开通的情势下，俄罗斯远东开发具有更重要的全球意义，而东北亚丝路的复兴也会出现在新的格局里。“北极航道”所经水域应为日本海、鄂霍次克海与白令海，其“东北航道”基本沿着俄罗斯的沿海地带，商船也会往来于“西北航道”和“中央航道”，但都需要在俄罗斯远东港口停靠和转口。这也是俄罗斯在符拉斯迪沃托克（海参崴）建立自由港的基本出发点。俄美在白令海峡控制界限上或有争议，主要涉及俄罗斯专属经济区范围的大小，与“北极航道”的通航没有直接的关联。因此可以说，俄罗斯的远东开发计划与推进开发“东北航道”的努力紧密地联系在一起，将使东北亚地区在更大范围里实现丝路联通。

东北亚丝路的复兴，离不开中国，也离不开所有东北亚国家，包括俄罗斯远东地区。韩国目前提出了“新北方计划”以及联通俄罗斯远东地区的“九座桥梁”，俄罗斯也提出了朝鲜半岛与俄罗斯“三方合作项目”，主要是建设俄罗斯通向朝鲜和韩国的铁路与石油管道。这个“三方合作项目”最终会发展为包括了中国的四方合作。这是东北亚丝路复兴的必要一步。

毋庸说，东北亚丝路的复兴并不会一蹴而就，近代发生的历史纠结和现实矛盾冲突一时半会儿不会彻底消散，半岛的无核化也需要时间，但丝路发展具有强大的经济合作塑造力，这是人们对东北亚丝路复兴的信心所在。

十七、中国的东北角

在改革开放和“一带一路”倡议的实施中，中国的“西北角”发生了巨大变化，相比较而言，中国的“东北角”还处在变化的前夜。据有关统计，中国东北三省对外贸易依存度，近年来一直处于下降状态。从2003年的24.7%下降到2015年的14.6%，远远低于当年全国21.8%的平均水平。2015年，东三省生产总值占全国比重约8.6%，但进出口额仅占其中的3.4%。在贸易结构中，辽宁和吉林的高新出口额分别占其外贸总额的9.6%和10.9%，都低于全国平均水平的一半。2016年上半年，吉林省的经济增速为6.7%，黑龙江为5.7%，辽宁则为负增长，前三季度为负2.2%。中央政府虽然计划在近三年里在东三省投资1.6万亿元人民币，但仅靠投资拉动很难取得预期的好效果。

这里有结构调整远不到位的问题，但开放度不足是更为重要的原因。由于中国历史版图的变化，东北腹地直接出海口稀缺，在一定程度上形成了地理相对封闭性。东北地区虽然历史上经历了鲁人“闯关东”的对内开放浪潮，但对外开放在历史上则一直处于被动状态。沙俄势力进入后，日俄战争中沙俄战败，将其在中国东北地区修建的“中东铁路”南半段送给了日本，从此揭开了东北地区在事实上完全沦为日本殖民地的一页。中华人民共和国成立以后，东北的领土主权和经济主权完全回到中国自己的手中，中国的“东三省”迎来了发展的春天，在战争灰烬里获得了新生。在中国国内经济恢复和第一第二个“五年计划”实施中，东北老工业基地做出了巨大贡献，大量输出资源，输出技术人才和必要的设备。在20世纪中期的“三线建设”中，输出频次进一步加快。输出大于输入，再加上计划经济的长期影响，在举国改革开放的新形势下优势不再，虽然边贸红火一时，东北的经济结构调整也取得一定成效，但经济对外开放的瓶颈问题依然得不到根本解决。部分资源相对枯竭，制造业创新不足，人口出现外流，经济发展处于一种欲暖还寒的状态。中央政府一再出台扶持政策，有效果，但不显著。东北的发展与东南沿海的发展出现较大差距，需要形成更为有效的发展思路，在加大制造业创新力度的同时走出东北老工业基地振兴的新路来。

路在何方？那就是在“一带一路”的最新格局里重走东北亚丝绸之路，把中国东北地区的发展同东北亚丝路的复兴目标更多地联系在一起，为重塑中国东北角的未来，创造经济更大开放的必要条件。

有没有这样的可能呢？不仅有可能，而且开始出现新的变化因素。对于这种可能和变化，我们可以从东北地区的资源禀赋、东北亚丝路在东北地区的发展历史、东北地区周边出现的变化和未来出现的相对区位优势，以及东北亚丝路复兴的前景等几个角度去分析。

中国东北地区，无论从资源禀赋还是自然地理和经济地理条件，在东北亚地区乃至全亚洲都是屈指可数的。这里有世界少有的黑土种植带，水资源在全国名列前茅，林草植被丰富，三江平原是著名的粮仓，铁路密集，交通便利，辽东半岛还有东北亚地区最重要的不冻深水港湾大连港和营口港。这些经济资源概括起来就是人们常讲的“西林东铁、北粮南港”，综合资源优势非常突出。在近代贸易发展的历史上，东北的地位举足轻重，营口港附近的牛庄还出现过近代国际贸易史上繁荣一时的著名的“牛庄贸易”。彼时英国的毛织品原料商人从营口港登岸，进入内地草原，为英国工业革命中的领头纺织行业发展奠定了第一块基石。在新中国经济建设中，著名的大庆油田在 20 世纪 60 年代曾经支起了中国石油工业的多半个江山，而近年来松辽盆地发现并开始进入开发初期阶段的多处大规模页岩油气储藏，也预示了东北地区将会继续成为中国化石能源接续供给地区的潜在前景。

东北也是中国北方近代工业除唐山地区之外的另一个发祥地，尤其是材料工业和重型设备制造业，一直处于领先地位。但是，中国东北地区的早期开发曾经呈现出一种畸形的发展曲线。人们都知道，清廷入关之后，一直对东北地区实行“封存封禁”的政策。为什么呢？因为这里是清朝的“龙兴之地”，清朝的皇家祖陵也在这里，于是设置了一条有名的禁止开发的“柳条边”，也禁止关内人口向东北腹地流动。因此在此后很长一段时间里，东北大部分地区都一直处于未开发的处女地状态。进入 18 世纪，走向没落的清廷已经无力继续维持这样一种“封存封禁”政策，在关内遭受灾荒的农民和失地农民大量涌入的持续浪潮中，“柳条边”形同虚设，失去了控制作用。东北地区开始进入以垦荒为主的初始开发阶段。

近代鲁人“闯关东”，使这块沉寂已久的黑土地炊烟升腾喧嚣起来。新的村庄和城镇到处兴起，新的市场开始出现，尽管最初的开发活动还是在传统的农业轨道上进行，但前赴后继的人员流动为东北地区后来的经济开发活动提供了大量廉价劳动力。可以这样说。没有鲁人“闯关东”，就不会有东北地区的开发。从这个经济开发重要前置条件上去看，东北经济发展的第一幕，说到底还是由中国人自己拉开的。可惜在清政府腐败无能的统治下，东北地区的开发权和发展权并没有掌握在中国人自己手中。1891 年，沙俄开始延伸西伯利亚铁路，7 年之后又通过与清政府签订的有关条约，攫取了在中国东北地区修筑和管理铁路的权利。沙俄主导修建的铁路有两条，一条铁路从满洲里至绥芬河，另一条从哈尔滨到旅顺口，两条铁路合称为“东清铁路”，又称“中东铁路”。为了修建和经营“东清铁路”，俄国商人成立了总部设在中国东北的“道胜银行”。“道胜银行”的经营触角一度伸入中国关内更多地区。俄罗斯“十月革命”发生以后，逃亡的“白俄贵族”带着自己的财富进入了哈尔滨，中国东北进入另一个畸形发展期。哈尔滨在一段时间里被称为“远东的巴黎”。

俄国人在中国东北的经营活动，很快勾起了日本对中国东北地区的贪欲。他们相互争夺对中国东北地区控制权的斗争日益激烈，终于在1904年爆发了日俄战争，沙俄在日俄战争中失败。作为“战利品”，日本从俄国人手里获得由哈尔滨南向铁路的经营权，成立了“南满铁路”株式会社，并将这条铁路改称为“南满铁路”。“南满铁路”株式会社与日本军部关系密切，是日本对中国东北推行殖民经济活动的主要经济机构。

应当说，在清政府行将灭亡之前后，也还在名义上拥有中国东北地区的领土主权，因此在2007年开始修建了从北京至沈阳的“京奉铁路”。这是清政府铁路联通北京和东北地区的首次也是最后一次努力。“京奉铁路”于1912年元旦正式通车。这一年，清政府灭亡，“中华民国”南京临时政府成立。历史揭开了中国东北的又一页。中国的东北地区也开始进入长期沦为日本关东军和“伪满”盘踞的殖民地的历史过程。日本从经营“南满铁路”开始，先是以中日甲午战争后窃据的所谓“关东州”为跳板，开始了由东向西南北通吃的新一轮殖民侵略，继而在1931年悍然发动“九一八事变”，拉开全面侵华的大幕。中国东北成为日本军部全面侵华的踏板和其企图西进蒙古、北上西伯利亚的战略基地，一直到抗战胜利，并在此后的解放战争中，东北全地区更早地回到人民手中。东北经济发展的扭曲时代从此结束，东北工业作为共和国的“长子”，开始发挥国家重建经济的顶梁柱作用。

东北经济发展历史的一页翻了过去，但留给人们的思考是多方面的。其一是，地区经济的发展，从来就有根本不同的两种国际对流模式，一种是霸权下的强权经济模式，一种是和平平等下的经济合作模式。中国东北角的早期经济发展，无疑是前一种扭曲模式下的产物。其二是，一个地区的经济发展，在任何时候和任何情况下，都要以区位比较优势作为切入点。区位比较优势是一种重要的经济资源，拥有这种资源，不可能可以变为可能，所以，能不能在新的形势下进一步发挥区位优势，是这个地区经济发展再次取得成功的重要的关键。尤其在东北亚丝路将要出现新机遇的情况下，能不能抓住这新机遇，对中国东北地区的发展，具有决定性意义。

中国的东北地区一直居于东北亚的核心区域位置。所谓核心，不只是自然地理上的核心，更多的是由多种经济发展要素所决定的经济地理上的核心。东北地区的中部和北部虽然带有直接出海口较少的地理缺憾，但在总体上距离日本海并不远。相反地，白山黑水之间的广阔腹地给了它更大的经济活动回旋余地，相对密集的人口也会为城市化进程提供广阔的市场前景。相对于中国西北地区，东北地区的发展有着更好的生态环境和资源条件，有着更广阔的发展空间。这都奠定了东北老工业基地“不鸣则已，一鸣冲天”的得天独厚的基础。近年来，由于东北地区经济发展相对滞后，东北人口流向也出现了比较严重的“孔雀东南飞”现象。在诸种经济发展资源中，人力资源和人才资源是最重要的资源，而要继续保有这种资源，甚至重新打开“下关东”而不是“出关东”的新浪潮，唯一的钥匙是全面走向开放，在更大开放中主动迎接东北亚丝路复兴的新机遇。

那么，东北亚丝路的复兴前景何时到来呢？如果从东北亚某些国家对“一带一路”有些猜疑的态度上看，或许不能过分乐观。但是，东北亚丝路的历史发展轨迹以及目前东北亚地区出现的积极的变化，给出了更多让我们乐观的理由。

首先，东北亚丝路联通具有扎根于地缘相近的深厚历史传统与轨迹。这个历史传统不仅呈现在惯常认知中古代日本遣唐使者往来的东海航线上，也曾经出现在日本海。在中国汉代，东北地区已经处于中央统一政权的经略管理之下，朝廷由南向北前后设置了渤海、乐浪、玄菟等郡，后来又置辽西、辽东等地太守，对东北南部地区给予更为直接的管理。因此，古代东北亚丝路联通不仅发生在现今渤海与东海地区，也持续不断地发生在日本海周边。所谓玄菟也就是黑虎，指有东北虎出没的地方。渤海这个名词，在历史来源上并不是专指现在的渤海，是对水势盛大海域的泛指，除了对中国南海一带地区的地理描述，对于日本海周边海洋景象同样适用。也许是人们对汉光武帝刘秀赐予日本九州古代国家的“倭国国王”金印印象太过深刻，对日本遣唐使来华的海上路线也太过熟悉，很难想到东北亚丝路还有别的海上路径，加上渤海后来已经成为专属地理名词，也就难以一下子看清东北亚丝路的历史全貌。

在这里，特别需要提及的是，在中国与日本以及朝鲜半岛古代国家之间丝路联通的高峰时期，尤其是在唐代中晚期，在经由中国东北地区穿越日本海的海上丝绸之路上，使者与商人同样频繁来往。公元7世纪到9世纪，松花江和图们江流域曾经有过一个受到唐朝册封的大氏渤海国，其民族的主体是靺鞨族，也有少数的高句丽族，但不占主导地位。靺鞨也即商周时期的肃慎人和后来的满族人。如此看来，满族的自我发展能力足够强大，从唐代据有东北地区一隅的渤海国到据有中国北方的金国，再到明末入主中原建立大清，这样的民族，在世界历史上也是不多见的。渤海国是由靺鞨粟末部首领大祚荣建立的，最初称为振国或震国。公元713年，唐朝派崔沂封大祚荣为左骁卫大将军渤海郡王，改称渤海国。渤海国文书使用汉文，最盛时领有5京15府62州，其上京东京城遗址在今黑龙江宁安。大氏渤海国立国近300年，中心区域在图们江流域南北地区。他们与中原王朝保持着密切的政治经济关系，并在事实上代表了中原王朝，在中国东北地区与朝鲜半岛国家和日本频繁通商，并代表唐朝多次出使朝鲜和日本，填补了“安史之乱”之后东北亚丝路一度停摆的一段空白。大氏渤海国是那时东北亚丝路的实际主导者，后来被辽太祖所灭，在迁徙中改称东丹国。今天人们到了宁安东京城镇，仍能看到完好的唐式宫殿台基和柱础遗迹，还有那时的城门与花园遗址。渤海国宫殿规制一如唐朝，甚至和长安城一样，也有东西市。大氏渤海国的通商出使活动透出了东北亚丝路在日本海方向延伸的重要历史信息。

目前，随着“北极航道”的开通，日本海的丝路联通前景再一次显现，朝鲜半岛出现的积极变化，也使东北亚丝路复兴增加了更多的可能。韩国态度尤其积极，现政府提出的“新北方政策”，预示着韩国融入“一带一路”有了比前政府时期更为明确的地理指向。日本国内也出现了丝路合作升温的积极舆论，而俄罗斯远东地区开发持续推进，中国也不失时机地提出建设三条“蓝色经济带”的设想，不失时机地提出了建设“冰上丝绸之路”的明确主张。这些利好因素叠加起来，推动东北亚丝路的全面复兴，只是一个时间问题。

有没有出现从东北亚区域经济合作到北太平洋地区经济合作的更大的可能性呢？或者进一步出现环北冰洋地区国家与环北太平洋国家的丝路联通与经济合作？从现实来讲，可能性似乎极微，但从长远来看，同样也只是个时间问题。丝路联通是关系到地球文明发展的一条地缘经济发展规律，无视或者慢怠这条规律，几乎是不可能的。在现实中，尽管北极地区和北极以外地区存在着许多潜在的冲突因素，但并不是不能在求同存异中化解的。各个国家之间相向而行的最大公约数，是尊重相互利益中的双赢和多赢。你想得到什么，不想失去什么，可以在这个最大公约数里获得答案。

中国的东北角，无疑会在东北亚丝路复兴和未来更大格局的丝路联通中担当重要的角色。它是东北亚经济合作区域“有容乃大”富有弹性的经济腹地，构成了东北亚国家经济合作的战略纵深。中国东北地区，不仅是一个不可或缺的支撑市场，也居于日本海西岸经济带的前沿。东北亚丝路的复兴，取决于相关国家与经济体之间经济互补水平的提升，取决于对扩展东北亚丝路联通半径清晰概念的不断实施。中国东北地区虽然与中国其他地区相比发展相对迟缓，但有自身的资源优势和产业优势，有中国国内先发展地区经济的巨大支撑力，既是价值洼地也是价值高地，具有多重发展效应。

诚然，中国东北地区发展相对迟缓，也受到历史遗留的产业结构和所有制结构比较单一，以及长期受计划经济影响所形成的陈旧观念的制约，但是解决这些问题，同样需要扩大开放形成的倒逼效应。在改革开放中，开放是具有实践意义的第一步。如果缺少了开放的基础，经济体制改革也就容易成为“纸上谈兵”甚至是“一阵风”。因此，抓住历史机遇，在东北亚丝路的复兴的历史机遇中千方百计扩大开放，是振兴东北面临的一个主课题。

也诚然，中国东北地域广大，在东北亚的总体地理环境中，既是丝路联通的前沿带，也是陆上丝路联通的过渡带，因此，东北三省的经济一体化发展以及同临近区域的经济一体化发展，本身就十分重要。加快推进东北三省的经济一体化发展进程，才能更好地全面对接俄、蒙古、韩、朝的陆上丝路联通和与日本的海上丝路联通。东北地理在北南方向具有明显的反S结构特征，东西通道则具有反E字的模糊特征。南向渤海湾和东海，北联俄罗斯远东地区，东向朝鲜半岛和日本。对内合力打造中国的环渤海湾经济带，对外推动建设环日本海经济带，东北亚丝路复兴的前景就会较快地展现。

总之，东北亚丝路复兴的前景，对于中国东北经济的振兴具有决定性意义。无论是俄罗斯远东地区开发，还是“北极航道”的开通，为从根本上改变东北地区开放不足提供了千载难逢的大机遇。东北亚丝路复兴是丝路发展中的一个历史大事件，也是振兴东北老工业基地的重要外部条件，将会带来中国东北地区经济发展融入世界经济的新契机。

十八、俄罗斯远东开发

在东北亚丝路复兴中，俄罗斯远东开发是新添加因素，也是目前最为重要的增量因素。俄罗斯的远东开发计划，并不单单是俄罗斯平衡其东西部经济发展水平的局部努力，它将会起到巨大的杠杆作用，深刻地影响到亚洲经济和世界经济。

苏联解体之后，俄罗斯一度向西方一边倒，战略利益受到损害。近 10 多年来，俄罗斯的新欧亚主义再次成为国家的重要思维。新欧亚主义的基本点是西和欧美，南控“独联体”，东联亚太。但西和欧美的目标在美欧联手经济制裁中难以实现，南控“独联体”也只能部分地实现。因此，俄罗斯在继续推进欧亚经济联盟的同时，东联亚太也就成为主要的操作重点。

东联亚太是俄罗斯的现实性战略选择。一方面，亚太地区特别是东亚地区已经成为世界经济的新增长极，另一方面，俄罗斯的 70% 以上的领土在亚洲。落后的亚洲部分和相对发达的欧洲部分，形成了巨大的经济反差，这种失衡状况亟须改变。

人们都知道，俄罗斯的前身是莫斯科大公国，莫斯科大公国是在 13 世纪中叶由德国贵族主导建立的。曾经臣服于蒙古饮察汗国，并由此获得了发展回报。饮察汗国垮台以后，莫斯科大公国进入独立发展期，并在 16 世纪开始了陆上的扩张。1547 年莫斯科大公国改称沙皇俄国，17 世纪 30 年代东扩到勒拿河流域以东的东西伯利亚和中西伯利亚地区，1639 年全面进入东西伯利亚，18 世纪 80 年代又进入北美洲的阿拉斯加和阿留申群岛，但在 1867 年，俄罗斯以 700 万美元的价格将后者出售给美国。在此之前，沙俄通过《瑷珲条约》和《北京条约》，获得了中国东北包括库页岛在内的 100 多万平方公里的土地，1860 年进入海参崴，获得了俄罗斯在太平洋的重要港口，1889 年开始修建西伯利亚大铁路。俄罗斯东西向亚洲的历史轮廓不断地开始清晰。

但是，俄罗斯的东向发展始终存在着西向发展的不对称性。它在西向发展的进程中遇到的阻力远远大于东向。但在经济关系上，西向的动力又远远大于东向。在很长时间里，俄罗斯与亚太经合组织国家的贸易只占其贸易总量的2%左右。这样一种失衡状态显然是一个问题。因此“向东转”也就成为绕不过去的话题。

在近代俄罗斯，有影响的东方问题专家叶夫根尼·普里马科夫是俄罗斯“向东转”思维的创始者。但后来的俄罗斯学者们指出，“向东转”究竟指的是近东还是远东，是指中国、日本、韩国，还是印度、东南亚国家抑或全部，在一个时期里似乎比较模糊。此外，俄罗斯的海洋战略重点，历史排序素来是波罗的海、黑海与地中海东部、北冰洋，最后才是太平洋。“向东转”不仅要调整这种历史排序，也必然要加大俄罗斯在亚太地区的经济存在，需要进一步明晰经济发展战略来支撑。2018年4月，俄罗斯前副总理现总统助理在《全球政治中心的俄罗斯》双月刊网站，发表了一篇题目为《混血者的孤独》，道出了俄罗斯的一种挥之不去的心态。他在文中说。自从2014年起，俄罗斯迎来了“百年的地缘政治孤独”，但选择终结“西方之路”，并不意味着“向东急转”，因为，“俄曾经有4个世纪向东行，4个世纪朝西走。无论是东方还是西方，都没有生根”。他提出，俄罗斯需要建立“二元化的文明，既包含东方，也有西方元素在内。”但他的观点显然带有令俄罗斯一直陷入矛盾的“双头鹰”情结。

目前，俄罗斯与西方国家的关系总体比较紧张，彼此不抱多少幻想，尽管2018年的“普特会”为俄罗斯带来对美关系的若干空间，但其中会有多大的空隙能够留得久一些，也是一个很大的问题。一些俄罗斯学者认为，俄罗斯无法用同一种语言同不同的国家对话。因为东方各国并没有形成像西方一样的统一的价值观。这种分析在认为俄罗斯基本属于欧洲人的观点看来，或许有其一定的道理，尤其是在美国在亚太地区还拥有盟友的情况下，但是亚洲的崛起又是一个不容置疑的事实，至少在经济上“向东转”，同时也在政治上寻求东方的支持，更符合俄罗斯的国家利益。

事实上，俄罗斯的“向东转”历来有不同的两个含义，一个是全方位向东，包括近东、远东，也包括西太平洋整个地区。但无论怎么讲，俄罗斯要做的是三件事，一个是保持俄罗斯在近东地区的传统影响力，一是形成并巩固欧亚经济联盟，另一个则是开通北冰洋的“东北航道”。在这三件事里，开通北冰洋的“东北航道”，更有长久的历史影响性。中国的“一带一路”倡议有着巨大的包容性，“北极航道”的开通是“一带一路”的自然延伸，因此，“北极航道”的开通，中俄具有高度的共识。人们也越来越注意到，中俄元首在2016年20G杭州峰会期间密切互动，并在峰会之后举行了南海海域联合军演，俄罗斯与中国在美国在韩部署萨德问题上，在朝鲜半岛问题上态度一致，并且在几年前“南海仲裁”问题上明确表达了支持中国的立场。中俄政治互信水平提升的基础越来越牢固，俄罗斯“向东转”的速度开始加快。俄罗斯远东地区开发计划有了明显的进展。尤其在北极“东北航道”开通的情况下，不仅需要解决北冰洋沿海基础设施建设投资来源的问题，也需要在俄罗斯远东地区建立相应的经济支撑体系。在这样的大背景下，俄罗斯远东开发的步伐必然要进入加速期。

俄罗斯的远东开发计划提出的时间比较早，但早期成果不多。这不仅是因为面临开发的零起步，确乎存在许多难题。更重要的制约因素是历史上形成的后堕力，此外则是远东地区人口稀疏，产业发展滞后，要想使经济重心从西部转向东部，或者在经济上形成双核结构，并不很容易。但俄罗斯总统普京开发远东的决心很大，不仅提出俄罗斯远东地区必须大量引入外资的计划，并从四个方面展开了这个计划。

一是建立14个经济开发区，后来又增加到18个；二是鼓励俄罗斯公民到远东租赁和无偿配给土地；三是鼓励私人投资；四是设立了150亿卢布的远东发展基金，用来完善远东地区的基础设施。更重要和更有深远影响的是，在2016年毅然实施了在符拉迪沃斯托克（海参崴）设立自由港的试验，并提出了在俄罗斯远东与中国东北地区之间建设高铁的设想。俄罗斯远东有关官员曾经发表文章说，俄滨海边疆区要为中国（东北）开辟新通道，建设远东国际运输走廊。在他看来，单是中国黑龙江和吉林两省的GDP就接近1万亿美元，俄罗斯应当为如此庞大的经济地带提供货运服务。有关统计计算也表明，仅是滨海边疆区的重要港口，就能够由此增加近4500万吨的货物吞吐量，相当于2015年的1.5倍。如此一来，“远东国际运输走廊不只可以成为中国的丝绸之路经济带项目与俄罗斯远东优先发展计划对接的切实范例，也能为俄远东及中国东北地区的经济发展做出重要贡献”。

符拉迪沃斯托克自由港是俄罗斯的远东国际运输走廊计划的龙头。俄罗斯的远东国际运输走廊计划，是俄罗斯委托第三方麦肯锡咨询公司根据运输走廊经济金融模型论证设计的，突出了符拉迪沃斯托克的自由港的功能。从2016年10月开始，符拉迪沃斯托克24小时昼夜吞吐，过境检查“一个窗口搞定”，开设绿色通道，启动自由关税区。国际运输专家们认为，这是中俄双赢之举。即俄罗斯每年可因此增加290亿卢布数量的GDP，中国企业至少减少每年因为运能受限蒙受10多亿美元的发货损失。符拉迪沃斯托克的自由港设计，不仅与中国提倡的“一带一路”发展耦合，也与韩国2013年10月提出的“欧亚倡议”和2018年提出的“新北方计划”构想一致。韩国“欧亚倡议”主要对象国家是中国、俄罗斯、中亚国家、蒙古与土耳其，但也不排除先从东北互联互通做起。“新北方计划”则直奔俄罗斯远东开发和北极“东北航道”的主题，俄罗斯远东开发计划得到中国强力支持之外，也得到朝鲜半岛国家的明确呼应，并且与北极“东北航道”的开发建设形成一体联动格局，必然会在下一轮发展中取得更大成果。

当然，俄罗斯远东地区开发，面临的问题不仅是投资，最大的制约因素是远东人口密度低，而这也是横亘在中国俄罗斯之间影响战略互信的最主要甚至是唯一的问题，中国东北人口相对密集，俄罗斯远东地区人口分布稀少，人口密度的相对失衡，在俄方是一个有待解决的难题，在中方又是容易引起不必要误会的敏感问题。资本的流动必然伴随人员的流动，劳动力的跨国流动需要有更完善的机制来解决。

为了解决影响远东开发劳动力不足制约的根本问题，俄罗斯在苏联时代启动过规模较大的移民行动，主要是在苏联卫国战争期间，当时，为了建立西伯利亚后方军工基地，在中亚实行了人口疏散和远东相应移民政策，而这也是为什么西伯利亚有犹太人聚集的省份，中亚国家也有韩国人的缘故。但是，这次移民与其说是为了开发远东，莫如说是确保后方安全的战争需要，所以远东地区的人口增加，并不足以影响到远东经济结构改善。还有一次影响较大的移民，那就是苏联作家笔下的“共青城”的建设，但人数很少，并没有发生持续的影响。在很长时间里，远东居民流出大于流入。目前，俄罗斯制定了新的移民计划，鉴于从俄西部大量向东移民并不现实，习惯性阻力也比较大，所以计划从俄罗斯中南部地区和北高加索地区向远东移民。俄罗斯中南部和北高加索地区劳动力资源相对丰富，但综合资源比较贫乏。据俄罗斯移民主管部门的调查，这些地区至少有50万至100万劳动人口有向远东地区移民的意愿。目前，远东外迁人口正在逐步减少，如果加上俄罗斯中南部和北高加索地区移民进入，人口密度情况会有所改善。

但是，这终究改变不了远东地区劳动力稀缺的状态。因为从俄罗斯领土与平均人口密度来看，总体上人力资源不足，具有相对性中体现绝对性，俄罗斯的生育率比较低，人口总体呈现负增长趋势。这既是俄罗斯经济发展的一个软肋，也是其远东宏大计划面临的一个困境，最终需要通过多元的国际人力合作渠道来解决。

俄罗斯远东地区开发，还受到着眼点和“战线”太长的制约，很难做到心无旁骛，俄罗斯不仅在东西方向存在着重大的国家利益，在北极地区、中亚地区和西亚近东地区也面临着不同的承压力。就拿与“一带一路”存在对接关系的多个方向来说，除了通过远东开发进入未来东北亚丝路的经济循环这件大事，另一件大事是建立、巩固和发展欧亚经济联盟，而欧亚经济联盟与中国“一带一路”倡议的对接，应当比远东地区的对接开发更为迫切。2016 年 9 月，俄罗斯杜马主席谢尔盖·纳雷什金在《俄罗斯报》网站发表文章，对欧亚经济联盟寄予很高的期望，认为欧亚经济联盟正在形成。他回顾和评价了苏联解体后俄罗斯采取的独联体发展战略，认为 25 年独联体的发展还是有效的，一方面确保了原来的加盟共和国“文明分手”，另一方面阻止了成员国的“去一体化”趋势，为欧亚经济联盟的建立创造了条件。但是，独联体也面临着二元矛盾，特别是西方推动的“橙色革命”加重了离心趋势，有的国家如摩尔多瓦和乌克兰退出了独联体框架下的自由贸易区，俄乌之间还发生了军事冲突。所以原独联体国家共同签署的旨在共同参与欧亚共同市场《阿拉木图宣言》，并没有完全实现，必须在新的框架里推动欧亚经济联盟的巩固与发展。

对于“一带一路”倡议与欧亚经济联盟的对接，美国的有识之士给出了颇为敏锐的反应。也是在 2016 年 9 月，美国《郝芬顿邮报》发表了美国国家情报委员会前副主席格雷厄姆·富勒的文章《美国主导全球的时代已经结束》。文中明确提出，一个更大范围的欧亚战略图景正在出现。他说，欧亚大陆是世界上最广阔的大陆，包含欧洲与整个亚洲，其中包括人类文明最古老和最伟大的一些文明中心。所谓欧亚主义在不同的时期应当有不同的含义，在100年前，欧亚大陆主要是指欧洲和俄国西部，亚洲的大部分地区不发达，甚至被西方控制，现在形势完全转变，这种转变不仅在于中国正在崛起，也在于它对俄罗斯、伊朗乃至土耳其等国家的全新意义。他认为，斯拉夫文化具有深厚的欧亚历史根基，“始终潜伏在俄罗斯战略世界观的表象之下”，其目标就是在经济上把白俄罗斯、中亚其他国家“统一成为一个欧亚经济整体”。“这些载体并不互相排斥，而中国的‘一带一路’通过铁路、公路和海路把中国与欧洲、中东、中亚、南亚和远东连接在一起”。他特别指出，伊朗是“天然的欧亚和丝绸之路大国”，土耳其也在将近百年之后“不再囿于西方大国的身份”，所以要认真地发展与俄罗斯和中国的关系，总之是没有一个国家愚蠢到无视这股不断壮大的欧亚潜力。他的最后结论是，“华盛顿越是试图把欧亚主义作为一股真正崛起的力量来加以遏制或扼杀，各国就越是会下决心成为这个日渐兴起的欧亚世界的一部分”。

事实上，在西亚近东地区，伊朗、土耳其等“天然的欧亚和丝绸之路大国”，也同中俄存在着丝路对接的共同发展利益。这样一些林林总总的多向对接因素相加，人们不难看到这样一幅新丝路联通的远景图。如果说，中俄通过俄罗斯远东地区和北极“东北航道”的开发合作，划出一条逆时针回旋的弧线，这条弧线还要经由俄罗斯欧洲部分的陆地继续逆时针地划了回来。这样一来，俄罗斯远东开发和“北极航道”的开发利用就同欧亚经济联盟形成了一体联动格局。或者正是基于这样一种思考，俄罗斯启动了科白铁路计划，希望连接濒临白海的阿尔汉格尔斯克和科米共和国地区，并进入哈萨克斯坦和中国新疆地区。与此同时，俄罗斯还提出建设一条真正的“双西高速公路”，连接欧洲东西部和中国的西部，起点或在圣彼得堡，终点则是位于中国东海岸的连云港。这些联通计划同挪威、芬兰合作论证的芬挪铁路规划并行不悖，最终有可能形成一个从欧洲的北极圈地区到中国东海岸，再回到北极地区的大物流循环圈和经济地理闭环。如果考虑到中国与西亚的大陆桥运输联通计划也在加快实施，这个物流循环圈和经济地理闭环将会变得更大。

十九、图们与“大图们”

中国海洋大学教授窦博先生在其发表在中国《环球时报》上题为《北极新海上丝绸之路呼之欲出》的文章里讲，“北极航道”商业化已成事实。虽然中国也能从大连港、青岛港、连云港的港口出发前往“北极航道”，但日本海沿岸的图们江口是中国前往北极的最近海域。尽管图们江地区实行了多种“借港出海”的尝试，近年来又与俄罗斯合作建设扎鲁比诺港，但这与中国图们江出日本海不可同日而语。

他列举了从图们江出海的几大好处，如节省运费、带动图们江次区域发展、增加中国在东北亚经济发展中的话语权，加速推动东北亚经济一体化等等。他简要回顾了近年来关于图们江出日本海外交谈判的结果，即1991年中苏签订的关于重塑国界东段的协定，再次确认了中国从图们江出日本海的权利。因此从图们江口出日本海的障碍，目前主要集中在20世纪90年代时俄朝修建的铁路桥太低了，大型船只难于通过。按照国际通航河流惯例，大桥应当改造为升降式或开合式桥梁。此外，珲春防川空间较大水面较深，也具备建港的基本条件。他认为，未来的图们江航路应当与“北极航道”直接对接起来，即从中国珲春出发，可以经由海参崴直达摩尔曼斯克再到冰岛和瑞典，或者沿“西北航道”到达北美大陆。

图们江的确重要。在20世纪80年代末90年代初，联合国经济计划开发署曾经提出了“大图们”地区联合开发设想，但至今没有很明显的进展，但也没有停顿。俄罗斯远东地区的开发步伐加快，给“大图们”发展前景带来希望，但目前的思路还是“借港出海”。能不能出现“大图们”出海的突破，其实很简单，“大图们”发展建设与俄罗斯的远东开发相辅相成。符拉迪沃斯托克与珲春是日本海西岸的一对双璧。

图们江源出中国吉林省东南中朝边境的白头山，东北向流到图们以下，折向东南流，注入日本海，中上游为中朝界河，下游有一段为中俄界河，全长459公里，在朝鲜也称作豆满江，是图们江的变音。图们江支流有珲春河和嘎牙河等，图们市以下河段可以通航。图们1956年建市，此前的图们镇历史悠久也很繁华。图们市目前有包括机械、化工、木材加工、造纸、纺织、橡胶等比较完整的工业体系，也有重要的矿产比如硅等。

图们江江口是一个极为怪异的多国交界地区，但也是中国商船东出日本海的一个潜在国际航运枢纽，在公元8世纪的大氏渤海国时代，东北亚列国使者往来，就是在图们江口启航的，因此水文条件不应当有什么问题。但是，这里在清末的划界中被“包了饺子”。空有江水出海，却没有陆地支撑。图们江全长525公里，其中510公里由中朝两国隔江而划，向东15公里却为俄朝的界江。理论上可由中国的防川河港出海直抵日本海，但缺少陆地支撑。20世纪末，在特殊的国际条件下，朝苏建设了只有7米高的矮桥，造成了事实上不可通航性，因此空有出海口，却只能望日本海而兴叹。1886年的划界谈判本来就不平等，在清政府的据理力争下，界碑从距图们江口26公里，向日本海方向东移到15公里，并取得沿图们江俄罗斯一侧的出海权，但由于清朝地方官吏的无知与渎职，土字界碑居然连这个位置都没有到位，于是这里成为航运的一个“虚点”，偶有渔船航行，却全然丧失了国际航海的功能，图们江这条当年渤海国通向日本海的商路就这样地断绝了。

在20世纪90年代初期，在联合国开发计划署的推动和协调下，图们江喧嚣一时，成为东北地区改革开放的最大热点。联合国开发计划署看好图们江三角洲的开发前景不是偶然的，一是这里一直是中国东北出进日本海的历史出海口；二是这里是冻港与不冻港的过渡带，最终也是“北极航道”在日本海的重要起锚点；三是在经济全球化和地区经济一体化的走向里，图们江出海地区边界划分中的地理障碍，完全有可能通过国际合作得到消除，而图们江口及其周边的多国犬牙交错的边界状态，也可以从另一个方面提供了合作开发的对多方有利的更大可能性；四是在图们江中国一侧，是一个经济相对发展充裕的地区，人口比较密集，自然资源丰富，交通也很方便，有着连接黑龙江的牡丹江铁路，也有直接通向中国东北化工基地吉林市和科研力量比较雄厚的长春市的铁路。这条铁路也连接了东北最大工业城市沈阳，并同京津冀地区有着直接的铁路联通。如果考虑到历史上这里还曾经存在着50年代才拆掉的“东边道”铁路线，这样一个四方联通的交通要津，构成了中国东北其他地区很少具备的综合发展条件。如果联合国开发计划署的计划已经实现，很难说这里会不会是与深圳南北呼应的另一个经济特区。中国北方的一个深圳，不仅会大大提前推进东北亚经济合作的时间表，对中国南北经济平衡发展起到重要作用，对于中国东北地区的发展，也会产生较大的牵动力和辐射力。或许，中国东北的开放发展不会是今天这般相对落后的状态，东北人也不会纷纷南下，更多的走向了“大图们”和珲春。但是，由于当时的苏联正值解体之时，无暇东顾，也在解体之后再次面向西方，没有更多的愿望和力量关注远东，国际条件并没有成熟，而中国的发展战略聚焦点也在东南沿海地区，在多种因素交互影响下，“大图们”开发计划出现难产，虽然没有胎死腹中，但明显地进入了长期盘整的搁置阶段。

但是，20 多年后东北亚形势开始变化。俄罗斯远东开发起步，“北极航道”开通也进入预热阶段。一方面结束了“大图们”“起了大早赶了晚集”的相对被动局面，另一方面则提供了“大图们”出生的新的国际条件。也许是巧合，也许是有备而来，毗邻珲春的俄罗斯扎鲁比诺港扩建工程，开始进入中俄企业合作开发扩容的新阶段，建设目标是年吞吐量 6000 万吨，其开始阶段与当前的市场也还匹配。与此同时，俄方使用中方轨距，修建从珲春到扎鲁比诺港的铁路，允许中国货车在国境与港口之间往返。这条铁路长约 70 公里，将是俄罗斯与中国联通的首条高铁。这是未来东北亚经济区发展的一个重大利好。

俄罗斯扎鲁比诺港扩建工程显然是中国“借港出海”的重要举措，但与中国实现图们江出海的海上联通格局并不矛盾。从“借港出海”的角度看，图们江国际航路接近于盘活。尽管千古遗憾流失在以往的滔滔江水里，但实现“大图们”计划的设想毕竟向前推进了一步。或许，俄方目前的注意力在符拉迪沃斯托克的自由港上，但符拉迪沃斯托克的自由港的发展也不会是孤立的，符拉迪沃斯托克和中国的珲春存在着双璧关系，一旦发生双璧效应，符拉迪沃斯托克自由港才能具有更大的市场前景。历史的遗憾可以在新的历史里化解，但这是一个新的课题。一般地讲，自由港是一国经济开放的重要模式，世界上还没有多国联建的贸易自由港，然而只要解放思想，一切皆有可能。设若日本海西岸出现了多港联动的真正的跨国自由港群，东北亚经济合作就会在双赢和多赢中进一步加速。在那种情况下，符拉迪沃斯托克的自由港不只是直接对应黑龙江省的绥芬河，空间扩展了的自由港群将会面对整个中国东北乃至多半个中国市场，面对东北亚更多的经济体。进一步设想，如果把符拉迪沃斯托克的自由港、扎鲁比诺港和预想中的“大图们”防川港口联系在一起，建设一个跨国联动的自由港群，将会实现双赢和多赢。因为朝鲜在这里也有重要的天津港和罗津开发区。朝鲜经济体制改革进入新的阶段，从近期和长远来看，朝鲜半岛局势有所缓和以后，朝鲜将会进一步加快改革开放步伐，加强多元经济合作也是必由之路。它的经济开放试验区主要集中在东北部靠近图们江出海口的海湾地区。2018 年上半年，朝鲜最高领导人金正恩对中国进行了 3 次正式和非正式访问，中朝经济联系加强，这都为“大图们”周边的港口联动提供了新的可能。韩国新推出的“北方战略”重心，主要在朝鲜半岛南部，北部地区的发展依然需要依仗图们江地区的联动发展。未来中朝经济合作并不会局限在丹东、新义州一线，图们江口和周边地区的发展将会迎来新机遇。

图们江口的地理战略价值很高，是从日本海进入中蒙俄交界地区的最重要的交通枢纽。在日本侵华时期，日本军队与苏联军队曾经在珲春至阿尔山诺木罕一线，展开过时间节点不同但东西呼应的两次战役，一次是张鼓峰战役，一次是诺木罕战役。诺木罕在中蒙东界，张鼓峰在图们江口苏联一侧。这两场战役是日本对北方战场的试探，是日本军部企图扩大战略纵深，从日本海方向占领整个东北亚地区的尝试，也是日本军部和战争内阁摒弃“北上战略”选择“南下战略”的转折点，主张“北上战略”的一派试图从图们江口打通日本海进入的海路，寻找一条全面控制东北亚地区的捷径，但均以日本军战败失利告终。但图们江口的地理战略价值，也就伴随着“大图们”的概念由此浮现。

图们江口的战略位置如此重要，图们江直接走向日本海航路的断绝，不仅意味着东北亚国家直接海上联通有所断绝，也是进一步实现海陆联通的一大遗憾。1991 年中俄双方重新确认中国从图们江下游到日本海的出海权，中国在图们江自由航行并不存在国际法理论上的障碍，这也是联合国计划开发署提出大图们开发规划的重要依据之一，但一座铁路桥堵塞了航路，这是可以最终解决的枝节问题。目前，大图们开发还在小步不断迈进的阶段，除了中俄企业合作建设扎鲁比诺港，联合国开发计划署“大图们倡议”也在一些方面继续进展。2015年11月，第四届东北亚旅游论坛与项目磋商暨中俄蒙旅游合作会议，在吉林珲春边境经济合作区举行，论坛会议着眼于跨国旅游带来的人流、服务流、信息流，也着眼于改善地区基础设施。以图们江为集散地的旅游路线分为海路与陆路。海路主要是东出中国珲春和俄罗斯扎鲁比诺港，经日本海抵达东南亚和欧洲，路线很长，也沿袭了老的已经成熟的海上路线，这条路线大概只能引起东北旅游消费者的兴趣。陆路则是西向大兴安岭地区进入蒙古与俄罗斯并进入欧洲旅游市场。在中国东北境内和中俄边境，基本的走向便是当年的张鼓峰和诺木罕方向转向俄罗斯后贝加尔地区。鉴于欧美游轮已经进入了北极“西北航道”，真正有号召力和竞争力的应当是极地游。因此，会议论坛也开辟了北冰洋旅游航线选项，北冰洋旅游航线开始进入产业经营者的视野。这次会议由中俄蒙三国地方政府联席主办，发布了《吉林宣言》，建立了联席会议制度，并提出建立“图们江三角洲国际旅游区”。旅游先行，更大的经济开发跟进，图们江三角洲的国际旅游升温，应当看作是大图们经济开发在冷寂多年之后的一次新的热身。在北极旅游的引领下，新的发展浪潮将会进一步出现，就跨国旅游业而言，据韩国旅游发展局的数据显示，2016年，全球只有11.9%的游客选择去东北亚地区旅游，随着大图们江区域跨境合作机制的形成，这个比例在2030年有可能上升到16.2%。

值得一提的是，中俄蒙国际区域的丝路人流物流与“大图们”深度开发是分不开的，也与北部中国内部纵横分布的“微丝路”走向携带的经济能量聚散功能分不开。在更大的地理半径里，中国东北内部和区域外部，大致存在着从南到北排列的5条联通线，分别为哈尔滨为中心的满洲里、绥芬河和外贝加尔、俄罗斯滨海边疆区一线、阿尔山图们一线、锦州辽西辽东一线、津京张一线，京汉二连则是南北向的中轴线。其中满洲里、外贝加尔和绥芬河、俄罗斯滨海边疆区一线利用率较高，著名的“欧满铁”承载着远在浙江的义乌小商品，从这里走向俄罗斯与欧洲。锦州辽西辽东一线和津京张一线目前已经纳入中俄蒙欧亚运输新走廊的计划中，是中蒙俄三国元首共同签署了《建设中蒙俄经济走廊规划纲要》中的重要线路。2016年8月，首批9辆货车的运输团队从天津港出发，经乌兰巴托到达俄罗斯的乌兰乌德，标志着中俄蒙新的国际货运道路开始启用。当年年底签署的三国政府间过境运输协定，则标志着中俄蒙国际货运通道进入常态化运行。这段国际运输线路长达2200公里，是铁路通道之外的一个更为灵活便捷的公路补充。锦州辽西辽东一线其实是20世纪初开辟的牛庄贸易路线，目前东延至大连港，前景同样看好。这样一种纵横交错的人流物流格局，本身就提示了，无论是俄罗斯的远东开发还是“大图们”的崛起，都要借重中国整体的市场能量，并不能局限在一两个点上。

图们江三角洲的发展要有更多的市场支撑，俄罗斯远东地区的开发也要有更多的市场支撑。有着较大市场支撑的“大图们”开发与俄罗斯远东地区的开发出现新的联动效应，也会是东北亚整体经济起飞之日。在这样一种联动发展的经济大循环里，日本海及其周边地区就会更快地赢得未来。

二十、东北亚丝路发展新支点

东北亚丝路的复兴，自然离不开渤海与东海。尤其是渤海湾地区，向来是丝路向东延伸的主要起点，这个起点从2000多年前的秦皇时代就开始出现了，而近代天津在渤海湾中心位置崛起，不仅是因为那时的“南粮北运”渠道发生变化，由运河上的漕运改为海运，也因为近代中国开始沦为半殖民地，列强需要在中国北方找到更直接的殖民贸易突破口。“鸦片战争”之后，殖民贸易者沿着中国东海北上，先是英国商人在海城、营口一线开辟了“牛庄贸易”，接着进入了离北京更近的天津。从1860年开始，天津成为华洋杂处的华北最大商港。在近代历史上，天津一度管辖了河北的青县、沧州乃至山东的宁静、庆云二县，大致勾画出彼时环渤海经济吸附的主要地理轮廓。那时的天津与北京，一为商埠，一为政治文化中心，定位明确，而彼此松散的天津港和营口港、大连港，则成为东西列强掠夺华北经济资源的得心应手的吸盘。

中华人民共和国建立以后，天津的工业和航运业依然发达，一直是华北对外贸易重镇。尤其在20世纪60、70年代，轻工业产品行销全国，与上海、青岛并称“上青天”。但是，在计划经济“条块分割”的直接和惯性影响下，天津、北京和河北省各自发展，重复建设不少，断头路也不少。这样的情况持续了很久。改革开放以后，北京、天津和河北都发生了巨大变化，但各自的定位依然模糊，你有天津新港，我也要有北京的曹妃甸港，甚至还有学者提出这样的建议，可以修建一条从北京直通渤海的运河，于此可见同质发展的惯性力量有多么大。

在20世纪80年代，很多人也看到了京津冀“背对背”发展的弊病，提出了环渤海经济圈的理论设想。环渤海经济圈的理论设想一度还成为区域经济研究中的一个热点。但是，在当时实施东南沿海经济发展战略的历史背景下，人们的注意力更多集中在区域经济一体化的一些先行发展地区，主要是“珠三角”和“长三角”。“珠三角”和“长三角”的发展，很让人眼热，但环渤海究竟如何环，轮廓也并不十分清晰。说大了，可以从辽东半岛的老铁山到莱州湾的蓬莱角，环绕和临近渤海湾的省市有5个，说小些，从河北乐亭滦河出海口到黄河出海口三角洲，也涉及了京津冀和山东的一角。这么大的经济半径依靠什么环起来，依靠行政力量显然不行，但市场的力量又在哪里？因此，环渤海经济圈也就成为纸上的发展景观。一直到2015年提出了京津冀经济一体发展的构想和规划，环渤海经济发展不仅破题了，也在实质进展中有了更大的内外联通的理想前景。

从某种意义上讲，京津冀一体发展至少恢复了原来相对的经济地理联通性。比如早期的直隶省，本身就包括了今天的天津和河北，后来河北省的省会搬来搬去，理不清其中的经济关系，是其中的一个重要原因。行政管理和市场打通是不同的两个问题。我们经常强调经济全球化和区域经济一体化，如果一个经济体的内部的同一个经济区域都不能够顺畅地一体发展，又如何谈到前者？然而，为什么提出京津冀经济一体发展而不再去讲环渤海经济圈呢？不是因为经济圈的提法有点太老，而是两者的内涵和外延并不完全相一致。一是因为，经济圈虽然也有经济一体化发展的某些意味，但毕竟是一个内环圈，并不能反映对内对外经济互补与开放的全面含义，也与“一带一路”的广泛经济全球化走向不相称；二是因为，京津冀经济一体发展本身是一个目标，但它又是走向下一个发展目标的基础和台阶。下一个目标是什么呢？首先要看京津冀经济一体发展的进展情况，更要看京津冀经济一体发展带来的经济体制变化和市场变化。

应当说，京津冀经济一体发展的道路走的完全对头，至少让人们看到市场机制原本就是区域经济发展主要塑造力量，也同时看到了渤海湾的未来。这个未来是一个五彩缤纷多棱折射镜像：渤海湾不仅可以环起来，也有希望成为对外更大经济开放的一个重要的中国经济大湾区。

从2017年起，中国的大湾区建设浪潮开始出现了。尽管在大湾区的建设中，需要考虑海平面有可能继续上升的趋势，也要考虑海相经济和陆相经济分布的相对变化，包括高纬度经济和低纬度经济的相对平衡，但海陆联通的大湾区综合经济价值需要高度肯定。大湾区既有高度城镇化的一般特征，也有各类人才流动汇集的更有效率的要素配置效应，其产业集中度和市场经济开放度要比一般的城市群高出许多，服务业尤其是生产性服务业数量和质量也高于一般水准，生产效率和流通效率高，传播速度快，创新成果也比较多，GDP产出更是高出一般行政区划。现代经济大湾区也是“一带一路”发展的有效经济地理载体，是生产要素流动和汇集的具有全球影响的焦点和热点地区。因此，中国出现大湾区建设浪潮，既是伴同产业升级经济升级而来的区域经济发展升级的必然结果，也是进一步推动产业升级经济升级的重要举措。

在中国，目前开始启动和规划的经济大湾区，主要有两个，一个是粤港澳大湾区，另一个是杭州湾大湾区。粤港澳大湾区具有经济和中国国内政治以及交通上的多重意义。三种经济体制、三个关税窗口和三个国内联通方向的紧密对接，涵盖了6800万人口和5.6万平方公里的土地，不仅包含了香港、澳门、广州和深圳，也覆盖了珠海、佛山、中山、东莞、惠州、江门和肇庆。这些城市2017年GDP总量超过10万人民币，集装箱吞吐量是纽约湾区、旧金山湾区以及东京湾区总量的4.5倍，位居世界第一。根据有关规划，到2030年，粤港澳大湾区GDP总量将会接近30万亿人民币。规划中的杭州湾大湾区，不仅具有自然地理和经济地理的一体化优越条件，也有网络经济超前发展带来的新的发展优势，最终会实现“长三角”与浙东海相经济带相互联动的发展前景，具有更大的发展潜力。

但从长远来看，中国的大湾区建设还有更多潜在选择。中国幅员广大，海岸线很长，沿海港口星罗棋布，南北纵列，大江大河造就了不同形态的港湾，各自有各自的经济辐射和资源吸附的半径，形成了相互联系的经济单元。这些经济单元都具有内部与外部的经济互补功能，有对外经济开放的重点走向。因此，在打造粤港澳大湾区和规划杭州湾大湾区的同时，也要比较超前的研究潜在大湾区的区位位置，并做出必要的铺垫。

从中国经济版图总体和综合条件看，环渤海湾区是未来大湾区的一个重要选择，中国东北地区的大图们江三角洲也会是一个可考虑的对象。后一个地区目前的条件或许还不很成熟，但有很大的潜质，也有可能是出现大湾区建设模式创新的一个特殊的地区。

渤海湾在未来出现大湾区，有几个重要的因素。首先，“一带一路”最新地域延伸发展带来了新的历史机遇。渤海湾是东北亚丝路延伸的一个重要起点，东北亚丝路复兴的前景也离不开渤海湾，而“北极航道”的开通和逐步启用，渤海湾也会首当其冲成为走向“北极航道”的巨大的内海港湾。其次，京津冀经济一体发展，最终会奠定渤海湾建设大湾区的扎实基础。第三则是渤海湾本身的潜质。

渤海不算小，海域面积 8 万平方公里，虽然平均深度约为 20 米，沿岸深水港不是很多，但有较大的纵深度。尤其是位于渤海门户位置的庙岛群岛，长山、大钦、小钦等 18 个大小岛屿南北排列，是山东半岛莱州湾走向大连营口湾的典型地理陆桥。目前，从蓬莱角到辽东半岛的老铁山角，主要依靠滚装船轮渡，但也有一个未来规划，就是利用庙岛群岛自然形成的地理陆桥，修建横跨渤海的超长公铁桥梁，或者也可以建设海底隧道，将山东半岛和辽东半岛连接起来。采用什么方式，技术并不是问题，这一带也是重要的渔场，需要更多地从保护生态系统角度去斟酌。如果有关工程能够上马，意义非同小可，既可以让沿海铁路进一步向东北地区延伸，加快东北经济发展的步伐，也创造了渤海湾区域纵深发展的新的经济地理条件。到那时，环渤海省市的发展将会如虎添翼，而东北和华北乃至华东也在紧密连接中，将爆发出更大的经济发展能量。

进一步讲，从中国北部总体上看，东北地区直接间接地处于环渤海湾经济发展带的前沿与末梢，它与正在实现京津冀经济一体发展的华北核心地区以及山东半岛西北部，共同组成了一个较大的经济次区域。其吸附和辐射半径要比“珠三角”和“长三角”大得多。一旦发展起来，其经济能量或许会更大。如果从半径更大的泛渤海地区去看，内蒙古东南地区、山西北部和东部以及山东和辽宁，都在直接联通的范围之内，在推动京津冀经济一体发展的同时，进一步强化京津冀与山东、山西乃至与东北南部地区的经济联系，同样十分重要。

环渤海有着数量密集的港口群。从大连港、营口鲅鱼圈到葫芦岛港，从秦皇岛港到曹妃甸港再到天津新港、黄骅港、蓬莱港乃至烟台港、青岛港、石臼港，都是泛渤海的重要海上门户，都是“北极航道”的主要用户，整合这些重要的港口的海上丝路运输功能，营造新的南北兼通的物流新格局，是与京津冀经济一体发展相辅相成的举措。

在京津冀经济一体发展中，正在进入规划后期和开发初期的雄安新区，是京津冀经济一体发展和未来渤海湾大湾区的点睛之笔 。一般认为雄安新区，目前主要承接非首都功能疏解，使北京摆脱“摊大饼”发展的老弊端，实行“组团式发展”，更重要的是形成京津冀技术和产业创新的新基地，更是未来渤海湾大湾区发育发展的最大支撑点。北京的科技创新力量很强，天津和河北省的科技创新力量也不弱，但在创新机制上和在人才流动性上，不同程度受到原有体制的客观制约，需要“移植”到新的创新土壤里成长发展。雄安新区的规划与发展，是京津冀经济一体发展的最为重要的前提和条件。雄安处于京津冀的内陆腹地，但其向渤海湾的辐射扇面超过了180度。雄安新区与北京、天津乃至沧州的工业产业转移区几乎都是1个小时车程距离，从北京乘高铁到雄安，只需要20分钟。雄安不仅是中国继深圳和上海浦东新区之后的规模和发展层次更大更高的经济开发特区，也是未来渤海大湾区的新支点。

这个新支点，新就新在创意新，规划新，机制新，目标也新。

创意新。很难想象，在作家孙犁笔下的雁翎队的故乡白洋淀旁，新的一队雁翎要从这里滑翔起飞，他们背负着新的使命，是建设一个崭新的经济特区，一个开始雄起的科技创新之城，一个辐射京津冀而且影响到整个渤海湾的新的产业基地。

规划新。雄安新区前期规划200平方公里，后期发展到2000平方公里。既与实力雄厚的北京中关村科技园区相呼应，也与天津的滨海新区相对接，还与河北省临海地区的新兴工业城市发生紧密的市场联系。这是内陆与沿海一体联通的一个倒置的经济“金三角”，打破了沿袭已久的沿海布局，这样的规划设计思路，在世界经济特区发展历史里很少能够见到。

机制新。生产要素的配置更加市场化，要素流动的渠道更畅通，城市化公共服务体系也更加以人为本。比如，住房制度以租为主，不仅为住房制度改革树立了一个新的样板，也更适应于人才和人员的频繁交流。

目标新。新区的建设不是为了建设而建设，是为了京津冀经济一体化发展提供不可或缺的创新引擎。这对一个阶段里有些地方出现的新开发区建设攀比重复和务虚倾向，无疑地是一个很大的触动。

这样一个令人耳目一新的新雄安，自然会是京津冀经济一体化发展的点睛之笔，说它也为渤海湾大湾区建设拉开了序幕，同样也不为过。那么，在言及雄安新区与未来渤海湾大湾区的关系之外，为什么又要跳到东北的图们江出海口地区，并同大湾区建设布局联系在一起呢？因为在未来，那里更有可能做出另一篇大湾区跨国发展的新文章和大文章。图们江三角洲及其两侧，原本就是日本海西岸的一个显在的较大跨国湾区。只是因为这里的多国国界线犬牙交错，密集到几近“重叠”的程度，所以很难想象，在图们江出海口陆地河岸狭窄的不能再狭窄的情况下，会有大湾区发展的地理空间。在一般构想里，大湾区的发展建设是一国内部特定经济区域如何进一步整合提升产业集中度的事情，很少涉及跨国发展问题。但是在经济全球化和地区经济发展一体化的大的发展趋势里，跨国发展建设并非没有可能。20 世纪 80 年代联合国开发计划署推动的图们地区跨国开发计划，虽然并没有提出跨国大湾区发展的明确概念，但无疑也包含着这样的内容。为什么在图们之前要冠以一个“大”字，恐怕不仅是图们地区内陆腹地大，更多着眼于国际经济合作的潜力大，着眼于跨国界的地理区位分析考察。

事实上，所谓“大图们”，并没有什么特别的地理含义，从地理形势看，图们江贯穿图们地区，总体上更像是一个腹大口小的葫芦，具有高度的封闭性，但在经济跨国开发的视野里，“葫芦口”也可以变为“喇叭口”，喷射出带动影响周边地区特别是湾区地区的强大经济流，从而成为改变日本海经济相对封闭落后的重要经济力量。这个“大图们”湾区有多大呢？至少是北起俄罗斯远东的符拉迪沃斯托克，南到朝鲜的清津港。说得再大一些，也可以延伸到东朝鲜湾，辐射到日本海东岸的下关和北九州等大小自然湾区，“大图们”开发计划如果实现，日本的大湾区或者不只在东部江户地区出现，西部的下关和北九州也会得到比较充分的发育。

问题在于，在20世纪90年代之前，苏联并没有推出远东开发的设想，“北极航道”的开通也没有可能提上日程，中国对联合国开发计划署的“大图们开发计划”虽然有兴趣，朝鲜一方也建立了罗津和先锋等开发区，但多国合作开发的计划并没有真正地展开，当然也更不可能谈到跨国大湾区建设。

现在情况完全不同了。在俄罗斯总统普京的直接推动下，俄罗斯远东开发取得较大进展，开通“北极航道”也成为俄罗斯振兴经济的极为重要的政策走向，而中俄企业在图们江口俄方一侧扎鲁比诺港的合作扩容，也在一定程度上部分缓解了图们江出海问题。在这种情况下，或者也会有极大的可能促进“大图们”开发计划进一步落实。

应当说，俄罗斯远东开发力度很大，投入也不小，但在开发格局上还是相对小了一些。引进投资和进一步打通贸易过路通道固然非常重要，但要形成更大的市场气候，也还需要从跨国大湾区的更高市场整合度上着眼更多。图们江的航运不仅关系到中国东北经济的外向性发展，也关系到日本海西岸的总体发展。未来图们江大湾区的市场整合功能有多强，俄罗斯远东地区的发展就有多快。未来图们江大湾区的发育有多早，“北极航道”的发育也会有多早。

第四章

北极丝路合作

二十一、中国的北极政策

2013年，中国成为北极理事会永久观察员，这是中国在目前国际框架下的一个推动和协调北极可持续发展的重要角色。在这一年，第一艘中国货轮进入了北极的“西北航道”，这艘中国货轮从中国的北方港口大连始发，经北极航道到达欧洲的鹿特丹。在这之前，虽然还有很多其他国家的货轮进入“北极航道”，但中国货轮试航“北极航道”还是第一次，因此引起了极大的国际关注，甚至在一个时期里出现了中国马上要参与开发“北极航道”的猜测。有关机构还作了这样的预测，即到2020年，中国经由“北极航道”的运输总量将会占到中国外贸货运总量的15%，这个预测显然是过头了。中国货轮在“北极航道”试航，后来还有一次，都是由中国中远集团进行的。据了解，中远集团有自身的北极定期通航计划，主要还是一种经贸和运输考察。

2016年4月上旬，俄罗斯、芬兰、中国、挪威和韩国五国的外交官和公司负责人在摩尔曼斯克讨论北极航道，这是第六次北极物流会议。在北极问题上，中国不能作一个永久的“观察员”。北极既是北极五国和北极八国的北极，也是全地球人类共同的北极。从长远来看，应当在既有机制下，建立更完善更广泛的北极开发合作协调机制，除了保障北极开发活动能够给人类带来经济效益，也要在环境保护问题上做出更多的努力。

目前，中国的注意力更多地集中在北极科学考察上，并先后举行了7次规模大小不等的北极科考活动。这些科考活动与北极开通与正常运行有着密切的关系，对进一步了解北极保护北极生态环境有重大的意义。2017年7月20日，中国的第8次北极科考活动启动了，人们熟悉的“雪龙号”由白令海进入北冰洋，开始了较大规模的环北冰洋航行考察，这次北极科考历时两个月，于9月25日圆满结束。总航程为20590海里，其中在冰区航行1995海里。考察内容比较广泛，包括海洋生物多样性、海洋水文、海洋化学、海洋地质、海洋微塑料和海洋垃圾污染等。

中国的第8次北极科学考察活动有四个方面的新突破：一是首次开展环北冰洋考察；二是首次穿越北极中央航道并在北冰洋公海开展科学调查；三是首航北极“西北航道”，雪龙号在2017年8月30日穿越北极的浮冰之后，成功地从北美大陆东侧格陵兰岛附近的戴维斯海峡，于9月6日抵达了位于美国阿拉斯加和加拿大北部之间的北美洲的波佛特海，与加拿大科学家共同开展了海洋环境和海底地形调查；四是首次在北极和亚北极地区开展海洋塑料垃圾、微塑料和人工核素监测，关注北冰洋的环保问题。这次成功的科考也揭开了中国北极科学考察活动持续进行的序幕，将会每年进行一次。

中国的第8次北极科学考察活动在航道考察方面具有全视角性，既着眼于“东北航道”，也着眼于“西北航道”。“雪龙号”在“西北航道”航行时收集了有关水下特征和水深的数据。从学术角度来看，那里的航行潜力很大。这条航道的使用取决于加拿大政府的政策。

为了更好地完成北极考察项目，中国还在芬兰阿克北极技术公司的协作下开始建造首艘国产极地科考破冰船雪龙2号。新的雪龙2号可以对1.5米厚度的冰层连续破冰，是一艘更大功能更全面的极地科学考察船。中国还与芬兰为在北极海床上铺设10500公里的通信光缆进行磋商。这是打造连接中国与欧洲的重要数据通道。目前欧亚之间的海底光缆联通有两条，一是通过美国“太平洋路线”，一是经由苏伊士运河和马六甲的“南方路线”，新的北极光缆将会大大提高欧亚之间的联通性。

为保障北极科考的持续性，按照国际惯例，中国国家海洋局不仅与俄罗斯签署了旨在扩大北极和南极研究领域进行国际合作的谅解备忘录，也与挪威、美国、德国、智利和阿根廷等国签署了类似文件。

然而，中国对北极地区的保护与合理开发也从此进入了一个新的阶段。其主要标志就是正式发布了北京白皮书。

中国的北极政策有三个重要的支点：尊重、合作与可持续。尊重就是尊重北极国家的主权，而北极国家也应当根据国际法尊重中国在北极的合法权益，包括自由航行的权利。合作多赢是中国北极政策的关键，与中国“一带一路”倡议精神是完全一致。可持续则取决于北极的环保和绿色理念的不断提升。保护北极环境是北极国家的重大关切，也是中国的重大关切。北极理事会通过了重申北极环境保护的《费尔班斯克宣言》，中国在《关于推进绿色“一带一路”建设的指导意见》中也再一次强调了绿色环保。

2018 年 1 月，中国发表了首份《中国的北极政策》白皮书，比较简练但十分明确地阐明了中国的北极政策目标和基本原则。这份《中国的北极政策》白皮书分为前言和四个主要部分，包括对北极形势变化的判断、中国与北极事务的利益攸关关系、中国的北极政策目标和基本原则、中国参与北极事务的主要政策主张以及中国积极参与北极治理和国际合作的积极态度。白皮书还首次明确地提出了“冰上丝绸之路”的重要概念，将北极的合理开发与生态保护纳入“一带一路”倡议的顶层框架之中。这份白皮书不仅对北极长远的有序开发的可持续性具有重要意义，对现代新丝路的建设也具有里程碑式的意义，因此引起了多方面的广泛关注。关注的焦点主要是四个，一是中国对北极地区的关系明确自身定位；二是郑重声明中国依据《联合国海洋公约国际》等国际条约和一般国际法，与其他北极域外国家同样享有的权利，包括科研、航行、飞越、捕鱼、铺设海底电缆和管道的权利；三是提出“冰上丝绸之路”，鼓励企业参与北极航道基础设施建设，依法开展商业试航，稳步推进北极航道的商业利用和常态化运行，与各方共建“冰上丝绸之路”；四是亮明中国致力于与国际社会一道共同维护和促进北极的和平、稳定和可持续发展的坚定态度。

中国对北极地区关系的自身定位是近北极国家。这首先是有地理科学依据的，中国的北部边界紧邻着西伯利亚，纬度最高的漠河，纬度高于俄罗斯的库页岛，是欧亚大陆陆上最接近北极圈的国家之一。其次，由于距离北极圈不算太远，北极的自然状态及其变化对中国的气候变化和生态环境必然产生直接的影响，中国冬季不时出现的寒流主要来自北极冷空气的流动与交换，气候变化的影响又会直接影响中国的农业、林业渔业活动，关系到中国的经济生活。因此，北极之于中国是一个关联度比较高的地区。

第三点更重要，那就是中国与北极地区不是一般的关联，而是与北极圈内的斯瓦尔巴群岛及其中的西斯匹次卑尔根岛，有着国际法规定的使用权利和义务关系的。远在100年前，也就是“中华民国”段祺瑞执政府时期，北极探险家们发现了斯瓦尔巴群岛。斯瓦尔巴群岛临近北纬80度，南临挪威海和巴伦支海，北邻北冰洋，西北临格陵兰海。由西斯匹次卑尔根岛、东北地、埃季岛、巴伦支岛等组成，面积6.2万平方公里。斯瓦尔巴群岛大部分被冰川覆盖，1925年正式归属挪威，与熊岛合为斯瓦尔巴行政区。鉴于斯瓦尔巴群岛地理位置的重要，各国北极探险家纷至沓来，引起欧洲各国关注，并引发了欧洲国家有可能出现纷争的担忧，由法国等欧洲国家提出签订国际条约，并由法国发出邀请，也请中国作为签约国之一。这就是中国参与签署《斯瓦尔巴条约》的由来。该条约规定，禁止在斯瓦尔巴进行军事活动，但签约国均可以在挪威法律框架内，有着本国公民自由出进往来的权利和自由，也有在西斯匹次卑尔根地域和水域内捕鱼、狩猎，开展海洋、工业、矿业和商业活动的权利和开展科学调查的权利和自由。该条约于1925年8月14日生效，而中国也从这一天起在斯瓦尔巴群岛有了国际条约赋予的相关权利。只是，由于此后很长时间里，中国战乱不断，积贫积弱，无暇顾及，一直到中华人民共和国成立后特别是中国开始进入改革开放时期，这个与中国有着具体相关性的地区才真正开始得到重视。1991 年，中国探险家高登义首次应邀参加了由挪威、苏联、冰岛和中国四国探险家组成的北极综合考察活动，开启了中国探险家和科学家正式的北极考察之路。接着，中国科学家在西斯匹次卑尔根岛的富勒角对面，建立了中国在北极科考站——黄河站。中国科学家以黄河科考站为基地，先后已经进行了 8 次北极科考活动。截至 2017 年，中国“雪龙”号科考船成功地开展了 8 次北冰洋考察，在北极地区建立起海洋、冰雪、大气、生物、地质等多学科观察体系，为进一步参与北极事务，包括环境保护，航运和资源开发利用等商业活动提供了必要的条件。

中国之所以积极参与北极事务，还有几个更为重要的因素：第一、北极问题不仅涉及北极国家，同时也具有全球意义和国际影响。北极的气候变化、生态环境、科研考察，资源的合理勘探与开发、安全治理等重大问题，关系到世界各国直接间接的共同利益，也涉及全球治理、区域合作、多边和双边机制等多个层面。中国倡导构建人类命运共同体，应当成为北极事务的积极参与者和建设者。中国也是联合国常任理事国，肩负着共同维护北极和平与安全的使命，必须对北极事务高度关注，并对制定北极国际规则和构建北极治理机制发挥积极作用。第二、根据《联合国海洋法公约》《斯匹茨卑尔根群岛条约》等国际条约和一般国际法，中国在北冰洋公海、国际海底区域和特定区域享有所规定的科研、航行、飞越、捕鱼、铺设海底电缆、管道和资源勘探开发的自由和权利。中国参与北极事务由来已久，早在 1925 年就加入了《斯瓦尔巴条约》，1996 年又成为国际北极科学委员会的成员国，中国的北极科研活动越来越活跃。第三、中国的“一带一路”倡议得到沿线国家包括北欧国家的积极回应。“一带一路”是自古以来丝路文明不断发展的最新思维和实践，其本身就具有基于地理地缘延伸传播的自我发展逻辑。积极参与北极事务，将为“冰上丝绸之路”的开通和进一步完善“一带一路”的网络架构，扩大共同发展的覆盖面，有着极其重大的意义。

中国北极政策目标和基本原则十分明确。总的目标是认识北极、保护北极、利用北极和参与北极治理，维护各国和国际社会在北极的共同利益，推动北极地区的可持续发展。中国在追求本国利益时，将顾及他国利益和国际社会的整体利益，兼顾北极的保护与发展，平衡北极当前利益和长远利益。这两个兼顾和一个平衡，是推动北极可持续发展的基本点。

白皮书阐述了中国在处理北极事务中的基本原则：尊重、合作、共赢和可持续。这四个基本原则和行为准绳将会对北极的发展产生长远重大的正面影响。与“一带一路”共商、共建、共享的著名三个原则具有高度一致性，但更为具体。

白皮书指出，“尊重是中国参与北极事务的重要基础”。尊重就是相互尊重，包括尊重各国都要遵循的《联合国宪章》《联合国海洋法公约》等国际条约和一般国际法。尊重北极国家在北极享有的主权、主权权利和管辖权，尊重北极土著人的传统和文化，也包括尊重北极域外国家依法在北极开展活动的权利与自由，尊重国际社会在北极的整体利益。

白皮书指出，“合作是中国参与北极事务的有效途径”。合作就是要在北极建立多层次、全方位、宽领域的合作关系，通过全球、区域、多边和双边等多种合作形式，推动北极域内和域外国家、政府间国际组织、非国家实体等众多利益攸关方共同参与，在气候变化、科研、环保、航道、资源、人文的领域全方位合作。

白皮书指出，“共赢是中国参与北极事务的价值追求”。共赢就是要在北极事务各利益攸关方之间实现互利互惠，在各活动领域之间追求和谐共进。这种共赢，不仅要体现在北极国家、域外国家和非国家实体的普惠中，也要体现在北极居民和土著人群体的利益中。要实现北极各领域活动的协调发展，确保北极的自然保护和社会发展相统一。

白皮书指出，“可持续发展是中国参与北极事务的根本目标”。可持续就是要在北极推动环境保护、资源开发利用和人类活动的可持续性，致力于北极的永续发展，从而实现北极人与自然的和谐共存，实现北极生态环境保护与经济社会发展的协调，实现北极开发利用与管理保护的平衡兼顾，实现当代人利益于后代人利益的代际公平。

中国参与北极事务，坚持科研先导，强调保护环境，主张合理利用，倡导依法治理和国际合作，并致力于维护和平、安全、稳定的北极秩序。

北极的科研价值具有多重性，不仅对北极有意义，对整个地球也有全局意义。因此中国把北极的科学考察和研究活动摆在了第一位。积极开展北极地质、地理、冰雪、水文、气象、生物、生态、地球物理、海洋化学的多学科的科学考察。积极参与北极气候与环境的监测与评估，通过建立北极多要素协同观察体系、合作建设科学考察站或观察站以及参与建设北极观察网络，开展对大气、海洋、海冰、冰川、土壤、生物生态、环境质量等多方面多领域的连续观察，并不断加强物理、化学、生命等学科的基础研究，以及有关北极政治、经济、法律、社会、历史、文化的研究。

以科研为先导，必然要加大北极科研投入，提升各种考察科研平台的功能，提高科研能力建设，培养专业人才，开展国际学术交流。与此同时，鼓励开发极地技术装备，包括极地科考装备、极地基础设施建设装备、极地石油天然气钻采装备以及新型冰级船舶制造等等，扩大制造业的领域，全面提升装备制造业的水平。

中国一直致力解决全球性环境问题，认真履行有关国际条约的义务，承担环境保护责任。保护北极地区的自然环境、保护极地生态系统，养护北极生物资源，也是参与北极事务的重中之重。北极环境保护是海洋环境保护的重点，因此，白皮书强调，中国支持北冰洋沿岸国家依照国际条约减少北极海域陆源污染的努力，与各国一道加强对船舶排放、海洋倾废、大气污染的管控，切实保护北极海洋环境。中国重视北极生物多样性保护，推进在北极物种保护方面的国际合作，提升北极生态系统的适应能力和自我恢复能力。中国是《巴黎协定》的缔约者和坚定推动者，中国的减排措施对北极气候生态具有积极影响，继续深入研究北极物质交换过程及机理，预测未来气候变化对北极生态环境的潜在风险，也将列入中国应对气候变化的议程。

通过与相关国家企业国际合作合理利用开发北极资源，主要体现在以下四个方面；

一是参与北极航道开发利用。北极航道分为东北航道、西北航道和中央航道。全球变暖和北极融冰有可能使北极从航海自然禁区变身为国际贸易和跨国物流的重要干线。这条干线将会成为“冰上丝绸之路”，成为新的丝路联通载体，也会成为中国倡导的“一带一路”的新的组成部分。同“一带一路”国际合作共同发展一样，中国主张，“冰上丝绸之路”的开发利用，需要尊重北极国家依法对其管辖范围内海域行使的立法权、执法权和司法权，并根据有关国际公约和一般国际法管理北极航道，保障各国依法享有航行自由和利用北极航道的权利。有关国家的航道争议应当依据国际法妥善解决。

中国明确提出，与各方共建“冰上丝绸之路”鼓励企业参与北极航道基础设施建设，依法开展商业试航，切实遵守《极地水域船舶航行安全规则》，并支持国际海事组织在北极航运规则制定方面发挥积极作用。

二是保护和依法合理利用北极资源。主要途径是尊重北极国家国际法对其管辖范围内的油气和矿产资源享有的主权权利，尊重相关国家的法律法规，支持企业通过各种国际合作形式参与北极油气和矿产开发。北极富含地热、风能等清洁能源，因此在清洁能源的开发方面，中国持积极态度。

三是参与渔业等生物资源的开发利用。主张各国依法享有在北冰洋公海从事渔业资源研究和开发利用活动的权利，同时承担养护渔业资源和保护生态系统的义务，建设性地参与北冰洋公海渔业治理。据研究和推测，由于气候变暖，许多鱼类出现向北迁移的趋势，北冰洋很可能成为新渔场，因此制定北冰洋公海渔业管理的协定和制度安排十分重要。

四是参与旅游资源开发。北极旅游正在兴起，中国支持和鼓励企业与北极国家合作开发北极旅游资源，积极倡导低碳旅游、生态旅游和负责任的安全旅游。参与北极旅游资源的开发利用，也要使北极居民和土著人成为真正的受益者。

维护现行北极国际治理体系，中国将会发挥建设性的作用。中国主张稳步推进北极国际合作，并在“一带一路”框架下坚持共商、共建、共享。这种国际合作具有务实性，重点内容是政策沟通、设施联通、贸易贯通，资金融通和民心相同。加强与北极国家的战略对接。在全球层面，中国积极参与全球环境、气候变化、国际海、公海渔业管理等领域的规则制定。在区域层面，积极参与政府间北极区域性机制。在多边和双边层面推动各领域的务实合作。2010 年，中美建立了海洋法和极地事务对话机制，2012 年，中国与冰岛签署了《中华人民共和国与冰岛共和国关于北极合作的框架协议》，从 2013 年起，中俄持续举行北极事务对话。中国也重视与其他北极域外国家的对话合作，同英国、法国开展了双边海洋法和极地事务对话，在 2016 年也与日本、韩国启动了北极事务高级别对话。中国也支持或参与北极各利益攸关方共同参与的“北极—对话区域”“北极圈论坛”“北极前沿”以及“中国—北欧北极研究中心”等平台，在北极各利益攸关方交流合作方面发挥作用。

在北极地区，中国的潜在合作对象可以分为四个方面，即北欧五国、俄罗斯、美国和加拿大。北欧五国包括丹麦、冰岛、挪威、瑞典和芬兰。1951 年 12 月，由丹麦、冰岛、挪威、瑞典四国组成的北欧理事会首先在哥本哈根成立，1955 年 10 月芬兰加入北欧理事会。北欧理事会下设经济、文化、社会和法律委员会，五国外长每年春季定期会晤，对北极事务具有统一重要的影响。在北极八国中，俄罗斯濒临北极海的岸线最长，同时领有北地群岛等北极重要岛屿。加拿大西北部也有较长的北冰洋海岸线和众多的岛屿，美国则主要是阿拉斯加和白令海峡西岸。对于加拿大在北冰洋的岛屿之外，加拿大认为是自己的领海，美国认为是公海，这是美加在北极的一个重要分歧。

二十二、中俄北极经济合作

应当说，中国与北极国家加强北极合作的大幕是从 2017 年正式拉开的。这年 7 月，中国国家主席习近平访问俄罗斯，中俄两国发表联合声明。其中强调了加强在北极地区的合作。习近平还同时访问了芬兰等北欧国家，发出了北极国际合作的更广泛的明确信息。

事实上中国与北极国家的经济合作是全面多向的。除了中俄之间在“北极航道”进行积极合作，并在支持俄罗斯北冰洋近岸进行常规性天然气合作开发，也与北极圈内多个国家也积极探讨多种产业合作。中国与芬兰在海洋产业等领域的经济科技合作正在加强，中国与挪威、丹麦、瑞典及冰岛的合作许多领域稳步推进。它们都是亚投行的成员国，有更好的条件启动双边合作与多边合作。

毋庸说，俄罗斯是北极合作开发尤其是“北极航道”开发的最积极的推动者和先行者，中国也是俄罗斯最大的北极经济合作对象和基础设施的潜在投资者。

中俄是近邻，也是经济关系密切的战略经济贸易伙伴。中俄经济合作的第一个层次是绿色产业合作。既具有互补性，也有广阔的合作前景。2015 年，中国的丝路基金、中国石油天然气公司、俄罗斯诺瓦泰克公司和法国道达尔公司分别以 9.9%、20%、50.1% 和 20% 的股份合资推进亚马尔液化天然气项目，这是多国合作的一个重要案例。虽然道达尔公司后来退出了这个项目，但项目进展顺利。进入 2017 年，中国石油天然气公司与诺瓦泰克公司再度联手，投资了位于俄罗斯北极地区的第二个天然气液化项目。在此之前，中国的华信公司斥资 91 亿美元收购了俄罗斯石油公司 14.16% 的股份，中俄的清洁能源企业合作进入新的实操性新阶段。

另一个层次是努力提升双边贸易水平。2014 年，中俄曾经提出双边贸易额达到 1000 亿美元的目标，长远目标是 2000 亿美元，当年实现 950 亿美元。由于经济制裁、油价下跌、卢布贬值以及贸易结构等多种因素，2015 年回落到 680 亿美元。2017 年中俄双边贸易在一度起落中开始出现转机，双边贸易额超过了 800 亿美元。这虽然离开原定目标还有距离，但前景还是乐观的。目前，中俄两国开始扩大本币结算，这无疑是扩大双边贸易规模的重要举措。

值得一提的是，中俄之间的跨国旅游服务业出现了新的气象，从远东地区的边境游向纵深发展。2016 年 7 月，“万里茶道”国际旅游联盟成立了。“万里茶道”是出现在 400 年前的一条古代丝绸之路，也称北方草原丝绸之路，一直是俄中两国学者研究关注的路线。2014 年，俄罗斯学者曾经致函中国学术机构，寻找和求证一个叫羊楼洞的中国地名。这个羊楼洞在中国湖北省赤壁附近，是一个小的镇集。在俄罗斯的有关商业历史文献里，这个地名屡屡出现，因此它是古代和近代中俄频繁的茶叶贸易的一个重要的源头。羊楼洞其实是中国茶叶在长江沿岸的集散加工和长途起运点，真正的茶产地和加工地在福建武夷山。经营大宗茶叶商品的著名晋商从羊楼洞打包起运，渡江北上，或经汉水，与秦商汇合，北去新疆，或入晋地，直上草原，并在俄蒙边境的恰克图（又名买卖城），开始了远至彼得堡和欧洲城市的连续性跨国交易。这条著名的茶叶之路在中国直接涉及福建、江西、湖南、湖北、河南、河北、山西和内蒙古，以及蒙古国的乌兰巴托以及俄罗斯的布里亚特共和国和贝加尔地区。这条国际旅游线的开发，不仅使人们再次重温这段重要的丝绸之路商贸史，也有力地推动了中俄现代旅游经济的发展，与中国东北的远东边境游形成了互补。尽管这条跨国旅游线目前只延伸到贝加尔湖地区，但在未来有可能成为一直西向的更长的跨国旅游路线。

但是，在俄罗斯看来，这些经常性项目合作虽然非常重要，但更大的合作是在远东地区开发取得支持和实现“一带一路”与欧亚经济联盟的对接。中国从一提出“一带一路”倡议，俄罗斯很快做出了积极反应。他们从“一带一路”倡议里看到了俄罗斯整体发展的巨大机会。

在俄罗斯联邦成立之初，俄罗斯经济的主要方向是西向的。在很长时间里处于经济融入欧洲的一厢情愿之中。俄罗斯有欧洲亟须的巨大化石能源藏量，主要的天然气管线也通向了东欧、中欧、北欧和西欧，这是其经济融入欧洲的最大资源优势。但是，由于欧盟东扩带来的地缘政治危机以及由此出现的经济制裁与反制裁，这条道路明显地很难走起来，而且更多的人看到了，进入21世纪之后，亚洲一片繁荣，东亚尤其是中国正在强劲崛起。作为幅员巨大、横跨欧亚的俄罗斯国家，应当把优先的眼光放在远东地区。在俄罗斯国内，“向东转”的口号在10多年前就被多次提了出来，但说易行难，鉴于俄罗斯远东地区总人口只有600万，劳动力匮乏，市场空间相对狭小，没有大的政策力度支撑，很难出现大的开发效果。2011年是俄罗斯远东地区开发建设的起始年，一批政策陆续开始落地。从2015年起，俄罗斯进一步加大了远东地区开发开放力度，连续举办东方论坛，吸引外来投资的关注，扩大对远东地区联邦财政投资，修订了远东开发纲要，并在建立15个地区开发区的基础上设立了3个享有税收优惠的跨越式开发区。尤其是在符拉迪沃斯托克设立自由港，这是俄罗斯远东地区开发的最大亮点。他们希望把它建设成俄罗斯的“深圳”。与此同时，贝阿铁路和俄罗斯规模最大的阿穆尔天然气加工项目开工。阿穆尔天然气加工项目距离中国黑河市200公里，是年输送420亿立方米天然气的中俄天然气东线的起点，建成后也将成为世界上最大的天然气处理厂之一。

俄罗斯远东地区开发也曾伴随一个更大的地区联通计划，即设想把西伯利亚大铁路沿边疆区向南延伸，即通过朝鲜走向韩国。对这个计划，韩国和日本当然都有积极性，但这个设想真正能够落地，取决于朝鲜半岛出现的积极变化。

在不断加大远东地区开发力度的同时，俄罗斯也逐渐加强了对自身西部欧洲方向的规划，那毕竟是俄罗斯的心脏，而中亚也是苏联曾经的加盟共和国地区。例如，即使在目前美欧依然对俄经济继续制裁的情况下，俄罗斯也没有放弃与美争夺欧洲天然气市场的努力。美国天然气源源不断输入西欧和东欧国家，俄罗斯以降低天然气价格和拍卖方式给以反制，并且开始推进通过波罗的海海底输气管线向欧洲输送天然气的“北流管道”二线工程。

从长远来看，俄罗斯“双头鹰”的地理地缘思维格局必然使其眼光向东也向西。因此，开发远东和推动欧亚联盟发展是俄罗斯经济发展战略的一种必然的双选择。

2014 年前后，俄白哈吉 4 国建立了欧亚经济联盟，后来扩大到亚美尼亚。这个联盟一开始只是一种关税同盟，但发展迅速，很快与中国“一带一路”倡议开始对接。“一带一路”中的丝绸之路经济带的建设有北中南三个走向，南边是中巴经济走廊、中段是吉、乌、阿、伊、土地中海方向，北则是沿着古代草原丝绸之路一直延伸到欧洲，因此，欧亚经济联盟与丝绸之路经济带在西北的延伸，方向上具有一致性，而“一带一路”的巨大包容性也使这种对接完全顺理成章。2015 年 5 月 8 日，中俄在莫斯科发表了《中华人民共和国与俄罗斯联邦关于丝绸之路经济带建设和欧亚经济联盟建设对接合作的联合声明》，明确提出，俄方支持丝绸之路经济带建设，中方支持俄方积极推进欧亚经济联盟框架内一体化进程。中俄将通过双边机制合作，优先领域涉及投资贸易、产能与园区合作、硬件与软件联通、企业合作和金融合作等。2016 年 6 月，中俄开始启动中国与欧亚经济联盟经贸合作协议谈判，经过 5 轮谈判，2017 年 10 月 1 日，中国商务部和欧亚经济委员会代表在杭州签署了经贸合作协议。

对远东地区的优先发展，俄罗斯的目标是清晰的。2017 年 11 月 8 日，普京出席在越南岘港举行的第 25 次 APEC 峰会时，在俄罗斯总统网站发表文章，对建立亚太自贸区明确表示支持，同时提出了拓展欧亚伙伴关系的呼吁。他说，过去 5 年，APEC 经济体在俄罗斯外贸中所占的比重已经从 23% 上升至 31%，在俄罗斯出口中，从 17% 上升到 24%，“我们不打算就此止步”。他强调，俄罗斯正在改造远东海港和空港，修建新的油气管道，打造连接中国、日本和韩国的能源“超级环”，希望亚太各国参与，并特别提出建设大欧亚伙伴构想，“建议在欧亚经济联盟和中国‘一带一路’倡议的基础上建立这一关系”。

欧亚一体化是俄罗斯的核心构想，既关系到远东振兴，也关系到目前的欧亚经济联盟。俄罗斯远东地区还需要在继续完善基础设施的同时积累商气，欧亚经济联盟则需要进一步扩大影响半径。正像一些俄罗斯媒体和学者所指出的，欧亚经济联盟无论从参与国经济规模还是数量上，都远远小于丝绸之路经济带涉及的国家，尽管对于推动欧亚经济一体化是一个不可或缺的环节。真要实现更大的欧亚经济一体发展的长远目标，最终还需借助“一带一路”发展的路径。

在这样一种背景下，一个操作半径扩大到俄罗斯西北部的更大的设想提了出来。2017 年中，俄罗斯学者尤里·塔乌里罗夫斯基撰文提出，“对俄罗斯来说，应该力争把圣彼得堡建成‘一带一路’北方枢纽，建设中的双西公路经圣彼得堡而跨入欧洲西部，体现了圣彼得堡在丝绸之路经济带中的经济地缘战略地位。圣彼得堡港及附近的乌斯季—卢加港、普里莫尔斯港、维堡港等多座波罗的海港口已经为‘一带一路’构建了完整的港口体系。作为新建的西北大港，乌斯季—卢加港 2016 年的货运量增至 9340 万吨，而其远期规划货运量为 1.8 亿吨。这个门户港口加上其他海港组成的港口体系将极大提高圣彼得堡作为‘一带一路’北方枢纽的货运能力”，由此进入北欧的运输网络。他还提出，从圣彼得堡向俄罗斯欧洲部分的东南地区修建新的铁路并向中国延伸，既可以同西伯利亚铁路相连接，也可以通过新陆桥（第二座欧亚大陆桥）连接中国。

从丝绸之路经济的西北物流走向来看，经由莫斯科还是圣彼得堡，无疑是物流方案的特定选择路径，并不一定具有不可替代的价值，但是，当人们将目光移向北极地区和北极航道，以及北极航道的一个重要节点，俄罗斯濒临白海的北极圈城市阿尔汉格尔斯克，一切变得更加清晰起来。阿尔汉格尔斯克目前是俄罗斯的冰雪旅游地，同时也是俄罗斯北极航道的一个重要节点。拟建的铁路同样可以穿越乌拉尔山和西伯利亚，延伸至中亚地区和中国的西部。

由此看来，这里存在着一个由北方丝绸之路和俄罗斯北极航道的闭环，一旦投入运作半个欧亚大陆也就互联互通起来，进入北冰洋的商船队搞活了俄罗斯远东，同时也预留了对接北欧波罗的海一线海运网络的较大空间。为了加强现实条件下改善“东北航道”基础设施不足和电力短缺的状况，俄罗斯还建造了全球首座命名为“罗蒙诺索夫”的漂浮核电站，由俄罗斯“东北航道”枢纽港口前往西伯利亚东部。这座漂浮核电站拥有两座发电量35兆瓦的核反应堆，能够满足20万人口城镇的用电量。因此，人们有理由相信，俄罗斯开发北极的计划是坚定的，中俄在“东北航道”一线的多种经济合作空间和在北冰洋南沿首先出现“一带一路”共同发展的新的增长点，也是具有更多现实性的。

俄罗斯关于欧亚经济一体化和国内区域经济发展战略对接，前后有很大的演进，大体可以分为两个阶段和两个操作方向。一个阶段是探索欧亚经济联盟与“一带一路”对接，一个是俄罗斯远东方向的对接，目前，这两个对接方向由于中俄在北极的合作有了首尾相接的可能性和现实性。正像本书有关章节所描述和预测的，如果在正常推进的情况下，极有可能出现多方向整合的逆时针物流循环圈和经济联通圈，而促成这种整合状态的一个最主要的因素就是中俄在北极的丝路合作。

2017年3月底，第四届“北极—对话区域”国际北极论坛在俄罗斯北方之都阿尔汉格尔斯开幕，来自30多个国家的2000名代表参加了论坛。中国副总理汪洋率领的代表团成为论坛会议的亮点。汪洋在开幕式上发表讲话，明确指出：中国是北极事务的参与者、建设者、贡献者。中国秉承尊重、合作、可持续三大政策理念参与北极事务，加强北极生态环境保护，深化对北极的科学探索，依法合理开发利用北极资源，完善北极治理体制机制，“中国尊重北极国家在北极享有的主权、主权权利和管辖权”“尊重北极地区居民的传统和文化，尊重域外国家在北极地区合法开展活动的权利和自由，尊重国际社会在北极的整体利益”。

俄罗斯总统普京在全体会议上强调，世界气候变化使北极地区对全球的意义大大增加，北极应当成为建设性对话空间，容不下任何冲突。他表示，俄罗斯占据北极地区的三分之一，清楚自身对这一地区的责任。将在遵守国际法律、重视保护北极地区生物多样性的基础上为合作创造条件。他还说，所有国家都有权利参与北极行动，俄罗斯不会阻止区域外国家共同开发北极区域。即将担任北极理事会轮值主席国的芬兰的总统尼尼斯托也表达了北极理事会国家的开放态度，强调“对北极的兴趣应当是全球性的”。

俄罗斯的专家认为，中国是最主要的合作伙伴。从亚马尔液化气项目开始，中俄北极合作已经拉开了帷幕。俄中总理建立了定期会晤机制。在第四届“北极—对话区域”国际北极论坛期间，俄中总理定期会晤举行，双方进一步商定扩大在北极领域的互动合作，在扩大运输能力和基础设施建设领域落实开发“北海航线”联合项目，并在发展北极旅游方面也开展了旅游合作和项目的可行性研究。俄罗斯的媒体认为，这种磋商意味着北极物流正在与“一带一路”互动。海上新丝路正在向北冰洋扩展，而陆上的新丝路经济带建设也正在通过白海—科米—乌拉尔铁路联结起来。白海—科米—乌拉尔铁路项目计划总长 1161 公里，连接中西伯利亚、哈萨克斯坦，并与中国的“大陆桥”运输紧密连接起来。

中国与俄罗斯在能源合作进展较快。中俄在亚马尔液化气项目上的合作，被称为中俄能源合作的里程碑式的事件。亚马尔液化气项目

2017年12月8日投产并向中国输出了液化天然气。一艘能够破除2.5米厚度冰层的8万吨油轮在12月底抵达中国的东海岸。2018年7月，首只常规性天然气船从亚马尔运输到江苏如东的LNG接收站。这由俄罗斯诺瓦泰克公司控股的亚马尔天然气项目，投资规模高达270亿美元，主要由中国的金融机构提供融资，中石油和法国道达尔公司分别拥有部分股权。法国道达尔公司后来出让了该公司拥有的股份，中国公司股份进一步加大。据报道，到2019年时，亚马尔液化气项目可望年产1650万吨冷冻天然气。俄罗斯在其从波罗的海直至太平洋的海岸线上，计划建设更多的液化天然气项目，并有出让有美国有能源公司股权的考虑。

北冰洋“东北航道”开发的时间比较晚一些，但有些后来居上。据动态资料显示，俄罗斯的首艘油轮已在北极新码头启航，俄罗斯的北极发展委员会在沿北冰洋地区初步确定145个项目，涉及多个行业，其中有17个现实可能性更大，开发“东北航道”的一揽子计划进入启动阶段，总投资可望达到760亿美元。俄罗斯还计划建立“冰上舰队”，一般来说，商船队走的是沿岸航线，而“冰上舰队”的破冰船可以突破4.5米的冰层，进入尚未全部融化的海洋地区。俄罗斯总统普京在出席了亚马尔液化气项目灌装仪式上，曾经动情地这样讲，丝绸之路延伸到最北方，“北方航道也变成一条丝绸之路”。

现在，随着“北极航道”的逐步开通和“一带一路”联通结构的进一步完善，人们发现，在东北亚方向也不完全再是美俄之间的北极战略的现实对垒的地区，“北极航道”的东北航道与西北航道的渐次开通，将会出现另一种海上丝路的贸易交流的底色。俄罗斯北冰洋沿海蕴藏着大量石油天然气，美国的阿拉斯加也发现了美国最大的油气田，尽管俄美之间在白令海峡的划界问题上有分歧，但他们面临的更为紧迫的问题是如何为其丰富的能源寻找更大的买主。

中俄能源合作领域比较广泛，不仅体现在中俄石油管道投入运营，并在亚马尔天然气合作项目上进展顺利，在石油生产合作上也进行得很成功。早在 2006 年，中石化和俄罗斯国家石油公司就在位于莫斯科以东 1200 公里的乌得穆尔成立中俄乌得穆尔合资公司项目，中俄分别持股为 49% 和 51%，是中国在俄罗斯获得的第一个产量最高的油田。2017 年完成原油产量 610 万吨，在油价低迷的情况下实现 3 亿多美元的净利润。

但是，中俄北极合作的长远前景，并不是完全体现在中俄双赢的商业利益上，将会对世界和平稳定做出更大贡献，让地球的最后一块消融的海洋避免成为为了各自利益出现纷争的海洋，让和平发展的旋律成为北极的主旋律。

中俄之间在政治、经济上存在着多方面的共同利益，尤其是远东地区，中俄经济合作已经进入比较成熟的阶段，因此，习近平主席与普京总统共同出席了 2018 年 9 月中旬举行的远东峰会，双方签署了 2018 年至 2024 年远东地区经贸与投资合作谅解备忘录，签署了建立俄罗斯远东及贝加尔地区和中国东北地区实业理事会谅解备忘录和加强俄中远东地区生产与投资合作备忘录。中俄经济合作将在国家层面和地方层面全面展开。中俄还建立了资本为 1 亿美元的风险投资基金和酝酿建立斥资 1 亿美元以上的中俄科技创新园区，中俄两国企业正在论证和实施的联合投资项目有 73 个。俄中还重申了加强本币结算的意愿。

中俄合作攸关世界，尤其在美国特朗普政府经济政策倒行逆施危及世界经济发展的情况下，这种合作更具有全球性的深远影响。

二十三、中欧北极经济合作

“冰上丝绸之路”的提出，在欧洲也得到迅速反应。首先是得到斯堪的那维亚半岛国家和一些北欧国家的呼应和支持。在中国北极白皮书正式发布前一周，北欧一些商界人士和学者向挪威政府和芬兰政府提交了《北极铁路愿景》，提出在芬兰的罗瓦涅米与挪威的巴伦支海港口希尔克内斯之间修建铁路，并希望这条北欧的跨国铁路成为中国“一带一路”通往北极的铁路门户。这条被称为“北极走廊”的铁路耗资将达 34 亿美元。挪威巴伦支海港口希尔克内斯是北极北海航线沿途距离东亚最近的欧洲港口，西行的船只可以将来自中国的货物和来自俄罗斯的石油天然气运到希尔克内斯港，通过铁路往南进入斯堪的那维亚半岛和波罗的海国家以及俄罗斯圣彼得堡和波兰。这份报告测算，利用这样一条海陆联通的通道将中国、日本、韩国连接起来，运输距离可以缩短 40%。与利用苏伊士航线相比，燃料消耗也会减少 20%。

瑞典的斯德哥尔摩和挪威的奥斯陆也有一个相互联通的高铁计划，这个计划将使这两座北欧城市之间的旅行时间缩短两个小时。如果这个项目付诸实施，将会进一步扩大“冰上丝绸之路”的覆盖半径。

挪威的国家虽然不很大，面积 38.5 万平方公里，人口 520 万，但在北极八国里占有重要位置，东临巴伦支海，北向挪威海，处于斯堪的那维亚半岛的弓背上，是经过北极航道一路向西抵达欧洲腹部的必经之路。挪威也是一个最早进入航海贸易的北欧国家。历史上有名的维京人也即北欧人，就是曾经居住在包括挪威在内的斯堪的那维亚半岛上的多个民族组成的航海商业联合集团，在早期的贸易中，暴力是一个伴生现象，因此维京人又招来海盗的坏名声，但他们之中更多的是卓越的工匠、水手、探险家和商人。因为他们长期生活在高寒地区，产业模式比较单一，必须依靠正常和不那么正常的交换和补给才能生存。他们不是善于骑射的马背民族，但善于制作和驾驭灵活的“龙船”，一度控制了西到北海，南到波罗的海和欧洲平原的许多地区，并在复杂的历史纠葛中融入了后来一些欧洲民族与国家。他们中的一部分较早发现并开始定居冰岛，也最早进入了格陵兰。据历史与考古学家们研究，他们也是沿着北海较早发现和进入北美洲的人。我们不能说，现代斯堪的那维亚人就是维京人的后裔，但维京人航海的传统和具有极端进取性的历史文化烙印，还是深深刻在斯堪的那维亚半岛和波罗的海的海陆空间里。因此，他们对航线和海路有着一种与生俱来的敏感，对外部联通兴趣更大。

由于挪威的地理位置，作为北极八国的主要成员，在北极问题上有着较强的话语权，在北极管理和治理体系的形成和发展上发挥着重要的作用。挪威在北极拥有广泛的安全利益和经济利益，三分之一的国土和 10% 的人口分布在北极圈内，是在全球北极人口最密集的地区之一，他们一直把经略北极作为国家的战略重点。2017 年 4 月，挪威政府发布新的“北极战略”，提出要把北极打造成“和平的、有创新能力的，以及在经济、环境和人口结构等方面可持续发展”的地区。挪威的北极战略有五个着重点，一是通过国际合作推动北极实现和平的可持续发展；二是推动北极地区在经济社会方面均可持续的商业发展；三是重视科研和教育；四是改善北极地区的基础设施助推当地的绿色经济转型；五是加强环境保护以及海事安全。挪威的北极战略重视国际多边合作，一直把永久秘书处设在其北部城市特罗姆瑟的北极理事会，是北极事务的重要活动与国际互动的极为重要平台。

挪威在北极国际合作问题上态度也比较开放和包容，欢迎中国参与北极事务的态度鲜明。2014 年 7 月，中国就在挪威斯瓦尔巴德岛的新奥尔松小镇建立了首个北极科考站黄河站，成为世界上在该群岛上设立科考站的国家。2013 年，中国、印度、意大利、日本、韩国和新加坡都成为北极理事会的正式观察员。

2018年1月，“北极前沿”大会在特罗姆瑟举行，来自40个国家和地区的1400名代表参加。大会主题是“联通北极”，挪威外交大臣伊娜·瑟雷德在其主题演讲中表示，气候变化和商业活动不断增加是北极地区未来面临的两大趋势，相关国家和地区需要通过加强合作推动该地区的可持续发展。联合国环境规划署北极和南极首席顾问杨·杜希克也表示，联合国环境规划署将致力于促进相关国家和地区在保护北极环境方面加强合作。特罗姆瑟市长则说，特罗姆瑟已经成为北极事务交流中心和科研中心，也是北极观光的胜地，2016年至2017年间，中国的游客数量就增长了160%。

中国与“北极八国”进行全面合作，是符合“一带一路”共同发展目标的。在北欧，开始参与“一带一路”发展的国家越来越多，2008年中国与冰岛有过紧密的金融合作，2012年，又与冰岛签署了《中华人民共和国与冰岛共和国关于北极合作的框架协议》。2017年习近平访问芬兰，欢迎芬方积极参与“一带一路”。芬兰是波罗的海和北极沿岸国家，是未来北极航道的一个重要枢纽，同时也是2017年北极理事会轮值主席国。中国寻求与包括芬兰在内的北极圈北欧国家合作，支持对挪威芬兰的铁路建设和改造，使之成为北极陆海联通的重要门户，对于北极的海陆联通有着重要意义。

中国也对世界上最大的岛屿格陵兰进行投资。有关并不很准确的统计数据显示，来自中国的直接投资占到冰岛国内生产总值的5.7%，占格陵兰地区生产总值的11%。格陵兰原属于丹麦王国的一个自治领，2009年后内政独立，但外交、国防和财政仍由丹麦代理。丹麦是北约成员国，也是欧盟成员国，但格陵兰并不属于这两个框架。因此也有一些人担心，随着中国投资格陵兰，是否会削弱美国和欧盟在北极圈内的影响力。但这不仅是一种多余的猜测，更重要的是有悖《联合国海洋法公约》精神，根据这个公约，中国完全有权利在北冰洋航行、飞越和投资。

从长远来看，西欧国家也会越来越重视北极事务，因为北极航道的开通对欧亚的联通具有对等互利性，加上北欧与西欧国家同处于欧盟的框架内，历史上都对北极事务高度重视并积极主动参与有关北极国际条约的制定，在当前欧亚经济板块经济联系愈来愈紧密的大趋势里，没有任何理由不重视“冰上丝绸之路”开通的事实。应当说，“冰上丝绸之路”是联通欧亚丝路经济文化的新的脐带，进一步促进了欧亚之间各种经济文化要素的血液循环，具有比原有丝路内部结构更完善更畅通的不可替代性。

因此人们看到，2018 年初法国总统马克龙与英国首相特蕾莎·梅相继访华，不仅进一步加强了中法、中英之间的经济合作，也在事实上为未来的丝路合作开启了新道路。中国国家主席习近平在会见特蕾莎·梅时表示，“一带一路”是公开、透明、开放、包容、互利共赢的倡议，中英两国应当结合两国各自发展阶段和合作需求，共同打造“黄金时代”增强版，在“一带一路”框架内开展更大范围、更高水平、更深层次的互利合作。此次英国首相特蕾莎·梅在访华期间虽然没有签署关于“一带一路”合作备忘录，但特蕾莎·梅在会见中国总理李克强时也作了“一带一路”必须符合国际标准的回应。这在事实上表达了发达经济体对“一带一路”在操作中的更为普遍性的一种要求。事实上，英伦三岛对“一带一路”的态度还是有微妙区别的。除了爱尔兰态度积极之外，苏格兰也认为与中国合作具有“战略重要性”。苏格兰商会与中国国际商会达成谅解备忘录，他们认为，“缔结这样的企业间关系是扩大苏格兰在英国对华贸易比重的关键手段”“标志着苏格兰与中国的企业关系取得了跳跃式发展”。苏格兰发挥自身的文化优势，著名的爱丁堡和其他古城堡不仅在过去 4 年里接待了大量中国游客，并针对婚庆产业年产值超过1000亿英镑的市场需求，用威士忌方格裙和古城堡婚礼拍照迎接中国的新人。据苏格兰旅游局的官员的统计，仅在2016年，中国游客就在苏格兰消费了3600万英镑。

西欧特别是欧盟虽然出现了对“一带一路”和中国影响力的担忧，比如国际标准问题，是否会导致欧洲的“分裂”等等，甚至开始谋划自己的欧洲版“欧亚互联互通计划”，以确保欧盟在安全、贸易、文化等一系列领域协调一致，但人们对此的看法并不一致。例如，德国外长加布里尔在一次慕尼黑安全会议上说，面对中国的“一带一路”倡议，西方应该提出一个体现“自由民主价值观的替代体系”，但德国著名中国问题专家佛兰克·泽林却提道，中国参与欧洲的基础设施联通，对欧洲来说是个巨大的机遇，出口也是有利的，“但可惜布鲁塞尔还没有意识到这一点”。英国负责亚太事务的国务大臣马克·菲尔德更加明确地对媒体表示，减轻担忧最有效的方法是参与到“一带一路”进程中去。也有人提出，欧盟的计划完全可以同中国的“一带一路”倡议相配合。欧洲对“一带一路”似乎有担心，但担心的不是“一带一路”联通本身，而是对贸易规则如何实现的担心和投资及市场准入存在分歧，他们对中国的庞大产能有一种先入为主的畏惧，希望不要出现中国产品向欧洲“倾销”的问题，因此在贸易平衡和“第三方合作”上实现中欧合作双赢是化解欧洲对丝路合作的“心结”，是必须重视的问题。

欧盟国家似乎也更在意保住他们在非洲的传统经济影响，因为这种影响正在弱化。有资料显示，1995年，非洲从欧洲旧宗主国的进口非额达到40%，2015年已经下降到24%，而同年中国商品在非洲的份额已经占到21%。欧洲理事会往往把自身的贸易守势归因于中国的“一带一路”。他们在2017年底第五届欧盟—非盟峰会上宣布了41亿欧元的对外投资计划，希望带动总额为440亿欧元的私人对非投资。

这对非洲来说当然是一个好消息，但欧盟似乎同样没有意识到，与其如此超负荷地投入，莫如在“一带一路”第三方合作中取得更好的经济成果。

二十四、中国与北美的北极经济合作前景

中美北极合作，并不是什么忽发奇想，甚至会是中美“一带一路”合作的一个潜在的生长点。这个生长点也可能横生什么别的枝桠，但它确实存在，问题在于如何看待它，又会嫁接出什么样的枝条，结出什么样的果。

中国《北极白皮书》发布以后，美国政府和智库学者正在评估，但不出意料之外的是，在很长一段时间里，美国的反应不会太正面。因为，早在2010年中美建立了海洋法和极地事务对话机制时，美国《华尔街日报》网站的第一反应，竟然是一个“新冷战”的大问号，认为中国一定会“缓步控制这一地区”对美国构成威胁。中国首部《北极白皮书》在2018年公开发布，自然会引起美国朝野的进一步关注，也会由此引出一连串的问号。

这些问号之所以没有立刻集中提出，并不是美国轻视中国的这部白皮书，而是因为2018年出现了更为令人关注的事情。

2018年是世界的多事之年，也是中美关系多事之年。从朝鲜半岛发生的变化到伊核协议发生逆转，一直到中美经济关系的神经紧绷，特朗普上台后的美国政府扮演了一种“三花脸”的角色。中国发布《北极白皮书》的时间，正是中美关系面临近年来发生较大波动之际。美国2015年批准的国家安全战略报告，曾经正面评价了美国同中国之间“前所未有的合作”，并称中国是美国的“战略伙伴”。时隔3年，

2018年推出的新版安全战略报告和特朗普的国情咨文，则首次将对华经济合作等问题列为事关美国国家安全的核心问题，并把对华经济关系定性为其中主要安全威胁之一，并首次公开将中国列为美国的竞争“对手”。“印太战略”和“四国联盟”的概念由日本等国提出之后，特朗普表示支持，但又开始发起针对包括日本等多个盟国在内的关税战。不久前，美国哥伦比亚广播公司播出一个《面向全国》的电视节目，当特朗普被要求指出美国“在世界上最大敌人”的时候，特朗普回答说，欧盟是敌人，俄罗斯“在某些方面是敌人”，而中国“在经济上是敌人”。美国把欧盟当成“敌人”，连日本媒体也发出惊呼，安保联盟不敌“美国优先”。面对这么多“假想敌”，特朗普或许还来不及更多地考虑北极问题，一心一意投入以中国为重点并波及世界许多国家的关税战和贸易战。

这场牵动全球经济的贸易战有备而来，2018年一开年，特朗普就迫不及待地宣布对进口洗衣机和太阳能设备征收高额进口关税，涉及中国、韩国和日本等国。接着又对钢铁和铝箔进口采取类似的措施。美国对洗衣机和太阳能设备征收高额进口关税，援引的是美国《1974年贸易法》第201条，所以也被称为“201调查”。该条款规定，当某种商品进口数量激增，美国总统可以单边通过关税、配额等措施限制进口。“201调查”看似是一种非常情况下的贸易救助工具，但诞生于冷战时期，在历史上就带有浓厚的地缘战略色彩。据美国彼得森国际经济研究所有关调查统计，自美国《1974年贸易法》实施以来，“201调查”总计发起74次，其中80%是在1974年至1985年期间发生的。最近一次发生在2001年，当时的美国小布什总统为保护本国钢铁产业，限制钢铁产品进口，决定对进口钢铁征收保障性高额关税，因为此举引发有关国家的激烈反对并在世界贸易组织的裁定中美国败诉，这个做法才不得不在2003年底取消。事隔15年，美国再次重启动

“201 调查”和有关单边保护措施，自然会招来美国贸易伙伴的新一轮的反对。

除了重启“201 调查”，美国还同时启动了“232 调查”“301 调查”和“双反调查”，援引的是美国《1962 年贸易扩展法》第 232 条款。该条款规定，如果美国商务部经调查认定某些进口产品对美国安全构成威胁，美国就可以采取行政措施。美国国会研究服务局统计，在过去 45 年里，美国发起“232 调查”26 次，其中在世界贸易组织成立后启动过 2 次，距 2018 年也有将近 17 年的时间。此次“232 调查”的主要目标显然也是中国。

“301 调查”却是专为中国而设计的。“301 调查”的依据也来自《1974 年贸易法》。在 20 世纪 80 年代和 90 年代初，美国频频推出“301 调查”，但在 1994 年关税与贸易总协定“乌拉圭回合”谈判结束后，各方同意建立包含具有约束性贸易争端机制的世界贸易组织，该工具基本处于搁置状态。现在，上台一年的特朗普新政府再次启动“301 调查”，具有更为特定的指向性。所谓“301 调查”，一是针对所谓“不合理或不公正”的贸易行为，二是涉及知识产权问题，并由此扬言要对中国重罚。特朗普上台以来，还增加了“双反调查”的频次，仅在 2017 年 1 月到 2018 年 1 月的 1 年里，美国商务部就发起了 84 项反倾销反补贴调查。进口钢铁铝制品和化学制品是其中的重点。所谓“双反调查”，多数是由美国一些企业提请，由商务部门实施。比如针对进口洗衣机的“双反调查”就是由美国的惠而浦公司为了保护其在美国市场的份额而提出的。但不管这种“双反调查”是在什么背景情况下发生的，美国政府都是最大的推手。

“关税战”其实就是贸易战。尽管美国不承认这是贸易战，实际上不仅打响了，并且在不断地在升级。就中美之间而言，至少在年中经历了大小三个波段，对华征收 2000 亿美元的清单便是第三波的开始，第四波最终加税总数要达到5000亿美元，这其实是对中国对美出口的全面封杀，美中之间的经济贸易几乎接近于“清零”状态。美国的贸易战法多火力点交叉，颇像是连环套，在实际打击面上，不仅主要针对中国，也针对欧盟、北美国家和东亚国家，包括美国的传统盟国，具有一种四面出击的特点。美国对中国贸易战关税战的升级，对世界经济包括对美国经济的影响也会随之升级。因为这不单单是美国对中国贸易最大规模的摩擦，将会直接间接地影响到已经形成的世界产业链分工。有关机构分析，中美贸易战不仅会使美国和中国进口商品分别减少至少10个百分点，世界各国也会由此遭殃。比如，新加坡出口在2018年年中下跌1到2个百分点，经济增速下降到一年来的最低点，一向依赖于贸易的韩国出口也在下降，经济增速开始下调。英国、德国、法国和意大利也分别下调了经济增长指标。日本的企业信心指数也在下跌，经济增速将会降到1%。有研究者指出，这场关税战贸易战还会刺破资产体系，股市进一步坍塌，美国、欧洲和亚洲的股市市场将会分别下跌21%、25%和24%。大宗商品价格开始缩水，油价也有可能因为需求的大幅减少，下跌到25元一桶的水平。因此，贸易战将世界经济绑上了特朗普的“战车”，一切都显得不确定起来。

IMF在2018年7月中警告，美国挑起贸易战后果严重，到2020年，会使全球经济增长率总体降低0.5个百分点，直接GDP损失达到4300亿美元。有人提出历史案例的比较，认为当前的情况与美国在经济大萧条时期推出的法案相似，对世界经济造成的严重后果也相似，贸易战持续发展，世界经济面临再次进入大萧条的前夜。

由于击打对象和领域广泛，后果严重，引起的反弹也很广泛激烈。特朗普宣布将对进口钢铁征收25%、对铝征收10%的关税，甚至在推特上扬言要对欧盟汽车征收惩罚性关税，引起了包括欧盟、加拿大、墨西哥和澳大利亚等盟国的不满。虽然提出豁免，但欧盟咽不下这口气，不仅向世界贸易组织提出诉讼，也提出针锋相对地要对美国进口总值达 28 亿欧元的商品征收 25% 的关税。这些产品包括哈雷摩托车、波本威士忌和李维特牛仔裤等，都是美国人一向离不开的日常消费品。加拿大的总理特鲁多也在第一时间明确表示，美国的单边行动“绝对不可接受”。尽管他们之间也可能达成“和解”，但美联社不无忧虑地评论，特朗普的多指向的行动，有可能与美国的友邦以及美国“自己在二战后帮助打造的整个全球金融体系为敌”。欧洲理事会主席曾经致函欧盟 27 国领导人，把美国新政府称为欧盟需要面对的“外部威胁”。尤其对提高欧洲出口汽车关税，欧盟在世界贸易组织向美国发起法律挑战。欧盟还就美国提出的边境税提起诉讼。如果就此停步也倒罢了，特朗普又提美国单方面退出伊核协议并扬言对与伊朗做生意的欧洲企业实行制裁，这燃起欧盟的更大怒火，他们曾在索菲亚峰会上公开提出，准备制定法规，禁止欧洲公司遵守美国对伊朗的制裁。欧盟委员会主席容克说，需要重新激活 20 年前制定的一项法规，避免美国制裁影响欧洲企业。日韩和一些东南亚国家也同样不甘束手就擒，因为按照美国的标准，只要一个经济体全年对美顺差超过 200 亿美元，国际收支经常项目盈余超过国内生产总值的 3%，就会登上美国的黑名单。因此人们看到，不仅日本政府也在考虑对美国加征钢铁关税实施报复，中日韩三国还共同发表了反对保护主义的联合声明。俄罗斯、印度也都加入了向 WTO 提出诉讼要求的队伍。

世界贸易组织从一开始就认为，由于美国关税战打击面很宽，只要出现多个的贸易报复的行动，全面的贸易战随时都有爆发的可能。这个全面的贸易战在事实上已经开始了。对世界经济包括资本市场的冲击是巨大的，并引出了严重的连锁反应。就贸易诉讼而言，彼得森国际经济研究所的有关专家认为，如果美国败诉，需要每年承受约 3850 亿美元的贸易报复后果。大概也是出于这样一个原因，美国对世界贸易组织也展开了强烈的攻击，不仅提出要求世界贸易组织“开除”中国，甚至还在无视世界贸易组织的同时，提出了取消世界贸易组织的威胁。2017 年 3 月 1 日，美国贸易代表办公室（USTR）向美国国会提交《2017 年贸易政策报告》，提出“不会原封不动地遵守”WTO 争端解决程序。即使败诉，“也不会改变国内法律和商业习惯”。这从根本上动摇了在二战后由美国主导制定的国际贸易规则。中国迅速重申对 WTO 的支持，澳大利亚和新西兰也表达了支持 WTO 的态度。他们认为，基于规则的秩序，是全球贸易体系至关重要的“基本构件”。美国向 WTO 宣战也将让许多国家质疑美国的政策，美国透支了其好不容易建立起来的商业信用。

2018 年 7 月中旬，中欧峰会在北京举行，中国国家主席习近平会见欧洲理事会主席图斯克和欧盟委员会主席容克，在共同面对特朗普贸易战的形势下，双方表达了维护多边主义和基于规则的自由贸易体系的更多共识，确认加强合作，并就世界贸易组织改革达成一致。双方签署联合声明，主张构建以世界贸易组织为核心的自由的全球贸易体系。这是世界主要经济体共同应对和阻滞特朗普贸易战的重要努力。

问题还在于，特朗普以中国为重点的关税战贸易战不断升级，不仅造成世界经济的剧烈波动，也会直接造成世界第一大经济体和第二大经济体直接的相互经济伤害。世界经济后果和中美经济后果紧密联系在一起，人们必然出现久思而难得其解的很大疑问。这些疑问主要有两个，其一是美国对华贸易战不断升级，究竟谁更有承压性和抗击力；其二是究竟是什么原因促使特朗普一意孤行，不仅开启对华贸易战，还要把贸易战推向全世界，他究竟想要的是什么？

第一个问题是从最坏的结果提出来的，按特朗普的说法是“打贸易战好，贸易容易赢”，且不说他的这个“赢”指的是什么，是“惨赢”还是什么，但他真会赢吗？美国也许有很多杀手锏，比如美国的高科技技术优势，美国的金融优势，美国的武器优势等等，但那显然已经越出了贸易战的范围。就贸易战本身而言，美国究竟有什么样的底气发动这场最好的结果是“杀敌一千自损八百”的贸易战，其本身就是大可怀疑的。因为，在一场持久的贸易战中，比得不是谁能先发制人，比得是谁更有承压性和抗击能力的高低。

在 2018 年上半年，特朗普贸易战至少发动了三波。第一波是对洗衣机、太阳能设备以及钢铁和铝箔进口实施高额关税，看似来势凶猛，其实并不会对中国构成重创，至少对中国外贸的打击远逊于其他国家所受的打击。中国虽然是世界最大的钢铁生产国，但也是世界最大的钢铁消费国，中国出口到美国的钢铁产品，目前只有 110 万吨左右，仅占中国钢铁总产量的 0.1% 和美国钢铁进口总量的 2% 多一点。相比之下，加拿大、巴西、墨西哥和韩国等对美国钢铁市场依赖性更大一些。因此这可以看作是一次“普压”，这场“普压”不仅惹恼了盟国和多数贸易伙伴，也引起美国国内钢铁原料产品价格的暴涨，因此也不得不寻求补救措施，对包括日本、中国、德国、瑞典、比利时五国的部分钢铁产品，排除在加征关税对象之外。至于太阳能电池板，中国生产规模最大，但这个行业已经承受过美国高额关税的打击，2017 年美国进口中国太阳能电池板的份额已经从原来的 60% 下降到 11%，因此对中国太阳能产业的打击也没有想象的那么严重。中国的太阳能发电市场本身就十分巨大，即使再减少一些对美出口，也完全可以自我消化。真正受影响的倒是亟须中国产品的美国厂家。根据美国太阳能工业协会的预测，高关税有可能使美国这一相关行业失去 4 万个工作岗位。

第二波是对中国 540 亿美元出口价值商品加征高额关税。公布对 2000 亿美元中国出口商品加增 10% 关税的名单，则是对华贸易战第三波攻击的开始。特朗普还扬言要对总计 5000 亿美元的中国商品加征关税，那虽然不能说是中美贸易断绝，但从最后效果上讲庶几近之。

但是，即使是最后一种结果，中美贸易战对中美各自的影响也未必是对等的，路透社曾经做过一些分析，即对中国有影响但总体上有限，即使美国对中国1500亿美元的商品加征关税，也仅能使中国的GDP降低0.5个百分点，中国可以通过财政政策和货币政策进行弥补，但也有研究表明，如果美国对中国1000亿美元的商品加税，美国家庭年均支出额平均增加210美元，而就业岗位也会减少4.5万个。如果美国对1000亿美元中国商品加税而中国采取同等力度回应，2019年全球经济增长因此会下降一个百分点。彭博社则分析说，在美国对进口产品征收10%的关税，而其他国家予以报复的情况下，到2020年，全球贸易规模可能缩减3.7个百分点，全球经济规模缩小0.5个百分点，全球经济损失巨大而美国经济规模则要萎缩0.9个百分点。

日本媒体《富士产经商报》也对此做过一番预测，认为美国这一轮经济增长即将进入第10个年头，目前暂时还处于较好状态，但美国经济景气周期已经迎来即将终结的阶段，制造业的状态也开始由过热转向降温，但过分自信的特朗普并不这样看，以为美国经济不仅会有更好的成绩，同时也是美国对中国等贸易对象施加压力的好时机。建立在这样一种判断基础上的关税战贸易战，使美国“企业和消费者的前景将会变得凶险”“经济遭遇的逆风可能使年初实行税制改革带来的正面影响一扫而空”。

关税战或许是商战的最基本的形式，但中国既不是美国的盟国，需要仰仗美国的鼻息，也不是没有经济实力。就拿中国的外汇储备来说，虽然在2016年初减少到3万亿美元，处于一个“整数关口”，但对外支付能力和债务清偿能力仍然十分强大。中国还有其他储备资产和外汇资产，特别提款权（SDR）数量增加，黄金储备与前值持平。按照IMF的风险指标来衡量，中国外汇储备充足率2016年中为1.18，处在 1 至 1.5 的合理区间。一般地讲，外储充足性有两个可以反映经济在遭受冲击时维持时间衡量指标，一是可以支付 3 个月的进口，二是及时清偿和短期债务，避免出现违约问题。前一项，中国无疑是达标的，后一项同样不会有什么问题。2017 年中国的本外币短期外债规模，已经从 2014 年最高时的 1.3 万亿美元下降到不到 9000 亿美元，即便在极端情况下，也完全具备清偿能力，并不是美国所希望见到的“一蹶不振”。

中国企业特别是制造业企业具有较强的抗打击力，这种能力来自自身正在推进的转型升级，也来自中国自身需求旺盛的市场回旋余地，一般认为，中国的人口红利正消失，低端企业处于不利竞争地位，但目前中国企业的竞争力并非完全来自劳动力的廉价，而是更多来自技能与技术的逐步提高。中高端企业开始增多，世界工厂的内涵正在发生新变化。特朗普的关税战贸易战，不仅击不倒中国经济，相反地会成为中国产业升级的催化剂，而目前中国“珠三角”地区已经开始发生的变化，初步印证了这一点。2000 年的时候，该地区的工业产品只有 17% 是高科技类，现在已经上升到 44% 以上。广东省宣布，计划到 2020 年投资 4500 亿元人民币，产业升级是必然的趋势。

中国市场的内需潜力巨大，内需已经占到 GDP 增幅的 60%，未来具有更强的外贸需求缺口的市场替代性。即便中国对美贸易减少，损失可以从中国内需市场的发育中比较容易地得到补偿，更不要说“一带一路”本身就创造了适应外贸地区结构变化的条件。正是从这个角度讲，“祸兮福所倚”，贸易战未必就是“零和游戏”。英国的《金融时报》曾经作了一个对比分析报道，认为中国对出口的依赖度很快就会低于具有发展相似性的印度。他们列出中国 2016 年前三个季度出口，对外贸易占 GDP 的比重为 20.2%，远低于 10 年前的 38.6%。中国对美出口在总体上占到中国出口总额的 18%，这个比例自然比较高。但据估算，如果美国对华关税即便达到特朗普曾经讲过的45%，对中国GDP造成的贸易损失占比或许有可能达到4.8%，15%的关税影响也有可能达到1.8%，但抛开这种看似严峻的计算，最坏的结果也不过只会减少千亿美元的产出。这对于一个经济总量达到11万亿美元的经济体来说，影响不仅有限而且很快会在贸易多元化中添平补齐。

事情还在于，贸易活动原本就有贸易产品和对象的多向性和替代性，要“货比三家”，就在中美贸易摩擦难解难分之时，欧洲企业已经预感到了机会，法国的外贸银行迅速提出了一份报告，该报告认为，只要欧洲在这场贸易冲突中“保持中立”，“就可以收获高达1010亿美元的经济回报”。仅仅是欧洲的半导体行业，对华出口就可以增加3.57%。汽车行业、种植业乃至绝缘电缆等等，也会出现贸易方向上的切换。就说最为敏感的高端芯片问题，不仅日韩企业希望替代美国企业，以色列的供应商和初创企业也在酝酿是否要在中国成立有关的合资企业。“一带一路”的不断推进，奠定了中国开展多元贸易和经济合作的基础。中国进一步扩大开放，前面的路依然宽敞。目前，中国贸易已经具备了多元化的现实和未来特征。尽管中美贸易规模目前排在首位，但中国在“一带一路”倡议的推动和引领下，已经与世界100多个国家和地区结成了越来越紧密的贸易伙伴关系。即使中美贸易在一段时间里发生较大波动，并不影响中国的全局和未来。尤其要看到，中国的国际经济开发区遍及100多个国家，有影响的国际合作项目数量达到70多个。贸易合作后劲很足，回旋的余地也比较大。虽然中美贸易受到冲击，但中国也有更多的贸易优势和对冲力量。最典型的例证是，中国一方面要对美国农产品课以同等力度的征税措施，但对许多其他国家采取了降税措施。这样一种分别不同对象的弹性贸易政策，其实是美国最大的尴尬。日本在2018年中公布了商业白皮书，强调了中国市场的重要性。白皮书不仅用较大篇幅论述了中国市场尤其是电子商务市场的世界最大规模，同时也指出，对中国市场的竞争激烈。2017 年，全球把中国当成最大进口来源国和出口目的地的国家，达到 57 个，与居于第二位拥有 28 国的美国，拉开了距离。这部白皮书认为，中国在世界市场的存在感在不断地加强。

此外，中国对贸易保护主义有一定的应对经验。在美国小布什时代和奥巴马时代，就接连不断出现轮胎特保案、光伏案、钢铁案，甚至公开限制中国的华为和中兴进入美国市场等等，类似案例在特朗普时代相对增多，集中爆发，中国并不会因此而失去方寸。想想看，2018 年美国发生影响到全世界的金融危机，有一段时间中国的外贸发生了负增长，中国采取对应措施，局面不也很快改变了？当然，这两件事从性质上不可类比，但美国以为抓住了中国经济发展的命门，至少是有些太高看了自己。目前，中国不仅采取对等反制的常规应对举措，迅速出台，稳就业、稳外贸、稳投资、稳金融、稳预期的“六稳”政策。其将持续发挥的后续效应，决非一般的“兵来将挡，水来土掩”所能比拟的。这时间在中国一边，知危而后勇，后劲相对更大，最后的结局更有利内病外治于中国。

相比而言，美国却遇到更多贸易和贸易以外的问题。

一是特朗普在竞选时是拍了胸脯的，要振兴美国的制造业。这个振兴计划思路是对的，特朗普的国内经济政策有的也有道理，比如减税、加大基建投入、调整低利率金融政策等等，但开打关税战贸易战绝对不是一个聪明的主意，也很难找到其背后的逻辑。中美贸易失衡与美国的经济结构避实就虚密切相关，但冰冻三尺非一日之寒，并不会在短期内实现。按照特朗普的经济计划，美国年经济增速 4%，贸易逆差明显缩小，要在 10 年内创造 2300 万个就业岗位，并投入亿万美元更新已经陈旧落后的基础设施等等，但这个看似雄心勃勃的计划受到企业转向自动化的制约，也受到技术工人短缺和劳动力增长缓慢的影响，美元的坚挺与减少贸易逆差也形成了悖论，这一篓子相互纠缠不清的“螃蟹”，巴望着用关税战贸易战来摆平，说轻了不是内病外治，说重了还是哪个政客们玩熟了的转移矛盾视线。素来是民族主义、民粹主义的思想土壤，熟谙市场心理的特朗普本身就是一位浑水摸鱼的营销高手，不能把他估计过低，也不能把他估计过高。对他的鹰派团队同样如此，就像美国学者斯蒂芬·罗奇对白宫贸易和制造业办公室主任彼得·纳瓦罗的评价——《致命中国》纪录片的制作者——他们是“伪经济学家长队中最新的一员”，他们高估了美国经济，但他们“可能正让美国倒在自己的剑下。”

二是中美贸易的贸易链在技术上很难切割，“中美国”是个荒唐的说法，但在产业链分工上反映了部分事实。中美产业尽管所处位置有高低之分，已经形成一定程度的相互长入的连体结构。一定要切割，中国经济会流血，美国经济会流更多的血。从贸易总体结构上看也是这样，近十年，中国对美出口年均增长 6.6%，美国对中国出口增长年均增长达到 11%。与 1976 年中美建交相比，中美双边贸易增长了 207 倍。中国是美国农产品的最大买主，2015 年，美国 22% 的棉花、56% 的大豆以及 26% 的波音飞机销往中国，美国有 46 个州将中国列为他们的前五大出口市场。在旅游方面，根据美国商务部的数据，2015 年中国居民赴美旅游人次较前一年增长 18%，达到 258 万人次，他们在美消费总额达到 301 亿美元，并带动美国零售、酒店、休闲娱乐的一系列产业发展。美中贸易全国委员会发布的 2016 年报告曾经指出，中美贸易正在向更好的方向迈进，随着中国中产阶级规模继续扩大和购买力提升，到 2026 年，美国对华货物和服务出口将会增至 3690 亿美元，在 2050 年将会增至 5200 亿美元。在这样一个贸易发展档口上，美国政府发动关税和贸易战，不仅打断了双边贸易发展的进程，也必然会减少中美双方的出口与进口，同时自身的制造业、农业和旅游都会受到影响。一些欧洲学者这样指出，美国在中国有太多的既得利益，美国的许多州把中国市场视为自己最重要的市场，如伊利诺伊州和艾奥瓦州的大豆、华盛顿州的飞机、密歇根州和南卡罗来纳州的汽车等，还有在中国组装的苹果手机，它们都是中美贸易的最大受惠者。

从产业供应链的紧密关联度来讲，中美在一些产业上已经形成了你中有我、我中有你的联动结构，许多中间产品和原材料来自中国。特朗普对中国进口商品的限制措施，在很长时间里会直接导致美国国内原材料和原件的紧缺和价格上涨，危及美国的企业经营和就业增长，从而严重“损害美国经济”。比如，提高进口钢铁和铝箔关税，不仅会大幅提高美国汽车的制造成本，美国的石油天然气管道行业也跟着遭殃，因为那无疑会推高大型基础设施建设成本，从而扼杀这些行业的发展和就业机会。就汽车制造业来讲，在过去20年里，美国汽车制造商在加拿大、墨西哥和中国设立了工厂，进口配件，大量组装，但特朗普的政策改变了已经形成的国际分工，不仅大大削弱美国汽车产品的国际竞争力，最终有可能切断美国汽车进入世界市场的路径。有人列举了贸易战，尤其是中美贸易战在产业供应链断裂中对美国产业的广泛影响，从汽车零部件到半导体、电影、太阳能面板、燃气业、奶业、管道建设、医疗设备、运动鞋以及铁路货运等等，都受到不同程度的伤害。为什么这样一种状况没有更多地被认知呢？因为美国对中美贸易逆差统计数字并不完全反映实际。一是美国的服务贸易顺差常常被忽视，二是中国的出口产品有很多包含进口零部件，并没有相应减扣。比如特朗普第一轮打击的中国产品中有85%的零件和使用的机械来自美国的制成品。美中贸易全国委员会发布的报告就明确指出，如果按照各自产生的附加值计算，美国对华贸易逆差占美国GDP的比重应当降低一半多，不是2%而是0.8%，与美国与欧盟之间的逆差规模基本是相当的。

中国对美出口产品有的可以替代，有的短期内很难替代，许多中国进口产品骤然减少，必然导致同类产品市场价格上升。一些美国国内企业和被迫迁回美国的公司即使对部分产品实现替代，其成本、价格也很难与性价比更高的中国进口产品相比。美国政府希望通过贸易战迫使已经走上全球化之路的许多美国企业迁回本土，事情并没有想象的那么简单。迁回本土，他们的利润或许会减少，市场品牌也会受到牵连。摩根士丹利的一位分析师就认为，美国的一些上市公司贸然撤离中国市场，将会对自身品牌造成伤害，因为在美国的股指构成成分里，约有 10% 左右的美企业至少有 10% 资格销售业绩来自中国，而中国只有不到 2% 的公司的 10% 的业绩来自美国，谁的损失更大，也应当是一目了然。

美国政府对这样显而易见的事实为什么佯装不见呢？或许这是迫使美国企业迁回本土的办法，但法国《论坛报》网站 2017 年 4 月报道了施乐会发布的报告，从另一个角度给出了否定的结论。该报告主要是讲，如何避税一直是跨国公司的一个财富来源，包括苹果和微软在内的美国 50 家最大的跨国公司，在全球各地避税天堂暗藏了 1.6 万亿美元，主要是通过 1751 家隐秘的离岸公司来实现，数额相当于法国国内生产总值的一半还要多。避税是为了减少在美国的纳税额，美国每年由此遭受的税收损失约为 1350 亿美元。这份报告讲的是大公司避税，但也完全可以想见，美国的企业税在发达国家里是最高的，达到 35%，那些跨国公司怎么能够通过贸易战乖乖地迁回美国本土呢？他们普遍抵制特朗普贸易战政策。

特朗普无视了一个事实，那就是在看似数字庞大的美中贸易逆差里，含有大量的美国企业贸易价值，因此受打击最深的是美国的大公司。比如苹果公司的在华公司向美国出口一部苹果手机，中国获得的附加值只有 7 美元，但供应零部件的美国电子公司却可以从对华出口中赚取 40 美元，后者在贸易战中所受的伤害，远远大于中国。

特朗普还无视了一个事实，中美贸易逆差的背后是美国经济结构的深层次问题。在贸易战的火药味搞得最浓烈的时候，《美国世界政治评论》网站发表了直言不讳的专家评论：特朗普在贸易政策中有三件事没有弄明白。一是加征关税无助于减少逆差，“无论美国的谈判代表有多么出色，贸易政策对贸易平衡的影响即便不说是零，但也是微不足道的。美国相对较大的贸易逆差是因为美国消费多，储蓄少”“加征关税或实施其他贸易壁垒于事无补”，因为在贸易经济学里有一个勒纳对称定律，进口税的作用相当于一种出口税。二是贸易政策的改变“让工作岗位从通常更具竞争力的其他经济领域转移到受保护的领域”，“没有对就业岗位的总体数量产生实际影响”，而且保护主义政策“偏袒了美国国内的制造而不是消费者”，这给整个经济带来的是“净损失”。三是贸易战打断了已经形成和运作的全球供应链，增加了美国生产商的成本，降低了其在全球市场的竞争力。特朗普把这些不明白塞给了美国公众，但公众并不会永远照单全收。因为关税战贸易战不止造成对全球供应链的市场波动和损害，通胀率将会上升，消费者将会停止消费，企业也将会停止投资，这一切无疑也是美国经济一个噩梦。美国一些媒体分析，在 2018 年，美国经济增长因为减税尚能保持较高的速度，但减税带来的正效应将会被贸易战逐步吞噬。

51 个贸易团体、商会和地方商业团体联合呼吁美国参议院通过议案，限制或收回特朗普的关税权，尤其是不受限制地使用《1962 年贸易扩展法》第 232 条款的权力，提案在多数支持下进入国会议程。特朗普贸易战的总体政策是否因此蒙上了阴影，尚需观察。特朗普限制中国企业投资的新计划需要动用一直被用到制裁恐怖主义的《国际应急经济权力法》，将其运用到对华贸易中是史无前例的事情。美国拥有 300 万会员的最大的企业团体美国商会，素来被认为与共和党联系比较密切，曾经高调赞同特朗普2017年推出的减税方案，但这次也明确地提出不同的评估报告，提出美国的关税措施并不是解决贸易的良策，将会使美国就业和经济增长付出代价，危及美国政府先前取得的经济成果。或许是多种因素的影响，特朗普不得不在继续推动限制中资在美投资的同时，更多地选择通过外国在美投资审查委员会（CFIUS）已有工具来实现。这虽然不能说是美国临战退却，更多的是一种策略变化，但也反映了特朗普的关税战贸易战遇到了内部巨大的阻力。

尤其是特朗普推出对华输美价值2000亿商品加征10%的关税之后，遭到美国商界的反对声浪更高，反对者包括美国商会，美国制造业协会和代表沃尔玛等大型连锁企业的零售业领导协会，以及最近成立的一个名为“关税伤害心脏地带”的商业和商业组织联盟。这个新的联盟发誓要在美国中期选举中体现其反对立场。甚至，美国的六位前首席贸易谈判代表也极不寻常地表达了他们的不同意见。这些前贸易代表从克林顿时代到老布什、小布什时代任职的都有，整整横跨了从1989年到2009年的20年时间。与此同时，股票市场也做出了反应，中国股市在平淡中拉升，全球股市却提前回落，美元汇率也出现了下跌和波动。

面对越来越大的反对对华贸易战升级声浪，有可能危及特朗普的决策地位。反对的声音来自多个方面。第一个是他的“票仓州”，主要是中部地区的农业州和中国已经建立较强经济贸易关系的联邦州；第二是美国受害的企业群体；第三是传统贸易伙伴和盟国；第四则是美国内部对贸易战的后果认识分歧的各派政治势力。美国的多指向关税战形成对象上的广谱性，也将使其商业盟友越来越少，需要面对的“敌手”却越来越多。一个颇具象征性的“反增收关税同盟”事实上正在形成。就连日本也不会完全俯首帖耳，美国与日本重谈贸易协定并要将汇率问题纳入，恐怕没有那么简单。所以，贸易战并不像特朗普所说的那样容易取胜，得到的结果有可能是适得其反。

三是特朗普对中国尤其强硬，但他没有料到中国的态度不但更强硬，欧盟的态度也很强硬，虽然不能说是四面楚歌，但逆来顺受者寥寥。中国、欧盟不仅向 WTO 提出了申诉，还加快了相互扩大贸易的步伐。这是力主关税战贸易战的特朗普所未曾料到的。特朗普四面出击，究竟能够取得多大成功？美国的媒体表示了极大的怀疑。《华尔街日报》在 2017 年初发表了题为《特朗普在贸易上设了一道难题》的文章，文章写到，“全球贸易植根于第二次世界大战以来层层叠加的规章制度中，改弦更张难免引发多米诺效应，带来意外后果。”文章还转引了美国前助理贸易代表帮办马特·戈尔特的话，“这是一个雷区，特朗普站在中央，往哪个方向迈步都会引起连锁反应。”如此等等，不仅会使美国陷入无穷的纠纷之中，也迫使美国政要思考，除了关税战贸易战，它的商业武库里还有什么样的重磅炸弹可以扔得出去。看来，美国低估了“对手”的定力和抗打击能力，也高估了自身经济的弹性系数，更没有估计到单边主义引起的激烈反弹，居然会到处爆发对美国单边主义的普遍反对。

那么，在这样一片发对声中，特朗普为什么还要一意孤行呢？难道他是一个当代的堂吉诃德？

有人说，他的做法，来自本来就对国际贸易素有的偏见，但个人的偏见怎么能够作为国策？有人又从特朗普的商人经历里寻找答案，比如，英国的《美日电讯报》网站发表的文章说，特朗普似乎认为，贸易结余就像一家公司的利润报表，出口是好的，进口是坏的，因此如果你的出口超过了你的进口，那么你就赢了，如果你的进口超过了你的出口，那么你就输了。这是一种“疯子经济学”。

有人从对贸易赤字的经济学认知上寻找认识误区。比如美国的美利坚大学荣休教授布拉德·席勒教授认为，“挥之不去的贸易赤字意味着世界其他地区几十年来一直在补贴美国的消费者”，并不意味着美国就是全球经济体系的“失败者”，由此面临失业、资本外逃和经济不景气，“只要美国经济持续增长，美国人就有更多的钱用于各种产品与服务开支，包括进口产品”。他说，币值坚挺才是贸易优势。“特朗普只是在美国获利的时候没有认识到而已”。

对于特朗普的贸易赤字论，也有评论者说，在事实上，特朗普不仅没有弄明白这样一些基本的道理，也没有看明白中国。一方面过分夸大了中国发展对美国的威胁，另一方面也低估了中国的抗打击能力，严重误判了中国的实力和决心。正像英国《每日电讯报》网站发表的有关文章指出的，“中国不是一个危机一触即发的经济体，也不是一个能够使之屈服的政治制度”。英国的《卫报》文章也说，到目前为止，中国面对特朗普不断升级的贸易战表现得相当克制，然而，美国贸易战的升级和更多的威胁，很可能招致更强硬的“非对称性报复措施”，因为中国必须“反抗美国欺凌的压力”。事实上，中国在天津举行的达沃斯夏季论坛上已经传达了这样的信息，尽管中国仍然不排除最终谈判解决贸易争端的选择，但不会在压力下谈判，更不会答应除贸易之外的无理要求。中国已经做好了打一场持久战的准备。对美国来讲，最糟糕的是贸易战撼动不了中国经济的根基，特朗普关税战贸易战对中国 GDP 的影响预测最多只有 0.7，而且应对有力，还会出现反转。

对于中国经济的韧性，中国自己这样看，许多清醒的外国经济学者也这样看。瑞银和摩根士丹利的经济学家预测，中国的经济增速不会有重大变化，美国关税的影响将会在经济政策的调整中得到缓解。或者有人认为特朗普会将中美拖入旷日持久的“经济冷战”中，但他们也许没有看到，特朗普贸易战也是中国进一步减少对美市场的依赖程度，进一步全面提高市场竞争力。因此从中长期来看，受到严重影响的并不是中国，倒是美国。

对于特朗普开打广谱贸易战的动机，很多人进行了分析，都有一定道理，但最主要的应当是以下三点：

第一，是为了在美国中期选举中摆出竞选承诺的业绩，不管他提出了让美国再次伟大的多少口号，他是把减少贸易逆差特别是中美贸易逆差摆在显眼位置上的。在这个问题上，他的无知和精明是混合在一起的。比如减税是一种精明，由此而来的较高经济增长也是一种重要的政治资本，但他曾经提倡的强势美元，却说明他对贸易知识的欠缺。他对降低美国贸易逆差似乎是感性的。但他也明白，仅是减少对华贸易逆差是不行的。因为在美国产业结构并没有明显改变的情况下，这种逆差只会转移不会真正减少。因此他采取了全面封杀但有重点的办法，这是他向全世界几乎全面开打贸易战的策略选择。伴随关税战贸易战，他也要把美国的霸权成本摊派在昔日盟友的头上，总之是要美国少花钱，再用关税战贸易战得来的钱和为盟友“安全”省下的钱，构筑美国的“再次伟大”工程。因此，除了美国战略家的思考，对特朗普来讲，第一个层次还是钱的问题。这是一道简单的算术题，但也是对付美国“吃瓜群众”最有说服力的算术题。

第二，则是反映美国对中国 2025 年产业规划的担忧。2025 年中国制造业发展计划的核心是高科技。而高科技又是产业转型升级的第一推动力。有了科技创新的成果也就有了对美国的相对科技优势，不仅会减少对美国市场和经济依存度，在一些方面也会形成对美国竞争力的压力。因此，他们要生拉硬扯地在中国的知识产权上做文章，希望在中国科技尚未羽翼丰满的时候根除“隐患”。中国的知识产权制度不尽完善，这或许也是事实，但要说中国的技术都是从美国弄来的，更不是事实。“市场换技术”并不是好办法，但其中也有市场运作的成分。在中国，还没有见到过美国用他的尖端技术来“换市场”的案例，进入中国的不是连锁经营企业，就是用中国廉价劳动力装配起来的

"苹果"，要么就是为了组装成本低而不得不展现的部分流程技术，要么是行将过时的技术让渡给中国，而中国企业吃这种亏还吃得少吗？

对于"强制技术转让"，美国经济学家斯蒂芬·罗奇在其一篇文章里讲地不错，"301 调查"证据并不足。他指出，分享经营模式、专利产品和销售体系，其实是依法协商安排，也是美国企业获得丰厚回报的商业目标和"低成本的离岸平台提高经营效率的一种方式"，所谓"窃取外国技术"，也并不能与合资企业内部的技术转让混为一谈。所谓"不公平的工业政策"，更是一种托辞。工业政策，哪个国家都会有，日本曾被称为"理性规划发展的国家"，曾经用国家补贴支持朝阳产业，德国也有支持中小企业发展计划，就连美国的艾森豪威尔总统，也在 1961 年为军工联合体提供过国家补贴。他问到，美国现在已经不再依赖自身的工业政策实现自己的经济竞争目标了吗？显然不是的。因此，"看似权威的 301 调查报告是一份带有偏见的政治文件，它进一步煽动美国国内的反华情绪"。罗奇还顺便提出另一个降低中美贸易逆差的途径，那就是鉴于中国经济发展模式也在由侧重生产转向日益重视消费，美国应当扩大与中国的服务业贸易规模。他认为，到 2025 年，中国的服务业规模将会扩大到 4 万亿美元到 6 万亿美元的水平，因此，美国降低贸易逆差的努力，不是试图恢复"早已损失的制造业"，也不是开打关税战贸易战，而要着眼于更快见效的服务业。在这种情况下，美国要做的不是限制中国的投资，而是在服务贸易方面签署双边投资协议。

也有美国媒体人士同样直言，如何与中国争夺未来，靠特朗普关税可能没用。他们在报道中引述了曾经担任过克林顿高级经济顾问的劳拉·泰森的话说，未来美国半导体等行业能否一直成长壮大，"并不取决于美国能否成功遏制中国的进步，而是取决于美国自身保持和支持美国公司的创新能力。"特朗普限制中国企业在美投资，但这种反向

的操作对美国经济振兴的负面影响，会远远大于对中国的影响

第三个问题是美国最高层面的战略意图，希望打乱中国的发展节奏，阻滞中国经济崛起和持续发展的进程。对于这样一个更难实现的目标，也有各种分析，一种分析是，美国的“恐华反华综合征”不断加重，对中国经济的崛起的恐惧正在恶化美国的对华情绪，将中国视为战略对手。一些反华鹰派人士，为特朗普出谋策划并执掌外贸大权，反华暗流变成了一股明流，这是一批新的经济麦卡锡人物。在华盛顿的政治圈和智库圈里，向来就有“熊猫派”和“弑龙者”两个阵营，后者得势，前者就会被打压。问题在于，特朗普中途走马换将的许多人，其实多半是一些美式“宅男”，既不了解中国，也不了解美国自己，最终可能是一些“蒋干式”的谋士，给美国经济和世界经济带来新的灾难。对此，美国一些媒体发表的文章颇为感慨地写到，美国目前极度缺乏新一代“中国通”，“有些写时事评论的记者只在中国停留一星期，然后就好像非常了解中国了”，“虽然一些白宫顾问对中国有着明确的看法，但他们的立场不见得建立在有关中国的深刻认识”之上。虽然不能低估美国鹰派人士和特朗普的能量，但总体上是一批政治智商和情商并不高的人物。

一方面，特朗普作为美国总统，对遏制中国的最高战略目标不能放弃也不会放弃，另一方面，又需要选择他认为是代价最低又容易讨到便宜的方式来实施。如果我们把特朗普“打贸易战好，贸易战容易赢”这句话，放在美国内部战略争论场景中去还原去透视，不难看到当时莫衷一是的一种混乱，也不难看出特朗普为什么要把关税战贸易战作为他的最终拍板。在他看来，中国既是一只“肥羊”，又是美国的“经济敌人”，宰宰这只“肥羊”，阻滞“他”的成长，仅仅依靠唱衰中国的舆论战不行，关税战虽然是老战法，一可以增加美国的钱袋子，二可以搅乱中国的对外贸易，关闭中国企业转型升级的高科技命

门。如此一个如意算盘打了起来，决定了特朗普不计后果要打贸易战的决心。

在这三个目标层次里，关税战贸易战显然居于最低层次，但又是成本最低、收益相对最高的商业选择，并且符合特朗普“美国优先”的执政取向。因此，既不能将贸易战看得过高，也不能过低，更不能将贸易战与美国的长期战略的关系简单化地去看。要看到二者之间的内在联系，但又不能完全等同。贸易战就是贸易战，关税虽然是一件老武器，不能低估它的破坏性，特别需要注意的是，特朗普已经形成了迥异于美国传统政治家的战略思维模式，甚至就像英国《金融时报》所报道的，是“经济优先”的“特朗普主义”。对这个“特朗普主义”有这样三点分析，一是从经济角度定义美国“再次伟大”，矛头必然要对得住贸易顺差大的国家。二是希望一对一地同其他国家打交道，无视和放弃国际机构的多边规则。三是轻视所谓“普世价值观”，而更倾向各自形成的非正式“利益范围”。《金融时报》的报道虽然对“特朗普主义”表示严重担忧，并认为是错的，但对“特朗普主义”看得还是有些准头的。

因此，中国对特朗普的贸易战，还要有一个更为全面的认识，中国要坚持不想打贸易战但也不怕打贸易战的立场，同时也要努力削减特朗普贸易战的负面影响，坚持自己的底线，同时寻求更为扎实的调整政策策略和应对方法。要让特朗普最终明白，中美经济贸易逆差不是不可以降低，但绝不是将贸易战一直推向升级的笨办法，更要明白，用当年美国对付日本的一套拿来对付中国，选错了路径与对象。毕竟，当年是欧美联合起来压日本，现在的形势并不相同。中国不会重演日本丢失10年或者20年的一幕。其实，日本是否在“广场协议”之后丢失了10年或者20年，是大可重新研究的，事实上很可能是日本重新调整了发展战略，所以一直能够保持了世界第三大经济体的地位。

所以，特朗普认为最容易“赢”的贸易战，其实是最不容易真正地“赢”，赢了“面子”，不一定能赢了“里子”，何况极有可能“面子”“里子”一块丢。到了贸易战负面因素逐一显现之时，也就引出了关于特朗自身处境的另一道难题。一是这位“见奥巴马必反”的美国现任总统，毕竟会遭到美国朝野首先是民主党支持者的更多诟病。二是贸易战效果不显，甚至埋下了美国经济发展的明显的定时炸弹。中国的发展肯定是“美国优先”的不爽，想方设法要搞搞中国，也会是美国当政者朝思暮想的事情，但这不是特朗普任内就能实现的事。美国的长远战略目标，与共和党的执政地位与特朗普好不容易得来的总统宝座相比，在现实中孰先孰后如何排序，更是一种严峻的考验。

刚刚进入全面复苏的美国经济，仍然具有脆弱的一面。不但没有他们自以为的那么强势，新的金融危机会不会发生，其实他还没有想明白。特朗普毕竟是一名商人政客，他的讨价还价术一旦失灵，也会寻求其他保本止损的办法。他不会不明白，什么是“就坡下驴”，“就坡下驴”还是一头撞南墙，是两个不同的结果。

美国中期选举在即，但特朗普已经置身漩涡，多种做法备受争议，国会斗争异常激烈，美国社会已经被他撕裂，事情会不会如他所愿，各方面充满了怀疑。至少在对华关税战和贸易战上，他能交一张什么样的卷子呢？除了继续叫价，恐怕没有更多的东西。

应当说，发起对华关税战和贸易战，本身就是特朗普主义和美国战略利益的混合产物，一旦不能立时奏效，理智便会出现，什么是理智？可以有多种解释，就压缩中美贸易逆差而言，办法多的是，除了美国产品多出口中国多进口，以及美国扩大对中国的服务贸易出口之外，最简单明快的做法就是多向中国出口油气。人们知道，美国即将成为全球最大的产油气国，国际能源署预计，未来 5 年美国产油量将会猛增，未来 3 年美国供应的石油将能满足全球 80% 的石油需求增长，而中国也即将超过美国成为全球最大的油气消费国。这样一种重要的经济贸易互补关系一旦在中美之间形成，谁还会再去纠缠逆差不断扩大的问题呢？

中美能源合作确乎是条路，无论在外贸技术层面上空间和余地都很大。这是谁都看得到的一个重要经济贸易互补关系，甚至是美中贸易战解扣的一个潜在的机会。美国能源信息局不久前表示，“今后数十年，美国是无可置疑的全球头号生产国”，俄罗斯和沙特为了推高石油价格进行限产，但美国却依靠技术进步降低了生产成本，使得昔日无利可图的大量烃类资源得到开发。目前，美国的油气总产已经远远超过俄罗斯和沙特，2017 年的化石能源产量相当于日均 3000 万桶。从 2008 年到现在，油气产量飙升了 60%。美国从波斯湾进口的石油日均只有 174 万桶，占日均进口量的 17%。美国在很大程度上解决了能源自给问题，大量出口化石能源已经是一个明显的趋势。中国化石能源资源短缺也是目前一个难以改变的事实。仅 2017 年一年，中国的天然气需求就增长了 15%，进口则增长 30%。有分析说，2010 年中国进口的液化天然气还不到 1000 万吨，到了 2030 年，将会是这个数量的 6 倍，达到 6000 万吨。美国目前控制天然气供应量的 8%，但到了 2020 年会增加到 20% 至 25%。中美较大规模的能源贸易不仅可以有效解决美国对华贸易的不平衡问题，也符合市场供求规律。

中美经济的互补性并不全在技术上和一般商品的贸易上。从能源领域到基建领域都有相互合作的巨大需求。从 2017 年开始，在欧佩克减少原油产量之际，中国开始超越加拿大成为美国原油的最大买主。当年 2 月，中国从美国进口 808 万桶轻质原油，几乎是上一个月的 4 倍，也占到了美国原油出口的四分之一，并使美国的石油出口量创下了纪录。美国的原油库存一直居高不下，推动石油贸易不仅减少库存，也会有效减少贸易逆差。中美石油贸易前景很大，尤其是美国阿拉斯加发现世界最大油气田之后，中美石油贸易之路将会变得更加捷近，这是中美贸易天平上的一个重要砝码。

2017 年底，美国总统特朗普在访华期间签署了两项引人注目的能源协议谅解备忘录，其中一项是中国国家能源投资集团承诺向西弗吉尼亚州的页岩气、电力和化工生产项目投资 837 亿美元，另一项是中石化计划在阿拉斯加州建设天然气管线，预计投资 430 亿美元。除此之外，还有一些其他零星的液化天然气销售协议。这些备忘录虽然不等于现实的项目合作，但为中国对美国西弗吉尼亚州和阿拉斯加州的能源投资铺平了道路。美国《福布斯》双周刊指出，这些协议并不具有约束刚性，而且美国国内也有同样基于“安全”的不同声音，但在贸易方向上体现了中美之间有可能出现的“新型能源关系”。

美国西北部的阿拉斯加州，是与中国距离更近的能源富集州。在北极圈内的阿拉斯加普鲁德荷湾，已经发现了巨量天然气，并且进入开采，他们目前的计划是建设一条输气管通向阿拉斯加南部，建立大的液化气厂，预计总投资 150 万亿美元，阿拉斯加州希望中国企业参与投标，并考虑将那里的液化天然气近距离运往中国东部沿海地区。因此，中美北极合作在能源问题上最有获得突破潜在可能性。

美国阿拉斯加州与中国的能源贸易开始比较早，早在 1996 年，中国就从阿拉斯加进口过 100 万吨石油。目前，阿拉斯加州临近北极圈内的普陆德荷湾发现了巨量的天然气。他们准备投资 150 亿美元，扩建南北向的输气管，并在阿拉斯加南部建立液化气企业。阿拉斯加州希望中国企业参与投标，更希望把液化气输到中国。特朗普也曾不遗余力地帮助美国油气企业推销天然气。这是一个化解中美贸易纠纷的很大的变量。

在特朗普总统开打关税战之前，总部位于休斯敦的美国钱妮尔公司也同中国签订了液化天然气长期贸易协议。对这项长期贸易协议的成功签订，钱妮尔公司的总裁面对众多媒体不无感慨地说，“我就不明白，为什么就不能同中国做这样的生意呢？”钱妮尔公司总裁能够看到的，美国政府一定也看得到。美国液化天然气出口是美国跃上能源超级大国的一个梯子，因此特朗普在一些场合一直在放口风，希望进一步推动液化天然气对华出口。为了推动液化天然气对华出口，美国商务部不仅发表声明说，欢迎中国购买美国的液化天然气，并在2017年宣布了一项加快液化天然气对华出口审批协议的措施。因此，无论从美国的能源出口政策上看，还是从目前已经开始的贸易事实上看，事情并不是这样。近年来中国刚刚成为美国页岩油的最大新买家，2017年一年就购买了美国出口原油的五分之一，但随着贸易战的升级以及中国不得不施行的对等反击，进一步扩大美国油气对华进口的前景出现了暗淡。

不仅如此，特朗普贸易战也会直接间接地影响到北极西北航道的开放利用。地处北极地带的阿拉斯加把能源合作的目光投向中国，既是中美能源贸易合作的最大生长点，也是中美北极航运合作的重要支点。事实上，在“北极航道”的三条航道中，由亚洲通向北美大陆的“西北航道”成熟最早。早在2007年9月，欧洲航天局就宣布，根据卫星观察，“西北航道”已经完全可以解冻通航，航船从白令海峡一路向西北，抵达加拿大东北部的巴芬岛与巴芬湾，可以继续驶向美国的纽约港。或者从巴芬岛向东，经加拿大北极群岛的深海海峡，航行到美国阿拉斯加的波佛特海。这段海路路程同样会比传统航线距离缩短将近一半。颇有意思的是，加拿大有一个名为丘吉尔的港口小镇，正处在“西北航道”的主要节点上。1997年，美国的一位铁路商人购入这个港口小镇，只花费了象征性的7个美元，并用自己的名字命名了这个小镇。现在。这个小镇的身价看涨，很可能成为连接太平洋、北冰洋和大西洋的一个轴心航线枢纽。小镇的居民对未来充满期盼。

也是在2007年，俄罗斯圣彼得堡举行了北极航运大会，不仅俄罗斯、英国、加拿大和挪威等北极国家派出参会代表，美国也参加了。北极航运大会讨论了北极航道有关国际协议和初步的管理规则。这是北极航运进入北极国家共同政策视野的正式开端，从这个时候起，其他国家的航海、气象和地质专家闻风而动，纷纷到北极地区考察港口、能源和气象和北极环保问题。再向前追溯，北冰洋“西北航道”的探险，是由挪威探险家罗德纳·阿蒙森在20世纪中开始的，他用了整整3年的时间在北极地区探险旅行，开启了“西北航道”的认知进程。但是，无论怎么讲，在20世纪中叶以前，北极还是旅游和航运的禁地。另据有关统计，从第一艘加拿大货船不依靠破冰船正常进入“西北航道”算起，到2013年时，总共只有13艘船只通过，而且基本上都是商业破冰船。2015年增加到20艘。2016年夏天，一艘载有1700名游客和船员的豪华邮轮“宁静号”在“西北航道”首航，这艘邮轮是水晶邮轮公司旗下的“宁静号”，它穿越加拿大和美国的“西北航道”水域，每位旅客的费用在2.5万美元至12.5万之间，游程为一个月。邮轮的安全要求是最高级别的，因此“宁静号”的成功进一步证明，“西北航道”已经进入普遍可以航行的商业应用时代。

2008年夏天，一艘加拿大货船从加拿大的蒙特利尔出发，成为历史上第一艘成功通过“西北航道”的商用货轮“处女航”。这也是“西北航道”先于其他航道成熟的标志。值得一提的是，这艘货轮在航行中并未遇到浮冰冰块，因此也就没有动用过破冰船，可见北极通航在一些时段里，要比人们想象的还要早一些。

2017年，著名的水晶邮轮公司也推出另一艘大型邮轮。许多邮轮集团也都在计划开辟类似的极地旅游路线。北极融冰为极地旅游打开多扇大门，而极地旅游也作为北极开发的先导，引领着北冰洋航行的未来。亚洲、欧洲与美洲的北冰洋海上联通进入了新阶段，展示了亚洲与美洲北极海上联通的新前景。

但是，特朗普关税战贸易战不断升级，给这一切都蒙上了厚厚的一层阴影。

第五章

“印太”与“北太”

二十五、“印太战略”的由来

2016年8月，一个看似重要的地缘政治概念浮出水面，这就是喧嚣一时的“印太战略”，何谓“印太战略”？首创者日本首相安倍的话讲得很模糊，那是一个“自由繁荣的印度洋——太平洋战略”。

这个“印太战略”看似与我们讨论的“北极航道”八竿子打不到一起，在地缘走向上是截然相悖的，但正是因为这种相悖性，引起人们更大的关注。从地理联系来讲，或者从能源资源的互补性上讲，“北极航道”的开通原本应当是日本朝野共同关注的话题，但令人奇怪的是，这件大事不仅没有成为日本媒体的重点话题，甚至也没有激起多大的波澜。相反地，南向的“印太战略”却成为日本舆论中的一个漩涡。尤其是在特朗普访日期间，日本的安倍首相首次正式提出“印太战略”，并得到后者当面和在此后岘港峰会上的积极呼应，并由此引起日本一些媒体的一阵欢呼，不仅认为在这个问题上美日已经达成了一致，还认为，美国总统沿用日本首相首提的国际战略构想，是日本“史无前例”的一种成功。

这是为什么呢？首先是因为，在人们的普遍印象里，日本向来是一个与美国保持高度一致的国家，美国说一，日本不会说二。只有日本听美国的，没有美国听日本的。美国对中国牵头的亚投行说不，日本也说不。美国对“一带一路”熟视无睹，日本也会装着没看见。虽然有时日本也会对美国闹闹性子，或者讨价还价，但是日本唯美国马首是瞻的核心盟国关系从来没有改变过。现在，日本居然先于美国策划和提出了一个重要的国际战略，并得到美国总统的认可，这当然是一种“史无前例”了。其次，日本是一个重要的亚太国家，但在更大地理半径的印度洋太平洋范围里，无疑还是一个边缘角色，边缘角色是影响不到全局的，要想继续影响全局，就要拿出一个理由并造出一个不得不然的“势”来。安倍首相或者知道，指望“美国优先”的特朗普拿出一个可以有效替代奥巴马时代“亚太战略”的新的战略来，是不太可能的。一是没有现成的方案，二是顾不过来，只能由日本“越俎代庖”，主动请缨。也就是说，在昔日奥巴马“亚太战略”的棋盘里，日本曾是围堵中国的“第一岛链”的无可替代的战略起点和基点，要想在“第一岛链”开始摇动之时继续充任起点的角色，必须搞出些新的动静来。这个动静就是“亚太战略”的放大版，即从“第一岛链”放大到“第二岛链”，从亚太放大到印太，并从亚洲延伸到非洲。如此一来，日本不仅不会被美国在战略上边缘化，反倒有了更大的施展手脚的舞台与空间。

然而，就日本来说，这只是日本从二战结束以来形成的日美主仆关系的惯性使然。除了这个惯性，还有一个更带有历史烙印的惯性，那就是在太平洋战争爆发之前，日本内部围绕“北上”还是“南进”，引发对日本国运的激烈争论。人们依稀看到，虽然这一次并没有发生新的“北上”还是“南进”的争论，但历史的影子依然在暗中晃动。只是旧伤新病叠加，实际上只能舍北就南，提出一个“自由繁荣的太平洋印度洋战略”。这或者可以解释了日本对“北极航道”态度相对平静而热衷于印度洋的重要原因，同时也多少让人想到历史上曾经存在的日本“大东亚共荣圈”的梦想。这也许是不同时代地理走向上的一次巧合，但一箭多雕的意图明显，即便不能完全如愿，至少可以作为外向型经济发展的重要工具，扩展日本南下印度洋西到东非、西非的更为宽泛的经济影响力。

印太概念是安倍在出席肯尼亚非洲开发会议上首次提出来的，一开始也并没有明显的地缘政治色彩，其内容偏重于通过基础设施建设、商业环境建设和人才培育，推动日本的跨国企业从亚洲走向非洲，其目的是为日本的外向性经济发展创造更大的空间，并由此派生出诸如“亚非经济通道”等等的具体提法。然而深究起来，这又不单单是一个纯粹的经济合作问题，或者经济之外，也潜藏着另外的一些线头，包括后来出现的与“印太战略”相配伍的“四国联盟”设想。

“四国联盟”无疑是一盘政治地缘战略的新棋局。尽管这个联盟是安倍在2007年首先提出来的，当时并没有得到更多的认同，比如那时的澳大利亚政府就不很赞同，但时隔10年再度提出，却搅起了印太一池秋水。当然安倍也多次强调，“自由繁荣的太平洋印度洋”并不针对第三国，但终归还有些“此地无银三百两”的意思，最终的意图可能有两个，一是继续维持奥巴马后的盟国体系，甚至扩大这个体系；二是在美国特朗普政府更多内转的间歇，成为世界秩序的另一个操盘手。

确切地说，印太概念的初始发明权并不属于安倍，它有着三个重要的“理论研究”来源，一个源头来自美国的政治学界，即一些政治学者着眼于西方民主制度进一步对东方产生影响，在20世纪末就提出了亚洲“民主价值共同体”的理论构想。在他们看来，日本和印度虽然“国体”不同，都是较大的“民主体制”国家，应当相互呼应，形成一种以“民主价值”为黏合剂的政治共同体。但这个显然没有多少生命力的构想，对日本和印度并没有产生更多影响，也就成为一种空洞的理论。另一个源头则来自印度的经济学界。即一些印度学者鉴于印度孤悬印度洋上，一直扮演着从东亚到西亚再到欧洲的海上商栈和过路者角色，主动开放性严重不足，也就早在10多年前提出既“向西看”又“向东看”的经济开放地缘选择命题。这两个源头各自的出发点和落脚点并不相同，但又必然会发生纠缠，在一定的条件下拼合在一起，形成了多层面的战略理论，“印太战略”也就如此这般地出现了。第三个来源更直接，也更直观，早在奥巴马担任美国总统时期，美国就不满足于“亚太战略”的战略效用，曾经试图联合日本、澳大利亚和印度，构建一个从太平洋到印度洋的巨大四边形，形成更大的对华包围网。2012 年提出的印太“钻石圈”就是其中的一个构想。安倍把这个构想接了过来，加上“自由繁荣之海”之类的包装，也就成为贴牌生产的一种地缘政治产品。

为什么日本一门心思要贴牌生产“印太战略”和“四国联盟”的概念呢？从历史维度去考察去分析，乃是日本从来没有从“大东亚”的梦想里完全走出来，虽然这个梦想梦碎二战，但随着国内右翼政治势力的回潮，总想着梅开二度。在以前，毕竟有奥巴马的亚太战略和 TPP 作支撑，在讨价还价后死死跟进就是了。特朗普执政美国以后，既定亚太战略几成废棋，虽然日本复活 TPP，并在亚太经合组织岘港峰会上给它起了个 CPTPP（全面进步跨太平洋伙伴关系协定）的新名称，提出“敞开大门”，期待美国回归。但许多不可确定因素难以把握，很令日本安倍政府头疼，也令其一时感到进退失据。他必须另外寻找新的替代战略来为日本的根本利益服务。这就是日本一而再再而三地推动“印太战略”的根本原因。

但是，在特朗普“美国优先”的思维定势下，真让美国回归 TPP，恐怕很难。虽然特朗普确乎在一些场合表示美国也会考虑重新加入 TPP，但更多的是一种既安抚盟国又向别国施压的外交言辞。“美国优先”毕竟不只是特朗普竞选口号和在推特上的随口之言，已经成为主导美国政策走向的主要出发点。更何况，这个 CPTPP 已经与原来的 TPP 有很大的区别，至少删去了包括美国最重视的知识产权和利益平衡在内的条款，涉及 20 条之多。很难想象美国会轻易接受这样一个剖腹产出的“小头畸形儿”。此外，这个更名为 CPTPP 的 11 国协定内部，不仅各国跟进的态度不尽相同，比如加拿大就在亚太经合组织岘港峰会上一度临阵退却，导致 CPTPP 出现了难产，真正热衷于

CPTPP 的也只有日本、澳大利亚、新西兰和越南等三四个国家，其他多数国家是静观其变的搭车者和更多倾向于双边合作者，因此，不管人们将 CPTPP 称为“小产”的 TPP，还是把复活 CPTPP 称为“剖腹产”，这个胎儿即使生下来，今后也是没有多少影响的。

然而，不能低估了日本的应变能力，他们四处寻找能够合作的对象，目光落在与中国存有领土主权矛盾的印度身上。在日本当政者看来，在美日同盟总体上处于相对守势的情况下，最好能在斜刺里杀出一股力量，这股力量也最好来自正在发展的印度。

或者安倍也很清楚，说是“印太战略”“四国联盟”，需要登台演出“双簧戏”的主角还是日本和印度。那么印度政府为什么在一段时间里有所应和呢，除了寻求向东转的经济资源，还有挥之不去的对中国的戒心。印度不仅要作南亚大国，也要成为全球大国，需要更大的舞台，至少在继续发挥其在西亚的传统经济影响的同时，要更多地走向太平洋。这是其在 20 世纪 90 年代提出的既“向西看”也“向东看”，如今又把“向东看”提升为“东进”政策的全部发展战略思考。在这个过程中，印度的一些媒体也起了推波助澜的作用，高调报道印度共和国 69 周年纪念活动中邀请东盟和缅甸等 10 国领导人参加的阅兵式。甚至评论说，印度在向东看向东进政策，坚持以东盟为核心的原则，所依据的理由是什么？“答案是中国。”

很显然，在一个阶段里，日印两国在“印太战略”有所交集，其中有各自面对的地缘政治原因。但从根本上讲，主要还是经济上的相互诉求。在日本，是振兴国际市场的需要，印度庞大的人口与消费市场，是日本企业难以忽视的，在印度，则亟须从世界第三大经济体引入技术和直接投资。据日本贸易振兴机构统计，2016 年日本对印直接投资规模为日本历史上第二高，在过去的 10 年里，比上一个 10 年扩大了整整 8 倍。日印两国在高铁和工业园区建设的合作也在陆续展开，印度的德里到孟买的“大动脉计划”和孟买至艾哈迈德巴德的高铁项目也在研究和实施。日本企业普遍认为，印度人口多，比较年轻，呈现了金字塔型的结构特征，具有用工市场和销售市场的多种优点，因此可以大举进入。比如，日本的铃木汽车在印产量达到年产150万辆的水平，并计划到2020年达到200万辆的更高水平。

对于印度市场的高度重视，日本经济学界给出了肯定的答案，日本学者曾经以“中印两国会有两雄并立的一天吗”为题，进行过一场讨论。他们认为，印度位于欧亚大陆的中间，在地缘政治上占有“优势”，曾经沦为英国的殖民地也使它换来了“英语圈”的另一些沟通“优势”。此外，印度全球经济排名第七，军费支出位列第五，也是其重要的发展资本。此外，日本目前的当政者同美国政府一样，都“期待印度充当牵制中国的角色”。但是他们也知道，中印两雄并立至少“是有个时间差的”“中国的峰值更早到来，印度在后”“目前的局面是美国依然是大国，但中国正迅速赶超，而印度则落后两圈，正在追赶中国”。而且，目前“印度缺乏塑造国际秩序的能力”，即一个大国应该具备以下两个要素：一是本国有能力对抗他国施加的影响力，二是自己能够对他国施加影响力。中国正在具备这两个要素，而印度“只具备前者”。他们由此得出结论，赞同一些澳大利亚学者的观点，即印度的外交比较“圆熟”，比如一方面没有参加中国的“一带一路”论坛，另一方面又与巴基斯坦一起成为上合组织的正式成员。他们认为，一段时间里日印走得较近，是彼此需要，“未来可能还会发生改变”，日本“能够与印度一起继续牵制中国固然好，但如果在印度看来，比起与日本合作，与中国合作更好的话，那对日本来说将是个大问题”。

印度自己也知道，与中国抗衡并不是好办法，一方面，以印度目前的国力，并不能完全与中国相比，印度目前经济总量只是中国的五分之一，总体上还处于“人口红利”发展阶段，在短期内赶上中国并不容易。另一方面，经济合作需要多元多方位。因此，要说印度不计政治代价要联日制中，那时不可能的。印度有自己的国家利益，也有诸如对中巴经济走廊怀有疑虑的心结，要看一看，并不奇怪，但不会用自己的不结盟传统换来一种不确定和不稳定。

应当说，对于“一带一路”，印度内部的讨论最初也一直囿于学术范畴，并没有完全进入政府的视野。在印度学界的原始概念里，“向西看”并不就是一定要向西方国家看，而更多地体现在南亚和西亚的历史联通关系中，是印度寻找对印度洋和太平洋经济联通发展方向的基本定位，而此前出现的印度历史学者对“香料之路”的研究，也是对这种东西向的历史关系的具体历史解读。在中国看来，丝绸之路也好，“香料之路”也好，其实是不同贸易联通符号表达的同一件事情，只是因为各自历史优势产品和贸易区位不同，说法和提法有所不同而已，但是，“向西看”重点看向哪里，“向东看”又从哪里看起，本来有着更多的选择，这就使不成问题的问题变成了问题。

应当说，印度官方对该国经济发展战略的真正系统思考和研究，是在莫迪执政之后。在一个时段里，“向西看”和“向东看”成为印度国内的一个高频词，对印太国家如何在相互联通中实现更为密切的经济合作的讨论热度明显上升。但在一开始，他们把希望主要寄托在奥巴马政府推行的 TPP 的扩大上，想着搭上 TPP 的顺风车，强化自身的经济地位。不料在特朗普当选美国总统之后，TPP 胎死腹中。在这种情况下，即使日本牵头构建没有美国的 11 国 TPP，并在 2017 年底达成了协议。但新旧 TPP 不可同日而语，既满足不了日本发展外向经济的全部需要，也满足不了印度经济发展的需求，在这种情况下，安倍提出“印太战略”，从经济上看，似乎与印度的“向东看”比较贴近，尤其“印太战略”的前置词里有“繁荣”和“自由”的字眼，并没有马上显露出“四国联盟”的军事或者准军事色彩，语义比较含糊，也就在不置可否中出现了接近“印太战略”的一种姿态。

但是，作为传统的不结盟国家，印度对“印太战略”的政治地缘含义还是有戒备的，在2017年11月特朗普访问日本之后，“印太战略”被美日提升到政治地缘战略的高度，并将美国在奥巴马时代酝酿的四国“钻石圈”概念也加入进来，进一步变成了要求印度加入的“四国联盟”。在这种情况下，印度对“印太战略”的总体热度降了下来。很显然，美日澳是盟国关系，在政治军事上走到一起是不奇怪的，但印度则不同，特别是在“四国联盟”中，印度被设计成一个关键的一环，不尽被直接绑在了美日的战车上，甚至还有可能充当“炮塔”。这无论如何是印度难以接受的。

也应当说，中印关系在一段时间里发展的确并不顺畅，“一带一路”的实际合作步伐比较缓慢。莫迪出任印度总理之后，一度加大了中国企业工业园建设的力度，并邀请中国企业参与其国内高铁路线的论证等等，但在接下来的一段时间里，对中国“一带一路”倡议尤其是中孟印缅走廊的建设的态度并没有表现出太多的热情。尤其在“洞朗”对峙之时，中印关系也开始变得更加复杂微妙起来。

为什么会这样？其中的原因很复杂，解释也五花八门。有的从历史遗留的边界问题角度去解释，或者从中印之间现存的较大贸易逆差去解释。有的从中巴和印巴关系尤其是中巴经济走廊建设角度去分析。有的着眼于“一带一路”经济合作项目越来越多出现在南亚地区，被认为是动了印度的“奶酪”，印度感到在南亚地区的传统“霸主”地位受到了威胁，有的则更多强调中印正在争夺未来世界经济影响和亚洲经济强国地位，双方注定会陷入“既生瑜何生亮”的难以相互包容的状态。更有甚者，居然将关于“修昔底德陷阱”的分析套在了中印关系中，好像中印同样避不开这样一种“宿命”。

但人们看到，这些解释和分析，似乎也有一种“舆论”波段的起伏以及时段的偶合性，即在中国经济“崩溃论”声浪四起的时候，也是宣传印度经济发展增速超越中国最多的时候，在炒作中国发展威胁的分贝最高之时，也是各种唱衰中印关系的说法纷纷集中出现的时候。这些解释和分析，有不少不仅具有用局部分析代替了整合分析的某些特征，也把唯恐亚洲不乱的战略企想大量地羼杂其间。这些五花八门的解释和分析主要来自外部，但不可能不影响到印度内部的战略思维的走向，对中印关系的正常发展构成了重要的负面影响。

历史边界问题和20世纪60年代中印边境自卫反击战，是中印关系挥之不去的阴影，但边界问题许多国家都有，只能通过和平谈判来解决。中巴经济走廊建设的成功和不断推进，以及“一带一路”的影响在南亚国家不断扩大，也不能构成排他性的原因。中国把中巴经济走廊看作是“一带一路”发展的典范，是从“共商、共建、共享”的包容的特质和普遍适用性来评估的，把实现双赢和多赢的经济合作同政治地缘问题简单地等同起来搅和在一起，本身就是一种紊乱。但在西方的冷战思维长期浸淫下，许多并不必然通顺的逻辑，往往成为一些战略学家和战略实操者的经典思维，把本来简单的事情搞得特别地复杂。这才是问题所在。

就瓜德尔港的建设而言，其实也是一个并无预谋而水到渠成的事情，自始至终都没有针对第三方。巴方建设瓜德尔港的计划由来已久。从20世纪90年代起，巴基斯坦就开始寻找包括美国公司在内的伙伴共同开发，在终无结果之后转向了中国。2001年，中国同意参与援建该港，并提供1.98亿美元融资。瓜港项目2002年正式开工，2007年港口竣工，当时的港口只有两个2万吨级的泊位。2006年，新加坡企业在竞标中取得该港运营权，但由于泊位吨位小货运量不足，在2013年由中国公司接管了港口运营权。2013年也是中巴经济走廊建设的开局之年，瓜德尔港迎来转机。目前港口吞吐能力扩大，具备处理集装箱、滚装货物以及石油、液化气运输全作业能力，船舶靠港数量持续上升，同时也带动了当地的渔业生产。2016 年 11 月，中海运的集装箱货轮从这里驶向阿联酋，标志着瓜港开启了规模物流时代。恰巴哈尔港在此后前不久也举行了开港仪式，但它的运营和发展也会有一个过程。也许会有这么一天，随着南亚形势的逐步正常化，相距不远的瓜德尔港与恰巴哈尔港或者会成为“姊妹港”，为中亚、西亚、南亚和中国西部的海陆联通共同做贡献，那应当是最值得期盼的事情。

经济持续发展和国力不断增强，是“中国梦”的核心内容和目标。中国有“中国梦”，印度同样也会有大体相同和相似的“印度梦”，但实现各自的梦想，既要靠自身在市场竞争的努力，同时也要靠市场相互开放中的经济合作。竞争与合作本身就是经济全球化发展这枚银币的两个面，合乎产业互补和经济要素梯度转移规律，合乎市场经济规律。因此，把双方对经济发展的追求当作是相互关系的反向考量因素，其实是很荒谬的。从道理上讲，邻国之间的经济发展存在着互为最近市场条件的密切相关性，对方经济越发展，相互间市场联系越紧密，相互市场越紧密，对方经济越发展。中印市场都是世界上最大最有潜力的市场，其本身就意味着世界上绝无仅有的一种巨大经济互补性，而推动中印“一带一路”合作和提出建设中孟印缅走廊，也正是为了实现这种互补性的最为重要的途径。

印度的人口数量巨大，较高生育率将会使它的人口数量很快超过中国，而印度比较年轻的人口结构，也形成了潜在优势。这些优势和已经开始形成的一些产业优势，比如太阳能技术发展和性价比较高的仿制医药业等，以及莫迪担任总理以来印度较高的经济增长速度，都构成了印度经济发展自信的理由。据印度官方预测，2017 年到 2018 财政年度，印度的经济增长率为 6.75%，截至 2018 年 3 月的 2018 至 2019

财年预计增长率也有可能达到7%到7.5%之间。印度想在经济增长速度上赶上和超越中国目前的增长速度，力争破八而成为目前世界上经济增长最快的大的发展中国家，在其快速发展阶段里并不是没有可能，但中印发展的阶段目标不尽相同，印度目前还处于速度追赶型经济，中国正在开始进入质量发展阶段，因此，这里不仅不存在着从发展基数到绝对值上的更多可比性，更不可能由此构成只有竞争而没有合作的“对手”关系。

印度拥有自身的发展优势条件，也有许多需要不断克服的发展瓶颈，一方面，印度的人口数量和年轻的人口结构使它更多依靠人口红利取得发展，另一方面，很难消除的种族姓氏制度历史影响下的社会结构，存在着上层与底层之间的较大教育和文化断裂，这是印度发展中的一个障碍。此外，在历史上印度是一个邦国林立占多数年代的国家，曾有“五天竺”之称，而印巴分治也说明南亚文化的多元性和复杂性，而社会经济发展和文化结构不平衡也会在一定程度上影响到社会凝聚度。如何较快消除这些不利因素，推动社会经济持续发展，需要经受很多的考验。这些因素叠加在一起，也会构成对发展前景焦虑的多种因素。

在对外政策方面，印度的弹性一直比较小，在1947年印度独立之前，它一直是英联邦的最大东方殖民地，独立后也一直是南亚地区最大国家，他已经习惯于将南亚陆上和海上的周边国家看作是自己的后院和传统势力范围，因此也会下意识地不时介入周边国家的内部政争与冲突。但这也很容易为自身与周边国家关系的长期发展预置路障。2014年莫迪政府也曾提出“邻国优先”政策，但如何优先，很难落实。从目前来看，印度与不丹、孟加拉国关系大体稳定，但作为独立的经济体，也会有各自不同的利益走向。在中印短暂的“洞朗对峙”中，不丹就并未完全跟着印度转。在缅甸罗兴亚人的问题上，印度的态度也颇为复杂，不是先去积极调停，反而忙着遣返进入印度的罗兴亚人，事后作了弥补，但也由此引起印缅关系的某些不合拍等等，这都是可以避免的。由于印度历史形成的邻国政策惯性还需要时间来调整，有时对南亚周边国家的关注也会超出正常值。比如，为了影响尼泊尔选择自己的道路和政权机构、对外政策，印度曾经一度借助居住在尼泊尔南部的具有印度血统的马迪西人，对尼泊尔实行过最长达两个月的“经济封锁”，其结果是加深了彼此之间的不信任和底层社会的矛盾。但这些问题正在陆续淡化，比如在印度洋岛国马尔代夫的关系中，最终没有沿袭老的思路，应马尔代夫反对派的要求派出军队去干预。

改变惯性思维并不是一件容易的事，南亚许多国家为了本国的发展，不同程度地走上“一带一路”共同发展的道路，也会使印度内部一些学者发生一些不必要的“联想”，加上西方政治地缘学者不断抛出中国实施“珍珠链战略”的臆测，也就在一段时间里出现了对印度“围棋战略”的某些炒作。

所谓“围棋战略”，似乎同印度国内提出的“向西看”“向东看”有关，但排除各种杂音，“向西看”“向东看”的地理走向与中国提出的“一带一路”倡议的互联互通概念，并没有抵触。比如，从印度经济比较发达的西孟加拉邦修建通向缅甸的天然气管道，或规划经由北方邦通向缅甸与泰国的公路，那应当是为南亚东南亚结合部的互联互通做出了努力，但这一切在炒作“围棋战略”者的眼里，就有些大为不同了。他们的炒作点有这样几个，一是印度在印度洋沿岸跨国修建系列港口，好像与中国参与建设的港口设施如影随形。比如，中国企业在斯里兰卡的汉班托塔港签署了99年期的建设和经营租约，印度也要花费3亿美元，取得该港附近的垃贾帕克萨机场40年的租约。这个国际机场一直被称为“世界上最空的国际机场”，为什么要花大价钱购买这样一个没有经营前景的机场呢，分析来分析去，说是为了防范中国。再比如，中巴经济走廊的龙头瓜德尔港2016年竣工，印度投资的距瓜德尔港只有100公里的恰巴哈尔港也在2017年举行了开港仪式。中国租借瓜德尔港自由贸易区建设土地809公顷43年，印度也租借了恰巴哈尔港一期港口工程为期18个月的运营权。在他们笔下，最典型的例证是，中国在吉布提建立军事基地并与吉布提合作建设与吉亚铁路相连的自由贸易区，印度也要与塞舌尔政府签署了在阿桑普申岛修建港口和海军设施协议。虽然由于塞舌尔国内有不同意见而不能落地，但将如此等等的一系列引人注目的“棋子”摆开来，自然很像是煞有介事的“围棋”对弈。

事情是不是这样？恐怕没有“围棋战略”渲染者说得那么玄乎。印度是印度洋最大的国家，有东西联通的经济利益，也有自身的安全利益。就拿恰巴哈尔港的开建来讲，这是印度与伊朗合作的港口项目，虽然有日本资金介入其中，但最终结果还会是印伊古代丝路联通的现代海陆联通版。在印度，既是保证其能源安全的一条独立通道。在伊朗，也是保证能源输出印度的通道，在阿富汗一方，则多了一条海上贸易通道。在印度的“五天竺”时代，印度和西亚丝路陆上联通是不存在问题的，但在印巴分治且印巴关系并不稳定的背景下，虽然中国曾经提出过欢迎印度利用瓜德尔港的建议，但在目前的现实中，那又是难以想象的一件事情。因此，印度绕开邻国巴基斯坦，开辟进入伊朗和阿富汗的另一条海陆联通平行路线，并非没有自身的道理。至于瓜德尔港与恰巴哈尔港只有100公里的距离，那其实说明不了什么，若一定要说，只能说是一种地缘政治中的错位。目前，恰巴哈尔港的运营，受到美国退出伊核协议并对伊朗实行经济制裁的影响。这又是错位之中的又一个问题。

恰巴哈尔港的出现也并不一定会大幅降低瓜德尔港联通阿富汗和中亚、西亚国家的联通效应。因此对于恰巴哈尔港的兴建，中国和巴基斯坦并不会特别介意，更不会为“围棋战略”的炒作所迷惑，不会让恰巴哈尔港和瓜德尔港成为一些政治地缘学者所描绘的实施“围棋战略”的政治棋子。

如果进一步深究，恰巴哈尔港的出现乃至印度在红海外围地区的想法，也是有一定道理。中印之间的丝路历史联通不只是一条西南丝绸之路，更重要的还有经由印度洋中转进入西亚的海上贸易道路。古印度分为东西南北中5个地理单元，北印度也即今天的巴基斯坦，是其陆路古代贸易重心所在，印度洋沿海的南印度诸邦历来是坐商多于行商，商人们主要依靠货物流转积累财富。考古学者在南印度发现比其他古代国家数量更多的希腊罗马金币，也印证了这样的事实。但在古代航海史上，鲜有印度船和印度水手的记载，因此印度在历史上是海洋大国，但并非传统的航海大国。他要成为海洋大国，必须确保印度洋的安全与通畅。一些印度学者很早就提出了印度的“香料之路”，其实与中国为起点的丝绸之路，在本质上是一回事情，如果有什么不同的，是各自拥有的独特的商品品牌不同罢了。若一定要讲其中的工艺差别，香料无论是植物香、动物香还是矿物香，更多的是一种自然资源，本身并不具有太复杂的工艺附加，但也不能低估它的市场影响。或者还可以说，印度的古代贸易说到底还是丝绸之路总体上的延长和转进，但更具有直接联通西亚的明显特征。在陆路贸易中，印度商人也经常扮演往来西亚地区贩运者的角色。例如在中国取经者的记载里，就有一些很有意思的商业情节，他们说，他们在北印度地区到西亚地区的丝路贸易的岔路口上，很少见到来往在中印之间的印度商人，却看到很多从西亚向印度内地贩运中国丝绸的印度商人。这不但说明印度商人在历史上确乎与西亚有着相对直接的商业贸易联系，也说明印度的商道是纵横迂回的丝绸之路的一部分。由于印度商业与西亚的商业活动联系紧密，人员流动频繁，导致古代北印度地区高度伊斯兰化，不仅成为后来印巴分治的历史文化的重要因素，也反映了印度是古丝路贸易的一个重要的商业接续带的事实。那种认为比起文化联系来，中印商业联系并不深厚的观点，未必能够完全站得住脚。

印度作为一个发展中大国，具有可以理解的社会心态，比如在美国举起贸易保护主义大旗之际，印度也开始推出贸易保护的若干措施。一方面莫迪总理在2018年初举行的达沃斯论坛上，强烈表示维护经济全球化，另一方面则在其2018财年预算中，又大幅上调了50多种进口商品的关税，使印度关税达到30年来的最高水平。当然，莫迪政府大幅提高进口关税，意在保护印度国内缺乏竞争能力的劳动密集型产品和电子通信设备产业，尤其是美国加征钢铁产品和铝产品的高关税之后，印度也对美国农产品如扁桃仁的关税征收提高到20%，对美国核桃征收的关税提高到了120%，成为针对美国的最强硬的贸易报复行动之一，但正像英国学者玛丽·洛芙丽在英国《金融时报》网站发表的一篇文章所言，印度提高关税反而对印度自己不利，因为它可能过早地脱离了自己一直寻求加入的全球供应链。从1990年开始，印度的关税是下降的，平均关税一直降至13%左右，意在通过降低对外国投资的壁垒来强化自身的制造能力，但现在有些过早重新回到进口替代的老路上来，在效果上降低印度作为出口加工地的能力。

总之，印度心目中的“印太战略”与日本心目中的“印太战略”并不完全相似，如果有一点相似之处，那就是如何强化自身经济影响，又如何在“亚非增长走廊”中获得最大化经济利益。对于“四国联盟”态度，印日的态度则完全不一样了。

相比之下，澳大利亚政府对“四国联盟”不仅很上心，而且把“四国联盟”摆在第一位。为什么呢？一是传统的紧跟美国的盟国思维左右了澳大利亚国内的政坛，这是一个难解的魔咒；二是“一带一路”的“五通”在向南太平洋岛国合理延伸的时候，被一些人认为是动了他们的奶酪；三是澳国国内的党派之争激烈，借着莫须有的安全问题大作借题发挥的文章。当然也不排除当权者错判形势，以为美国将要把“印太战略”特别是“四国联盟”作为新的制华遏华的威力无比的新的“核武器”。阴云既起，铁杆盟国不能落在后面。当然也不排除，希望用这些举动来换取美国关税战的豁免回报等等。有了这种复杂甚至有些阴暗的心态，澳总理不仅主动地跑到美国去对表，其主要人物也四处活动，拉拢欧洲国家的军事力量进入印太地区。澳大利亚提出加入“巴尔巴拉”美日澳三边联合军演，同时推出了臆造的安全报告和相应的“反外国干涉法”，不断地给中澳双边关系带来伤害。这不仅引发了澳大利亚国内对华关系的一场大论战，也为澳大利亚政府日后修复对华关系付出高昂政治经济代价。

二十六、“印太战略”的两种走向

“印太战略”能不能成气候，自然脱不开美国对这个战略的态度。从特朗普的一贯的“脱口秀”语言风格中看，反应似乎很快。前脚访日，后脚便在亚太经合会岘港会议上一字不差的再次为安倍背书，他似乎讲得很肯定，美国的亚洲政策“最大目标”就是“自由开放的印度洋——太平洋战略”。要从太平洋到波斯湾的广大地区，都要推进基于民主、法制和市场经济与安全体系的合作。这是在借题发挥，表示美国介入亚太事务的决心不仅不会动摇，还会进一步扩展到印度洋地区，这只是在特定场合里讲讲而已，不很清晰。因此，在四方紧接着举行的所谓四方“马尼拉会谈”中，有关各国同样不得要领。但是，美国撤销亚太司令部转而建立印太司令部是真的，同印度签署有关军事后勤协议也是真的，印度真要进入美日打造的“四国联盟”军事俱乐部吗？从后来莫迪总理在香格里拉峰会上讲演的表态来看，印度是不打算趟这个浑水的。

日本有关学者的讨论，自然也是在如何才对日本更有利的前提下进行的。事实上，他们也对“印太战略”进行了逆向思考，其逻辑是，如果在日本看来，与中国合作更好的话，那又将如何实施“印太战略”呢？

日本虽说是一个制造业大国，其工艺严格标准也值得中国消费者称道，但“中国制造”乃至“中国创造”也正在追赶上来，因此还不能说日本制造一定占有绝对优势，其一是因为日本制造业的一些行业优势不能脱离中国市场的支撑；其二是因为一个并非所有人都看得到但都会承认，“日本消费社会其实也缺少不了中国制造”。日本网络在2017年底曾经流行过一个短视频，节目制作者测试了一些日本家庭，将他们家中的“中国制造”搬走以后，几乎没有剩下什么东西，试着再将产自东南亚国家的物品搬走，结果更加令人吃惊，被形容为“几乎一下子被打回到江户时代”。这个视频节目从一个侧面显示，中国制造不仅影响着欧美消费市场，也影响到了日本的消费市场。

日本产品出口离不开中国市场，这可以从2018年1月日本财务省发布的通关贸易数据里得到印证。2017年，日本对华出口比上一年同比增长20.5%，比向整个亚洲市场出口的平均水平高出近5%，即便在特朗普贸易战的阴影下，2018年上半年日本对华出口同比增长6.2%，半导体相关产品对华出口尤为坚挺。日本同期对亚洲出口增长幅度也达到6.6%，对美出口额同比减少了0.9%。许多日本企业看到了这一点，也看到中国市场更大的潜力，并不想看到中日关系继续恶化而放弃越来越成熟的中国市场。

从2017年下半年开始，日本政府就开始摆出对华政策的两种姿态，前一种是继续推进地缘政治色彩更强的“印太战略”，在军事和经济全方位“南向”的轨迹中抵制和替代“一带一路”的影响，后一种则是对“一带一路”的全球价值以及对日本的经济价值有所正视，开始提出“有条件”的合作。两种姿态形成了不小的反差，同时在一个阶段里形成了日中关系欲暖还寒的过渡性特征。安倍一方面声称可以参与“一带一路”倡议，甚至声称加入亚投行，另一方面却在继续谋划针对中国的“四国联盟”，并且要想方设法扩大这个联盟。比如，只因法国领有南太平洋的岛屿，也就想着要拉法国一道实施“印太战略”和扩大“四国联盟”等等。就是在中日关系回暖症候越来越明显的情况下，也要派出潜艇到南海，测试中国的底线。

在2017年底举行的东京日中经济界对话会上，安倍再次提出，在“自由开放的印太战略下，也可以与倡导‘一带一路’构想的中国大力合作”。然而，这个把“印太战略”置于“一带一路”倡议之上的合作前提，如果不是文字游戏，或者是自圆其说的“面子”，那就是缺少了对“一带一路”地理走向本质的理解。印太合作之大，毕竟是一个较大的地理段落，居然盖过了具有世界联通意义的“一带一路”经济合作半径，即便是再缺乏地理常识，也无论如何是讲不通的。

“印太战略”有许多过度包装，如“自由开放”“无障碍商业流动”“以国际规范为基础”“尊重法制保护环境”“不针对第三方”等等，同时还引入诸如“亚非增长走廊”、西非“成长之环”和东非“国际走廊计划”等令人眼花缭乱的一系列区域经济概念，好像这么一讲，“印太战略”真的成了和平合作的经济发展战略，真的高过了“一带一路”的“五通”。但那显然不在一个等高线上，而且，只要将与“印太战略”形影不离的“四国联盟”概念联系在一起，也就使前者露出另一种相反的煞气。对于这一点，连俄罗斯的战略学者都一眼看得出，认为这个“印太战略”和“四国联盟”的新术语，无非是要替代“一带一路”，修正“一带一路”，是把所谓“安全”问题和“在国际法准则和理性拨款的基础上加强互联互通”糅杂在一起的“另起炉灶的一种混合物”。

对华的两种姿态，来自日本某些政客素来就有的两重心机，表面上彬彬有礼实则暗藏玄机，对谁张扬自大，对谁垂目低眉，在什么情况下变化面孔，他们很懂得如何拿捏。在奥巴马力推“亚太战略”的时候，他们有恃无恐，借助美国的核心盟国地位，不断显示对华强硬政策。但进入特朗普时代，“美国优先”所引起的一系列变化带来了许多不确定。面对“一带一路”倡议影响越来越大、联通效果越来越显著的事实，不得考虑调整政策。但是，是全调整还是半调整更好些，连他们自己一下子也搞不明白。唯一能够明白的是，特朗普是靠不住的，不管向哪里迈步去，日本免不了要选择自己的道路。因为，“美国优先”虽然并不意味着美国从此不再插手亚太，最终还是要借力打力的，但日本在特朗普美国眼中的地位已经大大降低。如果能够像有些国家一样去两面下注，要比吊在一棵树上会好许多，因此，日本政府很可能一只手抱着“印太战略”不放，另一只手却向“一带一路”招手。

两种姿态也来自日本政坛内部的政治角力。2018 年初，日本庆应大学副教授鹤冈路人在美国《国家利益》双月刊网站发表一篇题为《日本优先与全球日本》的文章，揭示了这个“秘密”。他在文章中讲，在国际关系有关问题上，日本政坛上有两大主流阵营，“日本优先”阵营和“全球日本”阵营。“日本优先”阵营认为，日本应当把资源集中在日本的核心利益上，日本评估与其他国家的政治和安全伙伴关系的价值，要看能帮助日本多少，而全球参与不过是在浪费资源。“全球日本”阵营则主张，扩大日本与澳大利亚、印度、印尼、越南以及欧盟和北约的战略合作。“日本优先”阵营和“全球日本”阵营在争论不休中共同主导日本的对外政策，形成了它的对华战略的两个基本面。这篇文章还提出一个“新日本”概念，即希望日本成为自己，既不是美国阴影下的日本，当然也最好不是处在中国“一带一路”引领下的日本。“新日本”要谋求日本在全球“第一梯队”的领先地位。“日本优先”“全球日本”和“新日本”的概念相互较量，形成日本政坛五颜六色的战略主张，其言其行并不完全一致，自然也是不奇怪的事情。

日本的右翼人士就主张继续强化日美同盟对抗中国。例如日本的JR东海公司名誉会长葛西敬之提出，世界已经进入日美欧VS中国的“竞争时代”，也即“自由民主体系”和“新中华体系”竞争的时代，日本站在“自由民主体系”的最前沿，不仅在安全上“坚持稳固的日美同盟，在社会和产业领域也必须强化日美合作”。为此，“日本应当敦促美国重返跨太平洋伙伴关系协定（TPP），同时迅速纠正美国要求通过双边谈判消除（美日）贸易等一系列经济、产业层面的混乱”，并在争夺“5G”主导权上加强日美合作。

但是，这些老生常谈毕竟影响有限，促使日本政府对“一带一路”倡议态度有更大改变的原因，主要来自几个方面。

一是尽管20世纪日本前首相中曾根康弘提出过的日本是美国“不沉的航空母舰”论，依然还有市场，但也有日本被迫“追随”美国的解释，更多的分析是从日本的现实处境着眼，认为在多种力量的“夹缝”中，日本政府将会采用多向平衡术，与美国的同盟关系并无变化，但要寻求与邻国改善关系的机会，包括中国、韩国和俄罗斯。这样一来，“印太战略”势必会加重经济的色彩。

一是美国在贸易中既不给日本“里子”，也不给日本“面子”，这使“印太战略”和“四国联盟”的战略相配伍，从一开始就陷入了“困境”。日本欲借“印太战略”和“四国联盟”实现自身政治经济战略利益的目标不能如愿，国内要求中日关系回归正常以及借助“一带一路”拉动日本外向性经济的呼声日高，日本政府对外政策不得不开始转向。加上在朝鲜半岛问题上，日本更多地被美国视为看客，特朗普退出伊核协议，也会损伤到日本的能源战略利益，日本又一次开始寻求“独立”于美国外交政策的尝试。

一是日本企业融入“一带一路”的呼声高，行动也很迅速。尤其是日本的运通物流公司，很早就把目光投向了“一带一路”，并在2018年5月正式开通了日本经由海空路径利用大陆桥运输抵达欧洲国家的货运业务。他们分析了有关市场效益，这条运输路线明显地要比传统海上运输所用的时间短，比完全的空中运输费用低，物流成本大为降低。他们也分析了有关市场前景，即在2011年，往来于中欧之间的班列只有20个班次，2017年已经增加到3000个班次，未来的频次进一步增加是一个必然趋势。他们还分析了日企在欧洲网点较多的产业布局优势，认为利用“一带一路”构建从东亚到欧洲的物流网，将会给日本企业带来更多的商机。目前，日本企业加速融入“一带一路”，不仅是物流企业，富士通、三菱重工和日立等大型制造业企业也开始掀起再次进入中国内陆市场的不小的浪潮。

仅仅是中国市场，还构不成对日本商界的全部诱惑力，日本企业继续走向亚洲和非洲的新兴市场，也遇到力不从心的大问题。亚洲开发银行预测，2016年至2030年，仅亚洲的基础设施需求就达到26万亿美元，这对日本来讲，显然是很难消化的一块巨型蛋糕，必须寻求第三方资本技术合作。例如泰国提出建设“东部经济走廊”，亟须建设把国内三个主要机场连接在一起的高铁，仅是这样一个项目投资总额就超过了5万亿日元。因此，诸如此类项目的第三方合作就成为一种必需的选择。目前中日对外第三方经济合作主要集中在对泰国高铁和机场的建设项目上，即连接曼谷素万那普机场、廊曼国际机场和乌塔堡机场的高铁，这条高铁总长220公里，工程费用70亿美元。中企和日企有共同加入国际性融资集团的可能性。

这样一些因素交叉在一起，促使日本政府认真考虑改变对“一带一路"的态度，并在一些方面出现了行动调整。比如，由日本主导的 2018 年"太平洋岛国峰会"，原计划是要为旨在牵制中国的"印太战略"进一步加热，在中日关系的逐步改善中，峰会宣言虽然写上了"印太战略"，并出现了"法治和航行自由"的有所指的字眼，但也出现了明确地标示不会与中国对立的内容。人们也看到，日本政府在修订旨在扩大铁路、港口等基础设施出口的"基础设施系统出口战略"时，首次明确写入了日中民间企业在第三国建设合作的内容，并就"第三方经济合作官民联合委员会"的设立，与中国政府达成了协议。日本的一些媒体还提出，亚洲需要自建制度平台，日中韩经济互联互通，并在中日韩印客观上已经形成"四国集团"的基础上，建立包括印尼、泰国和菲律宾在内的"亚洲七国集团"。日本主流媒体发出的这种声音也不同以往，提出日中关系应当超越"包围网"与"崩溃论"，"要具备从交往中缓和威胁的智慧。"目前，中日韩正在加快三方自贸协定谈判，共同推进中日韩自贸区以及区域全面经济伙伴关系协定（RCEP），区域全面经济伙伴关系协定（RCEP）是一个十六国贸易协定，包括了澳大利亚、印度和新西兰，远远超过了当初 10 + 3 的阵容。这种变化也是对特朗普关税战贸易战的一种东方回应。

在积极投资印太基建方面，日本的规模与中国一直不相上下。早在 2015 年，日本就提出了一个"优质基础设施伙伴"倡议，计划在 5 年内向亚洲投资 1000 亿美元，2016 年又扩展到非洲和南太平洋地区，计划达到 2000 亿美元规模。日本有人虽然继续声称，日本的做法与"一带一路"倡议有所不同，是依据七国集团认可的"伊势志摩原则"实施的，强调安全、可靠性和适应性、社会环境，当地就业创造与技术转移，以及与东道国发展战略的一致性、经济可行性以及透明度和非排他性等等，但显然具有了更多灵活性。日本的"优质基础设施伙伴"，把印度定位为关键合作伙伴和印度洋经济枢纽。2017 年日本和印度宣布启动“亚非增长走廊”，也是该政策的延续。现在，日本提供贷款在缅甸仰光、土瓦，孟加拉国东南部马达尔巴里和斯里兰卡北部的亭可马里合作建设港口、电站和经济特区，与中国企业形成了既竞争又互动的关系。他们或者已经开始认识到，多元化参与更能够带来多赢，因此也就在投资东非地区的同时，提出邀请中国企业参与西非基础设施建设的建议。

那么，作为印度洋最大的国家印度，自然有自己的主意。在人们的一般印象里，印度有着不结盟历史传统，很少主动搞什么圈子。从其现实外交政策总体走向看，虽然以追求硬实力为目标的“后范式”外交，正在成为外交目标的替代，决定了印度不会萧规曹随，完全按照旧有的不结盟政策走路，但也不会完全弃之如屣。比如，一方面，印度领导人从2016年起，连续缺席不结盟运动峰会，另一方面作为金砖国家的一员，较早主动搭上了筹建亚投行和金砖银行的顺风车，也加入了中俄等国主导的上合组织等等。与此同时，印度也断然地将澳大利亚排除在“马拉巴尔”军演之外。莫迪总理在参加上合会议之前参加了香格里拉对话会议并发表主旨讲演，他在会上明确地说，如果印度和中国携手合作，相互信任，谨慎对待彼此的利益，亚洲和世界将拥有更美好的未来。他还强调，“印度并不认为印度洋——太平洋地区是一个战略或一个拥有有限成员的俱乐部。我们绝不认为这是针对任何国家的。”莫迪总理避提“四国联盟”，强调亚洲合作，其态度恐怕会让远在亚太之外的一些强权国家失望。

在上合组织青岛峰会举行前后，人们看到了更多的中印关系大步走向缓和的积极因素。例如中印恢复军事交流，深化反腐合作。在上合峰会举行期间，莫迪和习近平共同签署了分享布拉马普特拉河水文数据协议，以及修改印度向中国出口大米和其他农产品的相关协议，后者对降低印度对中国贸易逆差具有较大意义。习近平主席和莫迪总理都认为，2018 年 4 月在武汉的非正式会晤是中印双边关系的新起点，双方保持战略沟通，拓展经贸合作，推进人文交流，加强国际和地区事务协调合作非常重要。在 2018 年 7 月，南非金砖国家会议上，习近平与莫迪举行了第三次会晤，中印关系出现了长足改善与发展。

在人们的印象里，印度对其在印度洋的影响力尤其关注，但南亚区域合作联盟（SAARC）事实上正在解体，如何继续这盘残棋还是干脆抛弃，也亟须寻找新的突破口。“印太战略”中的“繁荣”无疑是其追求目标，但语义晦涩的“自由”却会触动印度对印度洋地区的敏感神经，因此它不会主动地全单照收，让印度洋成为各方进一步角力的战场，但也会认真地拿捏利用，用来为印度的发展目标服务。也因此，印度争取更多的经济支持和国际政治支持是必然的。在“印太战略”开始进一步向“四国联盟”演化之时，印度保持了自己的定力。所以人们看到，印度虽然被列为美国的“重要防务伙伴”，签署了印美《后勤交流备忘录》，但局限在使用指定的军事设施进行加油和补给层面上。印俄之间传统的军事项目合作也并没有停顿。2018 年 5 月，莫迪与习近平在中国武汉举行非正式会晤之后，又飞向俄罗斯与普京举行会晤。印俄两国不仅提升能源合作水平——2017 年俄对印石油出口增长 9 倍，贸易额也增长了 20%——也开始了建立欧亚联盟与印度自由贸易区的谈判。俄罗斯媒体认为，俄印已经结成的战略伙伴关系正由“特殊”升级为相互之间的“特权”。在未来，中印关系中虽然还会有曲折，但前景相对光明。2017 年中印贸易创新高，达到 844 亿美元。虽然印度和越南按原定计划举行了“南海军演”，但印度军方也表示，那个“四方机制”无干军事，“也没有必要赋予它军事意义。”

这一切，构成了“印太战略”的新的具有基本面意义上的一种积极走向。但也有另一种走向，主要来自于美国和澳大利亚。在“印太战略”的形成中，澳大利亚扮演了“急先锋”的角色。其前任总理特恩布尔不仅及时出访美国，协调四国联盟，也主动担当了拉拢欧盟国家加盟四国联盟的“责任”。澳大利亚将中国与太平洋岛国的经济合作视为是对自身的安全威胁，拉拢法国，还要从英联邦的角度拉拢英国，一度表现出抗衡中国的“强硬姿态”。但后来也开始担忧，他们心目中的“印太战略”和“四国联盟”有可能是一厢情愿的幻想，因此出现了澳大利亚贸易部长乔博开始访华，力挺中国投资的一幕。澳大利亚总理也一改此前的腔调，再次谈起他的孙子和孙女是“有中国血统的100万澳大利亚人中的两个”。

澳大利亚前总理特恩布尔2018年初访问美国，主要议题是TPP有无复活可能的问题，此外就是亚太战略形势、朝核问题和所谓“中国威胁”。对于TPP，特朗普的态度是明确的，他在表示重新考虑加入TPP的讲话中，设置了两三个前提，一个是时间的假设性前提，即“如果美国有朝一日想重新加入”，这就把现实可能性推到了不知何时的未来。另一个是操作途径的前提，即使要加入，“也会寻求更深入的重新谈判”。他特别为此提到了改写北美自由贸易协定的例子。他说，“我们过去的（TPP）协议非常糟糕”，对美国来说“不是一个好协定”，他将重新加入的是一个更有利于美国的协定，所以，“我只是想说，如果我们能达成一项好得多的协议，我会加入TPP”。第三个前提更绝，即美国更愿意与TPP成员国和美国的其他贸易伙伴签署双边协议。这三条实际上还是把TPP再次判处了死刑。事实上，最希望复活TPP的两个国家，日本和越南首先就拒绝了美国发出的双边谈判的邀请，因为双边谈判意味着他们将会失去得更多。既然如此，要想复活昔日的TPP，在事实上并不可能，即使勉强让它复活，也不再是原来12国多边框架下的TPP，而是另外一个带有系列双边特征的东西。因此，一段时间里关于美国考虑重新加入TPP的扬言，并不是什么特朗普“立场软化”，更多的是一些前TPP成员国的幻觉，无论从美国政府的基本态度到更为复杂的谈判程序，都不值得认真去考虑。

但是，就美国来讲，欲拉澳大利亚作为抗衡中国的重要伙伴，这是自克林顿执政时期就开始的既定政策。在特朗普时代也不会有大的改变。美国的真正忧心所在，是没有更有效的办法遏制“一带一路”愈来愈大的国际影响。因此与盟国在这个问题上对对表，也是澳美再次加强接触的真实意图。对于“一带一路”，澳大利亚当政者的心思有些五味杂陈，从澳中贸易上讲，他不能无视“一带一路”倡议。从扩大基础设施建设角度，更没有任何理由否定“一带一路”倡议。一方面看到，他们一向视为自己势力范围的多个南太平洋岛国一再向中国靠拢，就连1975年独立之前一直由澳大利亚管理的巴布亚新几内亚，也出现了中资企业承建的该国最大港口莱城港的事情，个中的滋味可想而知。而且，通向东亚的马六甲海峡一直由美国和澳大利亚控制，这种绝对的控制权现在开始有所变化，因此有些很不甘心。但正像澳大利亚前总理陆克文所言，澳大利亚的对华关系需要一项复杂战略，澳大利亚与中国打交道存在着“中间道路”。从长远来看，澳大利亚没有理由为美日主导的“四国联盟”冲在前面。澳大利亚是美国的坚定同盟国，但也不想真正与中国对抗。但谁都明白，美日即便把印太自由开放繁荣叫破了天，也无法消除“四国联盟”身上所带有的火药味。“四国联盟”本身就脱胎于奥巴马时期的“钻石四边形”和所谓“四国安全对话”，当其孕育之初，中国就表示坚决反对，对于与中国并无直接军事冲突并把中国看作是主要贸易伙伴的澳大利亚来讲，不论是什么人在台上，最终也不会不去认真对待。

因此，在澳前总理特恩布尔访问美国之前，澳大利亚外交部部长朱莉·毕晓普的表态就同美国拉开了距离，她说，“我们对俄罗斯和中国的看法显然不同，我们认为俄罗斯和中国不会对澳大利亚构成军事威胁”“我们将继续与中国密切合作”。而澳大利亚前外长鲍勃·卡尔在其发表的文章中更是明确地说，“澳大利亚（目前）的反华姿态是一种导向错误的企图”。这些说法代表了澳大利亚政府和美国的许多盟友的真实想法。

然而，澳大利亚态度反复变化，主要还是缘于对澳中经贸的担忧。澳大利亚从2015年与中国签订自由贸易协定以来，双边贸易额达到1280亿美元的水平，食品和液化天然气对华出口占有很大的比例，与美国扩大对华同类商品出口形成了直接的竞争关系。此外还有一点连他们自己都不会深信不疑，连美国的经营多年的“亚太战略”也都无疾而终了，难道腰围粗了一圈的“印太战略”，就真的能成为战无不胜的巨人？澳大利亚曾经力挺的“四方安全对话”，在现实的互联互通和经济合作面前，既空洞也没有更大吸引力，即便是要拉别人下注，谁也不会把宝押在红口白牙的唾沫之中。“四方安全对话”具有明显的虚伪性，除了众所周知的航行自由、遵守国际法，现在又加上基于透明的基础设施建设和“理性拨款”，以为这样一来就可取代“一带一路”经济合作，这谁又能真的相信呢？

澳大利亚态度一度有变化，但始终留了一手，那就是无中生有的关于中国控制澳大利亚政界“十年计划”的秘密报告，继续恶化对华空气。这份秘密报告是从2016年就开始起草的，参与者大多是具有国防、情报背景的一些对华鹰派政客。态度模糊变化只是因为对美国战略收缩感到担忧，执政党的支持率又在不断下滑，不得已而虚与委蛇，试图调整绷得已经很紧的对华关系的松紧度。但是，人们也注意到澳大利亚内部企业界和部分联邦州的态度，澳大利亚商界不断呼吁要抓住“一带一路”机遇，并且指出，“一带一路”涉及的不只是基础设施和能源，也扩大到贸易、制造业和旅游业，为澳大利亚企业提供了更为广泛的机遇，澳大利亚政府或许并不会签署支持“一带一路”倡议的文件，但阻止不了澳大利亚企业要求合作项目的实际行动。这无疑给澳大利亚政界带来巨大的内部压力，构成了澳大利亚政府反复多变中的最大变量。此外，中国与东盟国家在南海行动准则方面也达成单一文本协议，在这种情况下，有意与美国的“南海政策”拉开一定距离，邀请中国海军参加号称世界规模最大的25国军演，也是一个明智的选择了。澳大利亚在与美国外防两长会谈时表示，澳大利亚不支持针对中国的任何“单边行动”，并明确表示，不会进入中国宣布为12海里领海区域。但这些动作毕竟来得太迟疑了，目前是政府换马，看看能不能抓住最后的机会。

至于欧洲国家，最终也更不会真正地去选“边站”。因为“印太”对他们而言，不仅是关联度相对较小的事情，也因为美欧之间传统的联盟关系已经出现很深的裂缝。美媒哀叹美欧传统联盟关系一去不返，也许有些夸张，但2018年上半年特朗普对欧开打关税战并在退出伊核协议后，扬言要对与伊朗做生意的欧洲企业进行制裁，欧盟采取了对抗的举措。即便欧美在贸易上出现怎样的谈判妥协，裂缝既已出现，继续扩大是大概率的事情。美国的单边主义使跨大西洋关系受了重伤，虽然一些欧洲人士寄希望于特朗普之后，但美国的“独行侠”色彩越来越重，这或许会成为欧美关系的一个新常态。越来越多的欧洲人认为，这种变化并非仅仅是因为特朗普出任美国总统引发的偶然变化。也许还会有人怀疑，欧洲是否有最终意愿和能力与美国分道扬镳，但同样有人认为，无论如何，他们并不愿意生活在只能躲在“美国霸权世界”的阴影里。德国前任总统顾问托马斯自认是一位仍然支持欧美保持密切关系的人物，但他也说，他和欧洲都将不得不认真地重新评估，即特朗普是否会赢得连任，欧洲其他人不愿等待那么久。曾任法国总统安全顾问的弗朗索瓦讲得更直接，“法国的民意认为，‘当盟友对盟国像敌人一样，问题就来了’‘我们不能让美国掌管世界’”。欧洲的许多领导人甚至提出要建立自己的“防务联盟”，在这样一种较为普遍的认知情绪中，又如何指望欧盟国家去支持美国欣然赞同但充满变数的“印太战略”和“四国联盟”呢？

但有一点是肯定的，只要是遏制和围堵中国的做法，美国一定赞同一定要利用，并且不会只是一个摇旗呐喊者。在他们的战略词典里，“自由开放”和“遵守国际法”是“货卖一张皮”的标牌，“透明”又是难以度量的东西，它真正感兴趣的是印太“四国联盟”的内容和架构。所以，“印太战略”甫一提出，经特朗普一吆喝，围绕中国的印度洋和南太平洋上空，一股政治气旋突然地猛烈刮了起来。美澳频繁接触，美国也对印度百般拉拢，遏制中国的“四国联盟”的幻影煞有介事地蠕动起来。但说归说做归做，特朗普并不想为这件事掏出更多的诚意，虽然后来提出要为印太的基建拿出1亿美元来，也只是做做门面。反正“印太战略”是你日本首先提出，澳大利亚一度也愿意“敢死”，如果能拉上印度，美国既当盟主又不付出更大经济代价，谁说不是特朗普心里的一把好算盘？

诚然也有人提出，需要警惕“印太战略”和“四国联盟”的实化。提出这种看法的理由，一是美国军方是“印太战略”和“四国联盟”的实操者，美国印太司令部的构架已经成形。二是美国推动举行印太商业论坛，自然意味着相关的行动已经从“概念炒作”进入运作阶段。但是，美国在印太调整军事部署是必然要发生的，而所谓印太商业论坛还只是一种务虚的过程。真正的问题还是美国在基础设施建设投资上能不能真给力，但以目前美国财政现状来看，人们普遍认为这更多的是一张“空头支票”，而他们心目中的印太商业战略，最终也会近乎海市蜃楼式的一种幻影。

说到底，特朗普之意既在印太此酒，也不在印太此酒。在他看来，这酒有味道，但不能埋单太多，令他最上心的美餐还是如何给他的“美国优先”政策加奶酪。在国际上，美国还有许多闹心事需要对付，比如中东问题，而朝核问题如何收场，也还要且走且看。在国内，优先考虑的还是减少财政赤字和贸易赤字。特朗普在竞选美国总统时就做出了承诺，要在10年里拨款1.5万亿美元，重建美国的基础设施，如果这个计划泡了汤，不只是食言而肥，降低连任的概率是明摆着的。在他看来，“美国优先”是鱼，要搅起一池贸易战的浑水去抓到，为了降低美国贸易逆差，全然顾不得合不合乎基本的战略逻辑和战术逻辑，能够得到一只大熊掌固然更好，但鱼与熊掌二者真的可以得兼吗？大概他没有这个底气和能力。

特朗普在2018年初发表的国情咨文里，除了把增加军费列入优先的重大立法事项，大都与国内经济问题有关。这些国内经济问题，显然不是从太平洋到印度洋的广阔洋面上撒一张大网所能够解决的。更何况，真要由美国实际牵头拼凑“四国联盟”，在谁来买单的问题上，是否与特朗普“美国优先”的首要施政目标相抵触？一个明显的问题是，2019年，美国要实现4.4万亿美元的财政预算案，尚需举债近万亿，根本不可能为了所谓“印太战略”真正付出人力、物力和资金。因此，“印太战略”看似显出胎形，但会不会发育成待产的婴儿，本身就有极大的不确定性。能够确定的倒是，刚喊着有孕，便已动了胎气，特朗普开打关税战贸易战动作激烈，已经显出了多半注定要流产的前兆。奥巴马的“亚太战略”已经被他折腾成“大月份流产”，这一次是胎还没有坐住，已经搞得七荤八素，装模作样地要上产床，岂不是天大的活报剧？

欲为和能不能为，本身就有距离，行为与动机有可能形成一种悖论。“美国优先”成为特朗普的胜选之牌，也会成为美国地缘政治的最大败笔。“美国优先”是特朗普喊出来的，迎合了美国国内不再为别国“安全”再去付出高额成本的要求。既然如此，即便是美加紧了“印太战略”的筹划，也成不了真正的气候。

特朗普对“印太战略”和“四国联盟”的口惠实不至的态度，其实也符合特朗普特有的商战优先博弈逻辑。在付出的经济成本最低的情况下，通过“四国联盟”，让代理国家冲在围堵中国的第一线，主动权最终操在美国手里，并在不断恶化中国崛起的氛围中为美国争取更大的利益。这是美国政府看重“印太战略”的最终动机。尤其是让日本继续充当遏制中国的先锋，又想利用印度防范中国的某些心理，形成一道围堵中国的更大包围圈，是其主要用心所在。自信到偏执程度的特朗普，或者更倾向用商战手段击败中国，而把“印太战略”和“四国联盟”用来作为支持其商战的政治地缘筹码。这是特朗普掀起对华贸易战同时又不放弃“印太战略”的主要动因。

什么是“印太战略”，完整含义链美国的官员自己也未必说得清楚。据美国外交学者网站报道。美国国务院负责东亚和太平洋事务的官员在通报“自由开放的印度洋太平洋战略”有关情况时，讲了许多绕弯子话，让人听了不知所云。他解释了“自由开放的印度洋太平洋战略”（FOIPS）中“自由”的含义，也解释了其中“开放”的含义。他说，所谓“自由”就是“良好治理的自由，是基本权益的自由，是透明度和反腐败上的自由”。“开放”则是开放海上交通线和空中航线，而开放投资主要是美国投资。一向说话不闪舌头的美国人却玩起了文字游戏，真有些让人大跌眼镜。就连美国外交学者也看到了此中的虚伪，他们评论说，“在涉及贸易政策的问题上，文中阐释‘开放’的最后一部分内容，肯定与这届政府追求的目标不一致。”单单这一点就使得 FOIPS 至少有一部分内容难以令人信服。

出现这样“难以令人信服”的解释，或许是美国政府不能完全道破其中的地缘政治目标和对霸权的依恋，但又很难实现的矛盾，他们既低估了中国的战略定力，也低估了有关国家在权衡政治经济政策时的应对智商，同时也低估了美国与其盟国“以利相交，利尽而散”的最终利益关系。

“四国联盟”更加无疑地是一个军事联盟，也是附着在“印太战略”上的一个恶性肿瘤。“印太战略”仅仅作为经济发展战略，或许还有一定的道理，但那毕竟包含在“一带一路”之内，至少与“一带一路”有着重合的经济地理发展空间，在其中加入了军事冲突作为底色，也就完全变了形。对于这一点，美国外交学者网站发表的一篇文章《印美中：协调利益还是管理威胁》，讲得也还是颇为清楚的。这篇文章说，印太作为一个新兴的地缘政治概念日益引人注目，特朗普政府的《国家安全战略报告》和《国防战略报告》都强调了印太地区，并把印度视为“最关键要素之一”。“尽管历史表明有必要与远方的大国进行交往来制衡邻近的大国，但与后者的关系不应由前者来定义”。“崛起中的中国带来的经济机遇是不争的事实，这适用于印度，也适用于东亚和东南亚的其他许多国家”。“美国如何选择朋友和伙伴取决于美国的战略优先事项而不是印度的关切”，在这种背景下，印度必须在外交上权衡“美国优先”和“印度优先”的次序，而“印度保持战略自治的关键向来就是要推动维护印度的国家利益”。事实上，美印对“印太战略”也存在着分歧。一方面，印度将东亚纳入战略发展视野，另一方面又强调印度的战略独立性和不结盟传统。莫迪政府基本保持了“等距离外交”的姿态，印度加入上合组织，并在青岛峰会之前的香格里拉峰会上发表的莫迪主旨讲演，传达了他对“印太战略”和“四国联盟”的基本态度。

基于此，“四国联盟”这个怪胎恐怕连坐床的机会都不大。而“四国联盟”之外的国家也不会真的去为“四国联盟”选边站。在东北亚，韩国表达了“没有必要参加”的态度。在东南亚，菲律宾虽然与中国的领海之争并未消弭，也已经表示不会跟进美国的战略。印尼是地处印太战略结合部的海洋大国，是“印太战略”能否顺利启动的一个关键。印尼希望成为海洋轴心国家，有自身的核心战略利益，印尼也是“不结盟运动”的发源地，不结盟原则在印尼的对外政策中处于支配地位，不会随意背离。因此，印尼从来没有表示过有兴趣。至于南太平洋的许多岛国、东非的重要国家和拉美的重要国家，多数也对“一带一路”持正面欢迎态度，同样不会成为美日“印太战略”的支持者。因此，加上日本降低了调门，美国想在印太演出昔日亚太冷战的新的一幕，机会并不多。

由此看来，所谓“四国联盟”，本身就有些幻想的成分在内，各自战略和战术上的出发点和落脚点不尽相同，跟进的态度微妙。美国想的是，借盟友和“准盟友”之手重铸一把高悬在中国头上的霸权之剑，日本想着乘乱扩大自身的经济影响，澳大利亚则有着自己一本难念的经。各有各的算盘，有利则来，利尽而散，表面的一二共识并不可能使他们成为真正的“联盟”，至多是一场“准冷战”的锣鼓点。

但是，也有人不会就此甘心打住，还会有另一些配套措施出现，即在继续炒作“中国威胁”的同时，发出对“一带一路”的多种软性攻击，而所谓“债务陷阱”便是其中之一。但正如一些关联方所言，“债务陷阱”论其实是一颗酸葡萄，是不值一驳的。相反的，从正宗西方理论，尤其是美国著名国际政治经济学家查尔斯·金德尔伯格的“金德尔伯格陷阱”理论去看，在经济全球化推进面临导向缺失风险的情况下，“一带一路”毫无疑问地是一种最重要也最有可行性的全球公共产品。查尔斯·金德尔伯格曾经一针见血地指出，20 世纪 30 年代美国大萧条真正的原因是美国在经济上超过了英国，但并未承担起提供全球公共产品的责任。二战后美国推出了著名的“马歇尔计划”，其实正是对“金德尔伯格陷阱”反思的结果。现在，在“美国优先”的思维导向下，“金德尔伯格陷阱”很有可能在全球重演，而破解“金德尔伯格陷阱”的新的正确答案，正在“一带一路”倡议之中。

“金德尔伯格陷阱”概念是由美国哈佛大学经济史学家金德尔伯格在二战后提出来的。他认为，国际经济体系的稳定运转需要某个国家承担“公共成本”，缺少了这种“公共成本”也即“公共产品”，世界经济发展就会落入“陷阱”。在二战后，有能力也有意愿提供这种“公共成本”“公共产品”的，只能是美国，但也由此引出了另一个问题，即“霸权的稳定供给”是防止“金德尔伯格陷阱”的必然前提。这个理论成为美国霸权的理论来源，也成为“国强必霸”逻辑的推理基础。按照这样的推理，所谓“修昔底德陷阱”论和“金德尔伯格陷阱”论，也就成为美国推行“胡萝卜加大棒”霸权之车的两个轮子，在不断地碾压中君临世界。如果有谁不认同“国强必霸”的推理，希望走出一条在经济合作中共同稳定国际经济体系的新路来，也就会成为美国的对手。现在，随着中国“一带一路”倡议的提出和初步实践，克服新“金德尔伯格陷阱”的可能性出现了，但美国的特朗普政府奉行的“美国优先”，又造成了反向效应。美国既不想提供国际经济体系稳定运转的公共成本，又不想丢掉手中的“霸权”，焦虑之余，也就频频推出了又一轮新的“中国威胁”论来。

这一次的“中国威胁”论，不仅针对中国正在发展的经济实力和国防实力，也对准了给出跨越“金德尔伯格陷阱”提供正确答案的“一带一路”倡议。其中最主要的就是所谓“债务陷阱”。

“债务陷阱”是比“金德尔伯格陷阱”低了不知多少个层次的逻辑推理。前者至少提出了世界公共产品供给的必要性，“债务陷阱”却置起码的金融常识于不顾，推演出连他们自己也无法深信的说法。正像南洋理工大学客座副教授佛里德里克·吴在香港《南华早报》网站发表的一篇文章所言，西方的一些评论人士在“预判中国的全球意图和行动时实施了双重标准”。佛里德里克·吴还指出，“数据显示，中国大约五分之四的发展贷款都是以低于市场利率的优惠条件提供的”，指责中国实行“债务陷阱外交”，“仅仅是华盛顿批评人士一知半解的诽谤。”其实。低于市场利率是个笼统的说法，中国银行的贷款利率多数只有2%，偿还期一般长达20年。这样的低息贷款在世界其他金融机构里完全不可能出现。

“一带一路”共同发展也好，“印太战略”中的合理经济因素也好，都离不开基础设施建设投资。资金从哪里来，谁又是最后的埋单者，效益之外还有什么样的商业风险，这是正常商业运作里都会经常遇到的问题，怎么一定会是一个吓人的陷阱呢？要说陷阱，美国已经给自己挖了很深的坑，其国际债务之巨，已经接近和超过年均GDP总量，在全球债务规模247万亿规模中占到了十分之一。因此，真要较起真儿来，面临债务偿还潜在危机的不仅仅是“新兴市场”，美国也并不例外，美国的外债，与“一带一路”几无关联，这又如何去解释呢？从未来的情况看，美国的债务负担只会越来越重，而不是越来越轻。美国要推出为期10年的国内基础设施计划，所需资金高达1.5万亿美元，还要增加近万亿美元的军费，由此出现大规模赤字预算，是必然的。因此，把债务高企的“罪名”一股脑算在“一带一路”头上，更多的是在挑拨。这种挑拨或许影响了一些国家对其国内基础设施建设的决策过程，但最终结果是分清基础设施建设的轻重缓急，而不是拒绝来自中国的投融资。马来西亚的项目调整就说明了这样的道理。

据日本媒体援引的英国调查公司调查结果，东南亚的基础设施建设需求巨大，仅印尼需要建设的油气管线就超过250个。菲律宾计划投入1800亿美元修建铁路、公路和机场。东南亚国家基建投资来源多元，日本目前处于领先地位。21世纪初以来，日本投资2300亿美元，中国是1550亿美元。日本投融资不会引起“债务陷阱”的担忧，中国投资却被说成是陷阱？同一种情况双重标准，炒作“债务陷阱”的用意不言自明。“一带一路”造成“债务陷阱”，至多是个假设，尽管哈佛肯尼迪学院为此出炉了一份报告，举出的巴基斯坦和斯里兰卡的例子，终归有些牵强附会。因为，有关的港口项目都是中国公司在经营，他们会对效益负责的。

回到“印太战略”本身，其实谁都明白，美国不为印太基建投入大笔真金白银，说什么也是空话。就像当年美国构建北大西洋联盟一样，必然要仰仗那个“马歇尔计划”，而“马歇尔计划”也由此成为克服金德尔伯格陷阱的一个历史范例。“一带一路”与“马歇尔计划”的根本区别，是前者为丝路联通而投入，后者却是构建军事联盟的一种手段。把为了地区发展的正常投融资同另有目的的“马歇尔计划”等同看待起来，多半是以己度人。

美国政府也许感觉到，仅凭唾沫是无法令跟进者信服的，因此不得不推出经济上的“新举措”，这个“新举措”也很使人们感到惊讶，拿出区区 1.13 亿美元投到印太地区，而且要办从网路安全数字经济到能源和基础设施的许多事情，虽然美国国务卿蓬佩奥一再强调，这是“美国对印太地区和平与繁荣承诺的首付款”，但又说这是“美国在世界上最具竞争力的地区的战略投资，面向未来许多年”，结果是很快招来他们自己外交学者的摇头评说，认为这点钱不仅“不可能实现目标”，与“一带一路”发展的投入规模也完全不在一个“数量级”上。美国的“印太战略”成本如此之低，这样一个阵仗同特朗普动辄用 120 亿美元回购票仓的选票，又以政府关门要挟民主党议员通过高达 200 亿美元的美墨隔离墙拨款，反差实在是太大了，作用也实在是太小了，用杯水车薪去形容并不为过。又怎能巴望这个袖珍“马歇尔计划”起到抵消和取代“一带一路”倡议的作用呢？

其实，美国的印太投入仅仅是个姿态而已，问题还在于，美国的战略家同日本的一些战略家一样缺乏历史地理逻辑，同样搞不清楚印太通道应当包含在历史丝路和“一带一路”联通的大格局之中，或者是在揣着明白装糊涂，是想用薄薄的经济包装包着厚厚的军事投入，这样的替代抵消才是其心目中的真替代、真抵消。因为历史已经表明，早在公元三世纪上半叶起，印太通道已经是海上丝路的重要通道，如果按照美国著名地缘战略学家的经典理论，这是一直存在的一条“海上公路”。这样的“海上公路”不止一条，而且随着“北极航道”的开通，又出现新“海上公路”，新老“海上公路”的对接与联结，是一个必须面对的现实，这样一种丝路不断延伸的新格局，谁又能够替代抵消得了呢？

二十七、“北太”“印太”与“上合”

“北太”“印太”有什么关联？这是个新问题，但又是在“北极航道”开通的大背景下，无法回避也不应当回避的重大课题。

有一个重要的动态不应当忽视，那就是朝鲜半岛上的韩国，不仅在新的丝路联通前景中，很快推出了“新北方政策”，也很快同时推出“新南方政策”，并开始加强与印度次大陆的经济联系。2018 年 7 月，韩国总统文在寅对印度进行国事访问。这不是韩国第一次同印度拉手，早在 2004 年，韩国就开始为韩印两国建立合作伙伴关系与启动双边自贸谈判，作出了铺垫。对“印太战略”中“四国联盟”持否定态度的韩国，并不否定“印太战略”中的经济联通价值和其中巨大的发展机遇，而印度总理莫迪也在 2015 年访问韩国，将两国关系提升至“特殊的战略伙伴关系”。许多人看到了一个时期里日印的接近，忽视了印韩的更具实质性的经济接近，这多少有些短视。2017 年 11 月韩国正式宣布了“新南方政策”，并提出 3P 构想，把“新南方政策”的内涵扩大到东盟成员国。这是一种更有影响的事情。文在寅访印，落实前者对印基础设施建设投入100亿美元的承诺，并就升级《全面经济伙伴协定》（CEPA）达成早期收获，起到了较大的推进作用，同时也是将“北太”和“印太”在经济上联系在一起的新的尝试。只是，这个尝试从东北亚与南亚的联通开始，并通过“新北方政策”和“新南方政策”的同时并举去实现，但其显示的意义并不会到此为止。

与此同时，人们也看到另一个新的动向，中日将在泰国展开铁路项目合作。这个项目被称为BTS，即要把连接曼谷市中心和国际机场的铁路向外延伸50公里。这个项目不大，但有象征意义，在一定程度上显示了日方对“一带一路”合作的初步事实认可，同时也在一定程度上显示了中日经济在印太方向上进行合作的可能性。对于中日在西非基础设施建设的合作，也许并没有如BTS那般明朗，但可能性也始终存在。这一些变化提示了，在“印太战略”作为经济发展战略的一面，与中国“一带一路”倡议对接存在着完全可能的走向，也提示了东北亚国家在经济合作上走向印太，将会是一种共识。如果联系到2018年莫迪对俄罗斯的访问，人们有理由展开更大半径经济合作的想象空间。

韩国的“新北向政策”和“新南向政策”的价值，在于给出了丝路联通的新的更明确的走向和半径，并使印太一线和亚太一线的发展更为紧密地联系在一起，或者可以更明确地说，在这样的联通格局中，北太平洋地区和南太平洋与印度洋的结合部的发展进一步紧密联结在一起，形成了新的联动效应。这种联动效应将会一直扩展到北冰洋，明显地出现了“北太”和“印太”一体发展的前景。

“北太”是一个比东北亚更大的地理半径，可以有两层含义，一是由传统的东北亚扩展至北太平洋地区，形成更大半径的“大东北亚”经济合作区域；一是东北亚地区进入北冰洋地区，并与欧洲和北美洲建立更为直接频繁的经济联系。虽然置身其间的一些重要经济体如日本，尚未为此做出准备，但在韩国双进经济政策的启示下，相信并不会永远无动于衷。也就是说，面对丝路联通形势新的变化，日本经济单向的南进政策最终将会改变。而这种改变将会再一次重塑东半球的经济版图，也会重塑“北太”和“印太”的经济联通版图。

也许，横亘在日俄之间的“北方领土”问题，将是日本由单向经济转进政策，转向南北双进政策的巨大障碍，但在条件不成熟的情况下，中国一贯主张的搁置争议共同开发的思路，是一种面对分歧的最实际也是最高战略智慧。因此日本并非是无路可走，更不会“一头撞南墙”。

就日本而言，外向经济发展是其主要的经济命脉，它的较大制造业产能是远不能依靠国内市场消化的，也不能只靠“南下”经济政策完全来解决。因此，借鉴韩国的双进政策，调整外向经济政策也会是迟早的事情。

应当说，2018 年特朗普发动了硝烟四起的关税战贸易战，不仅针对中国，也迫使欧洲和日本捍卫自己的利益。欧盟在七国集团魁北克会议之后，几乎被特朗普搅得有些找不到北，不得不寻求外部的联合抵抗。虽然有一幕特朗普与容克为了达成欧美“零关税”的“贴面礼”，但仅仅是姿态而已。因为至少有两个因素构成了不可能，其一是欧盟并不代表具体欧盟国家的具体经济利益，比如法国的马克龙总统就表示反对，日本副首相麻生也表示了不会与美举行双边谈判的态度。因为在抵制特朗普贸易战的普遍行动中，日本虽然相对低调，但特朗普对欧洲汽车征收高关税，也必然同样落在对美汽车市场依赖性更大的日本头上，因此美日之间的贸易摩擦同样严重。二是所谓“零关税同盟”其实对美国造成更大的问题，仅仅在汽车贸易领域就不会讨到便宜，因此真的进入“状态”，必然遭到美国业界的强烈反对。因此这种在一个阶段里被形容为一种“欧美关税大联盟”的怪事，从一开始就是一幕“相声剧”，特朗普在“逗哏”，容克在“捧哏”，除了引起笑声不会带来什么结果。笑过之后，人们还会回归正题，寻找更为切合实际的发展贸易的途径。

什么途径呢？就是着眼于“北极航道”开通的事实，在更大贸易和经济合作半径里实现共赢。人们或许也很看重一个事实，那就是欧美包括美国的传统盟国有着共同的价值观，令他们真正背道而行是不可想象的，但所谓欧美共同价值观既然被特朗普视如敝屣，他们彼此之间的经济利害关系就显得更重要起来。在这样的变化中，只有愚人节里才可能发生的事，居然发生在欧美之间，这是出乎人们意料之外的，但也可以这样去分析，在冷峻的现实经济生活之中，在欧洲的正常商业视线里，市场机会和自身的发展，毕竟是无法取代的经济柱石，因此谁也不会无视新的丝路联通机遇，把新的更有效率的贸易合作通道看作是通向亚洲市场的一扇敞开的大门，乃是顺理成章的事情。欧洲商业力量走向亚洲，已经成为经济事实，参与东北亚地区的经济合作，将会带来更大的经济利益，因此，抓住“北极航道”开启的商业机遇，进一步打通欧亚经济贸易的瓶颈，包括传统地缘政治带来的游移不决，是一个必然的取向。那么，如何充分发挥“北极航道”在欧亚经济联通中的重要作用，在“北太”和“印太”的经济联通中，加快建立和发育与欧亚乃至美亚的双向多层次的经济循环圈，显然是一件极为重要的事情。这个双向多层次的经济循环圈不仅出现在北冰洋，也出现在欧亚大陆的陆地上，实现更为通畅的海陆联通，将是一个重要的目标。

在这里，有一个重要的因素不能忽视，那就是由中俄主导的上合组织，在坚持其原有宗旨的原则基础上，也正在经历扩容与升级。上合组织是一个新型的国际组织，它与北约等盟国组织有很大的不同，虽然也会定期举行多边或者双边的军事和准军事演习，但主要是防范国际上的三种破坏势力，并不承担彼此之间的军事参战义务，因此在发展观、安全观、合作观、文明观和全球治理观上，与美欧的盟国体系有本质的区别，更加顺应亚洲多数国家和平发展和共同发展的需求，不仅具有可持续发展的生命力，从长远来讲，也会成为欧亚一些地区增强经济合作的重要力量。尤其在印度和巴基斯坦等南亚国家双双加入上合组织的情况下，将在维护和平促进发展中发挥越来越大的作用。

上合组织成立于 2011 年，最初只是被看作是相互强化中亚地区国家边境安全的国际组织，在客观上也起到了削减美国对中亚地区渗透的作用，但随着上合组织的发展与扩容，尤其是随着“一带一路”倡议的实际影响的不断扩大，其中的经济合作因素也在不断增加。上合组织目前的主要成员国是中国、俄罗斯、印度、巴基斯坦、哈萨克斯坦、吉尔吉斯斯坦、塔吉克斯坦和乌兹别克斯坦，其中印度和巴基斯坦是 2017 年加入的新成员。它涵盖了 30 亿人口，占到全球的一半，领土面积占欧亚的 60%，拥有的石油和天然气储量分别占目前已知全球储量的近 18% 和 50%。国内生产总值总和超过 16 万亿。上合组织还有 4 个观察员国，分别是阿富汗、伊朗、白俄罗斯和蒙古国，有 6 个对话伙伴国，分别为阿塞拜疆、亚美尼亚、柬埔寨、尼泊尔、土耳其和斯里兰卡。这些国家不仅是“一带一路”倡议相互对接的骨干对象，也将在亚洲经济全方位崛起中形成较大的规模效应。他们有着共同的发展需求，不会一直局限于打击恐怖主义等“三股势力”的既定目标，将会为欧亚地区的和平稳定发展提供更多的动力。

2018 年 6 月 10 日举行的上合组织青岛峰会，无疑是上海合作组织扩容发展中的一座里程碑。青岛峰会不仅提出了“上海精神”的新的时代内涵，即携手迈向持久和平、普遍安全、共同繁荣、开放包容、清洁美丽的世界，以及相应的建设新型国际关系的基本理念，也在宣言中提出了“确立人类命运共同体的共同理念”的政治共识和发展目标。中国国家主席习近平就新的发展观、安全观、合作观、文明观和全球治理观发表演说，提出开放、融通、互利、共赢，维护世界贸易组织规则，支持多边贸易体制，构建开放型世界经济，提出摒弃冷战思维、集团对抗，反对以牺牲别国安全换取自身绝对安全的做法，实现普遍安全，践行共同、综合、合作、可持续的安全观，提出要尊重各自选择的发展道路，兼顾彼此核心利益和重大关切，通过换位思考增进相互理解，通过求同存异促进和睦团结。这些重要的理念得到上合组织成员国家和观察员国家、对话伙伴国的普遍赞同，也将会对全球政治经济格局产生长远的影响。

上合组织青岛峰会与几乎是同期举行的“七国峰会”乃至香格里拉会议，无论从形式内容还是会议成果上，都形成了鲜明的反差和对比。青岛峰会至少在以下三个方面取得成功。

——在国际关系治理模式上取得了成员国高度的共识。也即以“上海精神”理念为指导，立足于“互信、互利、平等、协商、尊重多种文明、谋求共同发展”。

——在地区普遍安全上进一步加强互信合作。尤其是印度和巴基斯坦共同加入上合组织，不仅重塑了南亚稳定的新格局，也为南亚最大的两个国家印度和巴基斯坦未来的合作提供了难逢的机遇。阿富汗的稳定与发展也会从中受惠。中亚国家和中俄深化合作的局面正在逐步形成。青岛峰会批准了《上合组织成员国长期睦邻友好合作条约实施纲要（2018 年—2022 年）》，更使人有理由相信，上合组织的发展是该区域走向稳定发展的真正压舱石。

——在更大地理半径上将欧亚经济一体化向前推进一步，并在为解决欧亚地区应对气候变化、环保、粮食安全等问题提供“上合方案”的同时，也为支持全球化提供了“可行解决方案”。

尤其需要引起重视的是，上合组织正在磋商建立上合组织开发银行，酝酿建立自由贸易区，制定商品技术和服务在各成员国间流动规则，这一切将会进一步提升上合组织在世界经济合作和继续推动经济全球化的分量，推动上合组织功能全面提升。

此外，上合组织成员国的团结对“印太战略”形成了有效的内容制约，防止其向“四国联盟”方向更多地倾斜。

完全可以想见，上合组织的扩容以及合作内涵向经济领域进一步扩大，将会在新丝路经济发展，包括“北太”和“印太”经济联通交汇出现新的生长点，发生更大的乘数效应，在更大的半径里重塑东半球的经济联通格局。

这个更大的半径的格局具有更为广泛的包容性，包括对发展中经济体的包容，对先进经济体的广泛包容，也包括对后来者的广泛包容。从某种意义上讲，上合组织已经不是亚洲内陆国家地区之间的跨国组织，具有更大的海陆联通背景。“北极航道”和相应出现的“冰上丝路”，提供的是北冰洋、太平洋、印度洋乃至大西洋彼此联通与畅通的地理舞台，而上合组织在地理半径上的扩大和在合作内涵上的提升，将会在更大的丝路联通背景上展开。

进一步去讲，在新丝路发展的宏大背景下，海陆联通和“陆联国”的出现，意味着经济死角的逐步消失，也意味着“北太”和“印太”不再互不相关，或者只能沿着老路寻找各自的经济贸易伙伴。“四海之内皆兄弟”也许是对未来国家关系的一种憧憬，但“天涯若比邻”则会成为一种事实。在这样的格局里，没有哪个经济体会对经济相互对接无动于衷，也没有哪个经济体会愿意看到自身被“边缘化”。事实上，处于不同地理和市场坐标的各个经济体，无论是纵向地寻找自身的经济发展方位，还是横向地去寻找自身的市场定位，都离不开彼此需要这个事实，更离不开地球是圆的这个基本事实。无论你从哪里开始起步，终归要走到一起。北极冰融的自然变局和“北极航道”的开通，坐实了这个基本事实，使人们在以前难以想象的丝路联通镜像变得更直观，更直接，更有效率。这对人类社会经济共同发展和多元文化的持续交流，是一次历史性的瓶颈大突破。

“北太”与“亚太”在经济联通上前景可期，但也会遇到波折，尤其是在“北太”的更为宽展的联通概念上，目前依然旧的矛盾未消除，新的问题不断出现。比如俄欧关系，美中关系乃至俄欧关系等等，在一个时期里会出现令人眼花缭乱的镜像。但镜像毕竟是镜像，可能反映了一个时期的真实存在，但更多的是场景转换变化过程，引起变化的干扰力主要来自霸权国家掀起的地缘政治涡流。

二十八、北极星下的大国关系（一）

在特朗普贸易战中，世界秩序正在时隐时现地发生变化。对于这种变化，人们还在进一步观察，国际学界间也有相关的讨论，但各自的角度和所用的语言体系不尽相同。比如，英国《金融时报》网站刊出《西方自由主义的撤退》一书作者艾德华·卢斯对基辛格在“双普会”之后的一次访问。例行的午餐问答笼罩在基辛格式的闪烁其词里。基辛格谈到了他反复强调的威斯特伐利亚体系，谈到大西洋的分裂对美国意味着什么，也谈到他在二战中的经历，从他的“世界处在非常非常严峻的时期”的标题性词语里，不难看出他对变化的基本态度——好像是充满了危机感，又好像是危机的一位“力挽狂澜者”——他说，一个分裂的大西洋将把欧洲变成“欧亚大陆的附属物”，而美国将成为一个“地缘政治孤岛”，不得不效仿维多利亚时代的英国，但却没有“让世界其他地方四分五裂的思维习惯”。从基辛格的描绘和所暗示的路径来看，不能说他没有洞见可能即将发生的大变化，但其最终立足点在于美国的战略利益而非整个世界的多元利益。从世界人类命运共同体的完整视角来看，变化的发生是偶然与必然的相遇，这种相遇符合历史规律，更有可能引出超出他想象的另一种百年未有之“大变局”。

然而，这个“大变局”变在哪里？又变向何处去，似乎还没有一个十分明确的答案，但眼前的变化所可能引起的进一步变化，会在更多的方面逐步展现。

首先是美国自己一手打造的国际秩序，出现了前所未有的紊乱和混乱。主要表现在以下三个方面。一是一直以来的经济全球化和区域经济一体化进程开始受阻但依然在前进。二是二战以来形成的美国盟国体系有所发生动摇，但不会马上崩溃。三是欧美关系发生了很大的裂痕，但尚未断裂。四是世界秩序出现了多极化趋势。

经济全球化和区域经济一体化进程受阻，是显而易见的。特朗普发动关税战贸易战本身，就是要重新强化在经济全球化中已经开始不断降低的关税壁垒和行政技术壁垒。美国特朗普政府公开否定多边自由贸易和自由贸易原则，经济全球化和区域经济一体化的很多成果面临被损坏的危机。单边主义成为美国的行事准则。但是，美国的单边主义受到众多抵制，抵制来自新兴市场，也来自发达经济体，同时也来自已经签订的多边自由贸易成员之间。因此，一方面依然在前进。为什么会是这样子？因为，作为世界第一大经济体，美国有能力影响经济全球化的发展节律，却不可能令全球化停止转动和运行。纽约布朗兄弟——哈里曼银行在特朗普关税战贸易战开打最激烈的时候，发表了一份报告《全球化不只是美国治下的和平》，指出了全球化不可能因为特朗普的乖张行为就会停顿的事实。也就是说，尽管特朗普政府开始撕毁美国与其他经济体缔结的自由贸易协定，但其他国家之间的贸易依然在发展，并“没有放弃它们对全球化的承诺”，比如经过近5

年的谈判，欧盟和日本签署了一项自由贸易协定，约94%的欧盟输日商品和99%的日输欧盟商品将会免征关税。再比如，英国与中国也准备展开旨在签署自由贸易协定的谈判。与此同时，中国也大幅降低了对美国以外其他国家商品的关税。在这种情况下，关税不再构成威胁。而且即使特朗普继续挥舞关税这个老武器，事实关税总水平远远低于历史最高水平。美国1878年的关税水平曾经高达46.5%，而目前世界主要经济体之间的关税水平平均只有2%左右。较高关税的受害者是弱势经济体和出口导向国家，这显然也是一种贸易不公平。中美之间的贸易战只能使双方贸易受损，并不会使全球化停摆。从这个角度看，特朗普贸易战只能使美国进一步丧失对全球化的话语权和影响力。

事实上，一直以来的经济全球化和区域经济一体化进程开始受阻，并不意味着经济全球化和区域经济一体化出现了停顿，而是以更合理更平等更多元的方式继续推进。搞得不好，美国在一段时间里也有可能置身于经济全球化和区域经济一体化的浪潮之外，但人们更愿意相信，这种状态不会持久，但也相信，由此造成的经济秩序紊乱会不会结束，也还具有很大的不确定性。美国在历史上也出现过“门罗主义”，但那毕竟还是历史的一瞬间。美国各种经济资源应有尽有，关起门来也许不会出现其他国家经常遇到的困难，但大国寡民与小国寡民在本质上并没有更多的区别，因此拒绝经济全球化，显然不是一种堪称合理的行为。当理智再次战胜冲动，事情也许会出现新的变化，然而美国目前要退出和需要重新谈判的多边经济关系太多了，除了退出带有地缘政治明显烙印的TPP，从北美自由贸易协定到跨大西洋传统经济贸易关系，到处都在出现了问号。只是，特朗普主张以双边谈判替代多边协定，并没有得到多少国家的回应，因此对美国来讲，多边自由贸易模式目前是不存在的，最终又不得不回到这种被更多国家认可的模式上来。

美国盟国体系有所发生动摇也是显而易见的，除了个别的“铁杆儿”如澳大利亚等，就连一直对美国言听计从的日本也开始有些二三其德。特朗普要把自身一直以来“世界警察”的角色变为收费的“保安”，意味着军事盟国的经济基础发生变化，无条件的“带头大哥”要变成有条件的“带头大哥”，由经济分摊引起的摩擦和纷争将会不断发生，就连素来是“铜墙铁壁”之称的北约，也因为安全费用的孰多孰少，出现了相互间的龃龉。特朗普多次对北约成员国在国防安全投入没有达到防务开支占国内 GDP 不足 2% 的标准表示不满，认为他们将负担转嫁给了美国。北约成员国之间在气候协定和伊核协定态度上也存在大分歧，经济基础不牢，同盟危机开始出现，甚至有人提出，欧洲有必要建立自身独立的安全体系。北约秘书长挪威前首相斯托尔滕贝格也有同样不祥的预感，他不相信北约组织一定能够生存下来，这将使北约组织面临危局的考验。北约摇摇晃晃的新处境是美国盟国体系动摇的一个缩影，特朗普打定主意不再为盟国的“安全”埋单，韩日盟国也会面临同样的局面。美国的盟国体系或许并不会因此而坍塌，但经济利益变动引起的结构矛盾，在短期里很难摆平。遥想美国盟国体系最盛时，因应冷战的各种对东方遏制的条约组织，几乎形成了一张密织的大网，从大西洋联盟到巴格达组织条约再到东南亚组织条约，新月形地缘政治战略发展到登峰造极，其中一些同盟组织在冷战后解体，难道硕果仅存的北约也会面临同样的结局?

欧美之间由于关税战贸易战引起的报复和对抗，严重损伤了欧美关系，虽然不能由此认为欧美将会分道扬镳，但政治经济凝聚力大大降低。英国历史学家莫西·加顿·阿什认为，这是一场“西方危机”，或者说，“作为历史、文化和价值共同体，西方是存在的。作为地缘政治角色，目前不存在西方”。他还认为，欧美关系很难复原，欧洲也面临着分裂的危险。这一切又都是特朗普“美国优先”而造成的。

这种分裂的危险集中地体现在美国主导下的G7多边关系中，在贸易战阴云四合的笼罩下，2018年魁北克G7峰会不欢而散，不仅预示着西方国家经济关系受到前所未有的重创，也预示美国主导的G7不可能继续负担起引领世界经济发展的重任，而已经存在的G20倒是面临着更多的临场机会。因为G20更具有世界经济的多元代表性，更符合国际经济秩序有效运转的多边规则，也更能反映新兴经济体和较发达经济体互相依存的关系。对于G7的严重分歧和由此而来的世界经济峰会影响力结构性变化，有人形容为“历史上最伟大的伙伴关系正在分崩离析”。这或许有些言重，但前者的作用不再显著，则近于事实。有一种观点指出，G7的分歧是早已有之，于今为烈，特朗普不过投入了一副“催化剂”，倒也更符合事情的本来面目。在G7峰会上，特朗普提出俄罗斯重返G7，无疑会使G7许多国家如芒在背，不知如何应对。G7不能变成G8，会不会出现一个没有美国的G6？这一切都似乎不确定。如果是这样，难道意味着传统的欧美西方阵营将会消失吗?

其次一点，美国引以为自荣的文化普世价值观受到前所未有的自我打击，美国的政治信用和商业信用被严重透支，美国的软实力受到损坏。特朗普逢奥巴马政策而必反，将美国民主党执政时期引以自傲的“软实力”“巧实力”视如敝屣，崇尚“硬实力”的倾向加重，美国不仅加大国防预算，还提出建立太空部队，把战场扩张到地球的大气层以外，将美国的新高技术当作逼别人就范的终极武器。

第三，倘若在以前说，美国霸权开始终结，一极世界开始式微，或许有些并不符合事实，但一场广泛关税战贸易战搞乱了世界经济秩序，接下来发生的相互报复与对抗所引出的结果，必然会使美国主导世界的能力在事实上开始减退。也就是说，他已经不能顺畅地担当统领西方世界的角色，更多地成为权力博弈中的一个强硬的谈判者。角色的变化严重地影响美国霸主地位的变化，而“美国优先”的口号，也意味着他不会以先前的方式实施依然要努力保持的世界霸权。美国著名政治学家弗朗西斯·福山在其《动摇的战后国际秩序》一文中说，特朗普挥舞的保护主义大棒破坏国际秩序，但力量不是来自中俄，而是特朗普。“如果特朗普干足八年，美国将走下世界领袖的宝座，国际政治也将彻底变形。”

这一切，已经明显地构成了世界发生大变局的几乎所有重要因素。但是，如果从变化的时代坐标比较来看，显然还不足以冠以“百年未有”的程度。当然，百年并不就是一个明确的时间定位序数，更多指代世纪性的一种变化与变局。从现代到当代，这个世界确乎经历了太多的变化。两次世界大战相继爆发和结束，中间是一次由美国发源的经济危机引发的全球性经济大萧条，然后就是两极世界的出现和冷战中的集团对峙。20 世纪最后一个 10 年，苏维埃联盟解体，两极世界又变为一极世界，伴随美国单极世界的形成，国际秩序似乎走向了稳定。然而“三十年河东三十年河西”，时间的河流将眼前的一切变得更加不确定起来，这种不确定正在以戏剧性变化形式一一展现，从社会思潮到社会经济生活，从商品市场到产业转移，甚至从地缘经济关系到地缘政治关系，都在发生这样和那样的剧烈变化。具体地说，未来一段时间里，我们将会看到的世界，是依然一极，是两极、三极，还是多极，抑或是无极？极的结构变化虽然不是国际秩序本身，却与国际秩序结构的持续稳定有着直接的关联。

强调两极世界的人认为，特朗普亲手断送了美国单极世界的操作权，也埋葬了西方打造的价值共同体，而美国作为一直以来维护世界秩序的“世界警察”的时代开始进入尾声。相比于美国的政策，唯一具有长期战略目标的只有中国，但美国又不会自动退出霸权，因此两极世界将是未来可见的一种世界秩序影响模式。这样的判断将会导致一个结论，那就是中美之间的竞争，围绕的是对世界主导权的争夺，中美“冷战”很难避免。美国的终极想法姑且不去管它，但一直强调“强而不霸”的中国难道会是这样的吗？再说，所谓两极世界向来是一个过渡态，是一种线性拔河对决，并不会保持世界秩序的稳定，相反地一直是造成“冷战”的主要根源。因此，即便会有两极世界的多少概率，中国是不会主动介入的。

所谓无极，其实是秩序混乱的另一种极而言之的说法，此说也有流行的土壤。中国国内的专家也有主张此说的。认为世界将会进入一个混乱时期。而国外一些专家出于价值观本位和本能，则提出另一种似是而非的观点，认为未来只有基于“共同利益”而非“共同价值”的“临时联盟”，他们举出的例子就是德法英俄中一度共同对抗美国退出伊核协议的政策。把“共同利益”与“共同价值”对立起来，至少是忽略了“人类命运共同体”的全面意义。因此混乱也好，“临时联盟”也好，还是沿着彼时的老思路来判读未来。

三极世界，其实是一个了无新意的老说法。所谓三极世界，也就是世界开始进入新的中俄美竞合时代。这表面上似乎有些道理，也符合三点一个平面的比较稳定的架构。但能不能成立，是需要进一步推敲的。

三极世界来自“基辛格三角”理论。这个理论是在20世纪70年代出现的。首创者自然是基辛格博士。“基辛格三角”最初描绘的是冷战期间美国、苏联和中国之间的对抗关系。在冷战后期，时任美国总统尼克松安全事务助理的基辛格博士敏锐地观察到，中苏关系出现了明显的裂缝和潜在的军事对抗可能，打破了传统的苏美阵营对垒的两极思维，从已经名存实亡的两个阵营老概念中解脱出来，积极推动尼克松秘密访华，实现了中美建交的历史性突破，也为80年代开创中美关系的新时代奠定了基础。中俄美“大三角”再次进入人们的视野，从奥巴马时代就开始了。但有时明显，有时不那么明显，而俄美之间在中东地区的合作与争夺，依然伴随着冷战的气息，“三极世界”真正再次浮出水面，是在特朗普上台前后。在一段时间里，随着美国内部出现前所未有的对中国经济崛起的担忧气氛越来越浓烈，一些美国媒体甚至提出，需要举行“新的雅尔塔会议”，制定世界秩序新规则。他们还说，建立美、中、俄“大三角”，似乎要比 G2 世界更稳定。G2 从本质上讲是对抗大于合作，而 G3 更战略的选择弹性。至少，深感孤立的美国政府需要演出一个美国版本的三国志，正如前奥巴马的国家安全事务副助理本杰明说的，从长期来讲，中国将比俄罗斯强大得多，对美国来说，中国是比俄罗斯更强有力的竞争对手，因此也更应当防范。且不说这些说法是否浸泡了“修昔底德陷阱”式冷战思维的汁液，其本身就为形成新的三极制衡格局提供了一个老的思维范式。而这种老的战略思维的范式说法显然是为特朗普所赞赏的。

基辛格是否亲自介入了“基辛格三角”的“反弹琵琶”，多有传闻，但能不能反弹得响，似乎没那么简单。何况，基辛格中美关系研究所已经在接受香港《华南早报》记者采访中出面辟谣，说基辛格博士在参加威尔逊中心成立 50 周年纪念会上的讲话记录显示，中国媒体指出美国《野兽日报》网站在 2018 年 7 月推出的有关报道“纯属捏造”，是准确的。基辛格博士在纪念会上的讲话中断然否认《野兽日报》网站的报道，认为那是“一部精彩的虚构的作品”。他的观点与“联俄制华”几乎“背道而驰”，他甚至敦促特朗普政府更多地参与“一带一路”基础设施倡议。他还说，“我把中国设想为构建世界秩序的潜在伙伴”，“当然，如果不能成功，我们将陷入冲突，但我的想法是需要避免这种情况。因此，我们的任务不是在世界各地寻找盟友与中国对抗。”

第二，这个“基辛格三角”，显然又是冷战时期的战略理论产品。“基辛格三角”的关键点，是要让美国在苏美冷战中居于制高点，形成

2比1战略优势，或者至少是在一边的边长更短而另一边的边长更长的情况下，减少两面受力的可能性。因为在冷战中，根据一般的大国相互博弈力学原理，博弈双方形成优势或者均势，不仅取决于大国关系处理是否得当，也取决于他们之间的合纵连横关系的演变。但目前还并不能说昔日的冷战在全面重现。冷战时期有效的“基辛格三角”有没有超越时空的可复制性，本身就是个问题。所以，不管是出于什么样的考虑，美国《野兽日报》网站在2018年7月抛出的“联俄抑中”是特朗普的一厢情愿，还是有那么一点点依据，本身就有大问题。许多国际观察人士指出，历史条件已经发生巨大改变，对华关系对俄罗斯来讲极为重要，这一战术“毫无实现的可能”。俄罗斯的学者也认为，“华盛顿无法提供足够的价码让莫斯科在美中之间做出（倾向于美方的）选择”，因此“纯属于天方夜谭”。

其实还有一点，基辛格是老资格共和党人，也是犹太人，联合俄罗斯减轻对以色列国的压力，是其中的一个考虑，2018赫尔辛基“特普会”似乎有一个成果，俄罗斯派出特使，说服伊朗撤回驻防叙利亚南部的武装力量，自然最多也是说说而已，因为俄伊关系会不会如特朗普想得那么简单，本身就是个问题，俄罗斯石油企业计划在伊朗投资500亿美元，也显示了俄在伊的重要利益。

基辛格毕竟是一个有经验的政治家，他并不是不知道中美关系的重要性，也曾在许多场合里谈到了这种重要性，但基辛格有关中美关系的重要性的观点并没有更多地影响到特朗普，倒是“基辛格三角”的形式上的“魔力”吸引着特朗普，不顾国内强烈反对，开始了他的“联俄抑中”赫尔辛基之行。他或许希望“特金会”出人意料的效果会在“特普会”上再次出现。为了达成这个目标，作为送给俄罗斯的一份大礼，不惜在魁北克G7会上提出俄罗斯应当重返G7的主张，以至于本来对美欧贸易战不满的欧洲国家出现了更大焦虑。对“特普会”，俄罗斯是低调的，效果也有限。“特普会”的主要议题是维护战略稳定和打击恐怖主义以及推进美国的中东政策，此外并没有什么惊人的突破。据说也谈到中国问题，但会有真正的共识吗？恐怕只会收获一些周旋。特朗普曾邀请普京在2018年年内访美，但在美国国内的巨大政治舆论压力下，白宫不得不收回这个决定。特朗普的口风也转了向，“非常担心俄罗斯将尽力影响即将到来的选举”，但担心的问题居然是俄罗斯将会“帮助民主党人”。

第三，“基辛格三角”曾经是对G2世界相持不下在地缘战略上改变均势的有效路径，但其前提是对弈两方都是典型的超级大国，都拥有一个相互对垒的明显阵营。没有旗鼓相当的不同阵营，超级大国的概念本身就很难立得住脚，那么现在又是一种什么情况呢？阵营不仅边缘模糊不清，这政治地缘的重要性越来越让位于经济地缘关系。那么，所谓超级大国地位，除了美国继续有所追求，并也被自身“美国优先”的政策冲得一片混乱，还有哪个大的国家仍旧把超级大国作为自身发展的目标呢？

对此，俄罗斯的卢基杨诺夫发表过一个重要的观点。他说，现在世界正经历大变局，不是一些国家崛起一些国家衰落的局部变化，而是世界秩序的原则本身。在未来数十年，将不会有超级大国，因为这个概念是特有的，与冷战时代与随后一段时间相关联的。苏联和美国作为超级大国存在于20世纪下半叶。超级不只是体现在力量，仅有很大的力量是不够的，还要有决定世界大事进程的能力。20世纪末至21世纪初，美国成为唯一的超级大国。现在，美国决定世界大事进程的能力与以往已不可同日而语。未来会有大国、强国。他们对国际事务的影响比其他国家更大，但他们不是超级大国。俄罗斯的科尔图诺夫也从不同角度这样讲，如果世界重回两极状态，有资格扮演超级大国角色的是美国和中国，但21世纪找不到超级大国的位置，未来由中、俄、美、印和欧盟等多个大国和集团构成的体系可能更稳固，也更民主，更公正。

事实上，摆在美国面前的，并不是开始自身衰落，而是单极世界已经开始式微。那么，未来一段时间里，世界强国竞争模式，既不是难以维持的单极，也非冷战时期的两极，而三极也未必是必然的模式，当然也不能轻易地认为，是多极中的无极。

那么会是一个什么样子呢？也许，在未来一段时间里，将国际秩序架构看成是三维立体叠印的多极模式系统，更准确一点。所谓三维立体，一是区别于历来对国际关系的平面思考，即仅仅由一两个或几个大国就可以决定世界大事的走向；一是也不能完全无视大国处理世界事务的主导作用。所谓叠印，一是国不分大小，都有自身处理世界事务的话语权和选择权；二是这些平等的权利，必须在更多具有话语权的多种有效框架里充分实现。

在这里，居于核心地位的是大国（集团）和综合国力强盛的国家，他们负有引导协商的责任，从目前看来，美、俄、中和欧盟组成的四边形，是一个现实的多边关系框架。G20 也很重要，具有一定的经济代表性和地域代表性，在更大的范围内，则是每个主权国家和经济体的相互利益平衡。应当说，二战后成立的国际联盟和此后的联合国以及安理会的构架是一个很好的多边架构，只是美国经常抛开前者，这也是美国无视国际秩序正常运转的单极意愿所致。在大国（集团）充分发挥作用的同时，四边中的多边秩序是最容易取得平衡的秩序。

这个由美、中、俄和欧盟组成的四边形竞合架构，为什么需要在北极星的特定地理方位中去透视呢？因为至少是美、俄和欧盟，在北极地区有着更直接的战略利益交叉，而中国作为近北极国家，也会是一个重要的关联方。我们虽然不能说，世界地缘政治和经济的焦点已经由此开始北移，但也可以在北极星升起的地方，窥见一种重要的变化趋势，即随着北极气候的变化，改变的不仅是自然系统和经济联通系统，也有地缘政治系统。那里将是未来大国竞合的又一个重要舞台。

有一个重要信息需要特别关注，即在特朗普贸易战呈现升级的情况下，美国的军方媒体《军队时报》网站刊出一则消息《新冷战：美国陆军如何在为北极战斗做准备》。这条消息说，随着俄罗斯加强其在北极的存在，美国陆军开始转移部分资源以提高在该地区的实力，而在美国的《2013 年北极战略》中，并没有提及俄罗斯的威胁。美军正在重返阿拉斯加，并举行了“捍卫北极利益”的相关会议。美军强化北极备战，是一个重要的信号，预示着北极这个“最后的地中海”将会在北冰洋融冰之后，开始出现波涛汹涌的新的场景。

二十九、北极星下的大国关系（二）

美、中、俄和欧盟组成的四边关系目前呈现出比较复杂的状态，既有对立和相互制约，也有求同存异的可能。美、中、俄和欧盟四边形关系呈现为 6 组具体的双边关系：中美关系、中俄关系、美俄关系、俄欧关系、美欧关系和中欧关系。

中美关系，是最重要的一种双边关系，目前处于紧张状态。但从更长远的时间来看，同许多经历过紧张的国家关系一样，并不一定会一直紧张下去。这是世界上最重要的一种双边关系，唯其重要，可以专节去分析。这里不妨先讨论其他 5 组重大国际关系。

一、中俄关系。中俄关系同样是一种重要的双边关系。近年来，中俄关系大幅提升，两国政治经济合作已经发展到迄今为止最高水平，中俄关系发展无论从中国来讲俄罗斯来讲都具有重大战略意义。从现实来讲，中俄合作可以帮助俄罗斯减轻西方经济制裁。从而在一定程度上摆脱冷战阴影的影响。俄罗斯推动经济发展和进一步发挥资源优势也离不开中国。俄罗斯是欧亚经济联盟的倡导者和金砖国家的重要成员，同时也是上合组织的主导力量之一，中俄的合作具有全方位性。俄罗斯经济如果按照购买力平价计算，GDP 排序世界第 6 而不是一般排序的 10 多位之后。它也是重要的能源输出国和粮食产地，是世界军事、核武和航天技术三大国之一，从综合国力来讲，应当位居世界第三。普京在 2018 年国情咨文中提出，未来 6 年，俄罗斯的 GDP 要进入世界 5 强。中俄经济合作将会助推这个目标实现。尤其是北极航道开通之后，潜在的最大用户是中国，俄罗斯远东地区的发展更是经济合作的重点地区。中俄两国的合作互补性不仅很大，而且会越来越大，这是中俄关系还会进一步不断加深的主要原因。

中俄之间走得越来越近，完全是因两国发展利益胶合在一起的。中国的“一带一路”就是俄罗斯的“一带一路”，俄罗斯的“欧亚经济联盟”也就是中国的欧亚联通的一部分。中俄关系建立在国家利益高度重合的基础上，这是中俄关系史上很少出现过的。也就是说，这种现实与未来的国家利益关联超越了历史，出现了更新的走向。中国与俄罗斯并没有军事同盟关系，但实实在在的经济同盟关系开创了走向新的睦邻合作的前景，形成了坚实的双边关系基础。因此，俄罗斯国内的一些学者指出，在一段时间里，俄罗斯与美国的关系或有出现有利于俄罗斯的局部改善，但俄罗斯与中国建立战略伙伴关系对俄更有价值。俄中关系基于共同的发展利益，俄中合作将会成为继续推动经济全球化的动力。遏制中国也等于遏制俄罗斯的发展机遇，即便是在美俄关系有所好转的状态下，美俄关系也不会超越与中国的关系。至少，在这个“大三角”中，俄罗斯最终并不会同美国一道遏制中国，可能出现的结果是在俄美关系相对改善的同时，俄中关系出现了更大的改善。

诚然，对于俄美关系的改善，中国也会乐观其成。美国取消对俄罗斯的制裁之路并不平坦，但聊胜于无。这有利于减轻俄罗斯的战略压力，有利于俄罗斯集中精力推进中俄之间经济合作和发展战略对接，也有利于中国“一带一路”共同发展更加有效地联结西亚和中欧，推动新的地区经济一体化。

事实上，中俄关系一直在稳步前进。中俄两国政府保持着密切合作态势。就是在中美俄“大三角”博弈理论再次浮现之初，普京在回答中国媒体记者的提问时就明确地说，俄中关系处于很高的水平，高于战略伙伴关系。两国在很多国际问题上立场一致，是“国际事务中的一个重要稳定因素。”2017 年初，俄罗斯驻华大使杰尼索夫不仅宣布俄总统普京出席 5 月中旬在北京举行的“一带一路”国际合作高峰论坛，同时进一步阐述了普京的观点，并明确地说，“俄中美三国在最广泛领域的合作能给整个国际局势的改善带来显而易见的好处”，但“对俄罗斯和中国而言，没有什么能够对中俄双边关系产生根本的影响”，在俄美关系中，“俄中关系并不属于变量”“对中国和我们而言，堪称常量。”两国领导人“将继续像以往那样经常会面”。 2016 年底普京访问日本，当日本记者问到中国是否是俄罗斯的主要伙伴时，普京明确地说，“当然是这样。我们与中国之间有最大的贸易往来。中国是我们最大的贸易伙伴，这是第一点。第二点，我们在核能、物流、机械制造等行业和整个贸易领域有许多非常大的合作项目”“同时，我们的政治互信水平很高。我们关于重要国际问题的很多观点很接近，”“我们与中国形成了真正的友好关系。毫不夸张地说，我们在许多关键领域的关系都具有战略性。正如我们常说的，是全面战略伙伴的性质。”

从两国民调层面看，也对中俄关系做出积极评价。俄罗斯舆论研究中心的一份抽样调查表明，在俄罗斯认同中国是战略伙伴的比例由 2005 年的 34% 上升到了 50% 以上。由于俄罗斯内部一直存在着融入欧洲的传统思维，对华关系中也有一些杂音，但这不会影响中俄关系的总体走向。

中俄之间的经济联系也在超越边贸水平，不断加深。目前，俄罗斯对华石油出口超过沙特，石油供应量增长 25%，成为中国最大石油供应国。中俄本币结算量分别增长 30.5% 和 15.6%。中俄不断扩大本币结算规模。2017 年 3 月，俄央行在北京设立了海外代表处，在中国，这样的代表处有 8 家，中国工商银行也在莫斯科开设人民币清算中心，中俄金融合作上了新的台阶。俄罗斯农产品和食品更多进入中国市场。俄罗斯有望部分替代北美，成为中国的较大的小麦供应国。中国海关总署资料显示，2015 年中俄双边贸易额一度减少了 30.2%，但 2016 年得到扭转。2016 年前 10 个月双边贸易额达到 562 亿美元，同比增长 0.5%。进入 2017 年，俄中贸易下滑势头明显反转，2017 年一开年中俄双边贸易额飙升 30%，全年接近 900 多亿美元。

为什么中俄贸易在 2015 年出现下降，主要原因是俄罗斯卢布贬值幅度较大，为什么中俄贸易在 2016 年回升，应该与中俄双方使用卢布和人民币相互结算的金融合作有着直接的关系。因此，俄罗斯专家普遍认为，金融合作将会继续成为中俄经济合作的亮点。在“双普会”举行之后，普京在约翰内斯堡峰会举行的新闻发布会上，普京认为，美元被美国用在政治争端中，损害了对美元作为储备货币的信任，如果人民币将来可以自由兑换，人民币获得储备货币属性的过程可能加快。这个判断与俄罗斯抛弃美元而转向黄金的动向是一致的。

中国和欧亚经济联盟国家的经济战略伙伴关系也应当是稳定的。尤其是上合组织的存在与扩容，形成了中俄以及中国与中亚、南亚国家关系的稳定器，不仅在反恐和保障地区安全发挥作用，也是丝绸之路经济带建设的枢纽和主要门户。上合组织向经济合作扩展，预示着将在中国“一带一路”与俄罗斯欧亚联盟的对接中，以及复兴扩展东北亚丝路和进一步通过“北极航道”，完善丝路架构和联通功能中，有着更为广阔的前景。中国丝绸之路经济带建设与俄罗斯欧亚经济联盟的紧密对接，是中俄共同发展的基础，也是“一带一路”发展的战略基础。

二、美俄关系。特朗普在竞选期间对俄一再示好，希望取得一石二鸟的效果，一方面让俄罗斯去收拾中东残局，或者也让俄罗斯陷了进去，甚或还可以取得一些“联俄制华”效果，至少可以弱化中俄合作，但能不能达到这样的效果，显然是心中无底的，因为他面对的是国内反对的声音，也面对复杂的欧俄关系以及欧洲的强烈反弹。

美俄关系松动是一个相对的趋势。尽管目前欧美的制裁使俄罗斯进入了“百年孤独”，美国也参与驱逐俄罗斯外交官的系列行动，加深了相互之间的隔阂，但不意味着俄美关系一直紧绷，尤其是特朗普“联俄抑中”的设想在吞吞吐吐中推进，受到美国民主党甚至共和党内的质疑，美俄关系实质性大改善的概率很低。从一方面来看，美国已经无力两面出击，也不会眼睁睁地看着中俄进一步接近，形成2比1的明显优势。另一方面特朗普又受到多重制约，甚至出现“叛国”的指责，因此，他很难在美俄关系上出现“突破”。唯一可以拿来说事的是美国如何摆脱中东乱局，保护以色列在中东地区的安全。这一切美国无力独自做到，在俄罗斯在中东地区取得明显优势的时候让出一步，腾出精力处理国内事务和其他国际问题，并且不再为中东连续不断的战争去买单，也是不得已而求其次的选择。“双普会”后，俄罗斯派出特使出访伊朗，似乎呼应了特朗普提出伊朗军事力量撤出叙利亚南部的要求，但后来的结果是俄罗斯在事实上“拒绝”将伊朗军队赶出叙利亚，认为这个要求“不现实”。

美俄关系如果说有什么利益重叠，无非是反恐和中东的相对稳定。也许特朗普也想打打调节俄欧关系的牌，让俄罗斯感到可以摆脱“百年孤独”，但原来的一手好牌让他弄得只剩一手坏牌，越打越有问题，比如G7再变G8的提议，招来欧盟的更大的质疑。至于“联俄抑中”，其实更找不到具体利益交叉点，那只是历史沙盘上的假设推演。更重要的是，美俄在长远利益上并没有更多的彼此合作需求。其一是在经济上不仅没有更多互补性，甚至会有相对同质化的更多竞争。美俄都是能源大国和军事强国，竞争系数大于合作互补系数。资源禀赋相类，你有丰富的能源和矿产，我也有，你有发达的农业，我也有巨大的潜力，幅员同样广阔，但俄罗斯的腹地更辽阔，劳动力数量也许有差异，但在机器人即将来临的时代，这似乎不再是一个重大问题。其二是美俄之间并没有形成紧密的广泛的贸易交换关系，过去没有，未来也不会有很多。因此他们之间的经济联系和市场联系是颇为初级的和脆弱的。其三是同为军事科技大国，在军事科技上处于绝对竞争状态等等，唯有在裁减核武数量上有的谈，但他们更多的是“王顾左右而言他”。

也有一种说法，是俄美之间有共同的基督文明联结，殊不知俄罗斯民众信奉的东正教，一直认为自己是东罗马文明的继承者，遥远的基督新教期望把东正教引为自己的同道，这就恰如14世纪前后，罗马教廷将自己排除异己文化的希望寄托在寻找东方的基督徒约翰长老一样，到头来还会是两不相干。文明冲突论炮制者亨廷顿其实也从来没有过如此不合实际的想法，而是把俄罗斯文明划入另一系，难道仅仅是因为同样的“白皮肤”就可以简单地将并不完全一样的文化摆平，从而简单地摆平复杂的国际关系吗?

另一种说法，美俄同属民主政体，价值观相近，必然会有更多的共同语言。但是，同一种或者庶几近之的政体，并不能保证不同国家利益不发生重大的冲突，这种事情在历史上比比皆是。进一步讲，与美国民主党的精英们有所不同，商界出身的特朗普已经将美式民主与美式价值观视为极为次要的东西，认为这样的软实力是“银样镴枪头”，并没有多大的用途，甚至会捆绑自己的拳脚。再说，俄罗斯的民主政体也具有自身的特色，将俄美再次接近的希望寄托在这样一些并不起根本作用的因素上，同样是书生气十足的看法。

重要的是，美俄之间岂止没有真正的互补关系和必然的紧密相关性，甚至还会出现另一些难以克服的“二律悖反”。比如，俄罗斯需要引进投资，但“美国优先”下的资本走向，恰恰会是一个反向的流动。

除此之外的一个更大的问题，离间中俄，在安全问题上实际置俄罗斯于东西两面应对的境地，俄罗斯是绝不会上这个当的。别说俄罗斯建立欧亚经济联盟的计划将会化为乌有，中欧贸易的停滞与货源的枯竭，也会使一直努力经营的跨境物流项目造成直接的打击。美国商品进入亚洲和欧洲，从来是借道太平洋和大西洋，与俄罗斯没有半毛关系，而俄罗斯商品过境国地位的丧失，也就是其世界贸易机会的一种丧失。或者也可以说，中国俄罗斯一荣俱容，一损兼损。中国与俄罗斯不仅是最大的邻国，也是一个重要的市场共同体。

何况俄罗斯已经中过美国的招，苏联的崩溃，不仅是“颜色革命”招来的灾难，也是美国推行能源价格战导致的灾难吃过一次大亏，一次吃亏，不会有第二次，这是俄美发展战略利益不能相融合的另一个原因。在苏联解体之后，美国政府一度认为，美国不仅是世界的当然领导者，也是世界秩序的唯一掌门人，但他们小觑了俄罗斯的自我修复能力和苏联遗留的庞大军工力量，更不了解俄罗斯民族立足于世界的地缘战略意志。当年的苏美对垒，与其说是意识形态使然，莫如说是国家根本利益使然。俄罗斯从莫斯科大公国时代起，就是一部从内陆走向海洋的历史。它的著名的双头鹰国徽标志，具有陆权象征，也有海权象征。苏美的斗争以及后来欧美对俄罗斯的制裁与反制裁，有着一种政治地缘上挥之不去的连续性。它过去不认同美国的霸权地位，现在和将来也不会认同美国的霸权地位。

事实上，俄美之间还有几个绕不过去的坎。一是克里米亚问题。2014年以来，美国、欧盟和其他西方国家对俄罗斯实施制裁，理由就是克里米亚问题和俄乌冲突。在2016年底，美国和欧盟也由此再次宣布延长和扩大对俄制裁。特朗普曾经放出信号，作为与俄缓和关系的第一步，他准备重审美国因为克里米亚并入俄罗斯而对俄施加的制裁措施，并为此放出两个探测“气球”，一是要与美国签署核武器削减协议，一是俄罗斯要将克里米亚“归还”给乌克兰云云。对后一个探试，俄罗斯直言“没得谈”，因此这事也只能烂在特朗普的肚子里。二是关于叙利亚巴沙尔政权的去留问题。俄罗斯在叙利亚加大反恐力度之后，极端恐怖势力节节败退，俄罗斯对中东地区的影响越来越大，并使美国陷入一种进退两难的境地，美国要想用取消对俄制裁换取俄对叙利亚的态度变化，恐怕也是一种一厢情愿，最后只能默认巴沙尔政权的存在。三则是美国内部对特朗普政策取向的制约力量强大，表现为特朗普竞选团队成员不断被揭露卷入“通俄门”并不断发酵，国家安全助理佛林被迫辞职，紧接着又是新任司法部长塞申斯出局。尽管特朗普新政府上台前后，也确乎有过俄美关系缓和的迹象，但美国国内的政治势力的争斗，有可能使这一切化为泡影。

两国对世界秩序和诸多的地缘政治问题的理解也不同，俄罗斯明确提出世界秩序的“后西方”概念，美国却认为世界秩序仍然以西方和美国为中心。理念针锋相对，难以弥合。美俄化敌为友不存在多少可能。

世界的变局更是决定了俄美不同的历史走向。普京曾经明确地讲过，全球化正处于危机之中，而且西方已经错失了在冷战后与俄罗斯合作构建新的世界秩序的机会。俄罗斯智库专家科尔图诺夫也认为，“俄美关系存在着对抗性惯性”“已经失去快速转圜的机会”。未来中美关系如何发展对俄罗斯非常重要，但衡量中美关系的主要指标将是经济指标，俄罗斯不得不考虑重点加强与中国的军事政治合作，而俄美则需要寻找从恢复交流机制开始的新的合作缝隙，这种缝隙何其狭窄，又如何能够转身自如呢。

俄罗斯《独立报》记者在“双普会”后采访了美国安全委员会顾问勒特韦克，后者谈到特朗普的俄罗斯政策，是所谓“和平相处”，在中国问题上，“美国唯一需要俄罗斯做的是不要妨碍和干预华盛顿新的对华政策”。在某些问题上，俄罗斯或者可以不管，但在与俄罗斯发展核心利益有关的问题上，他们会听从特朗普的吗？进一步说，俄罗斯的战略利益在欧洲，但也在北极，美俄目前在北极地区没有发生激烈的冲突，是因为美国并没有准备好，但潜在的冲突同样巨大，到那时，谁是敌人，应当是一目了然的。

普京的顾问俄罗斯科学院院士格拉基耶夫曾经对俄美中“三角关系”假设了“七个剧本”。一是“中俄美三位一体”，这是最理想的，但可能性也是最小的，因为这意味着美国需要加入俄中战略伙伴关系之中。二是有可能出现的“美中经济共生”，但俄罗斯受到“孤立”。这是俄罗斯最不愿意看到的。三是俄罗斯继续吃老本，并重新振兴经济，要做到这一点，当然需要加大改革经济管理体系的力度。四是为了取消制裁，向西方压力屈服，但“这将使美国的侵略性急剧增强，直至组织颜色革命和建立傀儡政权”“这对一个有自信的民族自然是一个噩梦”。五是稳固“对华战略伙伴关系”，欧亚经济联盟与中国“一带一路”的紧密对接，“中国对俄罗斯能源、农业和运输综合体进行大力投资，俄罗斯全面转向中国市场，中俄企业共同开发民用高科技潜力”。六是俄罗斯分裂为殖民地集合体。七是“欧亚一体化大框架”实现，这也是普京提出的在欧亚经济联盟和上合组织成员国基础上构建“大欧亚伙伴关系”的长远设想。格拉基耶夫院士认为，俄罗斯应当更加积极地参与“一带一路”发展，“与中国共进退”。

格拉基耶夫第五个“剧本”与他认为“最理想”的第七个“剧本”，情节有同有不同，同的是，都要以欧亚经济联盟与“一带一路”对接为基础，都具有“一带一路”共同发展的关键因素。不同的是前者更有操作的现实性、渐进性和在较短时间内实现的有效性，后者的操作半径更大，需要协调的因素更多——在格拉基耶夫的视野里，需要俄罗斯、中国、印度、东南亚国家和中东近东国家建立经贸合作的特惠机制，“弥补欧亚经济联盟在全球经济中相对不大的比重”，也需要建立“以俄罗斯、中国和印度为首的广泛的反战同盟”。

不管怎么讲，作为相互之间最大的邻国，俄罗斯明确地认识到，中俄之间的经济发展利益是一致的。尤其在各国日益淡化意识形态分歧的新的国际关系中，没有什么比这个更重要。对于这一点，连日本的外交学者也看得很清楚。日本外交学会网站在2017年一开年时就提出一个问题，特朗普式的三角外交会奏效吗？他们说，回顾历史，当年推动中苏关系恶化的条件已经不复存在，中俄并没有竞争地区国家间的领导权，也没有联合起来挑战美国领导的世界秩序，美国期望俄罗斯与之结盟，完全是一厢情愿的未知数。

美国基辛格咨询公司常务董事托马斯·格雷厄姆接受俄罗斯《生意人报》记者采访时，也做出这样的判断，不应当期待俄美关系再次重启。他认为美俄之间存在着重大分歧，目前“处在自20世纪80年代中期以来最差水平”，俄美之间没有建立良好关系的“捷径”。他说，反俄情绪在美国蔓延，有些美国学者甚至将这种情绪称之为新麦卡锡主义，这使特朗普的想法很难付诸实现，他强调，不要寄希望于俄美之间会出现“大交易”。

三、俄欧关系。俄欧关系堪称是一种由来已久的复杂关系。俄罗斯从莫斯科大公国一路走来，一直奉行融入欧洲的基本政策，圣彼得堡的建立与发展就是一个重要的标志，但是这条道路并不平坦，从拿破仑时代起，俄欧就发生了巨大的冲突，俄罗斯加入第一次世界大战，导致沙俄王朝的全面崩塌，苏联在与纳粹德国的战争取得胜利以后，欧洲一分为二，世界进入冷战时代，苏联虽然崩溃而东欧国家纷纷建立了新的政权，但俄罗斯联邦与欧盟国家的斗争一直延续下来。北约开始东扩，俄罗斯也在努力保卫自身的政治地缘利益。北约的最高任务则是继续削弱俄罗斯在东欧乃至黑海地区的影响，而俄罗斯的在 20 世纪末的“独联体”发展政策和 21 世纪推动的欧亚经济联盟，同样坚持了面向欧洲的姿态。俄乌冲突发生以后，欧盟在美国的支持下对俄罗斯发起了经济制裁，2018 年又发生了波及面颇广的外交人员驱逐事件。欧盟于俄罗斯的冲突不仅没有停止，在某些方面有所升级。2018 年 6 月底，欧盟决定继续延长对俄制裁，并把 150 名人员列入制裁的“黑名单”，欧盟延长经济制裁的理由是此前欧盟要求俄罗斯停止在乌东部的行动没有结果，但俄罗斯此对给予了坚决否认。随着“特普会”的举行，欧盟对俄制裁面临两难，但历史形成的巨大隔阂并不会消失。俄欧关系要有好长的路要走。真正有希望的是“北极航道”带来的丝路联通机会。

四、美欧关系。美欧关系似乎正在面临转折或者曲折，但会不会发生什么样的实质性变化，依然充满疑问。欧盟国家是美国的核心盟国，这个格局和相互依存的关系已经维持了将近 70 年。期间也有个别成员与美发生过这样或那样的矛盾，但在总体上无论在各个方面的合作都是十分紧密的。二战后发生在亚洲和中东地区的局部战争，大都有美国和欧洲盟国并肩参与的身影，所谓西方概念，其实是政治概念，主要还是因为欧美国家基于共同价值观和共同政治地缘战略利益的一体存在。在冷战结束之后，这种关系非但没有削弱，还在不断加强，但是在特朗普主政美国以后，一切都似乎在发生变化，欧美关系也发生了前所未有的裂痕。其一是特朗普毫不手软地对欧盟开打贸易战，欧盟也毫不犹豫地进行反制与反击。其二是本来可以再次昭示团结的魁北克 G7 峰会不欢而散，特朗普甚至拒绝在宣布支持“自由、公平、互惠贸易”的公报上签字。

对于美国与欧盟这种清晰可见的裂痕，究竟怎样去看又怎样去评估其未来的发展趋势，确乎是一个大问题。许多评论者说，这是特朗普难以预测的多变性格引起的，也有评论者认为，特朗普的政策变化并非不可预测，他的看似反常的行为和政治动作都体现了同一种目的，那就是以“美国优先”的标准为标准，既要维系美式霸权，又要降低这个霸权的打造成本。他对欧盟甚至北约的不满意，并不意味着要否定北约的战略目标，而是盟国为之付出的太少，他也许有弱化北约换取俄美关系的改善，但很难说得出口，只能在多种场合表示出对欧盟、北约和世界贸易组织的不快，以损害美国的经济利益为理由，逼迫欧盟在战略利益上让步。但美国对欧盟铁了心要打贸易战，欧盟也强硬回应，在他们致美国商务部的有关文件里提出，如果美国对欧洲汽车加征关税，美国将面临高达 3000 亿美元的关税报复。

在 2018 年 4 月法国总统马克龙访美期间，特朗普似乎是随口说说，又似乎是真话假说，如果法国退出欧盟，美法可以签署更为优惠的双边贸易协定。这虽然并不能拿来作为削弱和拆散欧盟的明确信号，但特朗普并不把欧盟当回事则是真的。在特朗普发起的贸易战中，美国对欧盟发起的 1500 亿美元攻击力度，远超美国对欧盟贸易逆差的实际数量。根据美国政府自己的统计数据，美欧贸易逆差还不到 1000 亿美元。特朗普甚至认为，“成立欧盟的目的就是要占美国的便宜。”，这自然会使欧盟国家既忧心又大为光火。美国国防部还威胁从德国撤走驻兵，或者将他们全部或者大部移动往波兰。这是自二战以来欧洲安全战略布局上将要发生的一个明显的变化，直接影响到北约的防务格局。

但是，这一切并不意味着美欧关系将会走向终结，很可能以另一种形式得到继续。人们注意到，在魁北克峰会上，特朗普还提出了美国经济与欧洲的一体化，这个一体化也许不是美国经济与欧盟经济的一体化，但分而治之的一体化则是可能的。尤其是新民族主义在欧洲卷土重来，欧洲国家政权的更迭将会是常态，右翼民粹利用选民的愤怒，选择如同特朗普这样的代表人物来对阵，并不是不可能的。因为“民粹主义”并没有信仰，本质上是一只感性怪物。

特朗普不仅想打“联俄抑华”的牌，还想打“联欧制华”的牌，一直在不断吹风，与欧达成搁置贸易争端协议，对于这一点，欧盟倒不会反对，但能不能换来“制华”的效果，是很成问题的。在2018年中的新加坡峰会上，欧盟的外交政策高级代表就多方表示，在自由贸易方面，欧盟和中国是站在一起的，欧盟无意采取任何政策针对中国。

五、中欧关系。不断增强的中欧关系是欧亚大陆经济合作的亮点。中欧经济合作也成为中欧关系的基础。目前，中国与南欧国家海陆联通开始出现新的局面，中国与东欧“16加1”的合作也不断在推进，而中国与北欧、西欧国家的经济关系目前主要通过“大陆桥班列”的相对密集运行得到不断的加强，欧亚经济的紧密联系从来没有如此紧密。

2018年6月，法国参议院发布了关于中国“一带一路”倡议的首份研究报告，比较客观，并未渲染所谓“中国威胁”，而是强调应当立足中国已是经济大国的事实看待“一带一路”倡议，认为“一带一路”倡议是中国提出的一个“有力的叙事”，对发展中国家“很具有吸引力”。报告还指出，随着中国经济发展，“一带一路”也不会局限与铁路、公路和港口等基础设施建设，将会向航天、数字等高新技术领域发展。报告呼吁法国在“一带一路”建设中扮演“引擎”角色，并在中欧关系中发挥“引擎作用”。借鉴“一带一路”成功经验，也要强化“规则主导权”，增强欧洲和法国铁路网的互联互通。把握加快融入“一带一路”的机遇，落实法国总统马克龙访华期间提出的“一带一路”框架下的合作途径，等等。2018 年 6 月，法国总理爱德华・菲利普在访华期间曾经对法国达飞海运集团的员工这样讲，“新丝绸之路体现了海上交通的组织发展观。从这个角度看，这显然是个非常棒的计划，我们要参与其中。”

欧盟对中国在东欧地区推进的“16 加 1”，尤其是加大对巴尔干国家的投资力度感到紧张，担心会“吸收欧盟与中国关系的资源”，其实有些多余。中国“16 加 1”经济合作模式很早就已经开展，并不会影响到一些国家与欧盟的关系。加强中欧经济合作，应当是全方位的，推进中欧在更大地理的经济合作也是必然的选择，甚至对调整欧俄关系改善有较大的积极意义。但也可以想见，欧盟各国内部情况也很复杂，特别是欧洲国家政党轮换下的政权更迭不断轮番上演，将会在某个时段或某个地区出现一些反复和曲折。在这种情况下，关键在于把握中欧经济合作的大走向，不为一时一事的曲折所左右。

从以上未来大国关系的粗浅分析，我们看到了未来大国关系的多维复杂性，也会看到其中的发展主线。在这里，需要进一步揭示的，是“一带一路”地理架构的完善，为未来大国关系走向正常埋下伏笔，尤其是北极融冰所带来的新航线的开通，将会越来越产生大国关系正常化的推动作用。这种作用，一是如上文所言，将是大国之间传统的政治地缘因素逐渐弱化，最终将经济地缘所带来的共同发展的利益作为大国关系之间的真正的“轴承”，在丝路联通的不断磨合里有效运转。从这个角度看，我们更应当北极上空高挂的北极星。无论在过去、现在还是将来，它都是一个指示路径的星。

北极星或者会提示，不管特朗普有什么“联俄抑中”或者“联欧制华”的企图，中国更要反其道而行之，需要用更有效的“联俄和欧”

来反制特朗普的美国。特朗普并没有多少能力实现其“联俄抑中”的想法，也没有信用本钱买来欧盟对他制华政策的主动配合，但要彻底断了他的念想，也在于对中俄、中欧关系不断夯实的努力。在“北极航道”更为便捷地联通中俄和亚欧新的丝路格局下，中俄和中欧经济利益关系将会越来越紧密。

在未来大国关系中，还有一些准大国关系需要得到很好的处理，他们的政治经济分量或许处于不断变化之中，但目前大部分在G20之中。不是说只有G20重要，每个经济体都有自己的未来。此外，特定地区内的国家关系也是极为重要的关系，他们之间的关系与大国发展的命运息息相关。比如在东北亚地区，就存在着由中、俄、日、韩和朝鲜组成的五边形，“普金会”或许带来了朝鲜半岛无核化的希望，但如何消除一些历史遗留的消极因素，加强相互之间的互动关系，并不比处理好大国关系更次要。尤其要看到，东北亚丝路的复兴和“北极航道”的商业利用有着更直接的关联，不仅中日关系要重新步入正常化，日俄关系也要取得新突破。日本一直希望借助经济合作改善日俄关系，2016年底普京访日，签署了多项经济合作协议，但此后的时间里，南千岛群岛领土问题毫无进展，这是俄日关系的一个“死结”。美日之间虽然在安保问题上有一种“仆从”色彩，美日之间也有戒备之心，它们之间的关系说到底是相互利用的关系。特朗普上台后安倍匆匆访美，并承诺为美国基础设施建设投入5000亿美元的资金，希望以此换取美国加强美日同盟关系的回报，但得到的，依旧是老生常谈的同盟保证和形同空话的核武保护，以及关于“印太战略”的赞赏。在新的变局里，谁都会明白怎样正常地去思考。中日韩三国领导人峰会将是消除东北亚紧张局势的重要契机。从中国的角度来看，日本与朝鲜进行外交正常化也会进入议程。

中印巴也是一个重要的三角关系，印巴都参加了上合组织，这是稳定印巴关系的一个开端，也有利于中亚和阿富汗局势的逐步稳定。印度不仅是潜在的大国，也是现实的经济大国，英国《经济学家》在2015年曾经预测，到2050年，世界前10强的排序将会发生极大变化。印度名义GDP将会上升为第三位。印尼和墨西哥将分别进入世界第四和第八位，占据第五、六、七、九、十的分别是日、德、巴西和英、法。这个预测还说，届时，中国名义GDP将是105亿美元，要比美国多出三分之一，但人均水平依然不很高，人均收入也可能接近于日本。印度的经济规模将是目前的30多倍，将会紧跟美国的70亿美元的水平，达到63亿美元，人均收入也将是美国的24%。其余的前10强大都是10万亿上下经济体量。因此，动态地去看，影响世界政治经济走势的还有印度以及印度尼西亚等国家。

三十、北极星下的大国关系（三）

中美关系的变量是当今世界最重要的变量，而中美冲突目前进入了比较集中和高频次的爆发期。美国国会在2018年初提出的报告和特朗普的国情咨文，将中俄列为战略对手，特朗普又将中国视为“经济敌人”，意味着中美冲突并不是随机性的，具有深刻性和长期性。一些美国战略家认为，目前是美国遏制中国发展的最后时机，因此今后10年也是中美摩擦冲突的关键时期。他们认为，10年以后要想遏制中国也就更难了。为什么呢？因为目前中国与美国相比，虽然在许多方面还有很大差距，但差距会越来越小。而且，时间在中国一边。

因此，只要中国保持战略定力，能够经受美国这一波攻击，同时加快和加大改革开放的力度，坚持和平发展和合作共赢的发展理念，在沉着应对中不断调整对美经济关系，不断缓解特朗普关税战贸易战带来的压力。据理力争是必要的，在客观上促进形成对美贸易战的同一对抗阵营也是必要的，但更需要战略和战术的原则性和灵活性。要看到，在一段时间里，特朗普对华攻击点还会集中在经济领域和相应的产业技术领域，处置得当，有一定的转圜余地。具体地讲，既不是逆来顺受，也不是“不惜一切代价”针锋相对。而中国政府对特朗普关税战贸易战的反制，总体上有力有节。倒是特朗普不断在升级威胁，在宣布对中国出口美国2000亿加征10%关税之后，又提出年底升级为25%。尤其需要看到这样几点：一是美国鹰派人士还在更高层次上恶化对华舆论环境，比如中国将会操纵汇率、中国对美展开冷战等等，唯恐中美冲突不升级，因此任何一种不测，都会进一步造成更大的关系波动；二是特朗普的“美国优先”目前还处在经济利益优先的阶段，尤其是美国实施对华增税的局面几成定局，不会随便撤销，但对中国的影响依然有限，而且中国已经对等应对，即便是第二轮2000亿美元方案落地，对象包括了海鲜、蔬菜、水果、羊毛甚至防雨夹克和棒球手套等等，但最终只能导致中美贸易规模缩小，由此带来对美国自己的伤害会比对中国的伤害相对更大，自从中美贸易战开打以来，美国贸易逆差不降反升，其中有企业打时间差的因素，但美国也很难转变“最终消费者”的角色。只要“中国制造”紧跟上去，这也倒是改变中国商品“价廉物美”的机会；第三，中国对特朗普贸易战的应对，固然需要多管齐下缓解冲击，比如鼓励企业调整进口结构和方向，落实出口退税政策，甚至包括将增加的关税收入主要用于缓解企业受到的影响等等，但绝不是渲染中国手里还有多少张牌包括马上减持美国国债可以置美国经济于死地。中方在贸易战中占有一定的道义高地，但也要防止出现更大的恶性中美摩擦提早到来。

特朗普目前还沉浸在“打贸易战好，打贸易战容易赢”的想象里，其余的动作还属于辅助动作，这应当是一个现实的判断。至少，特朗普臆想中的“联俄抑华”还没有多少实现的可能，不可能打出更多经济以外的牌，而且那些牌与其“经济优先”的政策具有更多的抵触。美国对华贸易战的一个最起码的目标，还是要更多地占领中国市场，改变中国的经济制度和经济崛起的进程。而较大幅度地降低贸易逆差，这是一个能使美国国内一般不知就里的人认为是个目标。在中美贸易战打得难分难解的时候，美国财长姆努钦一方面对中国继续施压，另一方面也再次强调美国商品对华出口可能增长的几个主要领域，包括能源、农产品甚至技术。他说，中国拥有庞大的消费人口，将消耗更多的产品，同时还谈到愿意与欧日签署贸易协定。因此要准确判断贸易战的最后走向和可能出现的下一回合，在保护中国创新更大空间和重要核心利益的前提下，为最严重的结果作准备，争取尽好的结果。

从总体经济力量对比上讲，中美还不对等。2017 年，中国经济总量为 12.7 万亿美元，占全球 15%，美国占到 24%。中国对外贸易额占全球 12%，美国是 10%。按最低的估计，美国贸易总体逆差约为 4488 亿美元，其中对华贸易逆差约为 3752 亿美元，因此，美国发动一场非对称经济战是必然的。在这场非对称经济战中，中国会有“稳中有变”战略智慧来应对。当特朗普的讹诈术开始失效并引起其国内企业更多反弹的时候，情况会有变化。

然而也要看到，即便贸易战出现某些转圜，并不意味着中美纠纷会远离，因为说到底，美国对中国的遏制不是从今天开始，方式也不会是一种。一直以来，阶段性的遏制高潮与经常性的遏制习惯动作在交替进行。不论是共和党入主白宫还是民主党入主白宫，都是如此。而且在民主党入主白宫的情况下，遏制的方法更多样。此外，美国在不同时期政治地缘战略重点不同，至少目前难以多头操作，而美国共和党的众所周知的战略秘密，是确保以色列在中东的安全，所谓“特普会”试图达成的重要一点，也在于此。特朗普还没有准备好更多的武器，对中国实施完全的单一攻击和全面遏制，中国也一直按照和平发展和改革开放的既定路线发展自己，并没有主动地对美国的霸权地位发起挑战。因此中美会不会出现终极对抗，目前还看不到更多迹象。美国会在事关中国国家核心利益的问题上，不断挑战中国的底线，同时发动更多的舆论战和其他商战形式攻击中国。

在一段时间里，美国的鹰派人士主要是“唱衰”中国和“唱强”中国交替进行，希望中国落入发展中国家经常遇到的种种发展陷阱，包括“中等收入陷阱”。但中国的发展毕竟是唱不衰的，因此，从地缘政治战略上遏制中国，是一个长期的战略取向。在奥巴马时期，首选战略是“重返亚太”，并紧锣密鼓地推进 TPP 战略伙伴协定谈判，在特朗普时期，美式 TPP 流产，对华开打贸易战和“印太战略”“四国联盟”相互配伍的政治地缘战略也就冒了出来。对于这个“印太战略”和“四国联盟”相配伍的政治地缘战略，国际评论似有多种推测，甚至还有美国会从第一岛链移向第二岛链的说法，但无论这怎么讲，从政治地缘、战略上遏制中国的长远目标，在很长时期里不会改变，遏制的希望也会一次次地落空。

对于中国的经济发展，一直存在着看好和看衰的不同论调，但频次越来越高的是强调中国“威胁”。这除了表现出美国一些人对自身霸权的不自信，主要还是基于中国异乎寻常发展趋势难以改变。对中国的发展，有的着眼于市场，有的更着眼于未来地缘政治均势的改变。前者如摩根士丹利，在 2017 年初发布了一份长达 118 页的全球股市报告，把中国股市定位为一个长期的机会。该报告认为，尽管中国的债务与国内生产总值之比由 2007 年的 147% 上升到 2016 年的 279%，但由于高储蓄、高外汇储备以及其他明显的因素，中国完全可以管理好国内的流动性，避免出现金融震荡。该报告也认为，中国完全可以跨越“中等收入陷阱”，在2027年跨过人均年收入1.25万美元的门槛。摩根士丹利的报告，与此前唱衰中国的许多经济学家的“预言”不同，也与转而改唱中国“威胁论”的人着眼点不尽一样。通过股市这个经济和市场的晴雨表判断中国的经济发展前景，或许是一个更为可靠和更有长远眼光的角度。但是，着眼于美国霸权判断的政客们，紧盯的是中国的技术创新趋向，也就在关税战贸易战中塞入301之类的调查条款，把无限扩大了的知识产权问题当成攻击武器，不仅对华收紧市场，也试图阻滞中国产业创新发展进程。

对特朗普贸易战，在贸易层面上，中国除了表示不想打贸易战也不怕打贸易战的基本态度，也亮明了坚定地维护多边贸易体制的决心。在产业政策层面上，中国表示继续走自己的路。中国进一步开放市场，表现为异于其他国家普遍提高关税的做法。中国2018年年中公布的第七稿外资准入的负面清单，限制项目比最初减少一半。2018面7月1日生效的《亚太贸易协定》第四轮关税减让第二修正案，也对印、韩、斯里兰卡、孟加拉国和老挝等国的20312个税目产品大幅削减关税，降幅平均达到33%，其中对老挝产品降幅为86%。与此同时，从东盟国家进口的大米也大幅降低了关税。从2018年7月1日起，中国进口日用品进口关税平均降幅为55.9%。很多人判断，中国较大幅度减少美国对华贸易逆差，而美国也享有中国关税减让的好处，也许能让紧绷的中美贸易关系有所缓解，但缓解并没有出现，相反地进一步升级。

彭博社发表的有关文章曾经分析了中美发生贸易战的几种前景，也得出了中美贸易战将会长期化的可能。一种前景是双方妥协，但可能性低。二是中方退让，并对美国商品和服务进一步开放市场，但中国的经济发展节奏由此打乱，更不可能。三是美方退一步，即中国有可能认为特朗普善于利用多变的谈判战术谋取更大的美国利益，但特朗普并不是独自行动，他的决策受到美国国会共和党议员的支持，在底层也有“民粹主义”的强大支持力量，加上鹰派人士的直接影响，理性派并不占上风，因此第四个可能前景是比较长期的经济冲突。但在这种情况下，拖不起的是美国而非中国，中国经济的韧性和回旋余地要大得多，美国目前的较高经济增长倒是会提前结束。

事实上，且不说德意志银行的经济学家对中美 2015 年以来的经贸往来进行全面精确统计之后指出，美国“总销售逆差”只有 300 亿美元的规模，到 2020 年还有可能出现 1000 亿美元的顺差，因此关税战贸易战是站不住脚的，事实上就按美方的片面计算，中美贸易不平衡的状况已经在缓慢地改善。2016 年，中国对美出口出现 7 年来首次下降，幅度为 4.7%，这与 2010 年至 2015 年中国对美国出口复合增长力为 5.6% 的增长势头形成鲜明对比。除此之外，中国出口到美国的手机、平板电脑、笔记本电脑以及服装、鞋类数量也有下降，未来数量继续下降也并不奇怪，但不会发生停滞。因为美国有市场需求。双边贸易值的变化与美元人民币的汇率变化也有极大关系，因为进出口往往是用美元标价的，汇率变化影响到统计数量的变化。但中国对美出口遍布在美国的各个州，因此中美相互之间贸易额也未必降到哪里去。只是，在未来的一个阶段里，中美贸易的高速发展将会结束，而世界贸易也不可能一直处于高增长状态，将会出现高速增长之后的回调。从这个角度讲，美国的贸易保护主义对中国的影响没有那么严重。如果说有较大影响，往往像美联储加息效应一样，心理预期引起的影响大于“靴子”落下来的影响，倒是高关税之外的东西，更需要高度警惕。

中美关系会不会由此完全撕开脸面，演变到一种不可收拾的地步？这是人们正在考虑的最大问题。美国日裔学者弗朗西斯·福山在这个问题上讲得比较透彻，他在中国台北就“中美争锋及其影响”课题对话中说，关键是美国并没有做好准备，很难接受与中国共建国际秩序并成为平等的合作伙伴，美中的主要架构，在经济上与策略上是不同的，“在经济方面，美中竞争与合作机会较多，若是在发展上，则没有什么合作空间存在。”因此，从经济角度进一步校正中美关系的航向，无疑是重要的。

一方面，中美关系历来是一种合作与遏制此起彼伏交替出现的多声部变奏曲，并不意味着不同的旋律在每一个时段里响起，就只会是一种旋律。2018 年是中美关系低谷年，并不代表此后一直都是低谷，此前此后或者也会出现一些高点，也并不代表一直会处在高点上。人们常讲中美关系具有曲折性，就是这个道理。另一方面，中美关系目前到了一个临界变化的关头，也是一个不争的事实。有一个曾经流行的观点值得研究，即中美经济关系是中美关系的压舱石。如果一般地去看，也许有道理，中美毕竟在全球化的一口锅里共搅过一个大的马勺，但这种说法在一般国家关系中尚可，在中美发展的各自特定阶段上去看，还是有些简单化。经贸关系是压舱石的结论仍然有效，但能不能压住中美关系的更大风浪，就需要更多的另一些压舱石。

首先要看到，美国首先挑起的关税战贸易战并不是孤立出现的，是把中国作为战略对手的一系列遏制中国长期战略的重要组成部分，慢性发炎急性发作，急性发作之后将会进一步转化为慢性炎症，这是过去 40 年的中美关系史上的一个时隐时现的特点。这一次中美贸易战发生在美国将中国列入战略对手的大背景之下，多个目标重叠。贸易、投资和知识产权多方面高度紧张，美国政府不仅加强对中国企业并购活动的监控和干预，美国国会参众两院还进一步推动有关立法，收紧美国对内对外投资审查程序。虽然新的投资法案适用于所有外国企业，但主要目标针对中国企业投资，既包含中国企业对美国企业的投资，也包含了美国企业的对华投资，这意味着中美企业相互投资进入了新的冷却阶段。

其次也要看到，美国对华政策的全面收紧，是由一种挥之不去的对华崛起深层次“恐惧”驱使的。中国的发展肯定是美国的一种不爽。一个GDP只是美国60%而人均GDP相差更远的发展中的中国，已经使美国的精英们坐卧不宁，再过多少年，中国GDP总量超过美国，无疑会是他们心中的一个噩梦。在中美贸易进入“拉锯战”的时候，日本东京大学名誉教授吉川洋在日本的《中央公论》月刊发表的一篇文章《美中贸易摩擦的背后是美国对GDP逆转的焦虑》，一语道破了目前中美贸易战的本质。他说，在20世纪80年代里根总统时期，美国的打击目标是日本，现在则是中国。他引用了英国《金融时报》的估算，2030年，中国GDP将与美国比肩，2040年将比美国高出30%，也就是说，照这样的发展势头，在今后10年里，美中GDP将会出现逆转。这个事实会令美国焦虑不已。特别是中国经济开始转型，不再把人口红利当成是发展的来源，正在转向依靠技术进步的发展“新常态”，这是美国在对华关税战贸易战中更多瞄准中国技术创新的重要原因。

但同时也要看到，中美经济贸易关系很难切割，那几乎是一个连体婴儿，除了各有各的脏器，血液循环系统在一定程度上是连接在一起的。他们在经济贸易上虽然不是“一荣俱荣，一损俱损”的关系，但现实关联度要比人们想象的更大，而特朗普贸易战在美国国内联邦州、商界引起的反应，也正是这样一种密切的关联效应所致。

美国有人希望把这场贸易战扩展到更多方面去，中国也有不知出于什么动机的人，在想象中搞了一些“沙盘推演”之类的预测，认为中美贸易战之后必将是汇率战、债市战、能源战甚至网络战等等，这大多是并没多少根据的猜演。如果说，在汇率上出现问题，或者还有些道理，因为贸易问题往往会波及汇率，引起本币贬值。但中国2018年中出现的汇率变化，即人民币汇率一度接近1美元兑换6.8元人民币的“关口”，主要是因为美元走强和美联储收缩资产负债表所引起的。

中国一再表示，中国经济基本面持续向好，为人民币汇率保持基本稳定提供了支撑，中国不但不想打贸易战，更无意于货币战。但是，美国也有可能借此做文章，一再放出中国操纵汇率的空气来，把本来复杂的问题搞得更复杂。本币汇率下跌现象，在亚洲各国都在不同程度发生，中国也开始出现资金回流美国的迹象，因此，中国央行会采取稳定汇率的措施，也是必然的。

应当说，在美国的商业武器库里，最长项和最拿手的是强势美元和强势的金融战术，以及强势的金融人才队伍。强大的世界银行与国际货币基金组织形同美国机构，而美联储的任何一个动作，都有可能引发世界金融的山崩海啸。在这个特别的经济战场上，中国人已经领教过美国人的手段并交出了一定的学费，需要特别注意应对。

贸易战往往会叠加金融货币问题。在20世纪80年代的美日“广场协议”的一幕里。贸易战和货币战就是叠加在一起的。美元对其他国家货币的汇率变化，通常被人们形象地比作“剪羊毛”，锋刃一收一放，财富再次流入美国。“剪羊毛”是美式货币战、金融战的经典战法。只要他还剪得动，就会再次操起剪刀。既然美国将中国出口和投资视为威胁，把中国货币列入打击目标也会是迟早的事情。尤其是中国的人民币国际化取得进展，但人民币尚处于弱势的情况下，无疑会成攻击的对象和理由，甚至还有不分青红皂白再度将中国列入货币操纵国的可能性。

2014年底和2015年初开始的一轮美联储升息，使许多国家损失惨重。加上能源价格连连下行，最先陷入危机的是能源和资源型国家，接着就是发展中国家出现大量资本外流，做空中国经济的空气也在到处弥漫。中国虽然挺过了这一波冲击，但也付出了一定代价。美元走势本身也面临着深刻的矛盾。特朗普一会儿欢迎美元走强，一会儿又改了口，反映的不仅是他的金融知识有限，也反映了市场矛盾性。在这种情况下，人民币对美元要打的不是遭遇战，更多的是有准备的游击战和阵地战。人强我弱依旧是一个基本的态势，没有事先的预案和周密的战略战术，也会吃大亏。如果说货币战是中国最难对付的一招，这应当是事实，因为人民币虽然走上了国际化的道路，但在总体上仍旧是弱势货币。在国际市场上的使用比例还是有限的。相比之下，美元在国际市场里的使用率超过80%，而“石油美元”依然主导着能源这个极为重要的市场。但如果说发生了人们不愿意看到的货币战，也是人民币大步走向国际化的机会，至少，天下不再是美元独大的一统天下，但是如何见招拆招，并在弱势中变强，也还是个大问题。

目标单一的货币战，中国已经应对过，货币战与贸易战交织在一起，这就增加了应对的难度与复杂性，这对中国和美国都是一样的。多个商战目标不仅会出现顾此失彼的问题，也会产生金融活动自身的许多相互纠缠制约的矛盾。比如美国一些官员曾经在提出对中国和其他一些国家提高进口关税的同时，又与所谓操纵汇率问题搅和在一起。操纵汇率云云，本身就没有明确的定义和实际根据。美国的财长曾经表示，他们认可奥巴马政府制定的操纵汇率的有关标准，这个标准有三项。第一项是对美国的贸易顺差超过200亿美元，中国也只有这一项可以列出。第二项是经常项目盈余度是否超过本国GDP的3%，而中国的比例只有1.9%。第三项是一年内重复净购外币是否达到或超过GDP的2%。中国2016年减持美国国债1600亿，显然也对不上卯。国际货币基金组织也并没有把中国视为货币操纵国。因此，特朗普多次扬言中国操纵汇率，其实是在放空炮。一般情况下，人民币贬值是美元升息走强的反映，是符合市场规律的。人民币一度升值倒是有意给美元留出了面子，这应当是对美国的一个积极信号。但金融市场是最敏感的，人民币汇率一度下跌虽然是正常市场预期反应，但中国央行采取必要的措施，人民币又重新坚挺，问题是如何保持正常的浮动状态。

美国发动货币战，会不会一定就能够取得完胜的效果，其实也有很大的问号，因为美国银行有一定的独立性，并不是谁想将它绑上战车就可以绑上的，2018年美联储连续加息基于美国经济总体向好的周期判断，如果贸易战的滞后效应导致美国经济景气回落，加息周期也就开始结束。也许是出于一种预感，美国内部也不时传出有关美元的一些信息，多半是空气但不全是空穴来风，即在缩表之外还有所谓“债务清零”或用“美洲元”取代美元的说法。但“债务清零”如何清，“美洲元”又从何而来，很有些匪夷所思。欧元的出现毕竟还有欧洲经济一体化的基础，在美国主动挑起北美自贸区内部纷争的情况下谈论“美洲元，”本身就有许多痴人说梦的成分在，或者说有人已经意识到美元未来的危机，也未可知。有金融历史学者这样分析，一种货币独大的局面毕竟是相对的。比如在两次世界大战的20多年里，美元、英镑、法郎和马克一时同台，多种货币共存是一个时期里的常态。如今人民币已经登台，必然也会经历这样一幕。但是，随着美联储加息，一场新的货币战在事实上已经开始出现，中国重新出台汇率准备金举措，人民币汇率再次反转。预测美联储在2018年还有两次加息，汇率面临持续承压。

能源安全问题，一直是中国的一个软肋。中国能源进口多元化的局面已经初步形成，但并非高枕无忧。美国的“能源霸权”不可忽视，美国的“能源霸权”不仅来自于美国的页岩气革命使其成为全球原油和天然气的“领袖”，即根据国际能源署的预测，到2025年，美国页岩油将占全球新增供应的80%，还在于“石油美元”在美国的操控下仍然具有翻手为云覆手为雨的国际定价话语权。2018年以来原油价格的一路上行，就有明显的美国因素。中国作为未来的最大石油消费国，虽然也有理论上的定价话语权，但买方与卖方的议价权是不可同日而语的。在未来一段时间里，中国购买能源的成本将会大幅上升。另一个危险则是封锁能源通道。对此，美国军事学界似乎也研究过，但预判的结果之一是，美国无法靠封锁赢得对华能源战争。他们认为，中国的软肋是海上石油供应，如果阻断了印度洋和南中国海的运输线或许也就封锁了中国的命门。但是，美国比较权威的军事专家柯林斯最后的结论是，“远程封锁很可能会失败，我们不应该制定这样的计划，尽管中国的能源供应存在弱点，但美国无法只靠封锁来赢得战争”。因此，美国挑起能源战争，不是不想，而是没有把握取胜。

除此以外的极而言之的选项，一是会打出政治地缘组合拳。在贸易中就是即所谓“二级制裁”。其一是不能用美元来支付，其二是不能通过与美国有任何生意关系的金融机构来支付。对于前一点，中国正在推动的人民币石油期货与黄金市场挂钩，可以替代部分美元需求，目前在特朗普宣布退出伊核协议之后，欧盟已经改用欧元购买伊朗石油，伊朗与中国的石油交易也开始使用人民币计价，或者伊朗用石油换取中国的商品和服务，但同样也会面临各种挑战。

其二什么呢？自然是军事围堵甚至引发战争了，但是，中美之间的战争和军事冲突的概率究竟有多大呢？如果单从美国对华敌意上升的状态上去看，什么事情也都可能发生，有备无患也还是千古不易的道理。但是，战争与军事冲突的发生取决于双方的意愿，也取决于双方对形势的正误判别，同时也取决于对于战争冲突后果的预测。

首先是战争意愿。对于美国来讲，从二战结束以来，军事选项和战争意愿应当是从来就有的，也从来不缺发动战争的理由。一个时期以来“修昔底德陷阱”不断反复地被炒作，其实也是对战争不可避免的舆论渲染，或者是有意无意地为美国发动战争寻找历史根据。所谓守成大国为了打断崛起中大国的发展进程，必然会以战争和军事冲突的形式来实现，这一定是必然的吗？所谓“修昔底德陷阱”，其历史原型描述的是守成大国对新兴大国实力增长的一种焦虑，并不是新兴大国必然要针对守成大国的行为模式。如果是后者，美国的崛起史倒不乏其例。比如根据1974年已经解密的档案资料，二战前的美国制定过对那时的世界霸主英国的“红色战争”计划。这份计划曾经在1935年曾经被《纽约时报》“意外”披露，其内容主要是通过入侵英联邦的加拿大自治领来毁灭英国。该计划“授权使用化学战，包括毒剂”。美国海军不仅要控制五大湖，还要封锁太平洋和大西洋。美国的军事学者对这个最终没有实施的计划这样解释，“美国觉得英国为了保持老大地位而不惜牺牲美国的利益。美国被迫考虑一切可以阻止英国的方法。”但由于1939年纳粹德国发动战争，美英成为盟友，“红色战争计划”也就束之高阁。在此之前，美西战争的发生其实也是新兴大国对守成大国主动出击的典型战例。这倒可以从中看出“修昔底德陷阱”的另一面，战争的意愿并不总是在历史推理定型，更不会如一些预测者所言必然会发生。正是因为这个道理，美国著名学者格雷厄姆·艾利森说，中美冲突虽然在未来十几年或几十年中或者不可避免，“修昔底德陷阱”未必一定是中美的宿命。

中国在对外关系中历来缺少追求战争霸权的文化基因，翻遍中国历史，除了为反侵略而战，为领土主权而战，很少有主动对外出击的战例。在历史文化中，更倾向“王道”而非“霸道”。“强而不霸”一向是中国的追求。因此中国不存在战争的意愿和动机。

“修昔底德陷阱”的争论并不是一个单纯的学术争论，其价值在于比较准确地解释了守成（霸权）大国的政治行为动机和霸主对有可能失去霸权的心理惧意。在双方互信危机发生崩溃时，战争冲突也有可能发生，但“修昔底德陷阱”并不能说明一切。有动机会有发生战争的概率，但也会有化干戈为玉帛的机会。“修昔底德陷阱”其实是一种对战略意图的心理猜忌，尤其在一方霸权感到渐渐消亡时，一般会出现这样的猜忌。世界历史上还没有出现过真正和平崛起的先例，信奉强权逻辑的一方，难免以己度人，引出本不该出现的历史的一幕。尽管澳大利亚记者兼导演约翰·皮尔格拍摄了一部《即将到来的对华战争》，并在俄罗斯电视台（RT）纪录片频道首播，产生了影响，并引起了所谓中美对抗将会引起第三次世界大战的再次猜想，但这部纪录片与其说是对中美战争的预言，莫如是他想煽动什么。比如，有些人对中美战争的可能性，同样基于一种时间与力量对比变化引起紧迫感。他们认为再过 10 多年，中美力量均势将会大不相同，虽然中国依然不会有“长久威胁美国工业和作战能力的常规力量”，但也“越来越难想象美国会在任何情况下以致命的方式削弱中国”。但他们也承认，近 40 年的历史表明，即使在冷战时期，美苏开战有几次临近千钧一发，但战争并未发生，所以，在极而言之的情况下，中美之间也完全有可能避免战争的发生。

战争是政治的继续，只要政治解决有效，战争发生的概率就会减少。无论对中美冲突持有什么样的观点，谁都知道中美关系是全球最重要的国家关系，中美关系的稳定与曲折，直接关系到世界的稳定和曲折。正像那位元老级政治家基辛格也曾经这样说过，“要记住，如果中美冲突，整个世界就会分裂，因为每个国家都将不得不选边站。如果中美合作，两国的共同利益就有望得到彰显，中美就有机会应对两国和世界面对的一些挑战。”他还说，“中美这样大的两个国家打交道，正因为它们的巨大体量，有分歧是经常的事。但关键要记住的是，世界的和平稳定取决于中美双方对彼此核心利益的尊重，以及如何在考量核心利益后达成合作的能力。”基辛格也提出过，21 世纪的政治家们应该至少设置“不让战争之犬挣脱链子”的目标和程序。他在接受采访中曾经这样说过，倘若中国有人认为美国的衰落是必然的，而美方也有人认为与中国的冲突不可避免，如果这些人掌握了权力，美国和中国就会径直走向一场战争，而这场战争将比第一次世界大战还糟糕。从现实来看，中国从来都认为中美关系是世界最重要的双边关系，有一千条理由需要搞好中美关系，没有一条理由搞坏中美关系。太平洋这么大，足以容得下中美。反观美国，炒作中国“威胁论”的不仅大有人在，甚至进入了特朗普的核心团队。但是，一个巴掌向来是拍不响的，因此他们是否真能影响中美关系的大局，也还是个很大的问号。

许多头脑比较清醒的美国学者也都指出，合作竞争应当是中美的战略常态，不管是谁来当政美国，都不得不接受这样的一个现实，即没有一种可靠的选项可以阻止中国的稳步崛起。因此，在美国的战略构想里，至少需要像关注威慑中国的选项一样，需要有关注与中国合作的选项。人们记得，特朗普在上台前夕，也曾经在艾奥瓦州的一次公开演讲中讲到，“我们必须改善、也不得不改善的一项重要关系就是我们和中国的关系”，但他的讲话更强调中国对美国构成了威胁。但他似乎更看重商战，一再宣称“打贸易战好，打贸易战容易赢”。如果我们还原出一种政治语境，他目前的选项是商战。

但是，特朗普的商战并不是一种单纯的商战，必然要更多地和政治地缘战略结合在一起，至少要把后者当成前者的一种极为重要的筹码。因此，分清什么是目标什么又是手段也是重要的。从目前来看，不按常理出牌已经成为特朗普逻辑推理的特征，无视规则便是规则也成为美国现政府的行为特点，这一切又都架在美国“民粹主义”和“单边主义”的火口上熬煮，谁也很难确定什么时候会熬出一锅什么样的汤来。因为翻遍近代史，“民粹主义”和“单边主义”从来都是破坏和搅乱世界和平秩序的一股邪气，邪气旺起来，又有什么事是不敢想和不敢玩的呢？

或者说，美国政府有美国国会的制约，并不是想打谁就打谁的，但人们也看到，在这次堪称世纪商战的经济战争中，包括潜在的军事冲突的布局里，一直都有共和党人相对占多数的国会的影子在晃动。在所谓美国的“安全”问题上，美国的国会更是充当了主要的点火角色。2018 年一开年，美国国会的有关报告和特朗普的国情咨文里，把中俄定位为战略竞争对手，5 月下旬，美国参议院军事委员会与众议院前后脚通过的《2019 财年国防授权法》相呼应，又通过了遏华色彩浓烈的《2019 财年国防授权法》，提出要强化台湾军力，要求派遣军事官员“访台”并积极介入南中国海纠纷和争端。有关法案还提出，禁止美国国防部与使用华为和中兴公司生产电信设备或服务的公司签约。与此同时，美国众议院还提出了“重建军队”计划，“恢复战备状况”。美国最新版本的 2019 年国防法案也充满了遏华的言辞，在这样一种冷峻的气氛里，中美关系很难出现更多的回暖。

但是也要看到另一面，即美国国会又是制约美国总统权利和行为后果的主要力量。在特朗普不断提升对华关税战贸易战压力之时，2018 年 7 月 26 日，美国参议院在没有争议的情况下通过立法议案，降低多达 1660 种美国以外地区生产商品的关税。据分析，这些商品近一半是在中国生产的。在年初，美国众议院已经通过该项议案。按照美国的程序，美国参众两院的议案需要送交总统签署才能生效，但是，即便是特朗普予以否决，这项议案仍能在参众两院三分之二多数批准下生效。

美国参众两院在对华关系上的系列动作，也会使人们想到另一个重要的问题，那就是影响中美关系走向的，不仅是特朗普政府或者特朗普班子里的对华强硬的鹰派人物，美国参众两院也起了重要作用。美国参众两院的议员中共和党人与民主党人各自有不同的政治取向，但在对华问题上有更多的一致性的同时，也有基于国内经济利益分析的一致性。解读他们各自的政治地缘战略取向和国内利益共识，或许要比空谈所谓“修昔底德陷阱”更能切准美国对外关系的脉搏。不仅有助于人们判断未来一段时间里，哪个地区更会成为“火药桶”，哪个地区是一个“战略遏制”区，也同样有助于人们在特朗普释放的混乱信息中理出一条比较清晰的头绪来。

毋庸说，美国的现代霸权舞台一直有两个。一个在亚太地区，一个在中东地区。从20世纪50年代开始，随着美国民主党人和共和党人势力的彼此消长，战略重点在这两个地区出现颇有规律的切换。在20世纪50年代及其后，得势的民主党人一直把亚太当成战略重点地区，前后发生了震动世界的朝鲜战争和越战。80年代到90年代共和党人得势，中东便成为连续爆炸的“火药桶”。民主党再度得势之后，虽然随着苏联的解体和中国的改革开放，冷战因素渐趋消除，但在克林顿时代和奥巴马时代美国的战略重心更多地放在了亚太地区，从而形成了比较系统的亚太再平衡战略。特朗普上台之后，首先退出了TPP，“亚太战略”名实皆亡，接着又退出了“伊核协议”，重新点燃了中东“火药桶”的导火索。这一切究竟意味着什么？难道共和党真的要把战略重点重新切换到中东地区去？

这并非没有可能。因为这符合共和党一贯的重点战略取向，也体现了共和党与中东战略利益格局割不断的关系。特朗普退出伊核协议，正是以色列首都迁往耶路撒冷前后，这不是一种巧合。在中东，逊尼派什叶派的历史纷争毕竟是伊斯兰世界的内务，真正具有更深历史感的冲突发生在伊斯兰世界和犹太世界之间。美国共和党的人脉背景和战略在哪里，素来是清晰的，再加上提升石油价格是美国的预谋，因此只要共和党在台上，就会把中东放在战略排序的首位。也因此，如果按照特朗普减少美国财政支出的政策主张，鉴于多次中东战争已经消耗了大量美国财力物力，掏空了美国的身子，加上美国在“页岩气革命”取得显著成功的情况下，中东的油气之于美国来讲已经不再那么重要，原本应当从中东全面拔出脚才是，但特朗普为什么还要在中东这个泥沼中继续去滚战呢？美国一方面默认了俄罗斯对叙利亚的影响，又要对伊朗实行经济制裁，究竟要唱新戏还是唱老戏？

从目前看来，在经济上美国对华实施的是“近岸制衡”的商战，在地缘政治和军事上对华实施“离岸制衡”，这是一种双管齐下的战略。

“离岸制衡”是美国的一个较新的战略学说，是2016年由芝加哥大学的约翰·米尔斯海默和哈佛大学的斯蒂芬·沃尔特提出来的。他们认为，美国应当摒弃“自由霸权”和推广美式民主的老概念，摒弃以向美国盟友提供补贴的老套路，包括以直接方式对第三国进行大规模的军事干预的老办法，转而寻求与有关国家合作，遏制正在崛起的地区大国。这样做不仅可以阻止有可能质疑美国霸权的地区新兴大国崛起，也可以大幅减少海外驻军规模，从而实现削减军事预算的目标。

“离岸制衡”是美国不得已而为之的对华遏制战略。美国军方也曾研究过同时打赢两场战争的可能性。但恐怕他们早已清楚，这是不可能的。从目前来看，负债累累的美国并没有底气挑起对华的全面冲突。尽管美国还有巨大的军事优势，中美军事综合实力总体上还是不对等的。中美一旦发生军事冲突，尤其是发生在中国家门附近的冲突，很难说美国就会赢。

“离岸制衡”其实也有两种情况，对美国的地缘政治家来说，最理想的是借力打力，挑起中国周边纷争包括南海纷争。等而下之的是美国独自去扛，从目前情况来看，前者的可能性愈来愈小。从2018年举行的香格里拉对话会上的走势来看，南海周边国家“王顾左右而言他”，而域外国家喋喋不休，已经显示了这样的趋势。美国独自去扛，既没有真正的理由，也非不想花钱太多的特朗普总统所愿。虽然美军的亚太司令部改成印太司令部，无非是小网换成了大网，兜不兜得住也还得另说。美国的一些媒体也指出，美在南海实行高风险边缘政策。

印度洋国家的政治智商并不比美国低，谁又能被口惠实不惠的美国地缘战略家忽悠来忽悠去呢。颇具讽刺意味的是，“离岸制衡”是美国战略精英为希拉里上台执政设计的，却与特朗普的“美国优先”在一些方面不谋而合，因此这个“离岸制衡”战略说到底是美国“重返亚太”的延续，而美国赞同“印太战略”和“四国联盟”，其实也是“离岸制衡”的最新设计。

事情还在于，“离岸制衡”也有第一岛链和第二岛链的区分，前者花费太多，后者要少许多，在特朗普“经济优先”的“美国优先”战略里，会出现什么样的布局变化，不妨拭目以待。

回顾奥巴马当政时期，美国遏制中国主要下的是这样三招棋，其一是拉拢盟国，造成在第一岛链里加紧围堵中国的态势；其二是制造中国南海与东海的紧张，一方面表示在南海和东海问题上不选边站，一方面又挑起一场“南海仲裁”风波，在事关中国的主权问题上不断测试中国的底线；其三就是炮制跨太平洋经济战略伙伴协定也即TPP。特朗普贸易战让第一着棋力减弱，二着棋形同废棋，第三着棋是死棋。这盘棋怎么下下去，只有天知道。

或许，美国的鹰派人士把寄望于台海成为中美之战的爆发点，而美国《台湾旅行法》和《国防授权法》的某些条款出笼，也有着如此阴暗的背景。但中国大陆与台湾的统一，不论是通过哪种途径去实现，终究是中国的内政，任何国家都是无权置喙的，而由此引发的中美冲突，美国终究也是局外人。中美建交建立在“三法一公报”的基础上，中美关系也建立在“三法一公报”的基础上。美国尊重北京遏制台独追求国家和平统一的核心利益，但要求两岸和平解决政治分歧，反对任何一方改变两岸现状。一旦美国动摇了这个基础，企图强化美国在台军事存在，必然面临中美关系在根基上发生动摇。

这是不是说，中美之间就一定不会发生直接的军事冲突？当然不是。只能说是有一定的军事冲突概率，但不是很大。现代战争的成因比较复杂，形式也在发生变化，战争动机和实际引发不仅需要更多的战略交汇点和战争激发点，也取决于双方和多方实力对比，取决于对战争的态度以及相应博弈技巧。从多方面去考量，至少在可见的一段时间里，中美之间并不存在必然发生军事冲突的更多直接因素。

中美应当避免没有赢家的战争，这是西方学者和媒体比较普遍的观点。对美国来讲，遏制中国是必然的战略取向，但遏制并不等于战争遏制，何况他们期望遏制的目标是一个正在崛起的大国。武力或许对一些实力完全不对称的国家有作用，但即便是对那些力量不对称的国家，如人们看到的美军对伊拉克、对利比亚发动的战争，也还需要盟国来呼应，甚至需要打着联合国的旗号，最终的结果是陷入泥潭而难以自拔。在当今北大西洋关系自身已经濒临存亡边缘的时候，即便有谁动了杀机，又有谁能去应和呢？或者说，美国还有军事上的很多优势，而中美双方在军事技术上的竞争，也有可能增加军事危机发生的概率可能性，但这毕竟是沙盘上的推演，并没有更多的依据。

美国学者沈大伟在关于影响中美关系走向变量的论述中，曾经提出一个观点，即美国目前其实更需要定义自己在亚太和东亚的国家利益和战略定位。他说，如果美国采取将自己的利益最大化的立场，不允许力量对等的竞争对手出现，否定中国的战略空间，那么两国间发生摩擦和军事对抗是迟早的事，但如果特朗普像他竞选时示意的那样，更多地撤出亚洲，中国的战略压力得到缓解，两国就有可能因此而改善关系。但是，至少在近期，无论从战略层面还是战术层面，事态似乎在向前一个趋势而不是后一个趋势发展。会不会出现“船到桥头自然直”的逆转，人们在拭目以待的同时，也给出了依然斗而不破的更多预测。

从当前来讲，务实地解决中美贸易分歧的同时，加强中美经济深度合作尤其重要。2016年12月6日，美国《福布斯》双周刊网站发表美国学者威廉·蒙代尔的文章《中国和“交易的艺术”》。这篇文章说，“这两个国家需要一场货真价实的经济大谈判，一个新的框架，能够一劳永逸地结束这种困境。有一种显而易见的交流可以将中国保护储备的需求，与美国减少债务的需求联系起来。终有一天，中国会将其持有的美国国债变成更受保护的美国基建股份，为其对手的重建提供关键的资金。”他还提出一个有意思的问题，“中国既然能够把贸易盈余用在建设亚洲邻国，以及投资拉美和非洲国家这样更具风险的项目上，为什么不把这些钱投到美国基础设施的巨大投资缺口上呢？”问题当然不在中国，而是美国鹰派们的抵制情绪，“这在一定程度上源于误解，其实并不需要全部出售国家资产或者放弃国家对资产的控制或所有权，通过开放少数股权或者不同于国债、不能让投资者随意出售的长期债券，美国就可能筹集到绰绰有余的资金”“假如联邦政府能够表现出对这种政策的开放态度”“就能够打开解决我们与中国其他棘手问题的大门”。

美国基础设施的陈旧与落后是一个显而易见的事实，特朗普也提出，重建基础设施是美国的一个首要任务，减少国债而修正美国的资产负债表也是一个重要的议程，那么，欢迎中国投资美国的基础设施建设，应当是中美合作新的路径。这对美国来讲是一石二鸟的事情，既可以解决重建基础设施资金缺少的问题，也会减轻债务规模，而且与其增加工作岗位的目标不相违背。对中国来讲，不仅可以在中美贸易中保证各自的利益，也为中美关系的行近致远开辟出一条新路来。

中美之间的合作，除了在气候问题有些背道而驰，其余的选项应该继续，尤其是在基本建设投资方面，中国不仅先行了一步，同时也为双边合作提供了很大的合作空间。高铁是其中最重要的，其他国家列车的时速可以达到320公里或以上，但美国的列车至今还没有超过240公里的。特朗普提出为美国基建投资1万亿美元，引起美国媒体的关注，认为他有望成为美国的“高铁总统”。许多学者认为基建合作可以成为中美“新黏合剂”。《福布斯》双周刊还进一步注意到“一带一路”对西方和美国企业的“好处”，认为他们可以从“能力建设”“清洁能源与可持续发展项目”“战略价值链”“新消费市场”和“缩短运输时间”等5个方面获得机遇。扩大基础设施建设是“一带一路”的基础工程，因此从一定角度讲，中美在基础设施领域的合作最终也将会是“一带一路”共同发展的更好开头。

更多理智者和清醒现实者更多地看到，美国的强硬对华政策很难阻滞中国发展的进程，中美经济也如同连体儿一样很难切割。正像美国的保罗·肯尼迪教授所言，中美都是世界经济结构的一部分，既“允许中国的相对增长，也允许美国相对而言和中国共享繁荣，而不必产生任何结构性冲突”，应当是最好的结果。“美国优先”也应当是一个多含义的概念，除了以美国利益为最高利益，还有一个如何做到“美国优先”的更实际的问题。有美国学者这样问到，为什么不能把欧盟、日本以及中国、巴基斯坦、泰国或者韩国在基础设施上的共同努力看作是全球经济安全、稳定与繁荣的正能量？为什么凡事都要经过华盛顿或纽约呢？如此等等的一些言论或许不占主流，但会潜移默化地影响到中美关系在未来回到正轨。

三十一、百年变局经济地缘场景

2018年8月，我们的地球遭到高温的考验，世界经济却遇到一场寒流，但寒流毕竟不会持续，特朗普贸易战终究会进入尾声。从某种意义上讲，特朗普是一个幻想家和冒险家，而不是一个真正的政治家。他的聪明和愚蠢几乎是半斤八两，他的冲动和执着也让他有可能在未来定格为一个历史卡通式人物。

他和他的精英们不会想到，他们发动的一场波及世界各国的关税战贸易战将会彻底毁掉美利坚，不仅不能使其“再次伟大”，相反地招来反复无常的非议，美国的信用资本被严重地透支。他们也不会想到，中国并不是一个泥足巨人，推推就到，更不会真正阻挡中国的经济发展的步履。特朗普关税战贸易战或许会给中国的发展造成一定的困扰，比如中国的全方位扩大开放有可能呈现非对称的暂时状态，中国的经济转型也会出现某种迂回，但真正吃亏的有可能是美国。他们更不明白，中国是有足够发展定力的，分得清什么是遭遇战，什么是更重要的长远战略布局。

美国经济目前向好，但结构性矛盾很难消除。最大的问题是实体经济与虚拟的资本市场反差巨大，能量依然巨大的美元只有 5% 进入实体经济。其余 95% 辗转在资本市场里，不仅形成巨大的泡沫，也无法指望有足够的美元投入到制造业和更多的地区。此外，美国经济已经面临“自然增长极限”，在这样的难以改变的结构性矛盾中，“天花板”效应发生是早晚的事情。反观中国，虽然也有自身的经济结构性的矛盾，却可以不断地得到调整，而特朗普关税战贸易战提供了压力变为动力的倒逼条件。祸福相依是中国古老的哲学认知，中国人从来不缺少这样的终极智慧。

2018 年 8 月，酷暑当头，中国在有条不紊应对特朗普关税战贸易战的同时，开始了自我发展方略的调整，在国内经济发展中提出了“稳中有变”。稳什么？稳金融、稳投资、稳外资、稳就业，当然还要稳更为多元的外贸。但最大的稳是稳预期。因为贸易战只能改变相对的数量，而预期改变的是终极状态。变在什么地方？含义恐怕更深一些。一是及时稳定经济增长结构，在外贸有所下行而内需远水不解近渴的情况下，再次加大投资拉动的力度，最具代表性的例子是启动投资 1200 亿元人民币的康藏铁路。二是及时微调宏观经济政策，在一段时间里出现“宽松”的政策走向。坚持积极财政政策和稳健的货币政策。而原来的“稳健偏中”的提法去掉了并没有多少意义的“偏中”字眼。补足供给侧改革中的短板，继续做好“去杠杆”的有关努力。保障民生、稳定社会预期，并下决心解决房地产问题 ，遏制房价上涨。对中国来讲，贸易战充其量是一场大流感，关键在于提升自身的免疫能力。中国也强化了保护知识产权和保护外资在华投资权益的举措。相信这是有效的经济政策。

有变还有一层潜台词，那就是因应不确定因素的灵活性。外间注意到中国在放宽信贷，但更重要的是避免“大水漫灌”，“保持流动性合理充裕”。与时俱变体现了灵活性，但相对短期的策略未必会成为经济政策一成不变的支点。

就长期发展战略而言，中国的目标是坚定的，“强国梦”要实现，推动“一带一路”共同发展的倡议的力度也不会减弱，相反地会进一步加强。因为这是继续推动经济全球化的真正的动力源。

推动世界文明发展的规律或许有很多，但最基本的有三个，其一是生命和人类智慧发生发展的进化规律，其二是科技发展引起生产力不断变革提升的发展规律，其三就是文明传播和文明要素相互流动的联通规律。新一轮以人工智能为标志的科技革命，展示了第一条和第二条规律的最新发展，“一带一路”海陆丝路的全方位联通，展示了第三条规律的最新状态。或者美国出于强权国家的“自尊”与对“霸权”消失的畏惧，并不愿意承认“一带一路”的普世价值，但也没有更多可以拿得出的理由去反对，除了泼泼“脏水”，也只能在“替代”和“抵消”上打主意。但这无疑是短视和近视的。或者未来会有这样一天，他们也会默默地蹭上这趟时代的列车，而出现这样的场景不会令人奇怪，也不会遥遥无期。

为什么呢？因为那是人间正道，是地缘规律和经济互动规律和文明传播规律使然。

本书为什么要花大量篇幅讲述北极自然变局引起的多种变化，因为自然之神才是我们的终极之神。它有能力为我们布置生存发展舞台，也有能力改变我们的生存发展舞台。适者生存发展，不适者就会出局，这是残酷的现实。当我们从北极融冰中看到，当年麦金德的“新月形”地缘理论受到自然变局的最终挑战，而美国的霸权理论依旧一成不变地建立在“新月形”地缘政治基础已经变化的楼阁上，这不是一幕典型的刻舟求剑又是什么？要知道，不论是斯皮克曼的边缘地带论，还是布热津斯基的大棋局论，或多或少都继承了麦金德的衣钵，而当今出现的“印太战略”大概是“新月形”地缘理论最后的回光返照。那么，我们和你们或者你我一起如何寻找共同的路径，难道不是最应当关心的事情吗？

对于麦金德的地理地缘理论，自然不应当说得一无是处，因为他有他的必然存在的认知局限，也不可能预知身后百年之事，而且学者的一般良知也使他明确无误地提出了欧亚大陆岛的地理认识，不管出于什么样的立论动机，这已经是了不起的，需要苛求的是后来者和时至今日依然抱着老理论不放，而且进一步将其奉为圭臬的人。

北极融冰不仅是一种局部自然地理变化，更是影响到全球的经济地理版图变化，改变了世界经济地理的大格局，也给出了亘古丝路不断自我完善的最新事实。不仅进一步显露了丝路无所不在的地理架构，也将进一步改善和优化世界不同地区的地缘政治、地缘经济和地缘文化交流传导结构。人们有理由相信，“北极航道”不是一条或几条普通的航道，将会曾经又自然和人为封闭的欧亚美大陆紧密地联系在一起，出现了欧亚美大陆之间的一个新的同样有活力的“最后的地中海”，世界经济一体化的潮流将会携带着依然寒冷的碎裂冰块，开始在这里奔涌，带来了新机遇，也带来新挑战。人们虽然还不能全面预测北极融冰对地球气候变化带来的长远负面与正面的影响，至少可以看到，原先被航海贸易基本排除在外的北冰洋和北极地区，骤然间出现了新的贸易孔道与新的经济发展活力，怎么去看，都是并不比“大航海”逊色的一件划时代大事件。

从这个意义上讲，所谓百年巨变，并不全是我们已经看到的或未来可能看到的一切。或者可以说，自于世界思潮的交替和起落，来自于旧的世界思维和新的世界思维的必然冲撞，甚至来自于人工智能时代高新技术对旧生产力的冲击，但更直接地来自于地缘格局正在发生的变化，以及变化发生的重要场景将在哪里更多的出现？目前，北极地区大体上风平浪静，但因为它处在亘古丝路的新的自然延长线上，是价值洼地的暂时的空白区，随着人类经济活动增多，机遇和竞争一样同时增多。人们的想象空间也会随之膨胀。

站在北极俯视我们的地球，不仅欧亚是一个具有涡轮结构的大陆岛，世界的所有陆地其实都是在这样或者那样地相连在一起，相互分不开，最终唯有合作。透过这种世界地理和地缘的真实关系，人们看清的不仅是一体存在的欧亚大陆岛，还有我们共同的地球村。

在北极，俄罗斯是一个强大的存在，美国、加拿大和北欧国家，也是一个强大的存在。北极是北极国家的北极，但也是人类共同拥有的北极。无论是近北极国家如中国和东北亚国家如日韩和朝鲜，还是西欧，同样也会是强大的存在。因此，北极地区的发展有着多种密切的国际和最终的丝路关联，不管你如何看待这种关联，它将注定是世界经济舞台上的一个追光区。

俄罗斯和北欧国家是北极发展舞台的最先登台者，相比之下，美国的反应略显迟钝。对中国来讲，与有准备者合作，是合乎逻辑的事情，对俄罗斯与北欧国家来讲，与能够实现经济互补者合作，也是极为自然的事，并不需要听谁说三道四。为了“一带一路”的共同发展，中国应当为北极基于规则的合理利用发展做出自己的贡献。

北极航道物流与远东开发，已经成为俄罗斯的重要国策之一。2016年，俄罗斯与中国有关官员在北极地区进行了一次直接的工作会晤。这是俄中在开发“北极航道”中的首次磋商，拉开了“北极航道”建设序幕。俄罗斯的一位副总理说，要想开发这条航道，不仅需要大量资金，最重要的是用户，能够保障必要货运量的国家只有“像中国这样的大国”。在中国看来，“北极航道”不仅开辟了通往欧洲的捷径，在运输一般效益成本上更为合算。如果说有什么问题，那就是缺乏更为专业化的港口基础设施以及海陆联通道路，需要规模巨大的投资。近期的回报前景并不明朗，新航线开通伊始，用户也需要积累，一般地讲，一开始的用户主要来自东北亚国家和中国的北方沿海地区，但“北太”与“印太”联通的前景，将会增添更多的乐观。最重要的是，北极航道的开通，使用的是公海自由通航的概念，可以排除更为复杂的地缘政治的干扰，技术也没有更多的困难。未来有更大的市场支撑，同样是可以预期的。

因此，中国应当进一步加大支持北极地区国家开发北极，推动北极地区发展的力度，加快中俄、中欧在环北极海陆联动地区完善基础设施建设合作步伐。当然并不排除与美国的合作，因为它是北极圈内举足轻重的力量，美国的阿拉斯加也是美国的宝地。如果借用基辛格中美关系研究所罗伯特·戴利在接受香港《南华早报》记者时转述的那句话，即基辛格博士甚至敦促特朗普政府更多参与“一带一路”基础设施倡议，但特朗普政府会听得进去吗？

图书在版编目（CIP）数据

冰上丝绸之路 ： 最后的“地中海”/ 冯并著． --
北京 ： 外文出版社，2019.7
ISBN 978-7-119-12120-8

Ⅰ．①冰… Ⅱ．①冯… Ⅲ．①北极－海洋战略－研究
②海上运输－丝绸之路－国际合作－研究－中国 Ⅳ．
①E815 ②F125

中国版本图书馆 CIP 数据核字（2019）第 163286 号

出版指导：胡开敏
责任编辑：曹　芸
装帧设计：北京红十月图文设计有限公司
印刷监制：秦　蒙

冰上丝绸之路——最后的“地中海”

冯并　**著**

出 版 人：徐　步
出版发行：外文出版社有限责任公司
地　　址：中国北京西城区百万庄大街 24 号　　**邮政编码：**100037
网　　址：http://www.flp.com.cn　　**电子邮箱：**flp@cipg.org.cn
电　　话：008610-68320579（总编室）　　008610-68996177（编辑部）
008610-68995852（发行部）　　008610-68996183（投稿电话）
制　　版：北京杰瑞腾达科技发展有限公司
印　　刷：鸿博昊天科技有限公司
经　　销：新华书店 / 外文书店
开　　本：700mm × 1000mm　1/16　　**印　　张：**24.5　　**字　　数：**259 千字
版　　次：2021 年 1 月第 1 版第 1 次印刷
书　　号：ISBN 978-7-119-12120-8
定　　价：88.00 元